企业会计准则

会计科目设置

与会计核算实务

李洪 ◎ 主编

会计科目解读

会计科目设置　　会计核算实务

会计科目账务处理

案例分析

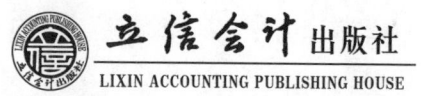

立信会计 出版社

LIXIN ACCOUNTING PUBLISHING HOUSE

图书在版编目（CIP）数据

企业会计准则会计科目设置与会计核算实务 / 李洪
主编 . — 上海： 立信会计出版社，2022.9
ISBN 978-7-5429-7150-0

Ⅰ.①企… Ⅱ.①李… Ⅲ.①企业—会计准则—中国
②会计实务 Ⅳ.① F279.23 ② F233

中国版本图书馆 CIP 数据核字（2022）第 153544 号

策划编辑　蔡伟莉

责任编辑　余　榕

企业会计准则会计科目设置与会计核算实务

出版发行	立信会计出版社			
地　　址	上海市中山西路 2230 号	邮政编码	200235	
电　　话	（021）64411389	传　真	（021）64411325	
网　　址	www.lixinaph.com	电子邮箱	lixinaph2019@126.com	
网上书店	http://lixin.jd.com	http://lxkjcbs.tmall.com		
经　　销	各地新华书店			

印　　刷	北京鑫海金澳胶印有限公司
开　　本	710 毫米 ×1000 毫米　1/16
印　　张	30.5
字　　数	548 千字
版　　次	2022 年 9 月第 1 版
印　　次	2022 年 9 月第 1 次
书　　号	ISBN 978-7-5429-7150-0 /F
定　　价	86.00 元

如有印订差错，请与本社联系调换

编委会成员

(排名不分先后)

前　言

　　《企业会计准则》的陆续发布和不断完善，是我国财政部为适应新形势下国内、外经济环境发展的需要所做出的重大会计政策改革决策，旨在建立与我国国情相适应的、与国际财务报告准则趋同的、涵盖各类企业的各项经济业务的、独立实施的准则体系。

　　在我国企业会计准则体系的落地过程中，我们深刻体会到，要在日常会计实务工作中有效地实施《企业会计准则》各项会计政策，实现从理论到实务操作的飞跃，最关键的一环在于如何掌握每个会计科目的定义、设置方法和使用规则。在此背景下，我们组织编写了本书，旨在帮助读者在了解会计的基本原理和账务处理的基本流程之后，扎实地掌握每个会计科目的定义、设置方法和使用规则，并通过大量经典业务的案例实务来帮助读者融会贯通。

　　本书具有以下特点：

　　（1）全面性。本书涉及非金融企业的所有科目，详述了每个会计科目的含义、具体核算内容、明细科目设置和相关经典业务的账务处理等。

　　（2）与时俱进。2017年3月31日，我国财政部修订发布了《企业会计准则第22号——金融工具确认和计量》《企业会计准则第23号——金融资产转移》《企业会计准则第24号——套期会计》3项金融工具会计准则；2017年7月5日，修订发布了《企业会计准则第14号——收入》；2018年12月7日，修订发布了《企业会计准则第21号——租赁》。这些具体会计准则增加了诸多新会计科目，例如，《企业会计准则第14号——收入》增加了"应收退货成本""合同负债""合同资产""合同履约成本"等新会计科目，《企业会计准则第22号——金融工具确认和计量》增加了"债权投资""其他债权投资""其他权益工具"等新会计科目，《企业会计准则第21号——租赁》增加了"使用权资产""租赁负债"等新会计科目。本书对这些新会计科目进行了全面的解读。

（3）案例分析。本书以会计科目为主线，以经典案例作为有用的补充，帮助读者学以致用，全面掌握每个会计科目的实质和具体操作。

本书既可作为广大会计实务工作者学习具体会计实务的参考，也可供大专院校会计相关专业学生的学习之用。本书体系完整，讲解透彻，并与现行《企业会计准则》及其应用指南保持了同步。通过阅读和学习本书，不同的读者会有不同的收获。

本书由中交第三公路工程局有限公司总会计师李洪任主编，由上海国家会计学院副教授江百灵、华东政法大学商学院副教授陈秋秋和北京玖康玖利管理咨询有限公司总裁/注册会计师罗胜强任副主编。黄鹤楼酒业有限公司的罗雨女士承担了本书大量的复核和校对工作，我们对此表示感谢。

由于会计科目的设置与核算内容变化非常快，再加上本书涉及面广、内容层次多，本书难免存在错漏之处，恳请读者和专家批评指正，以便我们持续改进，不断修正和完善。

本书编写组

2022 年 8 月

目 录

第一章　会计概述

一、会计的概念

会计是以货币为主要计量单位，采用专门方法和程序，对企业和行政事业单位的经济活动进行完整的、连续的、系统的核算和监督，以提供经济信息和反映受托责任履行情况为主要目的的经济管理活动。

二、会计的职能与作用

（一）基本职能

会计的职能是会计在经济管理过程中所具有的功能，从我国当前会计实践和会计法规的规定来看，主要有会计核算和会计监督两大基本职能。《中华人民共和国会计法》（以下简称《会计法》）明确规定，会计机构、会计人员依照《会计法》规定进行会计核算，实行会计监督。

1. 核算职能

会计的核算职能是指会计以货币为主要计量单位，对特定主体的经济活动进行确认、计量、记录和报告的职能。会计核算贯穿于经济活动的全过程，是会计最基本的职能。会计核算的内容主要包括：①款项和有价证券的收付。②财物的收发、增减和使用。③债权、债务的发生和结算。④资本、基金的增减。⑤收入、支出、费用、成本的计算。⑥财务成果的计算和处理。⑦需要办理会计手续、进行会计核算的其他事项。

2. 监督职能

会计的监督职能是指对特定主体经济活动和相关会计核算的真实性、合法性和合理性进行审查。

（1）真实性审查。真实性审查是指检查各项会计核算是否根据实际发生的经济业务进行，是否如实反映经济业务或事项的真实状况。

（2）合法性审查。合法性审查是指检查各项经济业务及其会计核算是否符合国家有关法律法规，遵守财经纪律，执行国家各项方针政策，以杜绝违法乱纪行为。

（3）合理性审查。合理性审查是指检查各项财务收支是否符合客观经济规律及经营管理方面的要求，保证各项财务收支符合特定的财务收支计划，实现预算目标。

会计核算与会计监督是相辅相成、辩证统一的。会计核算是会计监督的基础，没有核算提供的各种信息，监督就失去了依据；会计监督又是会计核算质量的保障，只有核算没有监督，就难以保证核算提供信息的质量。

（二）拓展职能

除了具有核算和监督两项基本职能，会计还具有预测经济前景、参与经济决策、计划组织和绩效评价等职能。

（三）会计的作用

会计的作用是会计职能的外在化表现，它是会计的内在职能在一定条件下的外在转化。

1.反映经济活动

会计信息系统所提供的信息具有连续、系统、全面、综合的特点，不仅能反映出一个会计主体的财务状况、财务状况的变化及其经营成果，而且还能够以货币形式再现企业的生产经营活动，为经济管理提供极大的方便。

2.控制经济活动

控制经济活动具体表现在以下三个方面：

（1）财务会计的专门方法包括填制凭证、设置账户、复式记账、登记账簿、成本计算、财产清查和编制财务报表等，从而使会计成为严密的信息系统，具有保护性的控制作用（保证会计信息的正确性与真实性）。当然，会计还具有保护资产安全、明确产权的作用。

（2）会计确认运用一定标准，明确哪些数据可以并在什么时候进入该系统，以及如何进行报告。会计提供的这种"过滤"的作用，可以控制经济活动的合法性与合理性。

（3）会计信息能够揭示实际与计划或预算的偏差，便于人们修订计划或预算。

3.评价企业经营业绩

具体来说，财务会计可以通过定期编制财务报表，揭示一个企业的财务及其变动情况和最终经营业绩；可以通过对财务会计报告的分析，肯定成绩，找出差距，提出改进措施。

4. 参与经济决策

会计提供收集数据和信息，预测建立目标并讨论各种方案，以能够选择最优方案。据估计，企业在经营管理中所需要的 70% 以上的信息来自会计信息系统。当然，在整个决策过程中，会计只能支持决策而无法代替决策，会计所起的是"参谋"作用，即"参与"的意思。

5. 预测经济前景

企业为了确定恰当的经营管理目标，必须收集大量历史的和当前的信息。通过财务会计报告中具有预测价值的历史信息，企业能够预测其经营前景。

三、会计目标

（一）财务会计报告的目标

《企业会计准则——基本准则》对财务会计报告目标进行了明确定位，将保护投资者利益、满足投资者进行投资决策的信息需求放在了突出位置，彰显了财务会计报告目标在企业会计准则体系中的重要作用。《企业会计准则——基本准则》规定，财务会计报告的目标是向财务会计报告使用者提供与企业财务状况、经营成果和现金流量等有关的会计信息，反映企业管理层受托责任履行情况，有助于财务会计报告使用者做出经济决策。

（二）财务会计报告的使用者

财务会计报告的使用者包括投资者、债权人、政府及其有关部门和社会公众等，如图 1-1 所示。

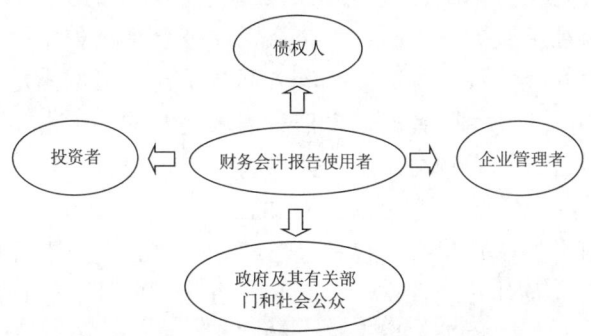

图 1-1　财务会计报告的使用者

满足投资者的信息需要是企业财务会计报告编制的首要出发点。近年来，我国企业改革持续深入，产权日益多元化，资本市场快速发展，机构投资者及其他投资者队伍日益壮大，对会计信息的要求日益提高。在这种情况下，投资者更加关心投资的风险和报酬，他们需要会计信息来帮助其做出决策，如是否应当买进、持有或者卖出企业的股票或者股权，还需要会计信息来帮助其评估企业支付股利的能力等。因此，《企业会计准则——基本准则》将投资者作为企业财务报告的首要使用者，凸显了投资者的地位，体现了保护投资者利益的要求，是市场经济发展的必然。

根据投资者决策有用目标，财务会计报告所提供的信息应当如实反映企业所拥有或者控制的经济资源、对经济资源的要求权以及经济资源及其要求权的变化情况，如实反映企业的各项收入、费用、利得和损失的金额及其变动情况，如实反映企业各项经营活动、投资活动和筹资活动等所形成的现金流入和现金流出情况等，从而有助于现在的或者潜在的投资者正确、合理地评价企业的资产质量、偿债能力、盈利能力和营运效率等，有助于投资者根据相关会计信息做出理性的投资决策，有助于投资者评估与投资有关的未来现金流量的金额、时间和风险等。

除了投资者，企业财务会计报告的使用者还有债权人、政府及其有关部门和社会公众等。例如，企业贷款人、供应商等债权人通常十分关心企业的偿债能力和财务风险，他们需要信息来评估企业能否如期支付贷款本金及其利息，能否如期支付所欠购货款等；政府及其有关部门作为经济管理和经济监管部门，通常关心经济资源分配的公平、合理，市场经济秩序的公正、有序，宏观决策所依据信息的真实可靠等，他们需要信息来监管企业的有关活动（尤其是经济活动）、制定税收政策、进行税收征管和国民经济统计等；社会公众也关心企业的生产经营活动，包括对所在地经济做出的贡献，如增加就业、刺激消费、提供社区服务等。因此，企业在财务会计报告中提供有关企业发展前景及其能力、经营效益及其效率等方面的信息，可以满足社会公众的信息需要。应当讲，这些使用者的许多信息需求是共同的。由于投资者是企业资本的主要提供者，在通常情况下，如果财务会计报告能够满足这一群体的会计信息需求，也就可以满足其他使用者的大部分信息需求。

现代企业制度强调企业所有权和经营权相分离，企业管理层受委托人之托来经营管理企业及其各项资产，负有受托责任，即企业管理层所经营管理的企业各项资产基本上均为投资者投入的资本（或者留存收益作为再投资）或者向债权人借入的资金所形成的，企业管理层有责任妥善保管并合理、有效运用这些资产。企业投资者和债权人等也需要及时或者经常性地了解企业管理层保管、使用资产的情况，以便于评价企业管理层的责任情况和业绩，并决定是否需要调整投资或者信贷政策，是否需要加强企业内部控制和其他制度建设，是否需要更换管理层等。因此，财务会计报告应当反映企业管理层受托责任的履行情况，以有助于外部投资者和债权人等评价企业的经营管理责任和资源使用的有效性。

财务会计报告的目标要满足投资者等财务会计报告使用者决策的需要，体现为财务会计报告的决策有用观；财务会计报告目标要求反映企业管理层受托责任的履行情况，体现为财务会计报告的受托责任观。投资者出资委托企业管理层经营，希望获得更多的投资回报，实现股东财富的最大化，从而进行可持续投资；企业管理层接受投资者的委托从事生产经营活动，努力实现资产安全完整，保值增值，防范风险，促进企业可持续发展，就能够更好地持续履行受托责任，为投资者提供回报，为社会创造价值，从而构成企业经营者的目标。由此可见，财务会计报告的决策有用观和受托责任观是有机统一的。

四、会计人员必备的职业素养

会计作为一个专业性很强的职业，对于人们的专业素质和职业道德方面有着很高的要求。如何成为一名高素质的会计人员？会计人员需要具备哪些素质才能走上成功的职业之路？这是广大会计人员面临的难题。

（一）会计人员应具备的专业技能

专业技能是指做好一门工作所需要的知识基础和操作技术。若想做好会计工作，会计人员必须具备的专业技能如图 1-2 所示。

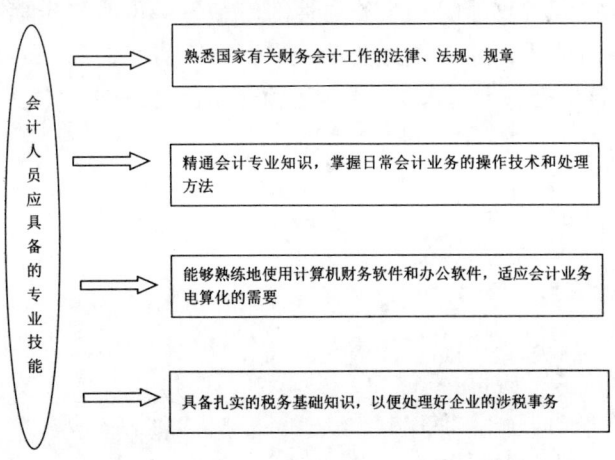

图 1-2　会计人员应具备的专业技能

（二）会计人员应具备的职业道德

《会计基础工作规范》从六个方面对会计人员的职业道德做出了具体规定。

1. 爱岗敬业

会计人员应当热爱本职工作，努力钻研业务，使自己的知识和技能适应所从事工作的要求。

2. 熟悉法律

会计人员应当熟悉财经法律、法规、规章和国家统一的会计制度，并结合会计工作进行广泛宣传。

3. 依法办事

会计人员应当按照会计法律、法规和国家统一会计制度规定的程序和要求进行会计工作，保证提供的会计信息合法、真实、准确、及时、完整。

4. 客观公正

会计人员在办理会计事务中，应当实事求是，客观公正。

5. 搞好服务

会计人员应当熟悉本单位的生产经营和业务管理情况，以便运用所掌握的会计信息和会计方法，为改善单位的内部管理、提高单位的经济效益服务。

6. 保守秘密

会计人员应当保守本单位的商业秘密，除了法律规定和单位领导人同意，不能私自向外界提供或泄露单位的会计信息。

道德品质事关个人道德修养，因而，任何与个人修养有关的品质要求，会计人员都必须要具备。为了保证会计职业道德的贯彻，《会计基础工作规范》第二十四条规定，财政部门、业务主管部门和各单位应当定期检查会计人员遵守职业道德的情况，并应作为会计人员晋升、晋级、聘任专业职务、表彰奖励的重要考核依据；会计人员违反职业道德的，由所在单位进行处理。

第二章　会计基础理论

一、会计基本假设

会计基本假设是对会计核算时间和空间范围等所作的合理假定，是企业会计确认、计量、记录和报告的前提。会计基本假设包括会计主体、持续经营、会计分期和货币计量。

（一）会计主体

会计主体是指会计工作服务的特定对象。它是企业会计确认、计量和报告的空间范围。会计核算应当集中反映某一特定企业的经济活动，并将其与其他经济实体区别开来。

在会计主体假设下，企业应当对其本身发生的交易或者事项进行会计确认、计量和报告，反映企业本身所从事的各项生产经营活动。明确界定会计主体是开展会计确认、计量和报告工作的重要前提。

首先，明确会计主体，才能划定会计所要处理的各项交易或事项的范围。在会计实务中，只有那些影响企业本身经济利益的各项交易或事项才能加以确认、计量和报告，那些不影响企业本身经济利益的各项交易或事项则不能加以确认、计量和报告。会计工作中通常所讲的资产、负债的确认，收入的实现，费用的发生等，都是针对特定会计主体而言的。

其次，明确会计主体，才能将会计主体的交易或者事项与会计主体所有者的交易或者事项以及其他会计主体的交易或者事项区分开来。例如，企业所有者的经济交易或者事项是属于企业所有者主体所发生的，不应纳入企业会计核算的范围，但是企业所有者投入企业的资本或者企业向所有者分配的利润，则属于企业主体所发生的交易或者事项，应当纳入企业会计核算的范围。

值得注意的是，会计主体不同于法律主体。一般来说，法律主体都应是会计主体，但会计主体不一定是法律主体。前者如股份公司，它们既是法律主体，又是会计主体；后者如独资与合伙企业，它们通常不具有法人资格，但在会计核算上必须把它们作为独立的会计主体。

（二）持续经营

持续经营是指在可以预见的将来，企业将会按当前的规模和状态继续经营下去，不会停业，也不会大规模削减业务。在持续经营假设下，会计确认、计量和报告应当以企业持续、正常的生产经营活动为前提。换句话来说，持续经营是指任何会计主体除非有确切的证据证实其不会再存续下去；否则，便认为它会无限期地延续下去。

（三）会计分期

会计分期是指将一个企业持续经营的生产经营活动划分为一个个连续的、长短相同的期间。会计分期的目的在于通过会计期间的划分，将持续经营的生产经营活动划分成连续、相等的期间，据以结算盈亏，按期编报财务会计报告，从而及时向财务会计报告使用者提供有关企业财务状况、经营成果和现金流量的信息。

根据持续经营假设，一个企业将按当前的规模和状态持续经营下去。但是，无论是企业的生产经营决策，还是投资者、债权人等的决策，都需要及时的信息，需要将企业持续的生产经营活动划分为一个个连续的、长短相同的期间，分期确认、计量和报告企业的财务状况、经营成果和现金流量。由于会计分期，才产生了当期与以前期间、以后期间的差别，才使不同类型的会计主体有了记账的基准，进而出现了折旧、摊销等会计处理方法。

《企业会计准则——基本准则》规定，企业应当划分会计期间，分期结算账目和编制财务会计报告。会计期间分为年度和中期。根据我国《会计法》的规定，我国企业的会计年度自公历1月1日起至12月31日止。中期是指短于一个完整的会计年度的报告期间。

（四）货币计量

货币计量是指会计主体在财务会计确认、计量和报告时以货币作为计量尺度，反映会计主体的生产经营活动。

企业在会计的确认、计量和报告过程中，之所以选择货币为基础进行计量，是因为货币的本身属性决定的。货币是商品的一般等价物，是衡量一般商品价值的共同尺度，具有价值尺度、流通手段、贮藏手段和支付手段等特点。其他计量单位（如重量、长度、容积、台、件等）只能从一个侧面反映企业的生产经营情况，无法在量上进行汇总和比较，不便于会计计量和经营管理。只有选择货币这一共同尺度进行计量，才能全面反映企业的生产经营情况。所以，《企业会计准则——基本准则》规定，会计确认、计量和报告选择货币作为计量单位。

在有些情况下，企业统一采用货币计量也有缺陷，某些影响企业财务状况和经营成果的因素（如企业经营战略、研发能力、市场竞争力等）往往难以用货币来计量，但这些信息对于使用者决策来讲也很重要，为此，企业可以在财务会计报告中补充披露有关非财务信息来弥补上述缺陷。

二、会计基础

会计基础是指会计确认、计量和报告的基础。它具体包括权责发生制和收付实现制。

（一）权责发生制

权责发生制是指以取得收取款项的权利或支付款项的义务为标志来确定本期收入和费用的会计核算基础。

在实务中，企业交易或者事项的发生时间与相关款项收付时间有时并不完全一致。例如，本期款项已经收到，但销售并未实现而不能确认为本期的收入；或者款项已经支付，但与本期的生产经营活动无关而不能确认为本期的费用。为了真实、公允地反映财务状况和经营成果，企业应当以权责发生制为基础进行会计确认、计量和报告。

根据权责发生制，凡是当期已经实现的收入和已经发生或者应当负担的费用，无论款项是否收付，都应当作为当期的收入和费用，计入利润表；凡是不属于当期的收入和费用，即使款项已在当期收付，也不应当作为当期的收入和费用。

（二）收付实现制

收付实现制是指以现金的实际收付为标志来确定本期收入和支出的会计核算基础。

在我国，政府会计由预算会计和财务会计构成。其中，预算会计采用收付实现制，国务院另有规定的，依照其规定；财务会计采用权责发生制。

三、会计信息质量要求

会计信息质量关系到投资者决策、完善资本市场和市场经济秩序等重大问题。何谓高质量会计信息？如何提高会计信息质量？《企业会计准则》对此进行了明确规定。会计信息质量要求是对企业财务会计报告中所提供高质量会计信息的基本规范，是使财务会计报告中所提供会计信息对投资者等使用者决策有用应具备的基本特征。《企业会计准则——基本准则》规定，会计信息质量要求包括可靠性、相关性、可理解性、可比性、实质重于形式、重要性、谨慎性和及时性等。其中，可靠性、相关性、可理解性和可比性是会计信息的首要质量要求，是企业财务会计报告中所提供会计信息应具备的基本质量特征；实质重于形式、重要性、谨慎性和及时性是会计信息的次级质量要求，是对可靠性、相关性、可理解性和可比性等首要质量要求的补充和完善，尤其是在对某些特殊交易或者事项进行处理时，企业需要根据这些质量要求来把握其会计处理原则；及时性还是会计信息相关性和可靠性的制约因素，企业需要在相关性和可靠性之间寻求一种平衡，以确定信息及时披露的时间。

（一）可靠性

可靠性要求企业应当以实际发生的交易或者事项为依据进行确认、计量和报告，如实反映符合确认和计量要求的各项会计要素及其他相关信息，保证会计信息真实可靠、内容完整。可靠性是高质量会计信息的重要基础和关键所在，如果企业以虚假的经济业务进行确认、计量、报告，属于违法行为，不仅会严重损害会计信息质量，而且会误导投资者，干扰资本市场，导致会计秩序混乱。为了贯彻可靠性要求，企业应当做到：

（1）以实际发生的交易或者事项为依据进行确认、计量，将符合会计要素定义及其确认条件的资产、负债、所有者权益、收入、费用和利润等如实反映在财务报表中，不得根据虚构的、没有发生的或者尚未发生的交易或者事项进行确认、计量和报告。

（2）在符合重要性和成本效益原则的前提下，保证会计信息的完整性，其中包括应当编报的财务报表及其附注内容等应当保持完整，不能随意遗漏或者减少应予披露的信息，与使用者决策相关的有用信息都应当充分披露。

（3）在财务会计报告中的会计信息应当是中立的、无偏的。如果企业在财务会计报告中为了达到事先设定的结果或效果，通过选择或列示有关会计信息以影响决策和判断的，这样的财务会计报告信息就不是中立的。

（二）相关性

相关性要求企业提供的会计信息应当与投资者等财务会计报告使用者的经济决策需要相关，有助于投资者等财务会计报告使用者对企业过去、现在或者未来的情况做出评价或者预测。

会计信息是否有用，是否具有价值，关键是看其与使用者的决策需要是否相关，是否有助于决策或者提高决策水平。相关的会计信息应当能够有助于使用者评价企业过去的决策，证实或者修正过去的有关预测，因而具有反馈价值。相关的会计信息还应当具有预测价值，有助于使用者根据财务会计报告所提供的会计信息预测企业未来的财务状况、经营成果和现金流量。会计信息质量的相关性要求，以可靠性为基础的，两者之间是统一的，并不矛盾，不应将两者对立起来。也就是说，会计信息在可靠性前提下，应尽可能地做到相关性，以满足投资者等财务会计报告使用者的决策需要。

（三）可理解性

可理解性要求企业提供的会计信息应当清晰明了，便于投资者等财务会计报告使用者理解和使用。企业编制财务会计报告、提供会计信息的目的在于使用，而要使使用者有效使用会计信息，应当能让其了解会计信息的内涵，弄懂会计信息的内容，这就要求财务会计报告所提供的会计信息应当清晰明了，易于理解，只有这样，才能提高会计信息的有用性，实现财务会计报告的目标，满足向投资者等财务会计报告使用者提供决策有用信息的要求。投资者等财务会计报告使用者通过阅读、分析、使用财务会计报告信息，能够了解企业的过去和现状，以及企业净资产或企业价值的变化过程预测未来发展趋势，从而做出科学决策。

会计信息是一种专业性较强的信息产品。我们在强调会计信息的可理解性要求的同时，还应假定使用者具有一定的有关企业经营活动和会计方面的知识，并且愿意付出努力去研究这些信息。对于某些复杂的信息，如交易本身较为复杂或者会计处理较为复杂，但其与使用者的经济决策相关的，企业就应当在财务会计报告中予以充分披露。

（四）可比性

可比性要求企业提供的会计信息应当具有可比性。其具体包括纵向可比性和横向可比性两个方面的要求。

（1）纵向可比性是指同一企业不同时期可比。为了便于投资者等财务会计报告使用者了解企业财务状况、经营成果和现金流量的变化趋势，比较企业在不同时期的财务会计报告信息，全面、客观地评价过去、预测未来，做出决策，会计信息质量的可比性要求同一企业不同时期发生的相同或者相似的交易或者事项，应当采用一致的会计政策，不得随意变更。但是，满足会计信息可比性要求，并非表明企业不得变更会计政策，如果按照规定或者在会计政策变更后可以提供更可靠、更相关的会计信息，可以变更会计政策。有关会计政策变更的情况，企业应当在附注中予以说明。

（2）横向可比性即不同企业相同会计期间可比。为了便于投资者等财务会计报告使用者评价不同企业的财务状况、经营成果和现金流量及其变动情况，会计信息质量的可比性要求不同企业同一会计期间发生的相同或者相似的交易或者事项，应当采用统一规定的会计政策，确保会计信息口径一致、相互可比，以使不同企业按照一致的确认、计量和报告要求提供有关会计信息。

（五）实质重于形式

实质重于形式要求企业应当按照交易或者事项的经济实质进行会计确认、计量和报告，而不应当仅仅将它们的法律形式作为会计核算的依据。

在实际工作中，交易或事项的外在法律形式并不能真实反映其实质内容。为了使会计信息真实反映企业财务状况和经营成果，企业就不能仅仅依据交易或事项的外在表现形式来进行核算，而要反映交易或事项的经济实质；若违背这一原则，就可能会出现误导会计信息使用者的决策。

企业发生的交易或事项在多数情况下其经济实质和法律形式是一致的，但在有些情况下也会出现不一致。例如，企业按照销售合同销售商品，但又签订了售后回购协议，虽然从法律形式上看企业实现了收入，但如果企业没有将商品所有权上的主要风险和报酬转移给购货方，没有满足收入确认的各项条件，即使签订了商品销售合同或者已将商品交付给购货方，也不应当确认销售收入。

又如，在企业合并中，经常会涉及"控制"的判断。有些合并从投资比例来看，虽然投资者拥有被投资企业50%或50%以下股份，但是投资企业通过章程、协议等有权决定被投资企业财务和经营政策的，就不应当简单地以持股比例来判断控制权，而应当根据实质重于形式的原则来判断投资企业对被投资单位的控制程度。

再如，在通常情况下，关联交易只要交易价格是公允的，关联交易属于正常交易，按照《企业会计准则》的规定进行确认、计量、报告；但是，在某些情况下，关联交易有可能会出现不公允，虽然这个交易的法律形式没有问题，但从交易的实质来看，可能会出现关联方之间转移利益或操纵利润的行为，损害会计信息质量。由此可见，在会计职业判断中，会计人员正确贯彻实质重于形式的会计信息质量要术至关重要。

（六）重要性

重要性要求企业提供的会计信息应当反映与企业财务状况、经营成果和现金流量有关的所有重要交易或者事项。

财务会计报告中提供的会计信息的省略或者错报会影响投资者等使用者据此做出决策的，该信息就具有重要性。重要性的应用需要依赖职业判断，企业应当根据其所处环境和实际情况，从项目的性质和金额大小两方面加以判断。例如，企业发生的某些支出，金额较小的，从支出受益期来看，可能需要若干会计期间进行分摊，但根据重要性要求，可以一次计入当期损益。

重要性要求企业在全面核算的前提下，对于在会计核算过程中的交易或事项，应当区别其重要程度，采用不同的方式核算。对于对资产、负债、损益等有较大影响，并进而影响财务会计报告使用者据以做出合理判断的重要会计事项，企业必须按照规定的会计方法和程序进行处理，并在财务会计报告中予以充分、准确地披露；对于次要的会计事项，企业在不影响会计信息真实性和不至于误导财务会计报告使用者做出正确判断的前提下，可适当简化处理。

（七）谨慎性

谨慎性要求企业对交易或者事项进行会计确认、计量和报告时保持应有的谨慎，不应高估资产或者收益、低估负债或者费用。

在市场经济环境下，企业的生产经营活动面临着许多风险和不确定性，如应收款项的可收回性、固定资产的使用寿命、无形资产的使用寿命、售出存货可能发生的退货或者返修等。会计信息质量的谨慎性要求，需要企业在面临不确定性因素的情况下做出职业判断时，应当保持应有的谨慎，充分估计到各种风险和损失，既不高估资产或者收益，也不低估负债或者费用。例如，对于企业发生的或有事项，通常不能确认或有资产，只有当相关经济利益基本确定能够流入企业时，才能作为资产予以确认；相反，相关的经济利益很可能流出企业而且构成现时义务时，应当及时确认为预计负债，就体现了会计信息质量的谨慎性要求。又如，企业在进行所得税会计处理时，只有在确凿证据表明未来期间很可能获得足够的应纳税所得额用来抵扣暂时性差异时，才应当确认相关的递延所得税资产；而对于发生的相关应纳税暂时性差异，则应当及时足额确认递延所得税负债，这也是会计信息谨慎性要求的具体体现。

谨慎性的应用不允许企业设置秘密准备，如果企业故意低估资产或者收入，或者故意高估负债或者费用，将不符合会计信息的可靠性和相关性要求，损害会计信息质量，扭曲企业实际的财务状况和经营成果，从而对信息使用者的决策产生误导，这是不符合《企业会计准则》要求的。

（八）及时性

及时性要求企业对于已经发生的交易或者事项，应当及时进行确认、计量和报告，不得提前或者延后。

会计信息的价值在于帮助所有者或者其他方面做出经济决策，具有时效性。即使是可靠的、相关的会计信息，如果不及时提供，就失去了时效性，对于使用者的效用就大大降低，甚至不再具有实际意义。在会计确认、计量和报告过程中贯彻及时性，一是要求及时收集会计信息，即在经济交易或者事项发生后，及时收集整理各种原始单据或者凭证；二是要求及时处理会计信息，即按照《企业会计准则》的规定，及时对经济交易或者事项进行确认或者计量，并编制财务会计报告；三是要求及时传递会计信息，即按照国家规定的有关时限，及时地将编制的财务会计报告传递给财务会计报告使用者，便于其及时使用和决策。

四、会计要素及其确认与计量

（一）会计要素及其确认条件

企业财务会计的对象是企业的资金运动及其所形成的财务关系。为了具体地反映与监控这一内容，企业需要对会计对象进行分类。会计要素就是对会计对象的基本分类，是会计对象的具体化，是反映会计主体财务状况、经营成果的基本单位。会计要素是指企业按照交易或者事项的经济特征所做的基本分类。它可分为反映企业财务状况的会计要素和反映企业经营成果的会计要素。它既是会计确认和计量的依据，也是确定财务报表结构和内容的基础。

《企业会计准则》把企业的会计要素划定为资产、负债、所有者权益、收入、费用和利润6项。其中，资产、负债和所有者权益侧重于反映企业的财务状况，收入、费用和利润要素侧重于反映企业的经营成果。

1.资产

1）资产的定义

资产是指企业过去的交易或者事项形成的，由企业拥有或者控制的，预期会给企业带来经济利益的资源。根据资产的定义，资产具有以下3方面特征：

（1）资产应为企业拥有或者控制的资源。资产作为一项资源，应当由企业拥有或者控制。其具体是指，企业享有某项资源的所有权，或者虽然不享有某项资源的所有权，但该资源能被企业所控制。

（2）资产预期会给企业带来经济利益。资产预期会给企业带来经济利益，是指资产直接或者间接导致现金和现金等价物流入企业的潜力。这种潜力可以来自企业日常的生产经营活动，也可以来自非日常生产经营活动；带来的经济利益可以是现金或者现金等价物，也可以是可以转化为现金或者现金等价物的形式，还可以是减少现金或者现金等价物流出的形式。

（3）资产是由企业过去的交易或者事项形成的。资产应当由企业过去的交易或者事项形成，过去的交易或者事项包括购买、生产、建造行为等。只有过去的交易或者事项才能产生资产，企业预期在未来发生的交易或者事项不形成资产。例如，企业有购买某项商品的意愿或计划，但是购买行为尚未发生，就不符合资产的定义，不能因此而确认存货资产。

2）资产的确认条件

将一项资源确认为资产，需要符合资产的定义，还应同时满足以下两个条件：

（1）与该资源有关的经济利益很可能流入企业。从资产的定义可以看出，能为企业带来经济利益是资产的一个本质特征，但在现实生活中，由于经济环境瞬息万变，与资源有关的经济利益能否流入企业或者能够流入多少实际上带有不确定性。因此，资产的确认还应与经济利益流入企业的不确定性程度的判断结合起来。

（2）该资源的成本或者价值能够可靠地计量。只有当有关资源的成本或者价值能够可靠地计量时，资产才能予以确认。在实务中，企业取得的许多资产都需要付出成本。例如，企业购买或者生产的商品、企业购置的厂房或者设备等，对于这些资产，只有实际发生的成本或者生产成本能够可靠计量，才符合资产确认的可计量性条件。

3）资产的分类和内容

企业资产分为流动资产和非流动资产两大类。其中，流动资产包括货币资金、交易性金融资产、衍生金融资产、应收票据、应收账款、应收款项融资、预付款项、其他应收款、存货、合同资产、持有待售资产、1年内到期的非流动资产、其他流动资产等；非流动资产包括债权投资、其他债权投资、长期应收款、长期股权投资、其他权益工具投资、其他非流动金融资产、投资性房地产、固定资产、在建工程、生产性生物资产、油气资产、使用权资产、无形资产、开发支出、商誉、长期待摊费用、递延所得税资产、其他非流动资产等。

2. 负债

1）负债的定义

负债是指企业过去的交易或者事项形成的，预期会导致经济利益流出企业的现时义务。根据负债的定义，负债具有以下三方面特征：

（1）负债是企业承担的现时义务。负债必须是企业承担的现时义务，这里的现时义务是指企业在现行条件下已承担的义务。未来发生的交易或者事项形成的义务，不属于现时义务，不应当确认为负债。

（2）负债预期会导致经济利益流出企业。预期会导致经济利益流出企业，是负债的一个本质特征，只有在履行义务时会导致经济利益流出企业的，才符合负债的定义。在履行现时义务清偿负债时，导致经济利益流出企业的形式多种多样，如用现金偿还或以实物资产形式偿还、以提供劳务形式偿还、部分转移资产和部分提供劳务形式偿还、将负债转为资本等。

（3）负债是由企业过去的交易或者事项形成的。负债应当由企业过去的交易或者事项所形成。换句话说，只有过去的交易或者事项才形成负债，企业将在未来发生的承诺、签订的合同等交易或者事项，不形成负债。

2）负债的确认条件

将一项现时义务确认为负债，需要符合负债的定义，还需要同时满足以下两个条件：

（1）与该义务有关的经济利益很可能流出企业。从负债的定义可以看出，预期会导致经济利益流出企业是负债的一个本质特征。在实务中，企业履行义务所需流出的经济利益带有不确定性，尤其是与推定义务相关的经济利益通常需要依赖大量的估计。因此，负债的确认应当与经济利益流出企业的不确定性程度的判断结合起来。

（2）未来流出的经济利益的金额能够可靠地计量。负债的确认在考虑经济利益流出企业的同时，对于未来流出的经济利益的金额应当能够可靠计量。

3）负债的分类和内容

企业负债分为流动负债和非流动负债两大类。其中，流动负债包括短期借款、交易性金融负债、衍生金融负债、应付票据、应付账款、预收款项、合同负债、应付职工薪酬、应交税费、其他应付款、持有待售负债、1年内到期的非流动负债、其他流动负债等；非流动负债包括长期借款、应付债券、租赁负债、长期应付款、预计负债、递延收益、递延所得税负债、其他非流动负债等。

3. 所有者权益

1）所有者权益的定义

所有者权益是指企业资产扣除负债后，由所有者享有的剩余权益。公司的所有者权益又称为股东权益。所有者权益是所有者对企业资产的剩余索取权，它是企业的资产扣除债权人权益后应由所有者享有的部分，既可反映所有者投入资本的保值增值情况，又体现了保护债权人权益的理念。

所有者权益的来源包括所有者投入的资本、其他综合收益、留存收益等，通常由股本（或实收资本）、资本公积（含股本溢价或资本溢价、其他资本公积）、其他综合收益、盈余公积和未分配利润等构成。其中：

所有者投入的资本是指所有者投入企业的资本部分。它既包括构成企业注册资本或者股本的金额，也包括投入资本超过注册资本或股本部分的金额，即资本溢价或股本溢价，这部分投入资本作为资本公积（资本溢价）反映。

其他综合收益是指企业根据《企业会计准则》的规定未在当期损益中确认的各项利得和损失。

留存收益是指企业从历年实现的利润中提取或形成的留存于企业的内部积累。它包括盈余公积和未分配利润。

2）所有者权益的确认条件

所有者权益体现所有者在企业中的剩余权益，因此，所有者权益的确认和计量主要依赖于资产和负债的确认和计量。例如，企业接受投资者投入的资产，在该资产符合资产确认条件时，就相应地符合所有者权益的确认条件；当该资产的价值能够可靠计量时，所有者权益的金额也就可以确定。

4. 收入

1）收入的定义

收入是指企业在日常活动中形成的、会导致所有者权益增加的、与所有者投入资本无关的经济利益的总流入。根据收入的定义，收入具有三方面特征：

（1）收入是企业在日常活动中形成的。日常活动是指企业为完成其经营目标所从事的经常性活动，以及与之相关的活动。例如，工业企业制造并销售产品，就属于企业的日常活动。日常活动产生的收入通常包括主营业务收入和其他业务收入，即营业收入。

（2）收入是与所有者投入资本无关的经济利益的总流入。收入应当会导致经济利益的流入，从而导致资产的增加。例如，企业销售商品，应当收到现金或者有权在未来收到现金，才表明该交易符合收入的定义。但是在实务中，经济利益的流入有时是所有者投入资本的增加导致的，所有者投入资本的增加不应当确认为收入，应当将其直接确认为所有者权益。

（3）收入会导致所有者权益的增加。与收入相关的经济利益的流入应当会导致所有者权益的增加，不会导致所有者权益增加的经济利益的流入不符合收入的定义，不应确认为收入。

2）收入的确认条件

当企业与客户之间的合同同时满足下列条件时，企业应当在客户取得相关商品控制权时确认收入：①合同各方已批准该合同并承诺将履行各自义务。②该合同明确了合同各方与所转让商品或提供劳务相关的权利和义务。③该合同有明确的与所转让商品或提供劳务相关的支付条款。④该合同具有商业实质，即履行该合同将改变企业未来现金流量的风险、时间分布或金额。⑤企业因向客户转让商品或提供劳务而有权取得的对价很可能收回。

5. 费用

1）费用的定义

费用是指企业在日常活动中发生的、会导致所有者权益减少的、与向所有者分配利润无关的经济利益的总流出。根据费用的定义，费用具有三方面特征：

（1）费用是企业在日常活动中形成的。费用必须是企业在日常活动中形成的，这些日常活动的界定与收入定义中涉及的日常活动的界定相一致。日常活动产生的费用通常包括营业成本（主营业务成本和其他业务成本）、税金及附加、销售费用、管理费用、财务费用等。我们将费用界定为日常活动形成的，目的是将其与损失相区分。企业非日常活动形成的经济利益的流出不能确认为费用，而应当计入损失。

（2）费用是与向所有者分配利润无关的经济利益的总流出。费用的发生应当会导致经济利益的流出，从而导致资产的减少或者负债的增加，其表现形式包括现金或者现金等价物的流出或者存货、固定资产和无形资产等的流出或者消耗等。企业向所有者分配利润也会导致经济利益的流出，而该经济利益的流出属于所有者权益的抵减项目，不应确认为费用，应当将其排除在费用的定义之外。

（3）费用会导致所有者权益的减少。与费用相关的经济利益的流出应当会导致所有者权益的减少，不会导致所有者权益减少的经济利益的流出不符合费用的定义，不应确认为费用。

2）费用的确认条件

费用的确认除了应当符合其定义，还至少应当符合以下条件：①与费用相关的经济利益应当很可能流出企业。②经济利益流出企业的结果会导致资产的减少或者负债的增加。③经济利益的流出额能够可靠计量。

6. 利润

1）利润的定义

利润是指企业在一定会计期间的经营成果。在通常情况下，如果企业实现了利润，表明企业的所有者权益增加；反之，如果企业发生亏损（即利润为负数），表明企业的所有者权益减少。

利润包括收入减去费用后的净额、直接计入当期利润的利得和损失等。其中，收入减去费用后的净额反映企业日常活动的业绩；直接计入当期利润的利得和损失是指应当计入当期损益、会导致所有者权益发生增减变动的、与所有者投入资本或者向所有者分配利润无关的利得或损失。利得是指由企业非日常活动所形成的、会导致所有者权益增加的、与所有者投入资本无关的经济利益的流入；损失是指由企业非日常活动所发生的、会导致所有者权益减少的、与向所有者分配利润无关的经济利益的流出。

2）利润的确认条件

利润反映的是收入减去费用、利得减去损失后净额的概念。因此，利润的确认主要依赖于收入和费用，以及利得和损失的确认，其金额的确定也主要取决于收入、费用、利得和损失金额的计量。

（二）会计要素的计量属性

会计计量是指将符合确认条件的会计要素登记入账并列报于财务报表从而确定其金额的过程。会计计量属性主要包括历史成本、重置成本、可变现净值、现值和公允价值等。

1. 历史成本

历史成本又称实际成本，是指取得或制造某项财产物资时所实际支付的现金或者现金等价物。采用历史成本计量时，资产按照其购置时支付的现金或现金等价物的金额，或者按照购置时所付出对价的公允价值计量；负债按照其承担现时义务而实际收到的款项或者资产的金额，或者承担现时义务的合同金额，或者按照日常活动中为偿还负债预期需要支付的现金或者现金等价物的金额计量。

2. 重置成本

重置成本又称现行成本，是指按照当前市场条件，重新取得同样一项资产所需支付的现金或现金等价物金额。采用重置成本计量时，资产按照现在购买相同或者相似资产所需支付的现金或者现金等价物的金额计量；负债按照现在偿付该项债务所需支付的现金或者现金等价物的金额计量。

3. 可变现净值

可变现净值是指在生产经营过程中，以预计售价减去进一步加工成本和销售所必需的预计税金、费用后的净值。采用可变现净值计量时，资产按照其正常对外销售所能收到现金或者现金等价物的金额，扣减该资产至完工时估计将要发生的成本、估计的销售费用以及相关税费后的金额计量。

4. 现值

现值是指对未来现金流量以恰当的折现率进行折现后的价值。它是考虑货币时间价值因素等的一种计量属性。采用现值计量时，资产按照预计从其持续使用和最终处置中所产生的未来净现金流入量的折现金额计量；负债按照预计期限内需要偿还的未来净现金流出量的折现金额计量。

5. 公允价值

公允价值是指市场参与者在计量日发生的有序交易中，出售一项资产所能收到或者转移一项负债所需支付的价格。

五、会计科目与会计账户

（一）会计科目的概念

会计科目简称科目，是对会计要素具体内容进行分类核算的项目，是进行会计核算和提供会计信息的基本单元。

（二）会计明细科目的设置原则

会计科目反映会计要素的构成及其变化情况，为投资者、债权人、企业经营管理者等提供会计信息，其设置原则如下。

1. 合法性原则

为了保证会计信息的可比性，所设置的会计科目应当符合国家统一的会计制度的规定。

2. 相关性原则

会计科目的设置，应为提供有关各方所需要的会计信息服务，满足对外报告与对内管理的要求。

3. 实用性原则

企业的组织形式、所处行业、经营内容及业务种类等的不同，导致不同企业在会计科目的设置上亦有所区别。在合法性的基础上，企业应根据自身特点，设置符合企业需要的会计科目。

（三）会计科目的分类方式

会计科目可以按其反映的经济内容（即所属会计要素）、提供信息的详细程度及其统驭关系分类。

1. **按反映的经济内容分类**

会计科目按其反映的经济内容不同，可分为资产类科目、负债类科目、共同类科目、所有者权益类科目、成本类科目和损益类科目。每一类会计科目可按一定标准再分为若干具体科目。

（1）资产类科目。资产类科目是指对资产要素的具体内容进行分类核算的项目，按资产的流动性分为反映流动资产的科目和反映非流动资产的科目。反映流动资产的科目主要有"库存现金""银行存款""应收账款""原材料""库存商品"等科目；反映非流动资产的科目主要有"长期股权投资""长期应收款""固定资产""在建工程""无形资产"等科目。

（2）负债类科目。负债类科目是指对负债要素的具体内容进行分类核算的项目，按负债的偿还期限长短分为反映流动负债的科目和反映非流动负债的科目。反映流动负债的科目主要有"短期借款""应付账款""应付职工薪酬""应交税费"等科目；反映非流动负债的科目主要有"长期借款""应付债券""长期应付款"等科目。

（3）共同类科目。共同类科目是指既有资产性质又有负债性质的科目，主要有"清算资金往来""货币兑换""套期工具""被套期项目"等科目。

（4）所有者权益类科目。所有者权益类科目是指对所有者权益要素的具体内容进行分类核算的项目，主要有"实收资本（或股本）""资本公积""其他综合收益""盈余公积""本年利润""利润分配""库存股"等科目。

（5）成本类科目。成本类科目是指对可归属于产品生产成本、劳务成本等的具体内容进行分类核算的项目，主要有"生产成本""制造费用""合同取得成本""合同履约成本""研发支出"等科目。

（6）损益类科目。损益类科目是指对收入、费用等要素的具体内容进行分类核算的项目。其中，反映收入的科目主要有"主营业务收入""其他业务收入"等科目；反映费用的科目主要有"主营业务成本""其他业务成本""销售费用""管理费用""财务费用"等科目。

2. **按提供信息的详细程度及其统驭关系分类**

会计科目按其提供信息的详细程度及其统驭关系，可分为总分类科目和明细分类科目。

（1）总分类科目。总分类科目又称总账科目或一级科目，是指对会计要素的具体内容进行总括分类，提供总括信息的会计科目。

（2）明细分类科目。明细分类科目又称明细科目，是指对总分类科目作进一步分类，提供更为详细和具体会计信息的科目。如果某一总分类科目所辖的明细分类科目较多，可在总分类科目下设置二级明细科目，在二级明细科目下设置三级明细科目，以此类推。二级明细科目是对总分类科目进一步分类的科目，三级明细科目是对二级明细科目进一步分类的科目。

（四）会计账户的概念

会计账户简称账户，是根据会计科目设置的，具有一定格式和结构的，用于分类核算会计要素增减变动情况及其结果的载体。

会计科目仅仅是对会计要素的具体内容进行分类核算的项目，它不能反映交易或事项的发生所引起的会计要素各项目的增减变动情况和结果。各项核算指标的具体数据资料，只有通过账户记录才能取得。因此，在设置会计科目后，企业还必须根据会计科目开设相应的账户，以便对交易或事项进行系统、连续地记录，向有关各方提供有用的会计信息。

同会计科目分类相对应，账户可以根据其核算的经济内容、提供信息的详细程度及其统驭关系进行分类。按核算的经济内容，账户分为资产类账户、负债类账户、共同类账户、所有者权益类账户、成本类账户和损益类账户；根据提供信息的详细程度及其统驭关系，账户分为总分类账户和明细分类账户。

（五）会计账户的基本结构

账户的基本结构从数量上看，发生经济业务所引起的会计要素变动，无非是增加和减少两个方面，因而账户也分为左方、右方两个方向，一方登记增加，另一方登记减少。至于哪一方登记增加，哪一方登记减少，取决于所记录的经济业务和账户的性质。登记本期增加的金额，称为本期增加发生额；登记本期减少的金额，称为本期减少发生额；增减相抵后的差额，称为余额，余额按照表示的时间不同，分为期初余额和期末余额。不同类别的账户，其期末余额的基本关系式如下：

（1）对于资产类账户：

期末余额＝期初余额＋借方发生额－贷方发生额

（2）对于负债类账户：

期末余额＝期初余额－借方发生额＋贷方发生额

六、记账法概述

（一）会计恒等式

会计恒等式是复式记账法的理论基础，也是资产负债表的理论基础。人们在学习复式记账法之前先要理解会计恒等式，这样既有助于理解资产负债表、利润表的结构原理，也便于进行财务分析。

1. 资产的会计恒等式

企业开展经营活动，资产最初来源于两个方面：一是由企业所有者投入；二是由企业向债权人借入。所有者和债权人将其拥有的资产提供给企业使用，就相应地对企业的资产享有一种要求权。前者称为所有者权益；后者则称为债权人权益，即负债。这种关系可用计算公式表示如下：

$$资产＝负债＋所有者权益 \tag{2.1}$$

式（2.1）反映了企业在某一特定时点资产、负债和所有者权益三者之间的平衡关系，因此，被称为财务状况等式、基本会计等式或静态会计等式，它是复式记账法的理论基础，也是编制资产负债表的依据。

2. 利润的会计恒等式

企业进行生产经营活动的目的是获取收入，实现盈利。企业在取得收入的同时，必然要发生相应的费用。通过收入与费用的比较，才能确定一定期间的盈利水平，确定实现的利润总额。在不考虑利得和损失的情况下，它们之间的关系可用计算公式表示如下：

$$利润＝收入－费用 \tag{2.2}$$

式（2.2）反映了企业利润的实现过程，被称为经营成果等式或动态会计等式。收入、费用和利润之间的上述关系，是编制利润表的依据。

3. 综合会计恒等式

由于企业获得的利润，也是属于股东的，最终和原来投入的资产共同形成了更为扩大的所有者权益。其可用会计恒等式表示如下：

（1）资产＝负债＋所有者权益。

（2）利润（或亏损）＝收入－费用。

（3）年末资产＝年初负债＋年初所有者权益＋本年利润（或减去亏损）＝年初负债＋年初所有者权益＋本年收入－本年费用。

（二）借贷记账法

复式记账法是指对于每一笔经济业务，都必须用相等的金额在两个或两个以上相互联系的账户中进行登记，全面、系统地反映会计要素增减变化的一种记账方法。复式记账法分为借贷记账法、增减记账法、收付记账法等。我国《企业会计准则》规定，企业、行政单位和事业单位会计核算采用借贷记账法记账。

借贷记账法是指以"借"和"贷"作为记账符号，记录会计要素增减变动情况的一种复式记账法。借贷记账法主要有以下几点内容。

1）以"借"和"贷"为记账符号

在借贷记账法下，由于以"借"和"贷"作为记账符号，人们在会计核算中长期以来习惯称账户的左方为借方，右方为贷方，"借"和"贷"是代表记账方向的一对记账符号，在不同性质的账户中表示不同的含义。

2）以"有借必有贷，借贷必相等"为记账规则

经济业务的发生一方面记入有关账户的借方，另一方面必须记入有关账户的贷方，而且所记借方的金额与贷方的金额必然相等。为此，我们可以把借贷记账法的记账规则概括为"有借必有贷，借贷必相等"。借贷记账法的这一记账规则适用于每一项经济业务。

3）账户的对应关系、对应账户及会计分录

按照借贷记账法的记账规则，企业登记每一项经济业务时，在有关账户之间就发生了应借、应贷的相互关系。这种反映经济业务相互联系的有关账户之间的依存关系，叫作账户的对应关系；存在对应关系的账户，叫作对应账户。通过账户的对应关系，我们可以了解经济业务的内容及其内在联系；同时，还可以发现对经济业务的处理以及经济业务本身是否合理、合法。

（三）运用借贷记账法编制会计分录

会计分录是指按反映一项经济业务的会计科目，以货币为计量单位，借助记账符号，分别记录其增加或减少数量变化的一种方法。会计分录应该包含账户名称、借贷方向、记账金额三个要素。

会计分录可分为简单会计分录和复合会计分录。简单会计分录是由一个借方账户与一个贷方账户所组成的会计分录；复合会计分录是由一个借方账户与几个贷方账户或一个贷方账户与几个借方账户所组成的会计分录。

编制会计分录时，相关人员应该注意以下几点：

（1）每笔分录要用简明、规范的语言写明摘要，简要说明经济业务的内容。分录对于复核分录的错对，明确经济责任有着重要的意义。

（2）编制会计分录的时候，"借"和"贷"应该分行，将应借账户排在上面，应贷账户排在下面，并缩进一格或两格。

（3）账户的名称要写齐全，金额数字要写整齐、准确，上、下笔分录的借方金额和贷方金额要分别对齐。

（四）借贷记账法下的试算平衡

试算平衡是指根据借贷记账法的记账规则和资产与权益（负债和所有者

权益）的恒等关系，通过对所有账户的发生额和余额的汇总计算与比较，来检查账户记录是否正确的一种方法。试算平衡的分类分以下两种。

1. 发生额试算平衡

发生额试算平衡是指全部账户本期借方发生额合计与全部账户本期贷方发生额合计保持平衡。其计算公式如下：

全部账户本期借方发生额合计＝全部账户本期贷方发生额合计

发生额试算平衡的直接依据是借贷记账法的记账规则，即"有借必有贷，借贷必相等"。

2. 余额试算平衡

余额试算平衡是指全部账户借方期末（初）余额合计与全部账户贷方期末（初）余额合计保持平衡。其计算公式如下：

全部账户借方期末（初）余额合计＝全部账户贷方期末（初）余额合计

余额试算平衡的直接依据是资产的会计恒等式，即：

资产＝负债＋所有者权益

（五）试算平衡的注意事项

试算平衡只是通过借贷金额是否平衡来检查账户记录是否正确的一种方法。如果借贷双方发生额或余额相等，表明账户记录基本正确，但有些错误并不影响借贷双方的平衡，因此，试算不平衡，表示记账一定有错误，但试算平衡时，不能表明记账一定正确。

不影响借贷双方平衡关系的错误通常有：①漏记某项经济业务，使本期借贷双方的发生额等额减少，借贷仍然平衡。②重记某项经济业务，使本期借贷双方的发生额等额虚增，借贷仍然平衡。③某项经济业务记录的应借、应贷科目正确，但借贷双方金额同时多记或少记，且金额一致，借贷仍然平衡。④某项经济业务记错有关账户，借贷仍然平衡。⑤某项经济业务在账户记录中，颠倒了记账方向，借贷仍然平衡。⑥某借方或贷方发生额中，偶然发生多记和少记并相互抵销，借贷仍然平衡。

由于账户记录可能存在上述不能由试算平衡表发现的错误，我们需要对一切会计记录进行日常或定期的复核，以保证账户记录的正确性。

第三章　会计凭证与会计账簿

一、会计凭证

（一）会计凭证概述

会计凭证是指记录经济业务发生或者完成情况的书面证明。它是登记簿的依据，包括纸质会计凭证和电子会计凭证两种形式。每个企业都必须按一定的程序填制和审核会计凭证，根据审核无误的会计凭证进行账簿登记，如实反映企业的经济业务。会计凭证按照填制程序和用途可分为原始凭证和记账凭证。

原始凭证又称单据，是指在经济业务发生或完成时取得或填制的，用来记录或证明经济业务的发生或完成情况的原始凭据。原始凭证的作用主要是记载经济业务的发生过程和具体内容。常用的原始凭证有现金收据、发货票、增值税专用（或普通）发票、差旅费报销单、产品入库单、领料单等。

记账凭证又称记账凭单，是指会计人员根据审核无误的原始凭证，按照经济业务的内容加以归类，并据以确定会计分录后填制的会计凭证，作为登记账簿的直接依据。记账凭证的作用主要是确定会计分录，进行账簿登记，反映经济业务的发生或完成情况，监督企业经济活动，明确相关人员的责任。

（二）原始凭证

1. 原始凭证的种类

原始凭证按照其取得来源可以分为外来原始凭证和自制原始凭证。

外来原始凭证是在经济业务完成时从其他单位或个人取得的原始凭证，如向外单位购货时由供货单位开出的购货发票等。

自制原始凭证是由本企业经办业务人员在执行或完成某项经济业务时所填制的原始凭证，如企业仓库保管人员在验收材料入库时所填制的"收料单"、领用材料所填制的"领料单"、开给其他单位或个人发票的副联、企业发放工资编写的"工资单"等。

2. 原始凭证的基本内容

原始凭证的格式和内容因经济业务和经营管理的不同而有所差异，但原始凭证应当具备以下基本内容（也称为原始凭证要素）：①凭证的名称。②填制凭证的日期。③填制凭证单位名称和填制人姓名。④经办人员的签名或者盖章。⑤接受凭证单位名称。⑥经济业务内容。⑦数量、单价和金额。

3. 原始凭证的填制要求

1）原始凭证填制的基本要求

（1）记录真实。原始凭证所填列经济业务的内容和数字，必须真实可靠，符合实际情况。

（2）内容完整。原始凭证所要求填列的项目必须逐项填列齐全，不得遗漏或省略。原始凭证中的年、月、日要按照填制原始凭证的实际日期填写；名称要齐全，不能简化；品名或用途要填写明确，不能含糊不清；有关人员的签章必须齐全。

（3）手续完备。单位自制的原始凭证必须有经办单位相关负责人的签名盖章；对外开出的原始凭证必须加盖本单位公章或者财务专用章；从外部取得的原始凭证，必须盖有填制单位的公章或者财务专用章；从个人取得的原始凭证，必须有填制人员的签名或盖章。

（4）书写清楚、规范。原始凭证要按规定填写，文字要简明，字迹要清楚，易于辨认，不得使用未经国务院公布的简化汉字。大小写金额必须符合填写规范，小写金额用阿拉伯数字逐个书写，不得写连笔字。在金额前要填写人民币符号"¥"（使用外币时填写相应符号），且与阿拉伯数字之间不得留有空白。金额数字一律填写到角、分，无角无分的，写"00"或符号"—"；有角无分的，分位写"0"，不得用符号"—"。大写金额用汉字壹、贰、叁、肆、伍、陆、柒、捌、玖、拾、佰、仟、万、亿、元、角、分、零、整等，一律用正楷或行书字书写。大写金额前未印有"人民币"字样的，应加写"人民币"三个字且和大写金额之间不得留有空白。大写金额到元或角为止的，后面要写"整"或"正"字；有分的，不写"整"或"正"字，如小写金额为"¥1 007.00"，大写金额应写成"人民币壹仟零柒元整"。

（5）编号连续。各种凭证要连续编号，以便检查。如果凭证已预先印定编号，如发票、支票等重要凭证，在因错作废时，应加盖"作废"戳记，妥善保管，不得撕毁。

（6）不得涂改、刮擦、挖补。原始凭证金额有错误的，应当由出具单位重开，不得在原始凭证上更正。原始凭证有其他错误的，应当由出具单位重开或更正，更正处应当加盖出具单位印章。

（7）填制及时。各种原始凭证一定要及时填写，并按规定的程序及时送交会计机构审核。

2）自制原始凭证填制的基本要求

（1）一次凭证应在经济业务发生或完成时，由相关业务人员一次填制完成。该凭证往往只能反映一项经济业务，或者同时反映若干项同一性质的经济业务。一次凭证有些是自制的原始凭证，如收料单、领料单、工资结算表、制造费用分配表等；有些是外来的原始凭证，如增值税专用发票、税收缴款书、各种银行结算凭证等。

（2）累计凭证应在每次经济业务完成后，由相关人员在同一张凭证上重复填制完成。该凭证能在一定时期内不断重复地反映同类经济业务的完成情况。典型的累计凭证是限额领料单。

（3）汇总凭证应由相关人员在汇总一定时期内反映同类经济业务的原始凭证后填制完成。该凭证只能将类型相同的经济业务进行汇总，不能汇总两类或两类以上的经济业务。

4. 原始凭证的审核

为了如实反映经济业务的发生和完成情况，充分发挥会计的监督职能，保证会计信息的真实、完整，会计人员必须对原始凭证进行严格审核。审核的内容主要包括：

（1）审核原始凭证的真实性。真实性的审核包括凭证日期是否真实、业务内容是否真实、数据是否真实等。外来原始凭证必须有填制单位公章或财务专用章和填制人员签章；自制原始凭证必须有经办部门和经办人员的签名或盖章。此外，对通用原始凭证，会计人员还应审核凭证本身的真实性，以防作假。

（2）审核原始凭证的合法性、合理性。审核原始凭证所记录经济业务是否符合国家法律法规，是否履行了规定的凭证传递和审核程序；审核原始凭证所记录经济业务是否符合企业经济活动的需要，是否符合有关的计划和预算等。

（3）审核原始凭证的完整性。审核原始凭证各项基本要素是否齐全、是否有漏项情况、日期是否完整、数字是否清晰、文字是否工整、有关人员签章是否齐全、凭证联次是否正确等。

（4）审核原始凭证的正确性。审核原始凭证记载的各项内容是否正确，包括：①接受原始凭证单位的名称是否正确。②金额的填写和计算是否正确。阿拉伯数字分位填写，不得连写。小写金额前要标明"￥"字样，中间不能留有空位。大写金额前要加"人民币"字样，大写金额与小写金额要相符。③更正是否正确。原始凭证记载的各项内容均不得涂改、刮擦和挖补。

（三）记账凭证

1. 记账凭证的种类

记账凭证按照其反映的经济业务的内容来划分，通常可分为收款凭证、付款凭证和转账凭证。

1）收款凭证

收款凭证是指用于记录库存现金和银行存款收款业务的记账凭证。收款凭证根据有关库存现金和银行存款收款业务的原始凭证填制，是登记库存现金日记账、银行存款日记账以及有关明细分类账和总分类账等账簿的依据，也是出纳人员收讫款项的依据。

2）付款凭证

付款凭证是指用于记录库存现金和银行存款付款业务的记账凭证。付款凭证根据有关库存现金和银行存款支付业务的原始凭证填制，是登记库存现金日记账、银行存款日记账以及有关明细分类账和总分类账等账簿的依据，也是出纳人员支付款项的依据。

3）转账凭证

转账凭证是指用于记录不涉及库存现金和银行存款业务的记账凭证。转账凭证根据有关转账业务的原始凭证填制，是登记有关明细分类账和总分类账等账簿的依据。

2. 记账凭证的基本内容

记账凭证是登记账簿的依据。为了保证账簿记录的正确性，记账凭证必须具备以下基本内容：①填制凭证的日期。②凭证编号。③经济业务摘要。④应借应贷会计科目。⑤金额。⑥所附原始凭证张数。⑦填制凭证人员、稽核人员、记账人员、会计机构负责人、会计主管人员签名或者盖章。收款记账凭证和付款记账凭证还应当由出纳人员签名或者盖章。

3. 记账凭证的填制要求

填制记账凭证是会计核算的重要环节，填制正确与否，关系到记账的真实性。会计人员填制记账凭证时，必须满足下列要求：

（1）确定采用何种记账凭证。首先，应确定采用哪种格式的记账凭证。若企业规模大、收付款业务多，宜选择采用专用凭证；若企业规模小、业务少，宜选择采用通用记账凭证。其次，若选择采用专用凭证，则在按照原始凭证填制记账凭证时，还要具体确定填制收、付、转哪一种专用凭证。

（2）必须根据审核无误的原始凭证填制记账凭证。记账凭证可以根据一张或若干张反映同一经济业务的原始凭证填制，也可以把若干张同类经济业务的原始凭证进行汇总，根据汇总表填制。对于调整、结账、会计记录以及更正错账，一般没有原始凭证，但填制记账凭证时要做较为具体的说明或附有自制的计算单。

（3）填写记账凭证的日期。填写日期一般是会计人员填制记账凭证的当天日期，也可以根据管理需要，填制经济业务发生的日期或月末日期。

（4）填写摘要。摘要一栏是填写该记账凭证反映的经济业务内容的。其填写的基本要求是真实准确，简明扼要。

（5）准确填写账户名称并正确反映借贷方向。

（6）金额栏数字的填写。记账凭证的金额必须与所附原始凭证的金额相符，填写金额时，阿拉伯数字要规范，写到格宽的1/2，并平行对准借贷栏次和科目栏次，防止错栏串行。金额数字要写到分位，角、分位没有数字也要分别填上"0"，角、分位的数字或零，要与元位的数字平行，不得上下错开。

（7）记账凭证的签章。记账凭证填制完成后，要由有关人员签名或盖章，以示负责。

（8）填写记账凭证的编号。记账凭证编号必须连续，不得跳号、重号。在具体编号时，可采用统一编号和分类编号两种方法。统一编号较适用通用凭证，即将全部凭证作为一类统一编号；分类编号较适用专用凭证。分类编号又分为两种方式：一是分别现金收付、银行存款收付和转账业务3类，分别起头，连续编号；二是分别现金收入、现金付出、银行存款收入、银行存款付出和转账业务5类，分别起头，连续编号。

如果一笔经济业务需要填制两张以上复式记账凭证，可采用"分数编号法"编号。例如，第15号记账凭证的经济业务需填制3张记账凭证，可编"转字第15-1/3号""转字第15-2/3号"和"转字第15-3/3号"。

（9）过账符号栏。过账符号栏是在根据该记账凭证登记有关账簿以后，在该栏注明所记账簿的页数后画"√"，表示已登记入账，避免重记、漏记。在没有登账之前，该栏没有记录。

4. 记账凭证的审核

记账凭证是登记账簿的直接依据，为了保证账簿记录的正确性，以及整个会计信息的质量，记账前必须由专人对已编制的记账凭证进行认真、严格的审核。记账凭证的审核包括以下几个方面的内容：

（1）填制凭证的日期是否正确。

（2）凭证是否编号，编号是否正确。

（3）是否正确地反映了经济业务的基本内容。

（4）会计科目的使用是否正确。

（5）所列项目计算是否准确，书写是否清楚。

（6）所附原始凭证的张数与填写的所附张数是否一致。

（7）编制审核人员的签字或盖章是否齐全。

（四）会计凭证保管

会计凭证的保管是指会计凭证记账后的整理、装订、归档和存查工作。会计凭证的保管主要有下列要求：

（1）会计凭证应定期装订成册，防止散失。从外单位取得的原始凭证遗失时，应取得原签发单位盖有公章的证明，并注明原始凭证的号码、金额、内容等，由经办单位会计机构负责人、会计主管人员和单位负责人批准后，才能代作为原始凭证。若确实无法取得证明，如车票丢失等，则当事人应写明详细情况，由经办单位会计机构负责人、会计主管人员和单位负责人批准后，代作原始凭证。

（2）会计凭证封面应注明单位名称、凭证种类、凭证张数、起止号数、年度、月份、会计主管人员、装订人员等有关事项，会计主管人员和保管人员应在封面上签章。

（3）会计凭证应加贴封条，防止抽换凭证。原始凭证不得外借，其他单位如有特殊原因确实需要使用时，经本单位会计机构负责人、会计主管人员批准后，可以复印。向外单位提供的原始凭证复印件，应在专设的登记簿上登记，并由提供人员和收取人员共同签名、盖章。

（4）原始凭证较多时可单独装订，但应在凭证封面注明所属记账凭证的日期、编号和种类，同时在所属的记账凭证上注明"附件另订"及原始凭证的名称和编号，以便查阅。

（5）严格遵守会计凭证的保管期限要求，期满前不得任意销毁。

二、会计账簿

会计账簿简称账簿，是由具有一定格式、互有联系的若干账页组成的，以会计凭证为依据，以全面、系统、序时、分类记录各项经济业务的簿籍。虽然账簿有很多种类，所记录的经济内容也不尽相同，账簿的格式又多种多样，但各种账簿具备的一些基本要素是一致的。这些基本要素主要包括封面、扉页和账页3项内容。

（1）封面。封面主要标明账簿名称，如总分类账、材料物资明细账、债权债务明细账等。

（2）扉页。扉页主要列明科目索引及账簿使用登记表，一般将科目索引列于账簿最前面，将账簿使用登记表列于账簿最后面。活页账、卡片账装订成册后，填列账簿使用登记表。

（3）账页。账页是账簿的主要内容，各种账页格式一般包括账户名称（或称会计科目），登账日期栏，凭证种类和号数栏，摘要栏，借、贷方金额及余额栏，总页次和分账户页次。

（一）会计账簿的种类

会计账簿可以按照用途、账页格式、外形特征等进行分类。

1. 按照用途分类

会计账簿按照用途，可以分为序时账簿、分类账簿和备查账簿。

（1）序时账簿。序时账簿又称日记账，是指按照经济业务发生时间的先后顺序逐日、逐笔登记的账簿。在我国企业、行政事业单位中，现金日记账和银行存款日记账是应用比较广泛的日记账。日记账应当根据办理完毕的收、付款凭证，随时按顺序逐笔登记，最少每天登记一次。

（2）分类账簿。分类账簿是指按照分类账户设置登记的账簿。分类账簿是会计账簿的主体，也是编制财务报表的主要依据。分类账簿按其反映经济业务的详略程度，可分为总分类账簿和明细分类账簿。其中，总分类账簿简称总账，是指根据总分类账户设置的，总括地反映某类经济活动的账簿，主要为编制财务报表提供直接数据资料，通常采用三栏式；明细分类账是指按照明细分类账户进行分类登记的账簿，是根据单位开展经济管理的需要对经济业务的详细内容进行的核算，是对总分类账进行的补充反映。

（3）备查账簿。备查账簿又称辅助登记簿或补充登记簿，是对某些在序时账簿和分类账簿中未能记载或记载不全的经济业务进行补充登记的账簿。例如，反映企业租入固定资产的"租入固定资产登记簿"、反映为其他企业代管商品的"代管商品物资登记簿"等，都属于备查账簿。备查账簿只是对其他账簿记录的一种补充，与其他账簿之间不存在严密的依存和勾稽关系。备查账簿根据企业的实际需要设置，没有固定的格式要求。

2. 按照账页格式分类

会计账簿按照账页格式，主要分为三栏式账簿、多栏式账簿、数量金额式账簿。

（1）三栏式账簿。三栏式账簿是指设有借方、贷方和余额三个金额栏目的账簿。各种日记账、总账以及资本、债权、债务明细账都可采用三栏式账簿。三栏式账簿又分为设对方科目和不设对方科目两种。区别是在摘要栏和借方科目栏之间是否有一栏"对方科目"。设有"对方科目"栏的，称为设对方科目的三栏式账簿；不设有"对方科目"栏的，称为不设对方科目的三栏式账簿。三栏式账簿的格式与总账的格式基本相同。

（2）多栏式账簿。多栏式账簿是指在账簿的两个金额栏目（借方和贷方）按需要分设若干专栏的账簿。这种账簿可以按"借方"和"贷方"分设专栏，也可以只设"借方"或"贷方"专栏，设多少栏则根据需要确定。收入、成本、费用明细账一般采用多栏式账簿。

（3）数量金额式账簿。数量金额式账簿是指在账簿的借方、贷方和余额三个栏目内，每个栏目再分设数量、单价和金额三小栏，借以反映财产物资的实物数量和价值量的账簿。原材料、库存商品等明细账一般采用数量金额式账簿。

3. 按照外形特征分类

会计账簿按照外形特征，可以分为订本式账簿、活页式账簿、卡片式账簿。

（1）订本式账簿。订本式账簿简称订本账，是指在启用前将编有顺序页码的一定数量账页装订成册的账簿。订本账的优点是能避免账页散失和防止抽换账页；缺点是不能准确为各账户预留账页。订本式账簿一般适用于重要的和具有统驭性的总分类账、现金日记账和银行存款日记账。

（2）活页式账簿。活页式账簿简称活页账，是指将一定数量的账页置于活页夹内，可根据记账内容的变化随时增加或减少部分账页的账簿。活页式账簿的优点是记账时可以根据实际需要，随时将空白账页装入账簿，或抽去不需要的账页，便于分工记账；缺点是如果管理不善，可能会造成账页散失或故意抽换账页。活页式账簿一般适用于明细分类账。

（3）卡片式账簿。卡片式账簿简称卡片账，是指将一定数量的卡片式账页存放于专设的卡片箱中，可以根据需要随时增添账页的账簿。在我国，企业一般只对固定资产的核算采用卡片账形式，也有少数企业在材料核算中使用材料卡片。

（二）设置和登记账簿的作用

设置和登记账簿，是编制财务报表的基础，是连接会计凭证与财务报表的中间环节，其在会计核算中具有的重要作用，如图 3-1 所示。

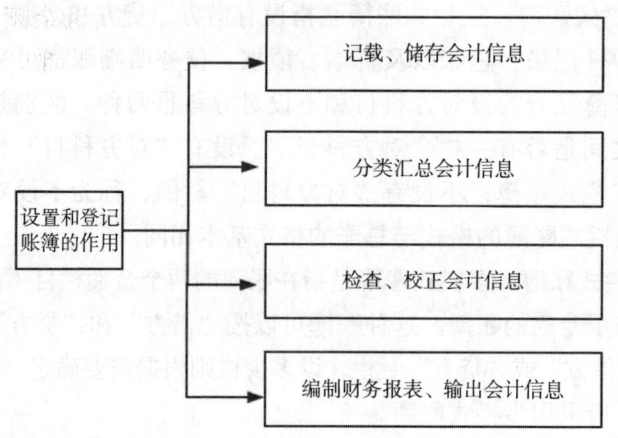

图 3-1　设置和登记账簿的作用

（三）会计账簿的启用与登记要求

启用会计账簿时，会计人员应当在账簿封面上写明单位名称和账簿名称，并在账簿扉页上附启用表。启用订本式账簿应当从第一页到最后一页顺序编定页数，不得跳页、缺号。使用活页式账簿应当按账户顺序编号，并须定期装订成册，装订后再按实际使用的账页顺序编定页码，另加目录以便于记明每个账户的名称和页次。

为了保证账簿记录的正确性，会计人员必须根据审核无误的会计凭证登记会计账簿，并符合有关法律、行政法规和国家统一的会计制度的规定。

（1）登记会计账簿时，会计人员应当将会计凭证日期、编号、业务内容摘要、金额和其他有关资料逐项记入账内。账簿记录中的日期，应该填写记账凭证上的日期；以自制原始凭证（如收料单、领料单等）作为记账依据的，账簿记录中的日期应按有关自制凭证上的日期填列。

（2）为了保持账簿记录的持久性，防止涂改，登记账簿必须使用蓝黑墨水或碳素墨水书写，不得使用圆珠笔（银行的复写账簿除外）或者铅笔书写。下列情况可以使用红墨水记账：①按照红字冲账的记账凭证，冲销错误记录。②在不设借贷等栏的多栏式账页中，登记减少数。③在三栏式账户的"余额"栏前，如未印明余额方向的，在"余额"栏内登记负数余额。④根据国家规定可以用红字登记的其他会计记录。除了上述情况，会计人员不得使用红色墨水登记账簿。

（3）会计账簿应当按照连续编号的页码顺序登记。记账时发生错误或者隔页、缺号、跳行的，应在空页、空行处用红色墨水划对角线注销，或者注明"此页空白"或"此行空白"字样，并由记账人员和会计机构负责人（会计主管人员）在更正处签章。

（4）凡需要结出余额的账户，结出余额后，应当在"借或贷"栏内注明"借"或"贷"字样，以示余额的方向；对于没有余额的账户，应在"借或贷"栏内写"平"字，并在"余额"栏"元"位处用"0"表示。现金日记账和银行存款日记账必须逐日结出余额。

（5）每一账页登记完毕时，应当结出本页发生额合计及余额，在该账页最末一行"摘要"栏注明"转次页"或"过次页"，并将这一金额记入下一页第一行有关"金额"栏内，在该行"摘要"栏注明"承前页"，以保持账簿记录的连续性，便于对账和结账。

（6）账簿记录发生错误时，不得刮擦、挖补或用褪色药水更改字迹，而应采用规定的方法更正。

（四）对账与结账

1. 对账

对账是指对账簿记录所进行的核对，也就是核对账目。对账工作一般在记账之后结账之前，即在月末进行。对账一般分为账证核对、账账核对、账实核对。

1）账证核对

账证核对是指将账簿记录与会计凭证核对，核对账簿记录与原始凭证、记账凭证的时间、凭证字号、内容、金额等是否一致，记账方向是否相符，做到账证相符。

2）账账核对

账账核对的内容主要包括：

（1）总分类账簿之间的核对。按照"资产＝负债＋所有者权益"这一会计等式和"有借必有贷、借贷必相等"的记账规则，总分类账簿各账户的期初余额、本期发生额和期末余额之间存在对应的平衡关系，各账户的期末借方余额合计和贷方余额合计也存在平衡关系。通过这种等式和平衡关系，会计人员可以检查总账记录是否正确、完整。

（2）总分类账簿与所辖明细分类账簿之间的核对。总分类账各账户的期末余额应与其所辖各明细分类账的期末余额之和核对相符。

（3）总分类账簿与序时账簿之间的核对。总分类账簿与序时账簿之间的核对主要是指库存现金总账和银行存款总账的期末余额，与现金日记账和银行存款日记账的期末余额之间的核对。

（4）明细分类账簿之间的核对。例如，会计机构有关实物资产的明细账与财产物资保管部门或使用部门的明细账定期核对，以检查余额是否相符。核对方法一般是由财产物资保管部门或使用部门定期编制收发结存汇总表报会计机构核对。

3）账实核对

账实核对是指各项财产物资、债权债务等账面余额与实有数额之间的核对。其主要包括：①现金日记账账面余额与现金实际库存数逐日核对是否相符。②银行存款日记账账面余额与银行对账单余额定期核对是否相符。③各项财产物资明细账账面余额与财产物资实有数额定期核对是否相符。④有关债权债务明细账账面余额与对方单位债权债务账面记录核对是否相符。

2. 结账

结账是指将账簿记录定期结算清楚的会计工作。企业在一定时期结束时（如月末、季末或年末），为编制财务报表，需要进行结账。其具体包括月结、季结和年结。结账的内容通常包括两个方面：一是结清各种损益类账户，据以计算确定本期利润；二是结出各资产、负债和所有者权益账户的本期发生额合计和期末余额。结账的要点主要有：

（1）对不需按月结计本期发生额的账户，如各项应收、应付款明细账和各项财产物资明细账等，每次记账以后，都要随时结出余额，每月最后一笔余额是月末余额。月末结账时，只需要在最后一笔经济业务记录下面通栏划单红线，不需要再次结计余额。

（2）现金日记账、银行存款日记账和需要按月结计发生额的收入、费用等明细账，每月结账时，要在最后一笔经济业务记录下面通栏划单红线，结出本月发生额和余额，在"摘要"栏内注明"本月合计"字样，并在下面通栏划单红线。

（3）对于需要结计本年累计发生额的明细账户，每月结账时，应在"本月合计"行下结出自年初起至本月末止的累计发生额，登记在月份发生额下面，在"摘要"栏内注明"本年累计"字样，并在下面通栏划单红线。12月末的"本年累计"就是全年累计发生额，全年累计发生额下面通栏划双红线。

（4）总账账户平时只需结出月末余额。年终结账时，为总括反映全年各项资金运动情况的全貌，核对账目，会计人员要将所有总账账户结出全年发生额和年末余额，在"摘要"栏内注明"本年合计"字样，并在合计数下面通栏划双红线。

（5）年度终了结账时，有余额的账户，应将其余额结转下年，并在"摘要"栏注明"结转下年"字样；在下一会计年度新建有关账户的第一行"余额"栏内填写上年结转的余额，并在"摘要"栏注明"上年结转"字样，使年末有余额账户的余额如实地在账户中加以反映，以免混淆有余额的账户和无余额的账户。

（五）错账更正的方法

在记账过程中，企业可能由于种种原因会使账簿记录发生错误。账簿记录发生错误，应当采用正确、规范的方法予以更正，不得涂改、挖补、刮擦或者用药水消除字迹，不得重新抄写。错账更正的方法一般有划线更正法、红字更正法和补充登记法三种。

1. 划线更正法

会计人员在结账前发现账簿记录有文字或数字错误，而记账凭证没有错误，应当采用划线更正法。更正时，会计人员可在错误的文字或数字上划一条红线，在红线的上方填写正确的文字或数字，并由记账人员和会计机构负责人（会计主管人员）在更正处盖章，以明确责任。需要注意的是，对于数字错误更正时不得只划销错误数字，会计人员应将全部数字划销，并保持原有数字清晰可辨，以便审查。例如，会计人员把"3 457"元误记为"8 457"元时，应将错误数字"8 457"全部用红线划销后，再写上正确的数字"3 457"，而不是只删改一个"8"字。如记账凭证中的文字或数字发生错误，在尚未过账前，也可用划线更正法更正。

2. 红字更正法

红字更正法适用于两种情形：①记账后发现记账凭证中应借、应贷会计科目有错误所引起的记账错误。更正方法是：先用红字填写一张与原记账凭证完全相同的记账凭证，在"摘要"栏内写明"注销某月某日某号凭证"，并据以用红字登记入账，以示注销原记账凭证；然后用蓝字填写一张正确的记账凭证，并据以用蓝字登记入账。②记账后发现记账凭证和账簿记录中应借、应贷会计科目无误，只是所记金额大于应记金额所引起的记账错误。更正方法是：按多记的金额用红字编制一张与原记账凭证应借、应贷科目完全相同的记账凭证，在"摘要"栏内写明"冲销某月某日第 × 号记账凭证多记金额"，以冲销多记的金额，并据以用红字登记入账。

3. 补充登记法

会计人员记账后发现记账凭证和账簿记录中应借、应贷会计科目无误，只是所记金额小于应记金额时，应当采用补充登记法。其更正方法是：按少记的金额用蓝字填制一张与原记账凭证应借、应贷科目完全相同的记账凭证，在"摘要"栏内写明"补记某月某日第 × 号记账凭证少记金额"，以补充少记的金额，并据以用蓝字登记入账。

第四章　资产类科目的设置与账务处理

一、库存现金的设置与账务处理

（一）库存现金的内涵

库存现金是指企业持有的可随时用于支付的现金。它包括人民币现金和外币现金。库存现金具有普遍的可接受性，可以有效地立即用来购买商品、货物、劳务或偿还债务。其通常存放于企业财务部门、由出纳人员经管的货币，即与会计核算中"库存现金"科目所包括的内容一致，它是企业中流通性最强的资产，是可由企业任意支配使用的纸币和硬币。"库存现金"账户是我国企业会计中的一个总账账户，在资产负债表中并入"货币资金"项目，列作流动资产，但具有专门用途的现金只能作为基金或项目列为非流动资产。企业应当严格遵守国家有关现金管理制度，正确开展现金收支的核算，监督现金使用的合法性与合理性。

（二）"库存现金"科目的具体核算

"库存现金"科目核算企业的库存现金。企业有内部周转使用备用金的，可以单独设置"备用金"科目。企业增加库存现金，借记"库存现金"科目，贷记"银行存款"等科目；减少库存现金，作相反的会计分录；"库存现金"科目的期末余额在借方，反映期末企业实际持有的库存现金的金额。

企业应当设置"库存现金总账"和"现金日记账"，分别进行库存现金的总分类核算和明细分类核算，并根据收、付款凭证，按照业务发生顺序逐日逐笔登记。每日终了，会计人员应当在"现金日记账"上计算当日的现金收入合计额、现金支出合计额和结余额，并将"现金日记账"的结余额与实际库存现金金额核对，做到账款相符。月度终了，会计人员应将"现金日记账"的余额与"库存现金总账"的余额核对，做到账账相符。

（三）"库存现金"科目的明细科目设置

"库存现金"科目的明细科目设置如表 4-1 所示。

表 4-1　"库存现金"科目的明细科目设置

编　号	会计科目名称	二级科目名称	三级科目名称
1001	库存现金		
1001 01	库存现金	人民币	
1001 02	库存现金	外币	
1001 02 01	库存现金	外币	美元
1001 02 02	库存现金	外币	欧元
1001 02 03	库存现金	外币	日元
1001 02 04	库存现金	外币	其他

（四）库存现金的日常管理

根据《现金管理暂行条例》的规定，现金管理制度主要包括以下内容。

1. 现金的使用范围

企业可用现金支付的款项有：①职工工资、津贴。②个人劳务报酬。③根据国家规定颁发给个人的科学技术、文化艺术、体育等各种奖金。④各种劳保、福利费用以及国家规定的对个人的其他支出。⑤向个人收购农副产品和其他物资的价款。⑥出差人员必须随身携带的差旅费。⑦结算起点（1 000 元）以下的零星支出。⑧中国人民银行确定需要支付现金的其他支出。

除了上述情况可以用现金支付，其他款项的支付应通过银行转账结算。

2. 现金库存限额

现金库存限额是指国家规定由开户银行给各单位核定一个保留现金的最高额度。这一限额由开户行根据单位的实际需要核定，一般按照单位 3 ～ 5 天日常零星开支所需确定。边远地区和交通不便地区的开户单位的库存现金限额，可按多于 5 天但不得超过 15 天的日常零星开支的需要确定。经核定的库存现金限额，开户单位必须严格遵守，超过部分应于当日终了前存入银行。需要增加或者减少库存现金限额的，应当向开户银行提出申请，由开户银行核定。

3. 现金收支的规定

开户单位现金收支应当依照下列规定办理：

（1）开户单位现金收入应当于当日送存开户银行，当日送存确有困难的，由开户银行确定送存时间。

（2）开户单位支付现金，可以从本单位库存现金限额中支付或从开户银行提取，不得从本单位的现金收入中直接支付，即不得"坐支"现金；因特殊情况需要"坐支"现金的，应当事先报经开户银行审查批准，并在核定的坐支范围和限额内进行，同时，收支的现金必须入账。

（3）开户单位从开户银行提取现金时，应如实写明提取现金的用途，由本单位财会部门负责人签字盖章，并经开户银行审查批准后予以支付。

（4）因采购地点不确定、交通不便、生产或市场急需、抢险救灾以及其他特殊情况必须使用现金的单位，应向开户银行提出书面申请，由本单位财会部门负责人签字盖章，并经开户银行审查批准后予以支付。

此外，不准用不符合国家统一的会计制度的凭证顶替库存现金，即不得"白条顶库"；不准谎报用途套取现金；不准用银行账户代替其他单位和个人存入或支取现金；不准用单位收入的现金以个人名义存入储蓄；不准保留账外公款，即不得"公款私存"；不得设置"小金库"等。银行对于违反上述规定的单位，将按照违规金额的一定比例予以处罚。

（五）库存现金经典业务的会计核算

1. 从银行账户提取现金或将现金存入银行账户

（1）企业从银行提取现金时，应根据支票存根所记载的提取金额，借记"库存现金"科目，贷记"银行存款"科目。

例 4-1　2×22 年 4 月 12 日，A 公司因业务发展需要，从银行存款中提取 2 万元现金。A 公司的账务处理如下：

借：库存现金　　　　　　　　　　　　　　　　　　20 000
　　贷：银行存款　　　　　　　　　　　　　　　　　　　20 000

（2）企业将现金存入银行账户时，根据银行回单，借记"银行存款"科目，贷记"库存现金"科目。

2. 因职工出差而引起的现金收支活动

因支付内部职工出差等原因借出的现金，企业应按实际借出的现金金额，借记"其他应收款"等科目，贷记"库存现金"科目。

例 4-2　A 公司办公室王某某出差，预借差旅费 2 000 元，根据借支条，填制现金付款凭证。A 公司的账务处理如下：

借：其他应收款——王某某　　　　　　　　　　　　2 000
　　贷：库存现金　　　　　　　　　　　　　　　　　　　2 000

例 4-3　接例 4-2，王某某出差回来，报销差旅费 2 200 元，根据差旅费报销单，A 公司的账务处理如下：

借：管理费用——差旅费　　　　　　　　　　　　　　　　2 200

　　贷：其他应收款——王某某　　　　　　　　　　　　　　　2 000

　　　　库存现金　　　　　　　　　　　　　　　　　　　　　 200

3. 因销售商品引起的现金收支活动

企业因销售商品或者提供劳务收到现金时，借记"库存现金"科目，贷记"主营业务收入""应交税费"等科目。

例 4-4　A 公司销售一件产品，单价为 1 000 元，增值税税额为 130 元，现金已收到。A 公司的账务处理如下：

借：库存现金　　　　　　　　　　　　　　　　　　　　　1 130

　　贷：主营业务收入　　　　　　　　　　　　　　　　　　　1 000

　　　　应交税费——应交增值税（销项税额）　　　　　　　　 130

4. 发放职工困难补助或工资

企业在发放职工困难补助或工资而支出现金时，应借记"应付职工薪酬"科目，贷记"库存现金"科目。

例 4-5　A 公司用现金 2 000 元发放职工困难补助。A 公司的账务处理如下：

借：应付职工薪酬　　　　　　　　　　　　　　　　　　　2 000

　　贷：库存现金　　　　　　　　　　　　　　　　　　　　　2 000

5. 每日终了结算现金收支

每日终了结算现金收支或进行财产清查等时发现的有待查明原因的现金短缺或溢余，应通过"待处理财产损溢——待处理流动资产损溢"科目核算，待查明原因后再进行处理。如是记账差错或是单据丢失造成，则应更正错误或补办入账；如属于工作失职的责任事故，或者应属于保险公司赔偿的部分，借记"其他应收款"科目；若是属于无法查明的其他原因，根据管理的权限，经过批准后借记"管理费用"科目；若为现金的溢余，属于应支付给有关单位或人员的，应贷记"其他应付款"科目；属于无法查明原因的溢余，经过批准转入"营业外收入"科目。

例 4-6 A 公司在现金清查的过程中发现现金溢余 800 元。A 公司的账务处理如下：

借：库存现金 800
　　贷：待处理财产损溢——待处理流动资产损溢 800

其中，A 公司发现的现金溢余 800 元中，400 元是出纳人员少付给李某的借支款，其他 400 元无法查明原因。A 公司的账务处理如下：

借：待处理财产损溢——待处理流动资产损溢 800
　　贷：其他应付款——应付现金溢余（李某） 400
　　　　营业外收入 400

例 4-7 A 公司在现金清查的过程中发现现金短缺 1 000 元。A 公司的账务处理如下：

借：待处理财产损溢——待处理流动资产损溢 1 000
　　贷：库存现金 1 000

其中，A 公司发现现金短缺的 1 000 元中，有 300 元应由出纳人员赔偿，有 200 元应由保险公司赔偿，还有 500 元无法查明原因。A 公司的账务处理如下：

借：其他应收款——应收现金短缺款 300
　　　　　　　　——应收保险赔偿 200
　　管理费用 500
　　贷：待处理财产损溢——待处理流动资产损溢 1 000

二、银行存款的设置与账务处理

（一）银行存款的内涵

银行存款是指企业存放在银行或其他金融机构的货币资金。按照国家现金管理和结算制度的规定，每个企业都要在银行开立账户，称为结算户存款，用来办理存款、取款和转账结算。银行存款的收付应严格执行银行结算制度的规定。

（二）"银行存款"科目的具体核算

"银行存款"科目核算企业存入银行或其他金融机构的各种款项。银行汇票存款、银行本票存款、信用卡存款、信用证保证金存款、存出投资款、外埠存款等，在"其他货币资金"科目核算。

企业增加银行存款时，借记"银行存款"科目，贷记"库存现金""应收账款"

等科目；减少银行存款时，做相反的会计分录。

企业可按开户银行和其他金融机构、存款种类等设置"银行存款日记账"，根据收、付款凭证，按照业务的发生顺序逐笔登记，且在每日终了，应结出余额。"银行存款日记账"应定期与"银行对账单"核对，至少每月核对一次。企业银行存款账面余额与银行对账单余额之间如有差额，应编制"银行存款余额调节表"并调节相符。

"银行存款"科目的期末余额在借方，反映企业存在银行或其他金融机构的各种款项。

（三）"银行存款"科目的明细科目设置

"银行存款"科目的明细科目设置如表 4-2 所示。

表 4-2 "银行存款"科目的明细科目设置

编号	会计科目名称	二级科目名称	三级科目名称	四级科目名称	辅助核算
1002	银行存款				
1002 01	银行存款	人民币			
1002 01 01	银行存款	人民币	中国银行	支行	按存款银行户名设置
1002 01 02	银行存款	人民币	工商银行	支行	按存款银行户名设置
1002 01 03	银行存款	人民币	建设银行	支行	按存款银行户名设置
1002 01 04	银行存款	人民币	农业银行	支行	按存款银行户名设置
1002 01 05	银行存款	人民币	光大银行	支行	按存款银行户名设置
1002 01 06	银行存款	人民币	民生银行	支行	按存款银行户名设置
1002 01 07	银行存款	人民币	兴业银行	支行	按存款银行户名设置
1002 01 08	银行存款	人民币	其他银行	支行	按存款银行户名设置
1002 02	银行存款	外币			按存款银行户名设置
1002 03	银行存款	定期存款			按存款银行户名设置

（四）银行存款的日常管理

企业的存款账户分为基本存款账户、一般存款账户、临时存款账户和专用存款账户 4 类。企业只能选择一家银行的一个营业机构开立一个基本存款账户，主要用于办理日常的转账结算和现金收付业务，企业的工资、资金等现金的支取，只能通过该账户办理；企业可以在其他银行的一个营业机构开立一个一般存款账户，该账户可以办理转账结算和存入现金业务，但不能支取现金；临时存款账户是存款人因临时经营活动的需要开立的账户，如企业异地产品展销、临时性采购资金等；专用存款账户是企业因特别用途需要开立的账户，如基本建设项目专项资金、农副产品资金等，企业的销售款不得转入专用存款账户。

企业不得为还贷、还债和套取现金而多头开立基本存款账户；不得出租、出借账户；不得违反规定为在异地存款和贷款而开立账户。任何单位和个人不得将单位的资金以个人名义开立账户存储。

企业使用的票据结算工具包括银行汇票、商业汇票、银行本票和支票等，可以选择使用的结算方式主要包括汇兑、托收承付和委托收款 3 种，此外还包括信用卡和信用证（国际贸易间采用的结算方式）。

（五）银行存款经典业务的会计核算

1. 从银行账户提取现金或将现金存入银行账户

本章第一部分已提及，在此不再赘述。

2. 月末核对"银行存款日记账"与"银行对账单"

"银行存款日记账"应定期与"银行对账单"核对，至少每月核对一次。企业银行存款账面余额与银行对账单余额之间如有差额，应编制"银行存款余额调节表"进行调节，如没有记账错误，调节后的双方余额应相等。需要注意的是，"银行存款余额调节表"只是为了核对账目，不能作为调整企业银行存款账面记录的记账依据。

例 4-8　A 公司 2×22 年 3 月 31 日银行存款日记账的余额为 5.4 万元，银行对账单余额为 8.3 万元。经逐笔核对，A 公司发现以下未达账项：

（1）A 公司送存转账支票 6 万元，并已登记银行存款增加，但银行尚未记账。

（2）A 公司开出转账支票 4.5 万元，并已登记银行存款减少，但持票单位尚未到银行办理转账，银行尚未记账。

（3）A 公司委托银行代收 B 公司购货款 4.8 万元，银行已收并登记入账，但 A 公司未收到收款通知，尚未记账。

（4）银行代 A 公司支付电话费 0.4 万元，银行已登记减少 A 公司银行存款，但 A 公司未收到银行付款通知，尚未记账。

A 公司编制的"银行存款余额调节表"如表 4-3 所示。

表 4-3　银行存款余额调节表

2×22 年 3 月 31 日　　　　　　　　　　单位：元

项目	金额	项目	金额
企业银行存款日记账余额	54 000	银行对账单余额	83 000
加：银行已收、企业未收款	48 000	加：企业已收、银行未收款	60 000
减：银行已付、企业未付款	4 000	减：企业已付、银行未付款	45 000
调节后的存款余额	98 000	调节后的存款余额	98 000

三、其他货币资金的设置与账务处理

（一）其他货币资金的内涵

其他货币资金是指企业除了库存现金、银行存款的其他各种货币资金。它包括外埠存款、银行汇票存款、银行本票存款、信用卡存款、信用证保证金存款和存出投资款等。

（二）"其他货币资金"科目的具体核算

"其他货币资金"科目核算企业的外埠存款、银行本票存款、银行汇票存款、信用卡存款、信用证保证金存款和存出投资款等其他货币资金。

企业增加其他货币资金时，借记"其他货币资金"科目，贷记"银行存款"科目；减少其他货币资金时，借记有关科目，贷记"其他货币资金"科目。

"其他货币资金"科目可按银行汇票或本票、信用证的收款单位，外埠存款的开户银行，分别"外埠存款""银行本票存款""银行汇票存款""信用卡存款""信用证保证金存款""存出投资款"等明细科目进行明细分类核算。

"其他货币资金"科目的期末余额在借方，反映企业持有的其他货币资金。

（三）"其他货币资金"科目的明细科目设置

"其他货币资金"科目的明细科目设置如表 4-4 所示。

表 4-4　"其他货币资金"科目的明细科目设置

编号	会计科目名称	二级科目名称	三级科目名称
1012	其他货币资金		
1012 01	其他货币资金	外埠存款	地区存款行名称
1012 02	其他货币资金	银行本票存款	存款行名称

（续表）

编号	会计科目名称	二级科目名称	三级科目名称
1012 03	其他货币资金	银行汇票存款	存款行名称
1012 04	其他货币资金	信用卡存款	存款行名称
1012 05	其他货币资金	信用证保证金存款	存款行名称
1012 06	其他货币资金	存出投资款	存款行名称
1012 07	其他货币资金	在途货币资金	
1012 08	其他货币资金	其他	

（四）其他货币资金经典业务的会计核算

其他货币资金的核算示例如表4-5所示。

表4-5　其他货币资金的核算示例一览表

入账时间	入账依据	账务处理
向银行开立信用证、交保证金及将款项汇往采购地开立采购专户时	支付申请单、银行支付凭单等	借：其他货币资金——信用证保证金存款 　　　　　　　　　　——外埠存款 　　贷：银行存款
将款项存入银行以取得银行汇票、银行本票和信用卡时	支付申请单、银行支付凭单、票据复印件等	借：其他货币资金——银行汇票存款 　　　　　　　　　　——银行本票存款 　　　　　　　　　　——信用卡存款 　　贷：银行存款
向证券公司划出资金时	支付申请单、银行支付凭单等	借：其他货币资金——存出投资款 　　贷：银行存款
购买股票、债券等时	交易审批、交易流水单等	借：交易性金融资产等 　　贷：其他货币资金——存出投资款
将外埠存款、银行汇票、银行本票存款的未用余额转回结算户时	银行进账单等	借：银行存款 　　贷：其他货币资金——外埠存款 　　　　　　　　　　——银行汇票存款 　　　　　　　　　　——银行本票存款

例 4-9　　A公司于2×22年5月5日向开户银行提交业务委托书申请银行本票7.5万元，并于5月7日用于支付B公司采购一批钢材的货款6万元和增值税税额0.78万元。A公司的账务处理如下：

（1）5月5日，向银行申请签发银行本票时：

借：其他货币资金——银行本票存款　　　　　　　　　　75 000

　　贷：银行存款　　　　　　　　　　　　　　　　　　　　　　75 000

（2）5月7日，支付材料款时：

借：原材料　　　　　　　　　　　　　　　　　　　　60 000

　　应交税费——应交增值税（进项税额）　　　　　　　7 800

　　银行存款　　　　　　　　　　　　　　　　　　　　7 200

　　贷：其他货币资金——银行本票存款　　　　　　　　　　75 000

例 4-10　接例 4-9，A 公司于 2×22 年 6 月 3 日向开户银行提交"银行汇票申请书"申请银行汇票 12 万元；6 月 9 日，向 C 公司采购原材料一批，货款为 10 万元，增值税税额为 1.3 万元；6 月 12 日，A 公司收到其开户银行的多余款收账通知。A 公司的账务处理如下：

（1）6月3日，向银行申请签发银行汇票时：

借：其他货币资金——银行汇票存款　　　　　　　　120 000

　　贷：银行存款　　　　　　　　　　　　　　　　　　　120 000

（2）6月9日，支付材料款时：

借：原材料　　　　　　　　　　　　　　　　　　　100 000

　　应交税费——应交增值税（进项税额）　　　　　　13 000

　　贷：其他货币资金——银行汇票存款　　　　　　　　　113 000

（3）6月12日，收到其开户银行的多余款收账通知时：

借：银行存款　　　　　　　　　　　　　　　　　　　7 000

　　贷：其他货币资金——银行汇票存款　　　　　　　　　　7 000

例 4-11　接例 4-9，A 公司到外地采购材料，6 月 10 日，开出汇票委托书，委托当地开户银行将采购款 6 万元汇往采购地银行开立采购专户；6 月 16 日，A 公司收到采购人员交来的报销单据，其中材料发票列明材料货款 5 万元，增值税税额 0.65 万元，材料已经验收入库；6 月 20 日，A 公司收到开户银行收款通知，汇出的采购专户存款余额 0.35 万元已经汇回，存入公司的银行存款账户。A 公司的账务处理如下：

（1）6月10日，委托银行开立异地采购专户时：

借：其他货币资金——外埠存款　　　　　　　　　　　60 000

　　贷：银行存款　　　　　　　　　　　　　　　　　　　60 000

（2）6月16日，支付材料款时：

借：原材料　　　　　　　　　　　　　　　　　　　　50 000

　　应交税费——应交增值税（进项税额）　　　　　　　6 500

　　贷：其他货币资金——外埠存款　　　　　　　　　　　56 500

（3）6月20日，收到开户银行收款通知时：

借：银行存款   3 500
  贷：其他货币资金——外埠存款   3 500

例4-12 接例4-9，A公司于6月15日向银行申领信用卡，向银行交存5万元；6月30日，A公司用信用卡向××饭店支付招待费0.3万元。A公司的账务处理如下：

（1）6月15日，向银行申领信用卡时：

借：其他货币资金——信用卡存款   50 000
  贷：银行存款   50 000

（2）6月30日，支付招待费时：

借：管理费用   3 000
  贷：其他货币资金——信用卡存款   3 000

例4-13 接例4-9，A公司于7月2日向银行申请开具信用证200万元，用于支付境外采购材料价款，已向银行缴纳保证金，并收到银行盖章退回的进账单第一联；7月17日，A公司收到银行转来的境外销货单位信用证结算凭证以及所附发票账单、海关进口增值税专用缴款书等有关凭证，材料价款为150万元，增值税税额为19.5万元；7月29日，A公司收到银行存款通知，对该境外销货单位开出的信用证余款3.05万元已经转回银行账户。A公司的账务处理如下：

（1）7月2日，向银行申请开具信用证时：

借：其他货币资金——信用证保证金存款   2 000 000
  贷：银行存款   2 000 000

（2）7月17日，收到相关的银行结算凭单和业务凭证时：

借：原材料   1 500 000
  应交税费——应交增值税（进项税额）   195 000
  贷：其他货币资金——信用证保证金存款   1 695 000

（3）7月29日，收到信用证余款时：

借：银行存款   305 000
  贷：其他货币资金——信用证保证金存款   305 000

四、交易性金融资产的设置与账务处理

（一）交易性金融资产的内涵

交易性金融资产是指企业为了近期内出售而持有的金融资产。

金融资产满足下列条件之一的，应当划分为交易性金融资产：①取得该金融资产的目的，主要是近期内出售或回购。②属于进行集中管理的可辨认金融工具组合的一部分，且有客观证据表明企业近期采用短期获利方式对该组合进行管理。③属于衍生工具。但是，被指定为有效套期工具的衍生工具、属于财务担保合同的衍生工具、与在活跃市场中没有报价且其公允价值不能可靠计量的权益工具投资挂钩并须通过交付该权益工具结算的衍生工具除外。

（二）"交易性金融资产"科目的具体核算

"交易性金融资产"科目核算企业为交易目的所持有的债券投资、股票投资、基金投资等交易性金融资产的公允价值。企业持有的直接指定为以公允价值计量且其变动计入当期损益的金融资产，也在"交易性金融资产"科目核算。

"交易性金融资产"科目可按交易性金融资产的类别和品种，分别"成本""公允价值变动"等明细科目进行明细分类核算。"交易性金融资产"科目的期末余额在借方，反映企业持有的交易性金融资产的公允价值。

（三）"交易性金融资产"科目的明细科目设置

"交易性金融资产"科目的明细科目设置如表4-6所示。

表4-6 "交易性金融资产"科目的明细科目的设置

编号	会计科目	二级科目名称	三级科目名称
1101	交易性金融资产		
1101 01	交易性金融资产	国债投资	
1101 01 01	交易性金融资产	国债投资	成本
1101 01 02	交易性金融资产	国债投资	公允价值变动
1101 02	交易性金融资产	债券投资	
1101 02 01	交易性金融资产	债券投资	成本
1101 02 02	交易性金融资产	债券投资	公允价值变动
1101 03	交易性金融资产	股票投资	
1101 03 01	交易性金融资产	股票投资	成本
1101 03 02	交易性金融资产	股票投资	公允价值变动
1101 04	交易性金融资产	基金投资	
1101 04 01	交易性金融资产	基金投资	成本

（续表）

编号	会计科目	二级科目名称	三级科目名称
1101 04 02	交易性金融资产	基金投资	公允价值变动
1101 05	交易性金融资产	其他交易性金融资产	

（四）交易性金融资产经典业务的会计核算

1.取得交易性金融资产

（1）企业取得交易性金融资产，应当按照该金融资产取得时的公允价值作为其初始入账金额，借记"交易性金融资产——成本"科目，按照发生的交易费用，借记"投资收益"科目，发生交易费用并取得增值税专用发票的，按其注明的增值税进项税额，借记"应交税费——应交增值税（进项税额）"科目，按照实际支付的金额，贷记"银行存款"或"其他货币资金"等科目。

例 4-14　2×22 年 6 月 1 日，A 公司从深圳证券交易所购入 B 上市公司股票 20 万股，每股价格为 10 元，该笔股票投资在购买日的公允价值为 200 万元，另支付相关交易费用 0.3 万元，取得的增值税专用发票上注明的增值税税额为 0.018 万元。A 公司将该投资划分为交易性金融资产进行管理和核算。A 公司的账务处理如下：

（1）2×22 年 6 月 1 日，购买 B 上市公司股票时：

借：交易性金融资产——B 上市公司股票（成本）　　　2 000 000
　　贷：其他货币资金——存出投资款　　　　　　　　　　　2 000 000

（2）支付相关交易费用时：

借：投资收益——B 上市公司股票　　　　　　　　　　　3 000
　　应交税费——应交增值税（进项税额）　　　　　　　　180
　　贷：其他货币资金——存出投资款　　　　　　　　　　　3 180

（2）企业取得交易性金融资产所支付价款中包含了已宣告但尚未发放的现金股利或已到付息期但尚未领取的债券利息，应当单独确认为应收项目，不构成交易性金融资产的初始入账金额，借记"应收股利"或"应收利息"科目。

例 4-15　接例 4-14，假定 2×22 年 6 月 1 日，A 公司从深圳证券交易所购入 B 上市公司股票 20 万股，支付价款 200 万元（其中包含已宣告但尚未发放的现金股利 5 万元）。A 公司的账务处理如下：

借：交易性金融资产——B上市公司股票（成本）　　1 950 000

应收股利——B上市公司股票　　　　　　　　50 000

贷：其他货币资金——存出投资款　　　　　　　2 000 000

2.持有交易性金融资产

持有交易性金融资产期间宣告分配现金股利或到期计提利息时相关账务处理如表4-7所示。

表4-7　持有交易性金融资产的账务处理

情形	账务处理
宣告/计提时	借：应收股利（被投资单位宣告发放的现金股利） 　　应收利息（到期应计提的利息） 贷：投资收益
收到时	借：其他货币资金等 贷：应收股利/应收利息

例 4-16　接例4-14，2×22年6月15日，B上市公司宣告现金股利5万元。6月20日，A公司收到B上市公司发放的现金股利。假定不考虑其他因素，A公司的账务处理如下：

（1）6月15日，B上市公司宣告发放现金股利时：

借：应收股利　　　　　　　　　　　　　　　　50 000

贷：投资收益　　　　　　　　　　　　　　　50 000

（2）6月20日，收到B上市公司发放的现金股利时：

借：其他货币资金　　　　　　　　　　　　　　50 000

贷：应收股利　　　　　　　　　　　　　　　50 000

3.资产负债表日账务处理

资产负债表日，交易性金融资产公允价值变动时相关账务处理如表4-8所示。

表4-8　交易性金融资产的账务处理

情形	账务处理
交易性金融资产公允价值高于账面金额	借：交易性金融资产——公允价值变动 贷：公允价值变动损益
交易性金融资产公允价值低于账面金额	借：公允价值变动损益 贷：交易性金融资产——公允价值变动

例 4-17 接例 4-14，7 月 15 日，B 上市公司股票价格涨至每股 15 元，A 公司确认股票价格变动。假定不考虑其他因素，A 公司账务处理如下：

借：交易性金融资产——公允价值变动　　　　　　　1 000 000

　　贷：公允价值变动损益　　　　　　　　　　　　　　1 000 000

4. 出售交易性金融资产

出售交易性金融资产时，企业应将出售时的公允价值与其账面余额之间的差额确认为投资收益（出售时，不需要将公允价值变动损益转入投资收益）。相关账务处理如下：

借：其他货币资金等（实际收到的售价净额）

　　贷：交易性金融资产——成本

　　　　　　　　　　　——公允价值变动（或在借方）

借或贷：投资收益（差额倒挤，损失记借方，收益记贷方）

例 4-18 接例 4-17，7 月 30 日，A 公司将持有的 B 上市公司股票全部售出，每股售价为 17 元。A 公司的账务处理如下：

借：其他货币资金　　　　　　　　　　　　　　　3 400 000

　　贷：交易性金融资产——成本　　　　　　　　　　2 000 000

　　　　　　　　　　　——公允价值变动　　　　　　1 000 000

　　投资收益　　　　　　　　　　　　　　　　　　 400 000

五、应收票据的设置与账务处理

（一）应收票据的内涵

应收票据是指企业因销售商品、产品、提供劳务等而收到的商业汇票。它包括商业承兑汇票和银行承兑汇票。

（二）"应收票据"科目的具体核算

"应收票据"科目核算企业因销售商品、提供劳务等而收到的商业汇票，包括银行承兑汇票和商业承兑汇票。"应收票据"科目可按开出、承兑商业汇票的单位进行明细核算。企业应当设置"应收票据备查簿"，逐笔登记商业汇票的种类、号数和出票日期、票面金额、交易合同号和付款人、承兑人、背书人的姓名或单位名称，以及到期日、背书转让日、贴现日、贴现率、贴现净额、收款日和收回金额、退票情况等资料。商业汇票到期结清票款或退票后，在备查簿中应予注销。

"应收票据"科目的期末余额在借方，反映企业持有的商业汇票的票面金额。

（三）"应收票据"科目的明细科目设置

"应收票据"科目的明细科目设置如表 4-9 所示。

表 4-9　"应收票据"科目的明细科目设置

编号	会计科目名称	二级科目名称	三级科目名称	是否辅助核算	辅助核算类别
1121	应收票据				
1121 01	应收票据	银行承兑汇票	应收票据种类	是	客户往来
1121 02	应收票据	商业承兑汇票	应收票据种类	是	客户往来

（四）应收票据经典业务的会计核算

应收票据的核算示例如表 4-10 所示。

表 4-10　应收票据的核算示例

入账时间	入账依据	账务处理
销售商品时收到票据	发货通知单、出库单、发票、开具发票申请单、票据复印件等	借：应收票据 　　贷：主营业务收入 　　　　应交税费——应交增值税（销项税额）
期末，带息应收票据应计息	利息计算单等	借：应收票据 　　贷：财务费用（票面价值 × 利率）
持未到期的带息应收票据向银行贴现时	贴现申请、银行进账单等	借：银行存款（实际收到的金额） 　　财务费用（实收金额小于账面余额的差额） 　　贷：应收票据（或短期借款）
持有的应收票据背书转让时	背书申请、背书票据复印件等	借：材料采购（或原材料、库存商品） 　　应交税费——应交增值税（进项税额） 　　银行存款（应收票据超额的差价）（不足在贷方） 　　贷：应收票据（账面余额）
应收票据到期时，收回本息	银行进账单等	借：银行存款（实际收到的金额） 　　贷：财务费用（未计提利息部分） 　　　　应收票据（账面余额）

（续表）

入账时间	入账依据	账务处理
贴现的商业承兑汇票到期，承兑人的银行账户不足支付时	支款通知、拒绝付款理由书或付款人未付票款通知书、退回票据复印件等	借：应收账款（应收本息） 贷：银行存款 短期借款

1. 取得应收票据

（1）企业在因债务人抵偿前欠货款而取得应收票据。

例 4-19　A 公司收到 B 公司于 2×22 年 6 月 1 日签发并承兑的期限为 3 个月、面值为 5 万元的不带息商业承兑汇票一张，用于抵付前欠货款及税金。A 公司的账务处理如下：

借：应收票据　　　　　　　　　　　　　　　　　　50 000

　　贷：应收账款——B 公司　　　　　　　　　　　　　　50 000

（2）企业因销售商品、提供劳务等而收到开出、承兑的商业汇票。

例 4-20　A 公司于 2×22 年 6 月 1 日向 B 公司出售产品一批，货款总计 30 万元（不含税），适用的增值税税率为 13%，已开出增值税专用发票交付 B 公司，并于当日收到该公司承兑的商业汇票一张。该商业汇票的期限为 4 个月，票面利率为 5%，面值为 33.9 万元。A 公司的账务处理如下：

（1）6 月 1 日，收到票据时：

借：应收票据　　　　　　　　　　　　　　　　　　339 000

　　贷：主营业务收入　　　　　　　　　　　　　　　　300 000

　　　　应交税费——应交增值税（销项税额）　　　　　39 000

（2）7 月 31 日，计提利息时：

借：应收票据　　　　　　　　　　　　　　　　　　2 825

　　贷：财务费用　　　　　　　　　　　　　　　　　　2 825

2. 收回到期票款

商业汇票到期收回款项时，应按实际收到的金额进行账务处理。

例 4-21　接例 4-20，B 公司承兑的出票日为 2×22 年 6 月 1 日、利率为 5%、期限为 4 个月、面值为 33.9 万元的商业汇票到期。2×22 年 10 月 1 日，

A 公司收回到期票据本息。A 公司的账务处理如下：

票据到期利息 = 339 000×5%×4÷12 = 5 650（元）

票据到期本息 = 339 000 + 5 650 = 344 650（元）

应收票据的账面价值 = 344 650 − 2 825 = 341 825（元）

本次应确认的财务费用 = 2 825（元）

借：银行存款   344 650

    贷：应收票据   341 825

        财务费用   2 825

3. 转让应收票据

例 4-22　A 公司于 2×22 年 6 月 1 日向 B 公司销售一批产品，货款共为 33.9 万元，尚未收到，已办完托收手续，适用的增值税税率为 13%。假定 A 公司于 7 月 15 日将上述应收票据背书转让，以取得生产经营所需的 X 材料。该批 X 材料的账面价值为 30 万元，适用的增值税税率为 13%。A 公司的账务处理如下：

借：原材料   300 000

    应交税费——应交增值税（进项税额）   39 000

    贷：应收票据   339 000

六、应收账款的设置与账务处理

（一）应收账款的内涵

应收账款是指企业因销售商品、材料、提供劳务等业务而应向购货方、接收劳务的单位或个人收取的款项。

（二）"应收账款"科目的具体核算

"应收账款"科目核算企业因销售商品、提供劳务等经营活动应收取的款项。企业（保险类）按照原保险合同约定应向投保人收取的保费，可将"应收账款"科目改为"应收保费"科目，并按照投保人进行明细核算。企业（金融类）应收取的手续费和佣金，可将"应收账款"科目改为"应收手续费及佣金"科目，并按照债务人进行明细核算。因销售商品、提供劳务等，企业采用递延方式收取合同或协议价款、实质上具有融资性质的，在"长期应收款"科目核算。

"应收账款"科目可按债务人进行明细核算。企业发生应收账款时，按应收金额，借记"应收账款"科目，按确认的营业收入，贷记"主营业务收入""手续费及佣金收入""保费收入"等科目。收回应收账款时，借记"银行存款"等科目，贷记"应收账款"科目。涉及增值税销项税额的，还应进行相应的处理。代购货单位垫付的包装费、运杂费，借记"应收账款"科目，贷记"银行存款"等科目。收回代垫费用时，借记"银行存款"科目，贷记"应收账款"科目。

企业与债务人进行债务重组，应当分别债务重组的不同方式进行处理：

（1）收到债务人清偿债务的金融资产小于该项应收账款账面价值的，应按该金融资产确认的公允价值，借记"银行存款"等科目；按重组债权已计提的坏账准备，借记"坏账准备"科目；按重组债权的账面余额，贷记"应收账款"科目；按其差额，借记"投资收益"科目。收到债务人清偿债务的金融资产大于该项应收账款账面价值的，应按该金融资产确认的公允价值，借记"银行存款"等科目；按重组债权已计提的坏账准备，借记"坏账准备"科目；按重组债权的账面余额，贷记"应收账款"科目；按其差额，贷记"投资收益"科目。

以下债务重组涉及重组债权减值准备的，按同样的方法进行处理。

（2）接受债务人用于清偿债务的非金融资产，应按该项非金融资产的公允价值，借记"原材料""库存商品""固定资产""无形资产"等科目；按重组债权的账面余额，贷记"应收账款"科目；按应支付的相关税费和其他费用，贷记"银行存款""应交税费"等科目；按其差额，借记或贷记"投资收益"科目；涉及增值税进项税额的，还应进行相应的处理。

（3）将债权转为投资，应按享有股份的公允价值，借记"长期股权投资"科目；按重组债权的账面余额，贷记"应收账款"科目；按应支付的相关税费和其他费用，贷记"银行存款""应交税费"等科目；按其差额，借记或贷记"投资收益"科目。

（4）以修改其他债务条件进行清偿的，应按修改其他债务条件后债权的公允价值，借记"应收账款"科目；按重组债权的账面余额，贷记"应收账款"科目；按其差额，借记或贷记"投资收益"科目。

"应收账款"科目期末借方余额反映企业尚未收回的应收账款；该科目

期末如为贷方余额，反映企业预收的账款。

（三）"应收账款"科目的明细科目设置

"应收账款"科目的明细科目设置如表 4-11 所示。

表 4-11 "应收账款"科目的明细科目设置

编号	会计科目名称	二级科目名称	三级科目名称	是否辅助核算	辅助核算类别
1122	应收账款				
1122 01	应收账款	营业类别		是	客户/债务人

（四）应收账款经典业务的会计核算

1. 企业销售商品或提供劳务等而确认应收账款

企业发生应收账款，按应收金额，借记"应收账款"科目；按确认的营业收入，贷记"主营业务收入""应交税费——应交增值税（销项税额）""手续费及佣金收入""保费收入"等科目。代购货单位垫付的包装费、运杂费，借记"应收账款"科目，贷记"银行存款"等科目。

例 4-23 A 公司为增值税一般纳税人，采用托收承付结算方式向 B 公司（一般纳税人）销售商品一批，取得的增值税专用发票上注明的价款为 3 万元，增值税税额为 0.39 万元，已办理托收手续。A 公司的账务处理如下：

借：应收账款 33 900
　　贷：主营业务收入 30 000
　　　　应交税费——应交增值税（销项税额） 3 900

2. 应收账款到期收回

企业收回应收账款时，按收回金额，借记"银行存款"或"库存现金""应收票据"等科目，贷记"应收账款"科目。

例 4-24 接例 4-23，A 公司实际收到款项时，A 公司的账务处理如下：

借：银行存款/应收票据/库存现金 33 900
　　贷：应收账款 33 900

3. 以资产清偿债务方式进行债务重组

例 4-25　A 公司欠 B 公司购货款 35 万元，已于 2×22 年 5 月 1 日到期。2×22 年 7 月 1 日，经双方协商，B 公司同意 A 公司以其生产的产品偿还债务。B 公司持有的债权公允价值为 22.6 万元，A 公司的产品公允价值为 20 万元，实际成本为 12 万元。A 公司为增值税一般纳税人，适用的增值税税率为 13%。B 公司于 2×22 年 8 月 1 日收到 A 公司抵债的产品，并作为库存商品入库；B 公司对该项应收账款计提了 5 万元的坏账准备。B 公司的账务处理如下：

债务重组损失＝应收账款账面余额－放弃债权的公允价值－已计提坏账准备

$$= 350\ 000 - 226\ 000 - 50\ 000$$

$$= 74\ 000（元）$$

借：库存商品　　　　　　　　　　　　　　　　　　　　200 000

　　应交税费——应交增值税（进项税额）　　　　　　　 26 000

　　坏账准备　　　　　　　　　　　　　　　　　　　　 50 000

　　投资收益——债务重组损失　　　　　　　　　　　　 74 000

　　贷：应收账款　　　　　　　　　　　　　　　　　　　　350 000

假如 B 公司对该项应收账款计提了 12.8 万元的坏账准备，则 B 公司的账务处理如下：

借：库存商品　　　　　　　　　　　　　　　　　　　　200 000

　　应交税费——应交增值税（进项税额）　　　　　　　 26 000

　　坏账准备　　　　　　　　　　　　　　　　　　　　128 000

　　贷：应收账款　　　　　　　　　　　　　　　　　　　　350 000

　　　　投资收益——债务重组利得　　　　　　　　　　　　 4 000

例 4-26　2×21 年 11 月 5 日，A 公司向 B 公司赊购一批材料，含税价为 113 万元，2×22 年 9 月 10 日，A 公司与 B 公司协商进行债务重组，双方达成的债务重组协议，B 公司同意 A 公司用其固定资产（生产设备）抵偿该账款。2×22 年 9 月 20 日，抵债设备已转让完毕，其中，B 公司持有的债权公允价值为 75 万元，A 公司抵债设备的账面原价为 100 万元，累计折旧为 30 万元，公允价值为 75 万元。假定 B 公司已对该项债权计提坏账准备 1 万元，B 公司在接受抵债资产时，B 公司员工自行安排设备发生的人工成本为 0.5 万元。不考虑其他相关税费和设备运输过程中的费用和其他因素。B 公司的账务处理如下：

$$\text{重组债券应收账款的账面余额与}\atop\text{放弃债权的公允价值之间的差额} = 1\,130\,000 - 750\,000 = 380\,000（元）$$

（1）结转债务重组损失：

借：在建工程——在安装设备　　　　　　　　　　750 000

　　坏账准备　　　　　　　　　　　　　　　　　10 000

　　投资收益——债务重组损失　　　　　　　　　370 000

　　　贷：应收账款——A公司　　　　　　　　　　1 130 000

（2）支付安装成本：

借：在建工程——在安装设备　　　　　　　　　　5 000

　　　贷：银行存款　　　　　　　　　　　　　　　5 000

（3）安装完毕达到可使用状态：

借：固定资产——××设备　　　　　　　　　　　755 000

　　　贷：在建工程——在安装设备　　　　　　　　755 000

例 4-27　A公司于2×22年7月1日销售给B公司一批产品，价值为45万元（包括应收取的增值税税额）。B公司于2×22年7月1日开出为期6个月的商业承兑汇票。A公司于2×22年12月31日尚未支付货款。当日经与A公司协商，A公司同意B公司以其所拥有并作为以公允价值计量且公允价值变动计入当期损益的某公司股票抵偿债务。B公司该股票的账面价值为40万元（成本为39万元，公允价值变动为1万元），当日该股票公允价值为38万元。A公司的持有债权的公允价值为38万元。假定A公司为该项应收账款计提了坏账准备4万元。用于抵债的股票于当日即办理相关转让手续，A公司将取得的股票作为以公允价值计量且公允价值变动计入当期损益的金融资产处理。债务重组前A公司已将该项应收票据转入应收账款；B公司已将应付票据转入应付账款。假定不考虑与商业汇票或者应付款项有关的利息。

A公司的账务处理如下：

借：交易性金融资产　　　　　　　　　　　　　380 000

　　投资收益——债务重组损失　　　　　　　　　30 000

　　坏账准备　　　　　　　　　　　　　　　　40 000

　　　贷：应收账款　　　　　　　　　　　　　　450 000

假如A公司为该项应收账款计提了8万元的坏账准备，则A公司的账务处理如下：

借：交易性金融资产 　　　　　　　　　　　　　　　　　 380 000

　　坏账准备 　　　　　　　　　　　　　　　　　　　　　 80 000

　　贷：应收账款 　　　　　　　　　　　　　　　　　　　　 450 000

　　　　投资收益——债务重组利得 　　　　　　　　　　　　　 10 000

4. 将债务转为权益工具方式进行的债务重组

例 4-28　2×22 年 2 月 10 日，B 公司销售一批材料给 A 公司，应收账款为 10 万元，合同约定 6 个月后结清款项。6 个月后，A 公司与 B 公司协商进行债务重组，经双方协议，B 公司同意 A 公司将该债务转为 A 公司的股份，B 公司对该项应收账款计提了坏账准备 0.5 万元。假定转股后 A 公司注册资本为 500 万元，净资产的公允价值为 760 万元，抵债股权占 A 公司注册资本的 1%，该股权投资对 A 公司有重大影响。B 公司持有债务的公允价值为 7.6 万元。假定相关手续已办理完毕，不考虑相关税费。B 公司的账务处理如下：

$$\begin{array}{l}\text{重组债权应收账款的账面余额与所}\\ \text{转让股权的公允价值之间的差额}\end{array} = 100\,000 - 7\,600\,000 \times 1\%$$

$$= 100\,000 - 76\,000 = 24\,000（元）$$

借：长期股权投资——A 公司 　　　　　　　　　　　　　　 76 000

　　投资收益——债务重组损失 　　　　　　　　　　　　　　 19 000

　　坏账准备 　　　　　　　　　　　　　　　　　　　　　　 5 000

　　贷：应收账款 　　　　　　　　　　　　　　　　　　　　 100 000

若该股权投资对 A 公司无重大影响，则通过"交易性金融资产"科目核算。

5. 企业自财政部门取得的款项

企业自财政部门取得的款项不属于政府补助。该款项与具有明确商业实质的交易相关，不是企业自国家无偿取得的现金流入，应作为企业正常销售价款的一部分。

例 4-29　2×21 年 12 月，A 公司收到财政部门拨款 2 000 万元，系对 A 公司 2×20 年执行国家计划内政策价差的补偿。A 公司 M 商品售价为 5 万元 / 台，成本为 2.5 万元 / 台，但在纳入国家计划内政策体系后，A 公司对国家规定范围内的用户销售 M 商品的售价为 3 万元 / 台，国家财政给予 2 万元 / 台的补贴。

2×20 年，A 公司共销售政策范围内 M 商品 1 000 件。A 公司的账务处理如下：

借：应收账款/银行存款　　　　　　　　　　　50 000 000

　　贷：主营业务收入　　　　　　　　　　　　　50 000 000

借：主营业务成本　　　　　　　　　　　　　25 000 000

　　贷：库存商品　　　　　　　　　　　　　　　25 000 000

七、预付账款的设置与账务处理

（一）预付账款的内涵

预付账款是指企业按照购货合同或劳务合同规定，预先支付给供货方或提供劳务方的账款。

（二）"预付账款"科目的具体核算

企业根据购货合同的规定向供应单位预付款项时，借记"预付账款"科目，贷记"银行存款"科目；企业收到所购物资时，按应计入购入物资成本的金额，借记"材料采购"或"原材料""库存商品"等科目，按相应的增值税进项税额，借记"应交税费——应交增值税（进项税额）"科目，贷记"预付账款"科目；当预付货款小于采购货物所需支付的款项时，企业应将不足部分补付，借记"预付账款"科目，贷记"银行存款"科目；当预付货款大于采购货物所需支付的款项时，对收回的多余款项，应借记"银行存款"科目，贷记"预付账款"科目。

预付款项情况不多的企业，也可以将预付的款项直接记入"应付账款"科目的借方，不设置"预付账款"科目。

（三）"预付账款"科目的明细科目设置

"预付账款"科目的明细科目设置如表 4-12 所示。

表 4-12　"预付账款"科目的明细科目设置

编号	会计科目名称	二级科目名称	三级科目名称	是否辅助核算	辅助核算类别
1123	预付账款				
1123 01	预付账款	预付供应商货款	项目内容	是	客商

（续表）

编号	会计科目名称	二级科目名称	三级科目名称	是否辅助核算	辅助核算类别
1123 02	预付账款	水电费	项目内容	是	部门
1123 03	预付账款	预付采购定金	项目内容	是	供应商
1123 04	预付账款	待摊费用	项目内容	是	部门
1123 05	预付账款	其他	项目内容	是	部门

（四）预付账款经典业务的会计核算

例 4-30　2×22 年 1 月 15 日，A 公司向 B 公司购买一批原材料，按合同规定，A 公司用银行存款向 B 公司预付货款 5 万元，待验收货物后补付其余款项。A 公司的账务处理如下：

借：预付账款——B 公司　　　　　　　　　　　　　　　50 000
　　贷：银行存款　　　　　　　　　　　　　　　　　　　　50 000

例 4-31　接例 4-30，2×22 年 1 月 25 日，A 公司收到 B 公司发来的原材料一批，增值税专用发票上注明的买价为 8 万元，增值税税额为 1.04 万元，合计 9.04 万元，扣除预付款 5 万元，余额 4.04 万元由 A 公司用银行存款支付，原材料已验收入库。A 公司的账务处理如下：

借：原材料　　　　　　　　　　　　　　　　　　　　　80 000
　　应交税费——应交增值税（进项税额）　　　　　　　　10 400
　　贷：预付账款——B 公司　　　　　　　　　　　　　　50 000
　　　　银行存款　　　　　　　　　　　　　　　　　　　40 400

八、应收股利的设置与账务处理

（一）应收股利的内涵

应收股利又称为应收股息，是指企业应收取的现金股利和应收取其他单位分配的利润。

（二）"应收股利"科目的具体核算

为了反映和监督应收股利的增减变动及其结存情况，企业应设置"应收股利"科目。企业应收其他单位的利润，也在该科目核算。该科目属于资产类科目，其借方登记应收的股利数，贷方登记收回的股利数，余额在借方，反映企业尚未收回的现金股利或利润。该科目应按被投资单位设置明细账。

（三）"应收股利"科目的明细科目设置

"应收股利"科目的明细科目设置如表4-13所示。

表4-13　"应收股利"科目的明细科目设置

编号	会计科目名称	二级科目名称	三级科目名称	是否辅助核算	辅助核算类别
1131	应收股利				
1131 01	应收股利	子公司	项目内容	是	按应收股利单位设置

（四）应收股利经典业务的会计核算

企业在持有以公允价值计量且其变动计入当期损益的金融资产（交易性金融资产）期间，被投资单位宣告发放现金股利，按应享有的份额，确认为当期投资收益，借记"应收股利"科目，贷记"投资收益"科目。企业在持有长期股权投资期间，被投资单位宣告发放现金股利或利润，按应享有的份额，借记"应收股利"科目，贷记科目应区分两种情况：对于采用成本法核算的长期股权投资，贷记"投资收益"科目；对于采用权益法核算的长期股权投资，贷记"长期股权投资——损益调整"科目。

例4-32　A公司持有C上市公司股票，且作为以公允价值计量且其变动计入当期损益的金融资产（交易性金融资产）进行管理和核算。2×22年6月10日，C上市公司发放20×21年现金股利，A公司按其持有C上市公司股份计算确定的应分得的现金股利为20万元。假定不考虑相关税费。A公司的账务处理如下：

借：应收股利——C上市公司　　　　　　　　　　　200 000
　　贷：投资收益——C上市公司　　　　　　　　　　　　　200 000

例4-33　接例4-32，20×22年6月30日，A公司收到C上市公司发放的现金股利20万元，款项已存入银行，假定不考虑相关税费。A公司的账务处理如下：

借：其他货币资金——存出投资款　　　　　　　　　200 000
　　贷：应收股利——C上市公司　　　　　　　　　　　　　200 000

例 4-34　A 公司持有 D 股份有限公司（非上市公司）股份，且采用成本法核算。2×22 年 1 月 10 日，A 公司收到 D 股份有限公司通知，向其分配 2×21 年利润 500 万元，款项尚未支付，假定不考虑相关税费。A 公司的账务处理如下：

借：应收股利——D 股份有限公司　　　　　　　　　　5 000 000
　　贷：投资收益——D 股份有限公司　　　　　　　　　　5 000 000

例 4-35　接例 4-34，2×22 年 1 月 30 日，A 公司收到 D 股份有限公司分配的利润 500 万元，款项已存入银行，假定不考虑相关税费。A 公司的账务处理如下：

借：银行存款　　　　　　　　　　　　　　　　　　　5 000 000
　　贷：应收股利——D 股份有限公司　　　　　　　　　　5 000 000

例 4-36　A 公司持有 D 股份有限公司（非上市公司）股份，且采用权益法核算。2×22 年 1 月 10 日，A 公司收到 D 股份有限公司股份通知，向其分配 2×21 年利润 500 万元，款项尚未支付，假定不考虑相关税费。A 公司的账务处理如下：

借：应收股利——D 股份有限公司　　　　　　　　　　5 000 000
　　贷：长期股权投资——损益调整　　　　　　　　　　　5 000 000

例 4-37　接例 4-36，2×22 年 1 月 30 日，A 公司收到 D 股份有限公司分配的利润 500 万元，款项已存入银行，假定不考虑相关税费。A 公司的账务处理如下：

借：银行存款　　　　　　　　　　　　　　　　　　　5 000 000
　　贷：应收股利——D 股份有限公司　　　　　　　　　　5 000 000

九、应收利息的设置与账务处理

（一）应收利息的内涵

应收利息是指企业发放贷款、债权投资、其他债权投资、存放中央银行款项、拆出资金、买入返售金融资产等应收取的利息。

（二）"应收利息"科目的具体核算

为了反映和监督应收利息的增减变动及其结存情况，企业应设置"应收利息"科目。应收利息的主要账务处理如下：

（1）资产负债表日，债权投资为分期付息、一次还本债券投资的，企业应按票面利率计算确定的应收未收利息，借记"应收利息"科目；按债权投资摊余成本和实际利率确定的利息收入，贷记"投资收益"科目；按其差额，借记或贷记"债权投资——利息调整"科目。债权投资为一次还本付息债券投资的，企业应按票面利率计算确定的应收未收利息，借记"债权投资——应计利息"科目；按债权投资摊余成本和额实际利率计算确定的利息收入，贷记"投资收益"科目；按其差额，借记或贷记"债权投资——利息调整"科目。

（2）资产负债表日，其他债权投资为分期付息、一次还本债券投资的，企业应按票面利率计算确定的应收未收利息，借记"应收利息"科目；按其他债权投资的摊余成本和实际利率计算确定的利息收入，贷记"投资收益"科目；按其差额，借记或贷记"其他债权投资——利息调整"科目。其他债权投资为一次还本付息债券投资的，企业应于资产负债表日按票面利率计算确定的应收未收利息，借记"其他债权投资——应计利息"科目；按其他债权投资的摊余成本和实际利率计算确定的利息收入，贷记"投资收益"科目；按其差额，借记或贷记"其他债权投资——利息调整"科目。

（3）未减值贷款计息日，企业应按贷款的合同本金和合同约定的名义利率计算确定的应收利息的金额，借记"应收利息"科目；按贷款的摊余成本和实际利率计算确定的利息收入的金额，贷记"利息收入"科目；按本期应摊销交易费用的金额，借记或贷记"贷款——交易费用"科目；按其差额，借记或贷记"贷款——利润调整"科目。

（4）发生的其他应收利息，企业应按合同约定的名义利率计算确定的应收取利息，借记"应收利息"科目，贷记"利息收入"科目。合同约定的名义利率与实际利率差异较大的，企业应采用实际利率计算确定利息收入。

（5）实际收到利息时，企业应借记"银行存款""存放中央银行款项"等科目，贷记"应收利息"科目。

"应收利息"科目的期末余额在借方，反映企业尚未收回的利息。

（三）"应收利息"科目的明细科目设置

"应收利息"科目的明细科目设置如表 4-14 所示。

表 4-14　"应收利息"科目的明细科目设置

编号	会计科目名称	二级科目名称	三级科目名称	是否辅助核算	辅助核算类别
1132	应收利息				
1132 01	应收利息	交易性金融资产	借款人或被投资单位	是	借款人或被投资单位

编号	会计科目名称	二级科目名称	三级科目名称	是否辅助核算	辅助核算类别
1132 02	应收利息	债权投资	借款人或被投资单位	是	借款人或被投资单位
1132 03	应收利息	其他债权投资	借款人或被投资单位	是	借款人或被投资单位
1132 04	应收利息	其他		是	借款人或被投资单位

（四）应收利息经典业务的会计核算

1. 交易性金融资产的利息计提

企业持有交易性金融资产期间对于被投资单位宣告发放的已到付息期但尚未领取的债券利息，应当确认为应收项目。账务处理如下：

借：应收利息

　　贷：投资收益

2. 债权投资与其他债权投资的利息计提

债权投资与其他债权投资应当按照实际利率法确认利息收入。利息收入的计算公式如下：

$$利息收入＝金融资产账面余额 \times 实际利率$$

（1）债权投资的账务处理如下：

借：应收利息

　　贷：投资收益

　　　　债权投资——利息调整（差额）

（2）其他债权投资的账务处理如下：

借：应收利息

　　贷：投资收益

　　　　其他债权投资——利息调整（差额）

3. 收到利息时的账务处理

借：银行存款（实际收到的金额）

　　贷：应收利息（按期付息）

　　　　债权投资／其他债权投资——应计利息（到期一次还本付息）

十、其他应收款的设置与账务处理

（一）其他应收款的内涵

其他应收款是指企业除了应收票据、应收账款、预付账款、应收股利、应收利息等的其他各种应收及暂付款项。

其主要内容包括：

（1）应收的各种赔款、罚款，如因企业财产等遭受意外损失而应向有关保险公司收取的赔款等。

（2）应收的出租包装物租金。

（3）应向职工收取的各种垫付款项，如为职工垫付的水电费、应由职工负担的医药费、房租费等。

（4）存出保证金，如租入包装物支付的押金。

（5）其他各种应收、暂付款项。

（二）"其他应收款"科目的具体核算

为了反映和监督其他应收账款的增减变动及其结存情况，企业应当设置"其他应收款"科目进行核算。该科目的借方登记其他应收款的增加；贷方登记其他应收款的收回；期末余额一般在借方，反映企业尚未收回的其他应收款项。企业应收的各种政府补助，也在该科目核算。

（三）"其他应收款"科目的明细科目设置

"其他应收款"科目的明细科目设置如表4-15所示。

表4-15　"其他应收款"科目的明细科目设置

编号	会计科目名称	二级科目名称	三级科目名称	是否辅助核算	辅助核算类别
1221	其他应收款				
1221 01	其他应收款	备用金	借款人或被投资单位	是	借款人或被投资单位
1221 02	其他应收款	应收个人往来账款	借款人或被投资单位	是	借款人或被投资单位
1221 03	其他应收款	应收单位往来账款	按单位名称设置	是	借款人或被投资单位
1221 04	其他应收款	总公司内部企业往来款	按单位名称设置	是	借款人或被投资单位
1221 05	其他应收款	筹建款	按业务内容设置	是	借款人或被投资单位
1221 06	其他应收款	其他	按业务内容设置	是	借款人或被投资单位

（四）其他应收款经典业务的会计核算

（1）采用售后回购方式融出资金的，应按实际支付的金额，借记"其他应收款"科目，贷记"银行存款"科目。

（2）销售价格与原购买价格之间的差额，应在售后回购期间内按期计提利息费用，借记"其他应收款"科目，贷记"财务费用"科目。

（3）按合同约定返售商品时，应按实际收到的金额，借记"银行存款"科目，贷记"其他应收款"科目。

（4）出差借款、借用时，借记"其他应收款"科目，贷记"库存现金"科目。

例 4-38　A 公司于 2×22 年 5 月 1 日与 B 公司签订一项销售合同，根据合同向 B 公司销售一批商品，开出的增值税专用发票上注明的销售价格为 100 万元，增值税税额为 13 万元。商品尚未发出，款项已收到。该批商品的成本为 80 万元。5 月 1 日，签订的补充合同约定，A 公司应于 9 月 30 日将所售商品购回，回购价为 110 万元（不含增值税额）。B 公司的账务处理如下：

（1）2×22 年 5 月 1 日：

借：其他应收款　　　　　　　　　　　　　　　　1 000 000
　　应交税费——应交增值税（进项税额）　　　　　130 000
　　贷：银行存款　　　　　　　　　　　　　　　　　1 130 000

（2）回购价格大于原售价的差额，应在回购期间按期计提利息，计入财务费用。由于回购期间为 5 个月，货币时间价值影响不大，因此，B 公司采用直线法计提利息费用，每月计提利息费用为 2 万元（10÷5）。

借：其他应收款　　　　　　　　　　　　　　　　　20 000
　　贷：财务费用　　　　　　　　　　　　　　　　　　20 000

（3）2×22 年 9 月 30 日，A 公司回购商品时，B 公司开具的增值税专用发票上注明的商品价款为 110 万元，增值税税额为 14.3 万元，款项已收到。

借：银行存款　　　　　　　　　　　　　　　　　1 243 000
　　贷：财务费用　　　　　　　　　　　　　　　　　　20 000
　　　　应交税费——应交增值税（销项税额）　　　　143 000
　　　　其他应收款　　　　　　　　　　　　　　　　1 080 000

十一、坏账准备的设置与账务处理

（一）坏账准备的内涵

坏账准备是指企业在备抵法下为各种应收款项估计坏账损失而设计的备抵账户。

（二）"坏账准备"科目的具体核算

企业应当设置"坏账准备"科目，核算应收款项的坏账准备计提、转销等情况。该科目贷方登记当期计提的坏账准备、收回已转销的应收账款而恢复的坏账准备；借方登记实际发生的坏账损失金额和冲减的坏账准备金额；期末余额在贷方，反映企业已计提但尚未转销的坏账准备。

（三）"坏账准备"科目的明细科目设置

"坏账准备"科目的明细科目设置如表 4-16 所示。

表 4-16　　"坏账准备"科目的明细科目设置

编号	会计科目名称	二级科目名称	三级科目名称
1231	坏账准备		
1231 01	坏账准备	应收账款坏账准备	按客户设置
1231 02	坏账准备	其他应收款坏账准备	按客户设置
1231 03	坏账准备	应收票据坏账准备	按客户设置
1231 04	坏账准备	预付账款坏账准备	按客户设置
1231 05	坏账准备	长期应收款坏账准备	按客户设置
1231 06	坏账准备	其他坏账准备	按客户设置

（四）坏账准备经典业务的会计核算

（1）企业计提坏账准备时，按照应减记的金额，借记"信用减值损失"科目，贷记"坏账准备"科目；冲减多计提的坏账准备时，借记"坏账准备"科目，贷记"信用减值损失"科目。本期应计提的坏账准备大于其账面余额的，应按其差额计提坏账准备；应计提的坏账准备小于其账面余额的差额，则作相反的会计分录。

例4-39　2×21年12月31日，A公司对应收B公司的账款进行减值测试。此前，A公司应收B公司账款的余额合计为10万元。A公司根据B公司的资信情况确定按10%计提坏账准备。A公司2×21年年末计提坏账准备的账务处理如下：

借：信用减值损失——计提的坏账准备　　　　　　　　10 000
　　贷：坏账准备　　　　　　　　　　　　　　　　　　　10 000

（2）企业确实无法收回的应收款项按管理权限报经批准后作为坏账转销时，应当冲减已计提的坏账准备。企业实际发生坏账损失时，借记"坏账准备"科目，贷记"应收账款""其他应收款""应收票据""预付账款""长期应收款"等科目。

例4-40　A公司2×21年对B公司的应收账款实际发生坏账损失2万元。确认坏账损失时，A公司的账务处理如下：

借：坏账准备　　　　　　　　　　　　　　　　　　　20 000
　　贷：应收账款　　　　　　　　　　　　　　　　　　　20 000

（3）已确认并转销的应收款项以后又收回的，应当按照实际收到的金额增加坏账准备的账面余额。已确认并转销的应收款项以后又收回时，借记"应收账款""其他应收款""应收票据""预付账款""长期应收款"等科目，贷记"坏账准备"科目；同时，借记"银行存款"科目，贷记"应收账款""其他应收款""应收票据""预付账款""长期应收款"等科目。

例4-41　A公司于2×22年4月20日收到2×21年已转销的坏账1万元，已存入银行。A公司的账务处理如下：

借：应收账款　　　　　　　　　　　　　　　　　　　10 000
　　贷：坏账准备　　　　　　　　　　　　　　　　　　　10 000
借：银行存款　　　　　　　　　　　　　　　　　　　10 000
　　贷：应收账款　　　　　　　　　　　　　　　　　　　10 000

十二、材料采购的设置与账务处理

（一）材料采购的内涵

材料采购是指企业采用计划成本进行材料日常核算而购入材料的采购成本。它是生产准备业务的主要内容之一。

（二）"材料采购"科目的具体核算

"材料采购"科目核算企业采用计划成本进行材料日常核算而购入材料的采购成本。企业采用实际成本进行材料日常核算的，购入材料的采购成本，通过"在途物资"科目核算；委托外单位加工材料、商品的加工成本，通过"委托加工物资"科目核算；企业购入的工程用材料，通过"工程物资"科目核算。

"材料采购"科目可按供应单位和材料品种进行明细核算。"材料采购"科目的期末余额在借方，反映企业在途材料的采购成本。

（三）"材料采购"科目的明细科目设置

"材料采购"科目的明细科目设置如表 4-17 所示。

表 4-17　"材料采购"科目的明细科目设置

编号	会计科目名称	二级科目名称	三级科目名称	是否辅助核算	辅助核算类别
1401	材料采购	材料品种	材料名称	是	供应单位

（四）材料采购经典业务的会计核算

（1）企业支付材料价款和运杂费等，按应计入材料采购成本的金额，借记"材料采购"科目；按实际支付或应支付的金额，贷记"银行存款""库存现金""其他货币资金""应付账款""应付票据"等科目。涉及增值税进项税额的，还应进行相应的处理。

例 4-42　甲公司为增值税一般纳税人，2×22 年 3 月 15 日，购入 X 材料一批，增值税专用发票上注明的价款为 300 万元，增值税税额为 39 万元，发票账单已收到，计划成本为 320 万元，已验收入库，全部款项以银行存款支付。甲公司采用计划成本进行材料日常核算，甲公司的账务处理如下：

借：材料采购——X 材料 3 000 000

应交税费——应交增值税（进项税额） 390 000

贷：银行存款 3 390 000

例 4-43 2×22 年 3 月 18 日，甲公司采用商业承兑汇票支付方式购入 Y 材料一批，增值税专用发票上记载的货款为 50 万元，增值税税额为 6.5 万元，发票账单已收到，计划成本为 49 万元，材料已验收入库。甲公司采用计划成本进行材料日常核算。甲公司的账务处理如下：

借：材料采购——Y 材料 500 000

应交税费——应交增值税（进项税额） 65 000

贷：应付票据 565 000

（2）期末，企业应将仓库转来的外购收料凭证，分别对下列不同情况进行处理：

其一，对于已经付款或已开出、承兑商业汇票的收料凭证，企业应按实际成本和计划成本分别汇总，按计划成本，借记"原材料""周转材料"等科目，贷记"材料采购"科目。同时，实际成本大于计划成本的，企业应按两者的差额，借记"材料成本差异"科目，贷记"材料采购"科目；实际成本小于计划成本的，做相反的会计分录。

例 4-44 接例 4-42 和例 4-43，2×22 年 3 月末，甲公司汇总本月已付款或已开出并承兑商业汇票的入库材料的计划成本 369 万元（320 ＋ 49）。甲公司采用计划成本进行材料日常核算。甲公司的账务处理如下：

（1）结转原材料成本时：

借：原材料——X 材料 3 200 000

——Y 材料 490 000

贷：材料采购——X 材料 3 200 000

——Y 材料 490 000

（2）结转材料成本差异时：

上述入库材料的实际成本为 350 万元（300 ＋ 50），入库材料的成本差异为节约 19 万元（350 － 369）。

借：材料采购——X 材料 200 000

材料成本差异——Y 材料 10 000

贷：材料成本差异——X 材料 200 000

材料采购——Y 材料 10 000

其二，对于尚未收到发票账单的收料凭证，企业应按计划成本暂估入账，借记"原材料""周转材料"等科目，贷记"应付账款——暂估应付账款"科目；下期期初，做相反分录予以冲回。

企业在下期收到发票账单的收料凭证时，借记"材料采购"科目，贷记"银行存款""应付账款""应付票据"等科目。涉及增值税进项税额的，还应进行相应的处理。

例 4-45　A 公司于 2×22 年 3 月 20 日购入 X 材料一批，材料已验收入库，发票账单未到，月末按照计划成本 80 万元估价入账。A 公司的账务处理如下：

借：原材料　　　　　　　　　　　　　　　　　　　　　800 000
　　贷：应付账款——暂估应付账款　　　　　　　　　　　　　800 000

4 月初，A 公司做相反的会计分录予以冲回：

借：应付账款——暂估应付账款　　　　　　　　　　　　　800 000
　　贷：原材料　　　　　　　　　　　　　　　　　　　　　800 000

十三、在途物资的设置与账务处理

（一）在途物资的内涵

在途物资是指企业采用实际成本法核算的在途物资的采购成本。它反映了企业购入的尚未到达或尚未验收入库的各种物资（即在途物资）的采购和入库情况。

（二）"在途物资"科目的具体核算

"在途物资"科目核算企业采用实际成本（或进价）进行材料、商品等物资的日常核算、货款已付尚未验收入库的在途物资的采购成本。"在途物资"科目可按供应单位和物资品种进行明细核算。"在途物资"科目的期末余额在借方，反映企业在途材料、商品等物资的采购成本。

（三）"在途物资"科目的明细科目设置

"在途物资"科目的明细科目设置如表 4-18 所示。

表 4-18 "在途物资"科目的明细科目设置

编号	会计科目名称	二级科目名称	三级科目名称	是否辅助核算	辅助核算类别
1402	在途物资	物资品种	物资名称	是	按供应单位设置

（四）在途物资经典业务的会计核算

1. 购入材料、商品

企业购入材料、商品，按应计入材料、商品采购成本的金额，借记"在途物资"科目，按实际支付或应支付的金额，贷记"银行存款""应付账款""应付票据"等科目；涉及增值税进项税额的，还应进行相应的处理。

例 4-46 2×22 年 1 月 12 日，A 公司采用汇兑结算方式购入 X 材料一批，发票及账单已收到，增值税专用发票上记载的货款为 10 万元、增值税税额为 1.3 万元；支付保险费 0.5 万元，材料尚未到达。A 公司的账务处理如下：

借：在途物资　　　　　　　　　　　　　　　　　105 000
　　应交税费——应交增值税（进项税额）　　　　 13 000
　　　贷：银行存款　　　　　　　　　　　　　　　118 000

2. 所购材料、商品到达并验收入库

（1）企业所购材料、商品到达并验收入库时，借记"原材料""库存商品"等科目，贷记"在途物资"科目。

（2）库存商品采用售价核算的，按售价，借记"库存商品"科目；按进价，贷记"在途物资"科目；按进价与售价之间的差额，借记或贷记"商品进销差价"科目。

例 4-47 接例 4-46，购入的 X 材料已收到，并验收入库。A 公司的账务处理如下：

借：原材料　　　　　　　　　　　　　　　　　　105 000
　　　贷：在途物资　　　　　　　　　　　　　　　105 000

十四、原材料的设置与账务处理

（一）原材料的内涵

原材料是指企业用于制造产品并构成产品实体的购入物品，以及购入的用于产品生产但不构成产品实体的辅助性物资等。

（二）"原材料"科目的具体核算

"原材料"科目核算企业库存的各种材料，包括原料及主要材料、辅助材料、外购半成品（外购件）、修理用备件（备品备件）、包装材料、燃料等的计划成本或实际成本。企业收到来料加工装配业务的原料、零件等，应当设置备查簿进行登记。

"原材料"科目可按材料的保管地点（仓库）、材料的类别、品种和规格等进行明细核算。"原材料"科目的期末余额在借方，反映企业库存材料的计划成本或实际成本。

（三）"原材料"科目的明细科目设置

"原材料"科目的明细科目设置如表 4-19 所示。

表 4-19　"原材料"科目的明细科目设置

编号	会计科目名称	二级科目名称	三级科目名称	是否辅助核算	辅助核算类别
1403	原材料				
1403 01	原材料	原料及主要材料	品种和规格	是	按存放地点
1403 02	原材料	辅助材料	品种和规格	是	按存放地点
1403 03	原材料	外购半成品（外购件）	品种和规格	是	按存放地点
1403 04	原材料	修理用备件（备品备件）	品种和规格	是	按存放地点
1403 05	原材料	包装材料	品种和规格	是	按存放地点
1403 06	原材料	燃料	品种和规格	是	按存放地点
1403 07	原材料	其他	品种和规格	是	按存放地点

（四）原材料经典业务的会计核算

1. 其他方式取得的存货的成本

企业取得存货的其他方式主要包括投资者投入，通过非货币性资产交换、债务重组、企业合并等方式取得，盘盈，通过提供劳务取得等。

（1）投资者投入存货。《企业会计准则第 1 号——存货准则》规定，投资者投入存货的成本应当按照投资合同或协议约定的价值确定，但合同或协议约定价值不公允的除外。在投资合同或协议约定价值不公允的情况下，企业应按照该项存货的公允价值作为其入账价值。

（2）通过非货币性资产交换、债务重组、企业合并等方式取得的存货的成本执行相关具体会计准则。

（3）盘盈存货的成本。盘盈的存货应按其重置成本作为入账价值，并通过"待处理财产损溢"科目进行会计处理，按管理权限报经批准后冲减当期管理费用。

（4）通过提供劳务取得的存货。通过提供劳务取得存货的，所发生的从事劳务提供人员的直接人工和其他直接费用以及可归属于该存货的间接费用，计入存货成本。

例 4-48 2×22 年 1 月 1 日，A、B、C 三方共同投资设定了甲有限责任公司（以下简称"甲公司"），A 以其生产的产品作为投资（甲公司作为原材料管理和核算），该批产品的公允价值是 500 万元，甲公司取得的增值税专用发票上注明的不含税价款为 500 万元，增值税税额为 65 万元，假定甲公司的实收资本总额为 1 000 万元，A 在甲公司享有的份额为 35%，甲公司为增值税一般纳税人，适用的增值税税率为 13%，甲公司采用实际成本法核算存货。甲公司的账务处理如下：

A 在甲公司享有的实收资本金额 = 1 000 × 35% = 350（万元）

A 在甲公司投资的资本溢价 = 500 + 65 - 350

$$= 215（万元）$$

借：原材料   5 000 000

应交税费——应交增值税（进项税额）   650 000

    贷：实收资本——A   3 500 000

    资本公积——资本溢价   2 150 000

例 4-49 A 股份有限公司为一家从事贵金属进口、加工生产及相关产品销售的企业，其 2×22 年发生了下列交易或事项：

为了进一步树立公司产品的品牌形象，A 股份有限公司 2×22 年聘请专业设计机构为本公司品牌设计了卡通形象摆件，并自市场上订制后发放给经销商供展示使用。为此，A 股份有限公司支付设计机构 200 万元设计费，共订制黄金卡通形象摆件 200 件，订制价为每件 3.5 万元。2×22 年 11 月，A 股份有限公司收到所订制的摆件并在年底前派发给经销商。A 股份有限公司公司在将订制的品牌卡通形象摆件发放给主要经销商供其摆放宣传后，按照双方约定，后续不论经销商是否退出，均不要求返还。假定不考虑增值税等相关税费及其他因素。A公司的账务处理如下：

（1）支付设计费时：

借：销售费用   2 000 000

    贷：银行存款   2 000 000

（2）订制卡通摆件时：

借：预付账款   7 000 000

    贷：银行存款   7 000 000

（3）取得摆件并派发给经销商时：

借：销售费用   7 000 000

    贷：预付账款   7 000 000

对于发放给经销商的黄金卡通形象摆件和设计费，因其主要目的在于推广公司品牌，且无法证明未来期间可能带来经济利益流入，亦不会自经销商收回，不符合资产的定义，应当作为当期销售费用核算。

2. 原材料入库

（1）货款以银行存款或银行汇票支付，同时材料已验收入库。

例4-50 甲公司持银行汇票180.8万元购入D材料一批，增值税专用发票上注明的价款为160万元，增值税税额为20.8万元，材料已验收入库。甲公司为增值税一般纳税人，采用实际成本进行材料日常核算。甲公司的账务处理如下：

借：原材料——D材料   1 600 000

    应交税费——应交增值税（进项税额）   208 000

    贷：其他货币资金——银行汇票   1 808 000

（2）货款以银行存款或银行汇票支付，材料尚未到达或尚未验收入库，应通过"在途物资"科目核算；待材料到达、入库后，再根据收料单，由"在途物资"科目转入"原材料"科目核算。

例4-51 甲公司采用汇兑结算方式购入F材料一批，发票及账单已收到，取得的增值税专用发票上注明的价款为2万元，增值税税额为0.26万元，材料尚未到达。甲公司为增值税一般纳税人，采用实际成本进行材料日常核算。甲公司的账务处理如下：

借：在途物资　　　　　　　　　　　　　　　　　　20 000

　　应交税费——应交增值税（进项税额）　　　　　2 600

　　贷：银行存款　　　　　　　　　　　　　　　　　22 600

（3）对于购入并已验收入库的材料，企业应按计划成本或实际成本，借记"原材料"科目；按实际成本，贷记"材料采购"或"在途物资"科目；按计划成本与实际成本的差异，借记或贷记"材料成本差异"科目。

例 4-52　接例 4-51，上述购入的 F 材料已收到，并验收入库。甲公司的账务处理如下：

借：原材料——F 材料　　　　　　　　　　　　　　20 000

　　贷：在途物资　　　　　　　　　　　　　　　　　20 000

（4）对于自制并已验收入库的材料，企业应按计划成本或实际成本，借记"原材料"科目；按实际成本，贷记"生产成本"科目；按计划成本与实际成本的差异，借记或贷记"材料成本差异"科目。

（5）对于委托外单位加工完成并已验收入库的材料，企业应按计划成本或实际成本，借记"原材料"科目；按实际成本，贷记"委托加工物资"科目；按计划成本与实际成本的差异，借记或贷记"材料成本差异"科目。

例 4-53　2×22 年 8 月 14 日，A 企业委托 B 企业加工一批材料，价值为 8 万元，加工费用为 1 万元。9 月 2 日，A 企业用银行存款支付了加工费用，并以实际成本将该批材料入库。增值税税率为 13%，A 企业的账务处理如下：

（1）收到材料并支付加工费用时：

借：原材料　　　　　　　　　　　　　　　　　　　90 000

　　应交税费——应交增值税（进项税额）（10 000×13%）

　　　　　　　　　　　　　　　　　　　　　　　　1 300

　　贷：委托加工物资　　　　　　　　　　　　　　　80 000

　　　　银行存款　　　　　　　　　　　　　　　　　11 300

（2）如果 A 企业采用计划成本核算，计划成本为 100 000 元，则 A 企业的账务处理如下：

借：原材料　　　　　　　　　　　　　　　　　　　100 000
　　应交税费——应交增值税（进项税额）　　　　　　1 300
　　贷：委托加工物资　　　　　　　　　　　　　　　80 000
　　　　材料成本差异　　　　　　　　　　　　　　　10 000
　　　　银行存款　　　　　　　　　　　　　　　　　11 300

3. 原材料出库

（1）企业应生产经营领用材料时，借记"生产成本""制造费用""销售费用""管理费用"等科目，贷记"原材料"科目。

例 4-54　根据"发料凭证汇总表"的记录，A 公司 2×22 年 1 月基本生产车间领用 X 材料 30 万元，辅助生产车间领用 X 材料 5 万元，车间管理部门领用 X 材料 0.5 万元，行政管理部门领用 X 材料 0.5 万元，计 36 万元。A 公司的账务处理如下：

借：生产成本——基本生产成本　　　　　　　　　　300 000
　　　　　　　——辅助生产成本　　　　　　　　　　50 000
　　制造费用　　　　　　　　　　　　　　　　　　5 000
　　管理费用　　　　　　　　　　　　　　　　　　5 000
　　贷：原材料——X 材料　　　　　　　　　　　　　360 000

（2）出售材料时，企业应结转成本，借记"其他业务成本"科目，贷记"原材料"科目。

（3）企业发出委托外单位加工的材料时，借记"委托加工物资"科目，贷记"原材料"科目。

十五、材料成本差异的设置与账务处理

（一）材料成本差异的内涵

"材料成本差异"科目反映企业已入库各种材料的实际成本与计划成本的差异。其借方登记超支差异及发出材料应负担的节约差异；贷方登记节约差异及发出材料应负担的超支差异；期末如为借方余额，反映企业库存材料的实际成本大于计划成本的差异（即超支差异）；期末如为贷方余额，反映企业库存材料实际成本小于计划成本的差异（即节约差异）。

（二）"材料成本差异"科目的具体核算

"材料成本差异"科目核算企业采用计划成本进行日常核算的材料计划成本与实际成本的差额。企业也可以在"原材料""周转材料"等科目下设置"成本差异"明细科目。

"材料成本差异"科目可以分别"原材料""周转材料"等，按照类别或品种进行明细核算。

（三）"材料成本差异"科目的明细科目设置

"材料成本差异"科目的明细科目设置如表 4-20 所示。

表 4-20　"材料成本差异"科目的明细科目设置

编号	会计科目名称	二级科目名称	三级科目名称
1404	材料成本差异		
1404 01	材料成本差异	原材料	材料类别
1404 02	材料成本差异	周转材料	材料类别
1404 03	材料成本差异	其他	材料类别

（四）材料成本差异经典业务的会计核算

1. 入库材料发生的材料成本差异

对于入库材料发生的材料成本差异，企业应按实际成本大于计划成本的金额，借记"材料成本差异"科目，贷记"材料采购"科目；实际成本小于计划成本的，做相反的会计分录。

入库材料的计划成本应当尽可能接近实际成本。除了特殊情况，计划成本在年度内不得随意变更。

例 4-55　A 公司原材料按计划成本核算。2×22 年 7 月，A 公司"原材料"账户余额为 0.9 万元，"材料成本差异"账户借方余额为 0.09 万元。A 公司 2×22 年 7 月购入原材料，实际成本为 2 万元，增值税税额为 0.26 万元。购入的材料已经验收入库，其计划成本为 1.769 5 万元，A 公司 7 月生产产品用材料 1 万元，车间用材料 0.2 万元。A 公司的账务处理如下：

（1）购入原材料时：

借：材料采购　　　　　　　　　　　　　　　　　　20 000

　　应交税费——应交增值税（进项税额）　　　　　 2 600

　　贷：银行存款　　　　　　　　　　　　　　　　　　22 600

（2）结转原材料计划成本时：

借：原材料　　　　　　　　　　　　　　　　　　　17 695

　　贷：材料采购　　　　　　　　　　　　　　　　　　17 695

（3）结转入库材料成本差异时：

借：材料成本差异　　　　　　　　　　　　　　　　 2 305

　　贷：材料采购　　　　　　　　　　　　　　　　　　 2 305

（4）材料出库时：

借：生产成本　　　　　　　　　　　　　　　　　　10 000

　　制造费用　　　　　　　　　　　　　　　　　　 2 000

　　贷：原材料　　　　　　　　　　　　　　　　　　　12 000

$$\frac{\text{本期材料}}{\text{成本差异率}}=\frac{\text{期初结存材料的成本差异＋本期验收入库材料的成本差异}}{\text{期初结存材料的计划成本＋本期验收入库材料的计划成本}}\times100\%$$

$$=（900＋2\ 305）\div（9\ 000＋17\ 695）\times100\%＝12\%$$

（5）结转出库材料应负担的成本差异时：

借：生产成本　　　　　　　　　　　　　　　　　　 1 200

　　制造费用　　　　　　　　　　　　　　　　　　　240

　　贷：材料成本差异　　　　　　　　　　　　　　　　 1 440

2. 发出材料时应负担的材料成本差异

结转发出材料应负担的材料成本差异，按实际成本大于计划成本的差异，借记"生产成本""管理费用""销售费用""委托加工物资""其他业务成本"等科目，贷记"材料成本差异"科目；按实际成本小于计划成本的差异，做相反的会计分录。

发出材料应负担的成本差异应当按期（月）分摊，不得在季末或年末一次计算。发出材料应负担的成本差异，除了委托外部加工发出材料可按期初成本差异率计算，应使用当期的实际差异率计算；期初成本差异率与本期成本差异率相差不大的，也可按期初成本差异率计算。计算方法一经确定，不得随意变更。材料成本差异率的计算公式如下：

$$\frac{\text{本期材料}}{\text{成本差异率}}=\frac{\text{期初结存材料的成本差异＋本期验收入库材料的成本差异}}{\text{期初结存材料的计划成本＋本期验收入库材料的计划成本}}\times100\%$$

$$期初材料成本差异率 = \frac{期初结存材料的成本差异}{期初结存材料的计划成本} \times 100\%$$

发出材料应负担的成本差异 = 发出材料的计划成本 × 材料成本差异率

例 4-56 A 公司于 2×22 年 7 月购入 X 材料一批，增值税专用发票上记载的货款为 300 万元，增值税税额为 39 万元，发票账单已收到，计划成本为 320 万元，材料已验收入库，全部款项以银行存款支付。A 公司的账务处理如下：

借：材料采购	3 000 000
应交税费——应交增值税（进项税额）	390 000
贷：银行存款	3 390 000

例 4-57 A 公司根据"发料凭证汇总表"的记录，2×22 年 7 月 X 材料的消耗（计划成本）为：基本生产车间领用 200 万元，辅助生产车间领用 60 万元，车间管理部门领用 25 万元，企业行政管理部门领用 5 万元。A 公司的账务处理如下：

借：生产成本——基本生产成本	2 000 000
——辅助生产成本	600 000
制造费用	250 000
管理费用	50 000
贷：原材料	2 900 000

例 4-58 接例 4-56 和 例 4-57，A 公司 2×22 年 7 月初结存 X 材料的计划成本为 100 万元，成本差异为超支 3.074 万元；7 月入库 X 材料的计划成本为 320 万元，成本差异为节约 20 万元。A 公司的账务处理如下：

材料成本差异率 =（30 740 − 200 000）÷（1 000 000 + 3 200 000）× 100%
　　　　　　　= − 4.03%

借：材料成本差异——X 材料	116 870
贷：生产成本——基本生产成本	80 600
——辅助生产成本	24 180
制造费用	10 075
管理费用	2 015

3. 接受投资的账务处理

（1）调整超支差异时：

借：原材料（按计划成本）

　　应交税费——应交增值税（进项税额）

　　材料成本差异——原材料

　　　贷：实收资本（按账面价或市场价）

（2）调整节约差异时：

借：原材料（按计划成本）

　　应交税费——应交增值税（进项税额）

　　　贷：实收资本（按账面价或市场价）

　　　　　材料成本差异——原材料

4. 盘点盘盈的账务处理

（1）调整超支差异时：

借：原材料（按计划成本）

　　材料成本差异——原材料

　　　贷：待处理财产损溢

（2）调整节约差异时：

借：原材料（按计划成本）

　　　贷：待处理财产损溢

　　　　　材料成本差异——原材料

5. 材料对外投资的账务处理

借：长期股权投资（按账面价，市场价或评估价）

　　　贷：原材料（按计划成本）

　　　　　应交税费——应交增值税（销项税额）

　　　　　材料成本差异——原材料（按材料成本差异率确定）

6. 材料盘点盘亏的账务处理

借：待处理财产损溢

　　　贷：原材料（按计划成本）

　　　　　材料成本差异——原材料（按材料成本差异率确定）

需要说明的是，发出材料的材料成本差异额可按当月材料成本差异率计算，也可按上月材料成本差异率计算所得。

十六、库存商品的设置与账务处理

（一）库存商品的内涵

库存商品是指企业已完成全部生产过程并已验收入库、合乎标准规格和技术条件，可以按照合同规定的条件送交订货单位，或可以作为商品对外销售的产品以及外购或委托加工完成验收入库用于销售的各种商品。

（二）"库存商品"科目的具体核算

"库存商品"科目核算企业库存的各种商品的实际成本（或进价）或计划成本。

库存商品具体包括库存产成品、外购商品、存放在门市部准备出售的商品、发出展览的商品、寄存在外的商品、接受来料加工制造的代制品和为外单位加工修理的代修品等。已完成销售手续但购买单位在月末未提取的产品，企业不应将其作为库存商品，而应作为代管商品处理，单独设置"代管商品备查簿"进行登记。

为了反映和监督库存商品的增减变动及其结存情况，企业应当设置"库存商品"科目。该科目借方登记验收入库的库存商品成本；贷方登记发出的库存商品成本；期末余额在借方，反映各种库存商品的实际成本。

（三）"库存商品"科目的明细科目设置

"库存商品"科目的明细科目设置如表 4-21 所示。

表 4-21　"库存商品"科目的明细科目设置

编号	会计科目名称	二级科目名称	三级科目名称	是否辅助核算	辅助核算类别
1405	库存商品				
1405 01	库存商品	库存产成品	按库存商品的种类、品种和规格	是	按存放地点
1405 02	库存商品	外购商品	按库存商品的种类、品种和规格	是	按存放地点
1405 03	库存商品	存放在门市部准备出售的商品	按库存商品的种类、品种和规格	是	按存放地点
1405 04	库存商品	发出展览的商品以及寄存在外的商品	按库存商品的种类、品种和规格	是	按存放地点
1405 05	库存商品	接受来料加工制造的代制品和为外单位加工修理的代修品	按库存商品的种类、品种和规格	是	按存放地点
1405 06	库存商品	其他	按库存商品的种类、品种和规格	是	按存放地点

（四）库存商品经典业务的会计核算

1. 自产入库

（1）企业生产的产成品一般应按实际成本核算，产成品的入库和出库，平时只记数量不记金额，期（月）末计入库产成品的实际成本。生产完成验收入库的产成品，按其实际成本，借记"库存商品""农产品"等科目，贷记"生产成本""消耗性生物资产""农业生产成本"等科目。

企业采用实际成本进行产成品日常核算的，发出产成品的实际成本，可以采用先进先出法、加权平均法或个别认定法计算确定。产成品种类较多的，也可按计划成本进行日常核算，其实际成本与计划成本的差异，可以通过单独设置"产品成本差异"科目，比照"材料成本差异"科目进行核算。

例 4-59 A 公司"商品入库汇总表"记载，5 月已验收入库 X 产品 100 台，实际单位成本为 0.3 万元，计 30 万元；Y 产品 200 台，实际单位成本为 0.2 万元，计 40 万元。A 公司的账务处理如下：

借：库存商品——X 产品　　　　　　　　　　　300 000
　　　　　　——Y 产品　　　　　　　　　　　400 000
　　贷：生产成本——基本生产成本（X 产品）　　　　300 000
　　　　　　——基本生产成本（Y 产品）　　　　400 000

（2）企业对外销售产成品（包括采用分期收款方式销售的产成品），结转其销售成本时，借记"主营业务成本"科目，贷记"库存商品"科目。企业采用计划成本核算的，发出产成品还应结转产品成本差异，将发出产成品的计划成本调整为实际成本。

例 4-60 接例 4-59，5 月验收入库的 X 产品和 Y 产品已全部售出，在结转其销售成本时，A 公司应做如下账务处理：

借：主营业务成本　　　　　　　　　　　　　　700 000
　　贷：库存商品——X 产品　　　　　　　　　　300 000
　　　　　　——Y 产品　　　　　　　　　　　400 000

2. 外购入库

（1）购入商品采用进价核算的，在商品到达验收入库后，按商品进价，借记"库存商品"科目，贷记"银行存款""在途物资"等科目。委托外单位加工收回的商品，按商品进价，借记"库存商品"科目，贷记"委托加工物资"科目。

例 4-61　A 公司委托某量具厂加工一批量具，发出材料一批，计划成本为 7 万元，材料成本差异率为 4%，以现金支付运杂费 0.22 万元。A 公司的账务处理如下：

（1）发出材料时：

借：委托加工物资	72 800
贷：原材料	70 000
材料成本差异	2 800

（2）支付运杂费时：

借：委托加工物资	2 200
贷：原材料	2 200

需要说明的是，企业发给外单位加工物资时，如果采用计划成本或售价核算，则该企业还应同时结转材料成本差异或商品进销差价，贷记或借记"材料成本差异"科目，或借记"商品进销差价"科目。

例 4-62　接例 4-61，A 公司以银行存款支付上述量具的加工费用 2 万元。A 公司的账务处理如下：

借：委托加工物资	20 000
贷：银行存款	20 000

例 4-63　接例 4-62，A 公司收回由某量具厂代加工的量具，以银行存款支付运杂费 0.25 万元。该量具已验收入库，其计划成本为 11 万元。A 公司的账务处理如下：

（1）支付运杂费时：

借：委托加工物资	2 500
贷：银行存款	2 500

（2）量具入库时：

借：周转材料——低值易耗品	110 000
贷：委托加工物资	97 500
材料成本差异	12 500

（2）对外销售商品（包括采用分期收款方式销售商品）的，结转销售

成本时，借记"主营业务成本"科目，贷记"库存商品"科目。企业采用进价进行商品日常核算的，发出商品的实际成本，可以采用先进先出法、加权平均法或个别认定法计算确定；采用售价核算的，还应结转应分摊的商品进销差价。

3.库存商品过期、变质报废

若库存商品过期、变质报废时，账务处理如下：

（1）进行确认损失：

借：待处理财产损溢——待处理流动资产损溢

　　贷：库存商品——某商品

　　　　应交税费——应交增值税（进项税额转出）

（2）报经批准后处理时：

如果是正常的原因造成的报废：

借：管理费用

　　贷：待处理财产损溢——待处理流动资产损溢

如果是自然灾害造成的报废：

借：营业外支出——非常损失

　　贷：待处理财产损溢——待处理流动资产损溢

如果是人为的原因或者是管理不善造成的报废，按规定要追究责任人责任的：

借：其他应收款——（个人）

　　贷：待处理财产损溢——待处理流动资产损溢

十七、发出商品的设置与账务处理

（一）发出商品的内涵

发出商品是指企业采用托收承付结算方式进行销售而发出的产成品。在这种情况下，企业收到货款时才确认销售收入。

（二）"发出商品"科目的具体核算

"发出商品"科目核算企业未满足收入确认条件但已发出商品的实际成本（或进价）或计划成本（或售价）。企业采用支付手续费方式委托其他单位代销商品时，也可以单独设置"委托代销商品"科目。

"发出商品"科目可按购货单位、商品类别和品种进行明细核算。该科目期末余额在借方，反映企业发出商品的实际成本（或进价）或计划成本（或售价）。

（三）"发出商品"科目的明细科目设置

"发出商品"科目的明细科目设置如表 4-22 所示。

表 4-22　"发出商品"科目的明细科目设置

编号	会计科目名称	二级科目名称	三级科目名称	是否辅助核算	辅助核算类别
1406	发出商品				
1406 01	发出商品	产成品	商品类别和品种	是	按购货单位设置
1406 02	发出商品	库存商品	商品类别和品种	是	按购货单位设置
1406 03	发出商品	委托代销商品	商品类别和品种	是	按购货单位设置

（四）发出商品经典业务的会计核算

（1）将委托代销商品发交受托代销单位时，对于未满足收入确认条件的发出商品，企业应按发出商品的实际成本（或进价）或计划成本（或售价），借记"发出商品"科目，贷记"库存商品"科目。

（2）发出商品满足收入确认条件时，应结转销售成本，借记"主营业务成本"科目，贷记"发出商品"科目；采用计划成本或售价核算的，还应结转应分摊的产品成本差异或商品进销差价。

例 4-64　A 公司向客户销售一个产品，销售价格为 121 万元，该价款必须在交货后的 24 个月内支付。客户在合同开始时即获得了该产品的控制。合同允许客户在 90 天内无条件退回产品。该产品是一个新产品，且 A 公司没有任何相关的产品退货历史证据或任何其他可获得的市场证据。该产品的现金售价为 100 万元，它代表了在合同开始时点，按相同条款和条件出售相同产品，并于交货时支付货款的价格。该产品的成本为 80 万元。A 公司应当在何时确认收入？其应确认收入金额是多少？

分析：在本例中，A 公司应当于无条件退货期满后，即 90 天后确认产品销售收入。这是因为存在退货权，并且 A 公司缺乏相关的历史证据，这意味着 A 公司无法确定，已确认的累计收入金额是否极可能不会发生重大转回。

在本例中，合同对价 121 万元与商品转让给客户之日的现金售价 100 万元之间存在差额，表明客户从 A 公司获得了重大融资利益。因此，该合同包含重大融资成分，A 公司应就该融资成分的影响调整合同收入金额。

根据本例情况，A 公司将合同付款对价 121 万元折现为现金售价 100 万元，折现期为 24 个月，可得出该合同的内含利率为 10%。A 公司评价了该利率，并认为该利率与在合同开始时与其客户进行单独的融资交易所反映的折现率相一致。因此，A 公司采用该利率为折现率。

A 公司的账务处理如下：

（1）在合同开始，向客户转让商品时：

借：发出商品   800 000

    贷：库存商品   800 000

（2）90 天退货期满后，按折现后对价确认收入时（不考虑相关税费）：

借：应收账款   1 000 000

    贷：主营业务收入   1 000 000

借：主营业务成本   800 000

    贷：发出商品   800 000

（3）在付款期限内，按实际利率 10% 分期确认利息收入时：

借：应收账款   210 000

    贷：财务费用——利息收入   210 000

（4）客户实际付款时：

借：银行存款   1 210 000

    贷：应收账款   1 210 000

例 4-65   2×21 年 12 月 5 日，甲公司销售电梯 1 台，价款为 300 万元，增值税税额为 39 万元，款项收到后存入银行，已开具增值税专用专票，电梯成本为 210 万元。合同规定，甲公司负责安装，安装调试完成后客户才签收该商品。2×22 年 1 月 5 日，甲公司完成了电梯的安装调试，客户签字确认。

分析： 合同规定，甲公司负责安装电梯，并且电梯安装调试完成后客户才能签收。也就是说，甲公司在发出电梯时，其控制权并未转移给客户，该经济业务只是商品发出的时间早于收入确认的时间，不是退货业务。因此，企业在发出商品时，只能将电梯的生产成本转入"发出商品"科目，而不是"应收退货成本"，并将收到的价款记入"预收账款"科目。在资产负债表日，甲公司应将原记入"发出商品"科目的 210 万元记入"存货"项目。安装检验完成客户验收后，甲公司再确认收入，将"发出商品"科目余额转入"主营业务成本"科目。甲公司的账务处理如下：

（1）2×21 年 12 月 5 日：

借：银行存款   3 390 000

    贷：预收账款   3 000 000

        应交税费——应交增值税（销项税额）   390 000

借：发出商品   2 100 000

  贷：库存商品   2 100 000

在编制 2×21 年度的资产负债表时，"发出商品"科目的余额 210 万元应记入"存货"项目。

（2）2×22 年 1 月 5 日：

借：预收账款   3 000 000

  贷：主营业务收入   3 000 000

借：主营业务成本   2 100 000

  贷：发出商品   2 100 000

十八、商品进销差价的设置与账务处理

（一）商品进销差价的内涵

商品进销差价指企业采用售价进行核算的库存商品的售价与进价之间的差额。它是商业企业核算存货销售成本的一种方法。

（二）"商品进销差价"科目的具体核算

"商品进销差价"科目核算企业采用售价进行日常核算的商品售价与进价之间的差额。该科目可按商品类别或实物管理负责人进行明细核算。该科目的期末贷方余额，反映企业库存商品的商品进销差价。

（三）"商品进销差价"科目的明细科目设置

"商品进销差价"科目的明细科目设置如表 4-23 所示。

表 4-23 "商品进销差价"科目的明细科目设置

编号	会计科目名称	二级科目名称	三级科目名称	是否辅助核算	辅助核算类别
1407	商品进销差价	商品类别	商品明细	是	实物管理负责人

（四）商品进销差价经典业务的会计核算

（1）对于通过购入、加工收回以及销售退回等增加的库存商品，企业应按商品售价，借记"库存商品"科目；按商品进价，贷记"银行存款""委托加工物资"等科目；按售价与进价之间的差额，贷记"商品进销差价"科目。

例 4-66　2×21 年 8 月 4 日，某企业购入商品一批，进价为 7 万元（不含增值税），售价为 10 万元，增值税税率为 13%，货款已支付，商品已验收入库，该企业采用售价核算库存商品。该企业的账务处理如下：

借：库存商品　　　　　　　　　　　　　　　　　100 000

　　应交税费——应交增值税（进项税额）　　　　　9 100

　　贷：银行存款　　　　　　　　　　　　　　　　79 100

　　　　商品进销差价　　　　　　　　　　　　　　30 000

例 4-67　A 公司采用售价进行日常核算。2×22 年 5 月 3 日，A 公司采用托收承付方式销售商品一批给 B 公司，开具的增值税专用发票上注明的货款为 120 万元，税额为 15.6 万元，货已发出，该批货物成本为 100 万元。假设当月该批货物因质量不符合要求，被全部退回。A 公司的账务处理如下：

（1）销售商品时：

借：应收账款——B 公司　　　　　　　　　　　1 356 000

　　贷：主营业务收入　　　　　　　　　　　　1 200 000

　　　　应交税费——应交增值税（销项税额）　　156 000

（2）商品发生退回时：

借：主营业务收入　　　　　　　　　　　　　　1 200 000

　　应交税费——应交增值税（销项税额）　　　　156 000

　　贷：应收账款——B 公司　　　　　　　　　　1 356 000

假设该批货物发生退回的时间是 2×22 年 6 月，则 A 公司应冲减当期（6 月份）的主营业务收入，账务处理同"（2）"，同时冲减成本：

借：库存商品　　　　　　　　　　　　　　　　1 200 000

　　贷：主营业务成本　　　　　　　　　　　　1 000 000

　　　　商品进销差价　　　　　　　　　　　　　200 000

（2）按期（月）末分摊已销商品的进销差价，借记"商品进销差价"科目，贷记"主营业务成本"科目。相关计算公式如下：

$$\frac{商品进销}{差价率}=\frac{期初库存商品进销差价＋本期购入商品进销差价}{期初库存商品售价＋本期购入商品售价}×100\%$$

本期销售商品应分摊的商品进销差价＝本期商品销售收入 × 商品进销差价率

本期销售商品的成本＝本期商品销售收入—本期已销商品应分摊的商品进销差价

$$\frac{期末结存}{商品的成本}=\frac{期初库存商品}{的进价成本}＋\frac{本期购进商品}{的进价成本}－\frac{本期销售}{商品的成本}$$

企业的商品进销差价率各期之间比较均衡的，也可以采用上期商品进销差价率计算分摊本期的商品进销差价。年度终了，企业应对商品进销差价进行核实调整。

例 4-68　某企业采用售价法进行库存商品的日常核算。2×22 年 3 月末其"库存商品"科目余额为 1 万元，"委托代销商品"科目余额为 0.5 万元，"发出商品"科目余额为 0.8 万元，"主营业务收入"科目的贷方余额为 5 万元，分摊前的"商品进销差价"科目余额为 1.095 万元。该企业的账务处理如下：

商品进销差价率＝期末分摊前"商品进销差价"科目余额÷（"库存商品"科目期末余额＋"委托代销商品"科目期末余额＋"发出商品"科目期末余额＋本期"主营业务收入"科目贷方发生额）×100%

$$= 10\ 950 \div (10\ 000 + 5\ 000 + 8\ 000 + 50\ 000) \times 100\%$$
$$= 15\%$$

3 月份销售商品应分摊的商品进销差价＝本期"主营业务收入"科目贷方发生额 × 商品进销差价率＝ 50 000×15% ＝ 7 500（元）

借：商品进销差价　　　　　　　　　　　　　　　　　7 500

　　贷：主营业务成本　　　　　　　　　　　　　　　　7 500

十九、委托加工物资的设置与账务处理

（一）委托加工物资的内涵

委托加工物资是指企业委托外单位加工的各种材料、商品等物资。

（二）"委托加工物资"科目的具体核算

"委托加工物资"科目核算企业委托外单位加工的各种材料、商品等物资的实际成本。该科目可按加工合同、受托加工单位以及加工物资的品种等进行明细核算。该科目借方登记委托加工物资的实际成本；贷方登记加工完成验收入库的物资的实际成本和剩余物资的实际成本；期末余额在借方，反映企业委托外单位加工尚未完成物资的实际成本。委托加工物资也可以采用计划成本或售价进行核算，其方法与库存商品相似。

（三）"委托加工物资"科目的明细科目设置

"委托加工物资"科目的明细科目设置如表 4-24 所示。

表 4-24　"委托加工物资"科目的明细科目设置

编号	会计科目名称	二级科目名称	三级科目名称	是否辅助核算	辅助核算类别
1408	委托加工物资	加工物资的品种	物资明细	是	按加工合同、受托加工单位设置

（四）委托加工物资经典业务的会计核算

1. 发出委托加工物资

企业发给外单位加工的物资，按实际成本，借记"委托加工物资"科目，贷记"原材料""库存商品"等科目；按计划成本或售价核算的，还应同时结转材料成本差异或商品进销差价。

例 4-69　A公司委托某量具厂加工一批量具，发出材料一批，计划成本为 10 万元，材料成本差异率为 5%。发出材料时，A公司的账务处理如下：

借：委托加工物资　　　　　　　　　　　105 000
　　贷：原材料　　　　　　　　　　　　　100 000
　　　　材料成本差异　　　　　　　　　　　5 000

2. 支付加工费、运杂费

（1）支付加工费、运杂费等，借记"委托加工物资"科目，贷记"银行存款"等科目。

例 4-70　接例 4-69，A公司以现金支付运杂费 0.3 万元。A公司的账务处理如下：

借：委托加工物资　　　　　　　　　　　　3 000
　　贷：银行存款　　　　　　　　　　　　　3 000

（2）需要交纳消费税的委托加工物资，按由受托方代收代缴的消费税，借记"委托加工物资"科目（收回后用于直接销售的）或"应交税费——应交消费税"科目（收回后用于继续加工的），贷记"应付账款""银行存款"等科目。

委托外单位加工的存货如果收回后直接用于对外销售或生产非应税消费品的，消费税计入委托加工物资成本。但要注意，委托方将收回的应税消费品以不高于受托方的计税价格出售的，为直接出售，出售时不再交纳消费税。受托方代收代交的消费税计入委托加工物资成本，收回后以高于受托方计税价格出售不属于直接出售，受托方代收代缴的消费税不计入委托加工物资成本。相关计算公式如下：

委托加工物资的入账成本＝委托加工的材料＋加工费＋运费＋装卸费＋相关税费

3. 加工完成、验收入库时的会计处理

（1）加工完成、验收入库的物资和剩余的物资，按加工收回物资的实际成本和剩余物资的实际成本，借记"原材料""库存商品"等科目，贷记"委托加工物资"科目。

（2）采用计划成本或售价核算的，按计划成本或售价，借记"原材料"或"库存商品"科目；按实际成本，贷记"委托加工物资"科目；按实际成本与计划成本或售价之间的差额，借记或贷记"材料成本差异"或贷记"商品进销差价"科目。

企业采用计划成本或售价核算的，也可以采用上期材料成本差异率或商品进销差价率来计算本期应分摊的材料成本差异或商品进销差价。

例 4-71　　A 公司委托 B 公司加工商品（属于应税消费品）10 万件，有关经济业务如下：

（1）1 月 20 日，A 公司发出材料，计划成本为 600 万元，材料成本差异率为－3%。A 公司的账务处理如下：

a. 发出委托加工材料时：

借：委托加工物资　　　　　　　　　　　　　　　6 000 000

　　贷：原材料　　　　　　　　　　　　　　　　　6 000 000

b. 结转发出材料应分摊的材料成本差异时：

借：材料成本差异　　　　　　　　　　　　　　　　180 000

　　贷：委托加工物资　　　　　　　　　　　　　　　180 000

（2）2 月 20 日，A 公司支付商品工费 12 万元，支付应当交纳的消费税 66 万元。该商品收回后用于连续生产，消费税可抵扣。A 公司和 B 公司均为一般纳税人，适用增值税税率为 13%。A 公司的账务处理如下：

借：委托加工物资　　　　　　　　　　　　　　　120 000

　　应交税费——应交消费税　　　　　　　　　　660 000

　　　　　　——应交增值税（进项税额）　　　　 15 600

　　贷：银行存款　　　　　　　　　　　　　　　　795 600

（3）3 月 4 日，A 公司用银行存款支付往返运杂费 1 万元。A 公司的账务处理如下：

借：委托加工物资　　　　　　　　　　　　　　　　　　　10 000

　　贷：银行存款　　　　　　　　　　　　　　　　　　　　　10 000

（4）3月5日，上述商品10万件（每件计划成本为65元）加工完毕，A公司已办理验收入库手续。A公司的账务处理如下：

借：库存商品　　　　　　　　　　　　　　　　　　　　6 500 000

　　贷：委托加工物资　　　　　　　　　　　　　　　　　5 950 000

　　　　商品进销差价　　　　　　　　　　　　　　　　　　550 000

例 4-72　甲企业委托乙企业加工材料一批（属于应税消费品）。原材料成本为2万元，支付的加工费为0.7万元（不含增值税），消费税税率为10%，材料加工完成并已验收入库，加工费用等已经支付。双方适用的增值税税率均为13%。甲企业按实际成本核算原材料。甲企业的账务处理如下：

（1）发出委托加工材料时：

借：委托加工物资　　　　　　　　　　　　　　　　　　　20 000

　　贷：原材料　　　　　　　　　　　　　　　　　　　　　20 000

（2）支付加工费和税金时：

消费税组成计税价格＝（20 000＋7 000）÷（1－10%）＝30 000（元）

受托方代收代交的消费税税额＝30 000×10%＝3 000（元）

应交增值税税额＝7 000×13%＝910（元）

a. 甲企业收回加工后的材料用于连续生产应税消费品时：

借：委托加工物资　　　　　　　　　　　　　　　　　　　 7 000

　　应交税费——应交增值税（进项税额）　　　　　　　　　 910

　　　　　　　——应交消费税　　　　　　　　　　　　　 3 000

　　贷：银行存款　　　　　　　　　　　　　　　　　　　 10 910

b. 甲企业收回加工后的材料直接用于销售时：

借：委托加工物资（7 000＋3 000）　　　　　　　　　　 10 000

　　应交税费——应交增值税（进项税额）　　　　　　　　　 910

　　贷：银行存款　　　　　　　　　　　　　　　　　　　 10 910

（3）加工完成，收回委托加工材料时：

a. 甲企业收回加工后的材料用于连续生产应税消费品时：

借：原材料（20 000＋7 000）　　　　　　　　　　　　 27 000

　　贷：委托加工物资　　　　　　　　　　　　　　　　　 27 000

b. 甲企业收回加工后的材料直接用于销售时：

借：库存商品（或原材料）（20 000＋10 000）　　　　　 30 000

　　贷：委托加工物资　　　　　　　　　　　　　　　　　 30 000

二十、周转材料的设置与账务处理

（一）周转材料的内涵

周转材料是指企业能够多次使用、但不符合固定资产定义的材料，如为了包装本企业商品而储备的各种包装物，各种工具、管理用具、玻璃器皿、劳动保护用品以及在经营过程中周转使用的容器等低值易耗品和建造承包商的钢模板、木模板、脚手架等其他周转材料。

（二）"周转材料"科目的具体核算

"周转材料"科目核算企业周转材料的计划成本或实际成本，包括包装物、低值易耗品，以及企业（建造承包商）的钢模板、木模板、脚手架等。企业的包装物、低值易耗品。企业也可以单独设置"包装物""低值易耗品"等科目。

"周转材料"科目可按周转材料的种类，分别"在库""在用""摊销"等明细科目进行明细分类核算。该科目的期末余额在借方，反映企业在库周转材料的计划成本或实际成本以及在用周转材料的摊余价值。

（三）"周转材料"科目的明细科目设置

"周转材料"科目的明细科目设置如表4-25所示。

表 4-25 "周转材料"科目的明细科目设置

编号	会计科目名称	二级科目名称	三级科目名称	是否辅助核算	辅助核算类别
1411	周转材料				
1411 01	周转材料	包装物			
1411 01 01	周转材料	包装物	在库	是	部门
1411 01 02	周转材料	包装物	在用	是	部门
1411 01 03	周转材料	包装物	摊销	是	部门
1411 02	周转材料	低值易耗品			
1411 02 01	周转材料	低值易耗品	在库	是	部门
1411 02 02	周转材料	低值易耗品	在用	是	部门
1411 02 03	周转材料	低值易耗品	摊销	是	部门

（续表）

编号	会计科目名称	二级科目名称	三级科目名称	是否辅助核算	辅助核算类别
1411 03	周转材料	钢模板、木模板、脚手架等			
1411 03 01	周转材料	钢模板、木模板、脚手架等	在库	是	部门
1411 03 02	周转材料	钢模板、木模板、脚手架等	在用	是	部门
1411 03 03	周转材料	钢模板、木模板、脚手架等	摊销	是	部门

（四）周转材料经典业务的会计核算

1. 材料入库

（1）企业购入、自制、委托外单位加工完成并已验收入库的周转材料等，比照"原材料"科目的相关规定进行处理。

（2）接受捐赠的周转材料，借记"周转材料"科目，贷记"营业外收入""银行存款"等科目。

（3）因债务重组取得的周转材料，应当按照受让的周转材料的公允价值和应支付的相关税费，借记"周转材料"科目，按照重组债权计提的坏账准备，借记"坏账准备"科目；按照重组债权的账面余额，贷记"应收账款"等科目；按照借贷双方的差额，借记"投资收益"科目。

（4）盘盈的周转材料，批准处理前，根据盘盈报告借记"周转材料"科目，贷记"待处理财产损溢——待处理流动资产损溢"科目；批准处理后，借记"待处理财产损溢——待处理流动资产损溢"科目，贷记"管理费用"等科目。

2. 一次转销法下领用材料

（1）采用一次转销法的，领用时应按其账面价值，借记"管理费用""生产成本""销售费用""工程施工""制造费用"等科目，贷记"周转材料"科目。

（2）周转材料报废时，应按报废周转材料的残料价值，借记"原材料"等科目，贷记"管理费用""生产成本""销售费用""工程施工"等科目。

例 4—73　A 公司某基本生产车间领用一批工具书，实际成本为 1 万元，全部计入当期制造费用。A 公司的账务处理如下：

借：制造费用 10 000

　　贷：周转材料——低值易耗品 10 000

3. 其他摊销法下领用材料

（1）采用其他摊销法的材料，领用时应按其账面价值，借记"周转材料（在用）"科目，贷记"周转材料（在库）"科目。

（2）周转材料摊销时应按摊销额，借记"管理费用""生产成本""销售费用""工程施工"等科目，贷记"周转材料（摊销）"科目。

（3）周转材料报废时应补提摊销额，借记"管理费用""生产成本""销售费用""工程施工"等科目，贷记"周转材料（摊销）"科目；同时，按报废周转材料的残料价值，借记"原材料"等科目，贷记"管理费用""生产成本""销售费用""工程施工"等科目；并转销全部已提摊销额，借记"周转材料（摊销）"科目，贷记"周转材料（在用）"科目。

例 4-74　A公司的基本生产车间领用专用工具一批，实际成本为20万元，采用五五摊销法进行摊销。A公司的账务处理如下：

（1）领用专用工具时：

借：周转材料——低值易耗品（在用） 200 000

　　贷：周转材料——低值易耗品（在库） 200 000

（2）领用时摊销其价值的一半时：

借：生产成本——基本生产成本 100 000

　　贷：周转材料——低值易耗品（摊销） 100 000

（3）报废时摊销其价值的另一半时：

借：生产成本——基本生产成本 100 000

　　贷：周转材料——低值易耗品（摊销） 100 000

借：周转材料——低值易耗品（摊销） 200 000

　　贷：周转材料——低值易耗品（在用） 200 000

二十一、存货跌价准备的设置与账务处理

（一）存货跌价准备的内涵

存货跌价准备是指在中期期末或年度终了，如由于存货遭受毁损、全部或部分陈旧过时或销售价格低于成本等原因，使存货成本不可以收回的部分，应

按单个存货项目的成本高于其可变现净值的差额提取，并计入存货跌价损失。

（二）"存货跌价准备"科目的具体核算

"存货跌价准备"科目核算企业存货的跌价准备。该科目可按存货项目或类别进行明细核算。该科目的期末余额在贷方，反映企业已计提但尚未转销的存货跌价准备。

资产负债表日，企业先确定期末存货的可变现净值，将可变现净值低于其成本的差额，确定为"存货跌价准备"科目的期末贷方余额；将此期末余额与"存货跌价准备"科目期初余额比较，调整"存货跌价准备"科目，并确认资产减值损失。其计算公式如下：

计提存货跌价准备的金额＝期末存货可变现净值低于其成本的差额—计提前"存货跌价准备"科目的期末贷方余额

期末对存货进行计量时，如果同一类存货，其中一部分是有合同价格约定的，另一部分没有合同价格约定，则企业需要将该类存货区分为有合同价格约定部分和没有合同价格约定两部分，分别计算其期末可变现净值，并与其相应的成本比较，分别确定是否需要计提存货跌价准备，由此所计提的存货跌价准备不得相互抵销。

（三）"存货跌价准备"科目的明细科目设置

"存货跌价准备"科目的明细科目设置如表 4-26 所示。

表 4-26　"存货跌价准备"科目的明细科目设置

编号	会计科目名称	二级科目名称	三级科目名称	是否辅助核算	辅助核算类别
1471	存货跌价准备				
1471 01	存货跌价准备	原材料	存货项目或类别	是	部门
1471 02	存货跌价准备	库存商品	存货项目或类别	是	部门
1471 03	存货跌价准备	发出商品	存货项目或类别	是	部门
1471 04	存货跌价准备	委托加工物资	存货项目或类别	是	部门
1471 05	存货跌价准备	周转材料	存货项目或类别	是	部门
1471 06	存货跌价准备	其他	存货项目或类别	是	部门

（四）存货跌价准备经典业务的会计核算

（1）资产负债表日，存货发生减值的，企业应按存货可变现净值低于成本的差额，借记"资产减值损失"科目，贷记"存货跌价准备"科目。

例 4-75　甲公司按单项存货、按年计提跌价准备。2×21 年 12 月 31 日，甲公司期末存货有关资料如下：

年末库存 A 原材料余额为 1 000 万元，A 原材料将全部用于生产 B 产品，共计生产 100 件。80 件 B 产品已经签订销售合同，合同价格为 11.5 万元 / 件，其余 20 件 B 产品未签订销售合同，预计 B 产品的市场价格为 11 万元 / 件；预计生产 B 产品还需发生除了原材料的成本为 3 万元 / 件，预计为销售 B 产品发生的相关税费为 0.5 万元 / 件。试计算甲公司应计提的存货跌价准备，并进行相关账务处理。

分析： 该类存货可区分为有合同价格约定部分和没有合同价格约定两部分：

其一，有合同部分。

B 产品可变现净值 $= 80 \times 11.5 - 80 \times 0.5 = 880$（万元）

B 产品成本 $= 80 \times 1\,000 \div 100 + 80 \times 3 = 1\,040$（万元）

B 产品的成本大于可变现净值，发生减值，因此，A 原材料应按成本与可变现净值孰低计量。

A 原材料可变现净值 $= 80 \times 11.5 - 80 \times 3 - 80 \times 0.5 = 640$（万元）

A 原材料应计提的存货跌价准备 $= 80 \times 1\,000 \div 100 - 640 = 160$（万元）

其二，无合同部分。

B 产品可变现净值 $= 20 \times 11 - 20 \times 0.5 = 210$（万元）

B 产品成本 $= 20 \times 1\,000 \div 100 + 20 \times 3 = 260$（万元）

B 产品的成本大于可变现净值，发生减值，因此，A 原材料应按成本与可变现净值孰低计量。

A 原材料可变现净值 $= 20 \times 11 - 20 \times 3 - 20 \times 0.5 = 150$（万元）

A 原材料应计提的存货跌价准备 $= 20 \times 1\,000 \div 100 - 150 = 50$（万元）

A 原材料应计提的存货跌价准备合计 $= 160 + 50 = 210$（万元）

借：资产减值损失　　　　　　　　　　　　　　2 100 000

　　贷：存货跌价准备——A 原材料　　　　　　　　　　2 100 000

（2）已计提跌价准备的存货价值以后又得以恢复，企业应在原已计提的存货跌价准备金额内，按恢复增加的金额，借记"存货跌价准备"科目，贷记"资产减值损失"科目。

例 4-76　2×21 年 12 月 31 日，A 公司 X 型机器的账面成本为 500 万元，但由于 X 型机器的市场价格下跌，预计可变现净值为 400 万元，由此计提存货跌价准备 100 万元。2×22 年 6 月 30 日，X 型机器的账面成本仍为 500 万元，但由于 X 型机器的市场价格有所上升，其预计可变现净值变为 475 万元。

分析： 2×22 年 6 月 30 日，由于 X 型机器的市场价格上升，其可变现净值有所恢复，应计提的存货跌价准备为 25 万元（500 － 475），则当期应冲减已计提的存货跌价准备 75 万元（100 － 25），且小于已计提的存货跌价准备（100 万元），A 公司应转回的存货跌价准备为 75 万元。A 公司的账务处理如下：

借：存货跌价准备　　　　　　　　　　　　　　　　　750 000

　　贷：资产减值损失——存货减值损失　　　　　　　　　750 000

例 4-77　接例 4-76，2×22 年 12 月 31 日，X 型机器的账面成本仍为 500 万元，由于 X 型机器的市场价格进一步上升，其预计可变现净值为 555 万元。

分析： 2×22 年 12 月 31 日，由于 X 型机器的可变现净值又有所恢复，A 公司应冲减存货跌价准备为 55 万元（500 － 555），但是对 X 型机器已计提的存货跌价准备的余额 25 万元，当期应转回的存货跌价准备为 25 万元，而非 55 万元（即以将对 X 型机器已计提的"存货跌价准备"余额冲减至零为限）。A 公司的账务处理如下：

借：存货跌价准备　　　　　　　　　　　　　　　　　250 000

　　贷：资产减值损失——存货减值损失　　　　　　　　　250 000

（3）发出存货结转存货跌价准备的，借记"存货跌价准备"科目，贷记"主营业务成本""生产成本"等科目。

（4）存货跌价准备的结转。对已售存货计提了存货跌价准备的，企业还应结转已计提的存货跌价准备，冲减当期主营业务成本或其他业务成本，实际上是按已售产成品或商品的账面价值结转至主营业务成本或其他业务成本。

企业按存货类别计提存货跌价准备的，也应按比例结转相应的存货跌价准备，借记"主营业务成本"（或"其他业务成本"）科目和"存货跌价准备"科目，贷记"库存商品"（或"原材料"）科目。

二十二、合同资产的设置与账务处理

（一）合同资产的内涵

合同资产是指企业已向客户转让商品而有权收取对价的权利，且该权利取决于时间流逝之外的其他因素。例如，企业向客户销售两项可明确区分的商品，企业因已交付其中一项商品而有权收取款项，但收取该款项还取决于企业交付另一项商品的，企业应当将该收款权利作为合同资产。企业拥有的、无条件（即仅取决于时间流逝）向客户收取对价的权利应当作为应收款项单独列示。

合同资产与应收账款的共同之处在于：合同资产与应收账款都属于企业应向客户收取合同对价的权利。两者之间区别在于：应收账款是企业已按合同履行了义务而获取的收取合同对价的权利，该款项的收取不存在任何附加条件，只需等待对价到期支付前所需的时间结束即可收取款项，即款项是否收取仅受时间流逝因素的影响；而合同资产是企业合同中规定有附加条件（如履约合同中的其他履约义务）的收取合同对价的权利，需要履行相关义务后才能达到无条件收取款项的条件。

从风险管理的角度来说，合同资产和应收账款均面临着来自其客户的信用风险，即两者均面临了随时间流逝而无法收回款项的可能性，因此，两者均需要对未来可能无法收回的款项计提减值损失，以反映企业资产在未来期间可收回的实际价值。但是，合同资产除了面临信用风险，还承担了履约风险，即企业作为销货方必须在履行合同中的其他相关履约义务后，才能达到拥有无条件收款的权利，从而收取相应的合同对价。为分别反映具有不同风险类型和风险程度的收款权利，《企业会计准则第 14 号——收入》要求企业分别设置"合同资产""应收账款"两个科目进行核算。

（二）"合同资产"科目的具体核算

企业在客户实际支付合同对价或在该对价到期应付之前，已经向客户转让了商品的，应当按因已转让商品而有权收取的对价金额，借记"合同资产"科目或"应收账款"科目，贷记"主营业务收入""其他业务收入"等科目；企业取得无条件收款权时，借记"应收账款"等科目，贷记"合同资产"科目；涉及增值税的，还应进行相应的处理。

（三）"合同资产"科目的明细科目设置

"合同资产"科目的明细科目设置如表 4-27 所示。

表 4-27　"合同资产"科目的明细科目设置

编号	会计科目名称	二级科目名称	明细科目名称	是否辅助核算	辅助核算类别
1473	合同资产	合同	业务类别	是	客户

（四）合同资产经典业务的会计核算

例 4-78　2×22 年 3 月 1 日，A 公司与客户签订合同，向其销售 X、Y 两种商品，X 商品的单独售价为 0.6 万元，Y 商品的单独售价为 2.4 万元，合同总价款为 2.5 万元。合同约定，X 商品于合同开始日交付，Y 商品在 1 个月之后交付，只有当两种商品全部交付之后，A 公司才有权收取 2.5 万元的合同对价。假定 X 商品和 Y 商品分别构成单项履约义务，其控制权在交付时转移给客户。上述价格均不包含增值税，且假定不考虑相关税费影响。

本例中，分摊至 X 商品的合同价款为 0.5 万元 [（0.6÷（0.6＋2.4）× 2.5]，分摊至 Y 商品的合同价款为 2 万元 [2.4÷（0.6＋2.4）×2.5]。A 公司的账务处理如下：

（1）交付 X 商品时：

借：合同资产　　　　　　　　　　　　　　　　　　　5 000

　　贷：主营业务收入　　　　　　　　　　　　　　　　　5 000

（2）交付 Y 商品时：

借：应收账款　　　　　　　　　　　　　　　　　　　25 000

　　贷：主营业务收入　　　　　　　　　　　　　　　　　20 000

　　　　合同资产　　　　　　　　　　　　　　　　　　　5 000

例 4-79　2×22 年 12 月 19 日，A 公司与 B 公司签订一份产品销售合同，约定交付甲、乙两种产品，甲产品在合同签订日立即交付，乙产品则在 2 个月后交付，合同总价款为 480 万元，并且只有当 A 公司交付两种产品后才有权收取合同价款。假定甲产品的单独售价为 300 万元，乙产品的单独售价为 200 万元，交付产品后控制权转移。资产负债表日预计合同资产减值比例为 5‰。为简化核算，假定不考虑增值税因素。

分析: 依据新修订的《企业会计准则第14号——收入》下的"五步法模型",A公司与B公司的产品销售合同涉及交付甲、乙产品的两项履约义务,合同交易价格为480万元,需要按照甲、乙产品单独售价的比重加以分摊,甲产品的售价=300÷(300+200)×480=288(万元),乙产品的售价=480-288=192(万元)。合同约定,甲产品在合同签订日立即交付,产品控制权随之转移,能够确认甲产品的销售收入,但A公司当日并不享有无条件的收款权利,必须在交付乙产品后才能收款。因此,A公司在确认甲产品的销售收入时,不能将与之相关的收款权利确认为"应收账款",只能将其确认为"合同资产"。因为该收款权利并不是2个月后可以无条件实现的,收款权利的实现主要取决于A公司是否按时履行了交付乙产品的义务。而在资产负债表日,按照会计信息质量的谨慎性要求,A公司需要依据本公司乙产品的履约进度和对B公司付款情况的估计,合理计提"合同资产减值准备",在本例中应按288万元的5‰进行计提。A公司在编制财务报表时,由于乙产品的交付时间仅在1个月后,因此该项收款权利属于流动资产,可按账面价值列报在"合同资产"项目。A公司的账务处理如下:

(1)2×22年12月19日,交付甲产品时:

借:合同资产　　　　　　　　　　　　　　　　　2 880 000
　　贷:主营业务收入　　　　　　　　　　　　　　　2 880 000

(2)2×22年12月31日,计提合同资产减值准备时:

借:信用减值损失(2 880 000×5‰)　　　　　　　　14 400
　　贷:合同资产减值准备　　　　　　　　　　　　　　14 400

(3)2×23年,交付乙产品时:

借:银行存款　　　　　　　　　　　　　　　　　　4 800 000
　　贷:合同资产　　　　　　　　　　　　　　　　　2 880 000
　　　　主营业务收入　　　　　　　　　　　　　　　1 920 000

借:合同资产减值准备　　　　　　　　　　　　　　　14 400
　　贷:信用减值损失　　　　　　　　　　　　　　　　14 400

二十三、合同资产减值准备的设置与账务处理

(一)合同资产减值准备的内涵

合同资产减值准备是指由于各种原因导致合同资产的可变现净值低于账

面价值的，应当将可变现净值低于其账面价值的差额确认资产减值损失而计提的减值准备。

与合同成本相关的资产，其账面价值高于下列第一项减去第二项的差额的，应按超出部分的金额计提减值准备，并确认为资产减值损失：一是企业转让与该资产相关的商品预期能够取得的剩余对价；二是为转让该相关商品估计将要发生的成本。以前期间减值的因素之后发生变化，使得上述第一项减去第二项的差额高于该资产账面价值的，应当转出原已计提的资产减值准备，并计入当期损益，但转回后的资产账面价值不应超过假定不计提减值准备情况下该资产在转回日的账面价值。在确定上述资产的减值损失时，企业应当首先对相关的其他资产确定减值损失，其次按上述要求确定上述资产的减值损失。

（二）"合同资产减值准备"科目的具体核算

"合同资产减值准备"科目核算合同资产的减值准备。合同资产减值准备的主要账务处理如下：合同资产发生减值的，按应减记的金额，借记"资产减值损失"科目，贷记"合同资产减值准备"科目；转回已计提的资产减值准备时，做相反的会计分录。"合同资产减值准备"科目期末余额在贷方，反映企业已计提但尚未转销的合同资产减值准备。

（三）"合同资产减值准备"科目的明细科目设置

"合同资产减值准备"科目的明细科目设置如表 4-28 所示。

表 4-28　　"合同资产减值准备"科目的明细科目设置

编号	会计科目名称	二级科目名称	明细科目名称	是否辅助核算	辅助核算类别
1474	合同资产减值准备	合同	业务类别	是	客户

（四）合同资产减值准备经典业务的会计核算

（略）

二十四、合同履约成本的设置与账务处理

（一）合同履约成本的内涵

1. 合同履约成本的含义

合同履约成本是指企业为履行当前合同或者预期取得合同所发生的、应

当确认为一项资产的成本。在《企业会计准则第14号——收入》下，收入的确认分为在某一时段内按产出法或投入法分期确认收入和在某一时点确认收入两种。"合同履约成本"科目核算的是企业在某一时段内履行履约义务时陆续发生的成本，通常涉及建造劳务、设计劳务、运输劳务等劳务提供行为。

2. 合同履约成本确认为一项资产的条件

《企业会计准则第14号——收入》规定，满足下列条件的成本，应当作为合同履约成本确认为一项资产：

（1）该成本与一份当前或预期取得的合同直接相关。预期取得的合同应当是企业能够明确识别的合同，如现有合同续约后的合同、尚未获得批准的特定合同等。与合同直接相关的成本包括直接人工（如支付给直接为客户提供所承诺服务的人员的工资和奖金等）、直接材料（如为履行合同采用的原材料、辅助材料、构配件、零件、半成品的成本和周转材料的摊销及租赁费用等）、制造费用（或类似费用，如组织和管理相关生产、施工、服务等活动发生的费用，包括管理人员的职工薪酬、劳动保护费、固定资产折旧费及修理费、物料消耗、取暖费、水电费、办公费、差旅费、财产保险费、工程保修费、排污费、临时设施摊销费等）、明确由客户承担的成本以及但因该合同而发生的其他成本（如支付给分包商的成本、机械使用费、设计和技术援助费用、施工现场二次搬运费、生产工具和用具使用费、检验试验费、工程定位复测费、工程点交费用、场地清理费等）。

（2）该成本增加了企业未来用于履行（或持续履行）履约义务的资源。

（3）该成本预期能够收回。

《企业会计准则第14号——收入》规定，合同履约成本应当采用与该资产相关的商品收入确认相同的基础进行摊销，计入当期损益。

（1）确认为资产的合同履约成本，应当采用与该资产相关的商品收入确认相同的基础（即在履约义务履行的时点或按照履约义务的履约进度）进行摊销，计入当期损益。

（2）企业应当对资产的摊销情况进行复核并更新，以反映该预期时间的重大变化。此类变化应当作为会计估计变更进行会计处理。

3. 合同履约成本的关注要点

在理解和运用合同履约成本时，我们应注意以下几点：

（1）企业应当在下列支出发生时，将其计入当期损益：一是管理费用，除非这些费用明确由客户承担；二是非正常消耗的直接材料、直接人工和制造费用（或类似费用），这些支出为履行合同发生，但未反映在合同价格中；三是与履约义务中已履行（包括已全部履行或部分履行）部分相关的支出，即该支出与企业过去的履约活动相关；四是无法在尚未履行的与已履行（或已部分履行）的履约义务之间区分的相关支出。

（2）在企业向客户销售商品的同时，约定企业需要将商品运送至客户指定的地点的情况下，企业需要根据相关商品的控制权转移时点判断该运输活动是否构成单项履约义务。在通常情况下，控制权转移给客户之前发生的运输活动不构成单项履约义务，而只是企业为了履行合同而从事的活动，相关成本应当作为合同履约成本；相反，控制权转移给客户之后发生的运输活动则可能表明企业向客户提供了一项运输服务，企业应当考虑该项服务是否构成单项履约义务。

（3）企业为履行合同开展初始活动，但这些活动本身并没有向客户转让已承诺的商品的，企业为开展这些活动所发生的支出，应当按照《企业会计准则第 14 号——收入》的有关合同履约成本的相关规定确认为一项资产或计入当期损益，并且企业在确定履约进度时，也不应当考虑这些成本，因为这些成本并不反映企业向客户转让商品的进度。

4. 合同履约成本与开发成本和生产成本之间的关系

根据《企业会计准则第 14 号——收入》应用指南，"合同履约成本"科目的核算内容是"企业为履行当前或预期取得的合同所发生的、不属于其他企业会计准则规范范围且按照《企业会计准则第 14 号——收入》应当确认为一项资产的成本"。因此，合同履约成本要同时满足以下条件：①以符合《企业会计准则第 14 号——收入》第五条规定的五项条件的"客户合同"的存在为前提，即针对特定客户合同所发生的履约成本。②该履约成本满足确认为资产的条件，但不是确认为存货或者其他准则规范范围内的资产类型。因此，在会计实务中，合同履约成本一般用于在提供劳务的交易中，尚未确认收入的情况下暂时归集的已发生劳务成本。

而"开发成本""生产成本"等传统科目都属于存货类科目，且是不以符合条件的客户合同的存在为其确认前提的。因此，"合同履约成本"科目与"开发成本""生产成本"等传统科目是平行关系，不是替代关系。

（二）"合同履约成本"科目的具体核算

"合同履约成本"科目核算企业为履行当前或预期取得的合同所发生的、

不属于其他企业会计准则规范范围且按照《企业会计准则第14号——收入》应当确认为一项资产的成本。企业因履行合同而产生的毛利不在该科目核算。该科目可按合同分别"服务成本""工程施工"等进行明细核算。

合同履约成本的主要账务处理如下：企业发生上述合同履约成本时，借记"合同履约成本"科目，贷记"银行存款""应付职工薪酬""原材料"等科目；对合同履约成本进行摊销时，借记"主营业务成本""其他业务成本"等科目，贷记"合同履约成本"科目；涉及增值税的，还应进行相应的处理。该科目的期末余额在借方，反映企业尚未结转的合同履约成本。

企业在财务报表中填列合同履约成本时，如果合同履约成本不超过1年或一个正常营业周期，填列在资产负债表"存货"项目；如超过1年或一个正常营业周期，则填列在资产负债表"其他非流动资产"项目。

（三）"合同履约成本"科目的明细科目设置

"合同履约成本"科目的明细科目设置如表4-29所示。

表4-29　"合同履约成本"科目的明细科目设置

编号	会计科目名称	二级科目名称	三级科目名称	是否辅助核算	辅助核算类别
1475	合同履约成本				
1475 01	合同履约成本	服务成本	合同类别	是	部门
1475 02	合同履约成本	工程施工	合同类别	是	部门

（四）合同履约成本经典业务的会计核算

例4-80　甲建筑公司与其客户签订一项总金额为580万元的固定造价合同，该合同不可撤销。甲建筑公司负责工程的施工及全面管理，客户按照第三方工程监理公司确认的工程完工量，每年与甲建筑公司结算一次。该工程已于2×18年2月开工，预计2×21年6月完工。预计可能发生的工程总成本为550万元。到2×19年年末，由于材料价格上涨等因素，甲建筑公司将预计工程总成本调整为600万元。2×20年年末，甲建筑公司根据工程最新情况将预计工程总成本调整为610万元。假定该建造工程整体构成单项履约义务，并属于在某一时段内履行的履约义务，该公司采用成本法确定履约进度，不考虑其他相关因素。该合同的其他有关资料如表4-30所示。

表 4-30 合同资料

单位：万元

项目	2×18年	2×19年	2×20年	2×21年	2×22年
年末累计实际发生成本	154	300	488	610	—
年末预计完成合同尚需发生的成本	396	300	122	—	—
本期结算合同款	174	196	180	30	—
本期实际收到价款	170	190	190	—	30

分析：按照合同约定，工程质保金30万元需等到客户于2×22年年末保证期结束且未发生重大质量问题方能收款。上述价款均为不含税价款，假设不考虑相关税费的影响。甲建筑公司的账务处理如下：

（1）2×18年：

a. 实际发生合同成本时：

借：合同履约成本　　　　　　　　　　　　　　　　　1 540 000

　　贷：原材料、应付职工薪酬等　　　　　　　　　　　　1 540 000

b. 确认计量当年的收入并结转成本时：

履约进度＝154÷（154＋396）×100%＝28%

合同收入＝580×28%＝162.4（万元）

借：合同结算——收入结转　　　　　　　　　　　　　1 624 000

　　贷：主营业务收入　　　　　　　　　　　　　　　　　1 624 000

借：主营业务成本　　　　　　　　　　　　　　　　　1 540 000

　　贷：合同履约成本　　　　　　　　　　　　　　　　　1 540 000

c. 结算合同价款时：

借：应收账款　　　　　　　　　　　　　　　　　　　1 740 000

　　贷：合同结算——价款结算　　　　　　　　　　　　　1 740 000

d. 实际收到合同价款时：

借：银行存款　　　　　　　　　　　　　　　　　　　1 700 000

　　贷：应收账款　　　　　　　　　　　　　　　　　　　1 700 000

2×18年12月31日，"合同结算"科目的余额为贷方11.6万元（174－162.4），表明甲公司已经与客户结算但尚未履行履约义务的金额为11.6万元，由于甲建筑公司预计该部分履约义务将在2×19年内完成，因此，应在资产负债表中作为合同负债列示。

（2）2×19年：

a.实际发生合同成本时：

借：合同履约成本 1 460 000

　　贷：原材料、应付职工薪酬等 1 460 000

b.确认计量当年的收入并结转成本，并确认合同预计损失时：

履约进度＝3 000 000÷（3 000 000＋3 000 000）＝50%

合同收入＝5 800 000×50%－1 624 000＝1 276 000（元）

借：合同结算——收入结转 1 276 000

　　贷：主营业务收入 1 276 000

借：主营业务成本 1 460 000

　　贷：合同履约成本 1 460 000

借：主营业务成本 100 000

　　贷：预计负债 100 000

合同预计损失＝（3 000 000＋3 000 000－5 800 000）×（1－50%）＝100 000（元）

在2×19年年末，由于该合同预计总成本（600万元）大于合同总收入（580万元），预计发生损失总额为20万元，由于其中10万元（20×50%）已经反映在损益中，因此应将剩余的、为完成工程将发生的预计损失10万元确认为当期损失。根据《企业会计准则第13号——或有事项》的相关规定，待执行合同变成亏损合同的，该亏损合同产生的义务满足相关条件的，则应当对亏损合同确认预计负债。因此，为完成工程将发生的预计损失10万元应当确认为预计负债。

c.结算合同价款时：

借：应收账款 1 960 000

　　贷：合同结算——价款结算 1 960 000

d.实际收到合同价款时：

借：银行存款 1 900 000

　　贷：应收账款 1 900 000

2×19年12月31日，"合同结算"科目的余额为贷方80万元（11.6＋196－127.6），表明甲建筑公司已经与客户结算但尚未履行履约义务的金额为80万元，由于甲建筑公司预计该部分履约义务将在2×20年内完成，因此，应在资产负债表中作为合同负债列示。

（3）2×20年：

a.实际发生的合同成本时：

借：合同履约成本   1 880 000

  贷：原材料、应付职工薪酬等   1 880 000

b.确认计量当年的合同收入并结转成本，同时调整合同预计损失时：

履约进度＝4 880 000÷（4 880 000＋1 220 000）×100%＝80%

合同收入＝5 800 000×80%－1 624 000－1 276 000＝1 740 000（元）

合同预计损失＝（4 880 000＋1 220 000－5 800 000）×（1－80%）－100 000＝－40 000（元）

借：合同结算——收入结转   1 740 000

  贷：主营业务收入   1 740 000

借：主营业务成本   1 880 000

  贷：合同履约成本   1 880 000

借：预计负债   40 000

  贷：主营业务成本   40 000

在2×20年年末，由于该合同预计总成本（610万元）大于合同总收入（580万元），预计发生损失总额为30万元，由于其中24万元（30×80%）已经反映在损益中，因此预计负债的余额为6万元（30－24），反映剩余的、为完成工程将发生的预计损失，因此，甲建筑公司本期应转回合同预计损失4万元。

c.结算合同价款时：

借：应收账款   1 800 000

  贷：合同结算——价款结算   1 800 000

d.实际收到合同价款时：

借：银行存款   1 900 000

  贷：应收账款   1 900 000

2×20年12月31日，"合同结算"科目的余额为贷方86万元（80＋180－174），表明甲建筑公司已经与客户结算但尚未履行履约义务的金额为86万元，由于该部分履约义务将在2×21年6月底前完成，因此，甲建筑公司应在资产负债表中作为合同负债列示。

（4）2×21年1～6月：

a.实际发生合同成本时：

借：合同履约成本   1 220 000

  贷：原材料、应付职工薪酬等   1 220 000

b.确认计量当期的合同收入并结转成本及已计提的合同损失时：

2×21 年 1～6 月确认的合同收入＝合同总金额—截至目前累计已确认的收入＝5 800 000 − 1 624 000 − 1 276 000 − 1 740 000 = 1 160 000（元）

借：合同结算——收入结转　　　　　　　　　1 160 000

　　贷：主营业务收入　　　　　　　　　　　　　　1 160 000

借：主营业务成本　　　　　　　　　　　　　1 220 000

　　贷：合同履约成本　　　　　　　　　　　　　　1 220 000

借：预计负债　　　　　　　　　　　　　　　　60 000

　　贷：主营业务成本　　　　　　　　　　　　　　　60 000

2×21 年 6 月 30 日，"合同结算"科目的余额为借方 30 万元（86 − 116），是工程质保金，需等到客户于 2×22 年年末保质期结束且未发生重大质量问题后方能收款，应当资产负债表中作为合同资产列示。

（5）2×22 年：

a.保质期结束且未发生重大质量问题时：

借：应收账款　　　　　　　　　　　　　　　300 000

　　贷：合同结算　　　　　　　　　　　　　　　　300 000

b.实际收到合同价款时：

借：银行存款　　　　　　　　　　　　　　　300 000

　　贷：应收账款　　　　　　　　　　　　　　　　300 000

例 4-81　甲公司与乙公司签订合同，为其信息中心提供管理服务，合同期限为 5 年。在向乙公司提供服务之前，甲公司设计并搭建了一个信息技术平台供其内部使用，该信息技术平台由相关的硬件和软件组成。甲公司需要提供设计方案，将该信息技术平台与乙公司现有的信息系统对接，并进行相关测试。该平台并不会转让给乙公司，但是将用于向乙公司提供服务。甲公司为该平台的设计、购买硬件和软件以及信息中心的测试发生了成本。除此之外，甲公司专门指派两名员工，负责向乙公司提供服务。

分析：本例中，甲公司为履行合同发生的上述成本中，购买硬件和软件的成本应当分别按照固定资产和无形资产进行会计处理；设计服务成本和信息中心的测试成本不属于其他章节的规范范围，但是这些成本与履行该合同直接相关，并且增加了甲公司未来用于履行履约义务（即提供管理服务）的资源，如果甲公司预期该成本可通过未来提供服务收取的对价收回，则甲公司应当将这些成本确认为一项资产。甲公司向两名负责该项目的员工支付的工资费用，虽然与向乙公司提供服务有关，但是由于其并未增加企业未来用于履行履约义务的资源，因此，应当于发生时计入当期损益。

例 4-82 甲公司与乙公司签订合同，向其销售一批产品，并负责将该批产品运送至乙公司指定的地点，甲公司承担相关的运输费用。假定销售该产品属于在某一时点履行的履约义务，且控制权在送达乙公司指定地点时转移给乙公司。

分析：本例中，甲公司向乙公司销售产品，并负责运输。该批产品在送达乙公司指定地点时，控制权转移给乙公司。甲公司的运输活动是在产品的控制权转移给客户之前发生的，因此不构成单项履约义务，而是甲公司为履行合同发生的必要活动。基于上述分析，该案例发生的运输费用应属于合同履约成本，在完成销售时，将确认的运输费用计入营业成本。

例 4-83 甲公司经营一家酒店，该酒店是甲公司的自有资产。甲公司在进行会计核算时，除了发生的餐饮、商品材料等成本，还需要计提与酒店经营相关的固定资产折旧（如酒店、客房以及客房内的设备家具等）、无形资产摊销（如酒店土地使用权等）费用等。请思考甲公司应如何对这些折旧、摊销进行会计处理。

分析：本例中，甲公司经营一家酒店，主要通过提供客房服务赚取收入，而客房服务的提供直接依赖于酒店物业（包含土地）以及家具等相关资产，即与客房服务相关的资产折旧和摊销属于甲公司为履行与客户的合同而发生的服务成本。该成本需先考虑是否满足《企业会计准则第 14 号——收入》第二十六条规定的资本化条件，如果满足，应作为合同履约成本进行会计处理，并在收入确认时对合同履约成本进行摊销，计入营业成本。此外，这些酒店物业等资产中与客房服务不直接相关的，如财务部门相关的资产折旧等费用或者销售部门相关的资产折旧等费用，则需要按功能将相关费用记入"管理费用"或"销售费用"等科目。

二十五、合同履约成本减值准备的设置与账务处理

（一）合同履约成本减值准备的内涵

合同履约成本减值准备是指由于各种原因导致合同履约成本的可变现净值低于账面价值的，应当将可变现净值低于其账面价值的差额确认资产减值损失而计提的减值准备。

与合同成本相关的资产，其账面价值高于下列第一项减去第二项的差额的，应按超出部分的金额计提减值准备，并确认为资产减值损失：一是企业转让与该资产相关的商品预期能够取得的剩余对价；二是为转让该相关商品估计将要发生的成本。以前期间减值的因素之后发生变化，使得第一项减去第二项的差额高于该资产账面价值的，应当转出原已计提的资产减值准备，并计入当期损益，但转回后的资产账面价值不应超过假定不计提减值准备情况下该资产在转回日的账面价值。在确定上述资产的减值损失时，企业应当首先对相关的其他资产确定减值损失，其次按上述要求确定上述资产的减值损失。

（二）"合同履约成本减值准备"科目的具体核算

"合同履约成本减值准备"科目核算与合同履约成本有关的资产的减值准备。合同履约成本减值准备的主要账务处理如下：与合同履约成本有关的资产发生减值的，按应减记的金额，借记"资产减值损失"科目，贷记"合同履约成本减值准备"科目；转回已计提的资产减值准备时，做相反的会计分录。"合同履约成本减值准备"科目的期末余额在贷方，反映企业已计提但尚未转销的合同履约成本减值准备。

（三）"合同履约成本减值准备"科目的明细科目设置

"合同履约成本减值准备"科目的明细科目设置如表4-31所示。

表4-31　"合同履约成本减值准备"科目的明细科目设置

编号	会计科目名称	二级科目名称	三级科目名称	是否辅助核算	辅助核算类别
1476	合同履约成本减值准备				
1476 01	合同履约成本减值准备	服务成本	合同类别	是	部门
1476 02	合同履约成本减值准备	工程施工	合同类别	是	部门

（四）合同履约成本减值准备经典业务的会计核算

（略）

二十六、合同取得成本的设置与账务处理

（一）合同取得成本的内涵

合同取得成本是指企业取得合同发生的、预计能够收回的增量成本。增量成本是指企业不取得合同就不会发生的成本（如销售佣金等）。

《企业会计准则第 14 号——收入》规定，企业为取得合同发生的增量成本预期能够收回的，应当作为合同取得成本确认为一项资产。但是，该资产摊销期限不超过 1 年的，可以在发生时计入当期损益。企业为取得合同发生的、除了预期能够收回的增量成本的其他支出（如无论是否取得合同均会发生的差旅费、投标费、为准备投标资料发生的相关费用等），应当在发生时计入当期损益，但是，明确由客户承担的除外。

《企业会计准则第 14 号——收入》规定，上述资本化处理的增量成本，应当采用与该资产相关的商品收入确认相同的基础进行摊销，计入当期损益。

（1）确认为资产的合同取得成本，应当采用与该资产相关的商品收入确认相同的基础（即在履约义务履行的时点或按照履约义务的履约进度）进行摊销，计入当期损益。

（2）对于合同取得成本而言，如果合同续约时，企业仍需要支付与取得原合同相当的佣金，这表明取得原合同时支付的佣金与预期将要取得的合同无关，该佣金只能在原合同的期限内进行摊销。

（3）企业应当对合同取得成本的摊销情况进行复核并更新，以反映该预期时间的重大变化。此类变化应当作为会计估计变更进行会计处理。

（二）"合同取得成本"科目的具体核算

"合同取得成本"科目核算企业取得合同发生的、预计能够收回的增量成本。该科目可按合同进行明细核算。

合同取得成本的主要账务处理如下：企业发生上述合同取得成本时，借记"合同取得成本"科目，贷记"银行存款"和"其他应付款"等科目；对合同取得成本进行摊销时，按照其相关性借记"销售费用"等科目，贷记"合同取得成本"科目；涉及增值税的，还应进行相应的处理。需要注意的是，为简化实务操作，该资产摊销期限不超过 1 年的，可以在发生时直接计入当期损益。

"合同取得成本"科目的期末余额在借方，反映企业尚未结转的合同取得成本。

（三）"合同取得成本"科目的明细科目设置

"合同取得成本"科目的明细科目设置如表 4-32 所示。

表 4-32　"合同取得成本"科目的明细科目设置

编号	会计科目名称	二级科目名称	三级科目名称	是否辅助核算	辅助核算类别
1477	合同取得成本				
1477 01	合同取得成本	成本类别	合同类别	是	部门

（四）合同取得成本经典业务的会计核算

例 4-84　A 公司是一家咨询公司，其通过竞标赢得一个新客户，为取得该客户的合同，A 公司发生下列支出：①聘请外部律师进行尽职调查的支出为 1.5 万元，②因投标发生的差旅费为 1 万元，③销售人员佣金为 0.5 万元。A 公司预期这些支出未来能够收回。此外，A 公司根据其年度销售目标、整体盈利情况及员工个人业绩等，向销售部门经理支付年度奖金 1 万元。

分析：本例中，A 公司向销售人员支付的佣金属于为取得合同发生的增量成本，应当将其作为合同取得成本确认为一项资产。A 公司聘请外部律师进行尽职调查发生的支出，为投标发生的差旅费，无论是否取得合同都会发生，不属于增量成本，因此，应当于发生时直接计入当期损益。A 公司向销售部门经理支付的年度奖金也不是为取得合同发生的增量成本，这是因为该奖金发放与否以及发放金额还取决于其他因素（包括公司的盈利情况和个人业绩），其并不能直接归属于可识别的合同。

例 4-85　甲公司相关政策规定，销售部门的员工每取得一份新的合同，可以获得提成 100 元；现有合同每续约一次，员工可以获得提成 60 元。甲公司预期上述提成均能够收回。

分析：本例中，甲公司为取得新合同支付给员工的提成 100 元，属于为取得合同发生的增量成本，且预期能够收回，因此，应当确认为一项资产。同样地，甲公司为现有合同续约支付给员工的提成 60 元，也属于为取得合同发生的增量成本，这是因为如果不发生合同续约，就不会支付相应的提成，由于该提成预期能够收回，甲公司应当在每次续约时将应支付的相关提成确认为一项资产。

除了上述规定，甲公司相关政策规定，当合同变更时，如果客户在原合同的基础上，向甲公司支付额外的对价以购买额外的商品，甲公司需根据该新增的合同金额向销售人员支付一定的提成，此时，无论相关合同变更属于本节合同变更的哪一种情形，甲公司均应当将应支付的提成视同为取得合同（变更后的合同）发生的增量成本进行会计处理。

二十七、合同取得成本减值准备的设置与账务处理

（一）合同取得成本减值准备的内涵

合同取得成本减值准备是指由于各种原因导致合同取得成本的可变现净值低于账面价值的，应当将可变现净值低于其账面价值的差额确认资产减值损失而计提的减值准备。

与合同成本相关的资产，其账面价值高于下列第一项减去第二项的差额的，应按超出部分的金额计提减值准备，并确认为资产减值损失：一是企业转让与该资产相关的商品预期能够取得的剩余对价；二是为转让该相关商品估计将要发生的成本。以前期间减值的因素之后发生变化，使得上述第一项减去第二项的差额高于该资产账面价值的，企业应当转出原已计提的资产减值准备，并计入当期损益，但转回后的资产账面价值不应超过假定不计提减值准备情况下该资产在转回日的账面价值。在确定上述资产的减值损失时，企业应当首先对相关的其他资产确定减值损失，其次按上述要求确定上述资产的减值损失。

（二）"合同取得成本减值准备"科目的具体核算

"合同取得成本减值准备"科目核算与合同取得成本有关的资产的减值准备。合同取得成本减值准备的主要账务处理如下：与合同取得成本有关的资产发生减值的，按应减记的金额，借记"资产减值损失"科目，贷记"合同取得成本减值准备"科目；转回已计提的资产减值准备时，做相反的会计分录。"合同取得成本减值准备"科目的期末余额在贷方，反映企业已计提但尚未转销的合同取得成本减值准备。

（三）"合同取得成本减值准备"科目的明细科目设置

"合同取得成本减值准备"科目的明细科目设置如表4-33所示。

表 4-33　"合同取得成本减值准备"科目的明细科目设置

编号	会计科目名称	二级科目名称	三级科目名称	是否辅助核算	辅助核算类别
1478	合同取得成本减值准备				
1478 01	合同取得成本减值准备	成本类别	合同类别	是	部门

（四）合同取得成本减值准备经典业务的会计核算

（略）

二十八、持有待售资产的设置与账务处理

（一）持有待售资产的内涵

企业主要通过出售（包括具有商业实质的非货币性资产交换）而非持续使用一项非流动资产或处置组收回其账面价值的，应当将其划分为持有待售类别。

非流动资产或处置组划分为持有待售类别，应当同时满足下列条件：

（1）根据类似交易中出售此类资产或处置组的惯例，在当前状况下即可立即出售。

（2）出售极可能发生，即企业已经就一项出售计划做出决议且获得确定的购买承诺，预计出售将在 1 年内完成。有关规定要求企业相关权力机构或者监管部门批准后方可出售的，应当已经获得批准。具体来说，"出售极可能发生"应当包含以下几层含义：

一是企业出售非流动资产或处置组的决议一般需要由企业相应级别的管理层做出，如果有关规定要求企业相关权力机构或者监管部门批准后方可出售，应当已经获得批准。

二是企业已经获得确定的购买承诺，确定的购买承诺是企业与其他方签订的具有法律约束力的购买协议，该协议包含交易价格、时间和足够严厉的违约惩罚等重要条款，使协议出现重大调整或者撤销的可能性极小。其中，确定的购买承诺是指企业与其他方签订的具有法律约束力的购买协议，该协议包含交易价格、时间和足够严厉的违约惩罚等重要条款，使协议出现重大调整或者撤销的可能性极小。需要注意的是，企业应与其他方签订具有法律

约束力的购买协议，且协议出现重大调整或者撤销的可能性极小，才属于确定的购买承诺。也就是说，除了满足其他条件，企业必须在获得确定的购买承诺后才能将相关的非流动资产或处置组划分为持有待售类别。这一要求比国际财务报告准则更为严格，便于实务中严格执行，并防范利润操纵。

三是预计自划分为持有待售类别起1年内，出售交易能够完成。但因企业无法控制的下列原因之一，导致非关联方之间的交易未能在1年内完成，且有充分证据表明企业仍然承诺出售非流动资产或处置组的，企业应当继续将非流动资产或处置组划分为持有待售类别：①买方或其他方意外设定导致出售延期的条件，企业针对这些条件已经及时采取行动，且预计能够自设定导致出售延期的条件起1年内顺利化解延期因素。即企业在初始对非流动资产或处置组进行分类时，能够满足划分为持有待售类别的所有条件，但此后买方或是其他方提出一些意料之外的条件，且企业已经采取措施应对这些条件，预计能够自设定这些条件起1年内满足条件并完成出售，那么即使出售无法在最初1年内完成，企业仍然可以维持原持有待售类别的分类。②因发生罕见情况，导致持有待售的非流动资产或处置组未能在1年内完成出售，企业在最初1年内已经针对这些新情况采取必要措施且重新满足了持有待售类别的划分条件。这里的"罕见情况"主要指因不可抗力引发的情况、宏观经济形势发生急剧变化等不可控情况。如果企业针对这些新情况在最初1年内已经采取必要措施，而且该非流动资产或处置组重新满足了持有待售类别的划分条件，也就是在当前状况下可立即出售且出售极可能发生，那么即使原定的出售计划无法在最初1年内完成，企业仍然可以维持原持有待售类别的分类。

持有待售的非流动资产或处置组不再满足持有待售类别划分条件的，企业不应当继续将其划分为持有待售类别。

（二）"持有待售资产"科目的具体核算

"持有待售资产"科目核算持有待售的非流动资产和持有待售的处置组中的资产。该科目按照资产类别进行明细核算。企业将相关非流动资产或处置组划分为持有待售类别时，借记"持有待售资产"科目，按已计提的累计折旧、累计摊销等，借记"累计折旧""累计摊销"等科目，按各项资产账面余额，贷记"固定资产""无形资产""长期股权投资""应收账款""商誉"等科目，已计提减值准备的，还应同时结转已计提的减值准备。"持有待售资产"科目的期末余额在借方，反映企业持有待售的非流动资产和持有待售的处置组中资产的账面余额。

（三）"持有待售资产"科目的明细科目设置

"持有待售资产"科目的明细科目设置如表4-34所示。

表4-34　"持有待售资产"科目的明细科目设置

编号	会计科目名称	二级科目名称	三级科目名称	是否辅助核算	辅助核算类别
1481	持有待售资产				
1481 01	持有待售资产	资产类别		是	部门

（四）持有待售资产经典业务的会计核算

1. 持有待售类别取得日的初始计量

对于取得日划分为持有待售类别的非流动资产或处置组，企业应当在初始计量时比较假定其不划分为持有待售类别情况下的初始计量金额和公允价值减去出售费用后的净额，以两者孰低计量。除了企业合并中取得的非流动资产或处置组，由以公允价值减去出售费用后的净额作为非流动资产或处置组初始计量金额而产生的差额，应当计入当期损益。借记"持有待售资产""资产减值损失"科目，贷记"银行存款"科目。

企业合并中取得的非流动资产或处置组，需区分同一控制下企业合并与非同一控制下企业合并：①非同一控制下的企业合并中新取得的非流动资产或处置组划分为持有待售类别的，应当按照公允价值减去出售费用后的净额计量（吸收合并）。②同一控制下的企业合并中非流动资产或处置组划分为持有待售类别的，应当按照合并日在被合并方的账面价值与公允价值减去出售费用后的净额孰低计量（吸收合并）。

例4-86　2×22年4月1日，A公司购入B公司全部股权，支付价款1 700万元。购入该股权之前，A公司的管理层已经做出决议，一旦购入B公司将在1年内将其出售给C公司，B公司在当前状况下即可立即出售。预计A公司还将为出售该子公司支付15万元的出售费用。A公司与C公司计划于2×22年4月30日签署股权转让合同，初步议定股权转让价格为1 720万元。

分析：本案例中，B公司是专为转售而取得的子公司，其在不划分为持有待售类别情况下的初始计量金额应当为1 700万元，当日公允价值减去出售费用后的净额为1 705万元（1 720－15），按照两者孰低计量。A公司2×22年4月1日的账务处理如下：

借：持有待售资产——长期股权投资   17 000 000

    贷：银行存款   17 000 000

如果 A 公司尚未与 C 公司议定转让价格，购买日股权公允价值与支付价款一致。而 B 公司是专为转售而取得的子公司，其如果不划分为持有待售类别情况下的初始计量金额为 1 700 万元，当日公允价值减去出售费用后的净额为 1 685 万元（1 700 − 15），按照两者孰低计量。A 公司 2×22 年 4 月 1 日的账务处理如下：

借：持有待售资产——长期股权投资   16 850 000

    资产减值损失   150 000

    贷：银行存款   17 000 000

2. 持有待售类别首次划分日的初始计量

企业将非流动资产或处置组首次划分为持有待售类别前，应当按照相关会计准则规定计量非流动资产或处置组中各项资产和负债的账面价值，即在首次划分为持有待售类别前，应当先按其原适用的会计准则规定进行计量。

转为持有待售类别之后，企业初始计量持有待售的非流动资产或处置组时，应当按照相关会计准则规定计量流动资产、适用其他准则计量规定的非流动资产和负债。

（1）如果持有待售的非流动资产或处置组整体的账面价值低于其公允价值减去出售费用后的净额，企业不需要对账面价值进行调整。

（2）如果账面价值高于其公允价值减去出售费用后的净额，企业应当将账面价值减记至公允价值减去出售费用后的净额，减记的金额确认为资产减值损失，计入当期损益，同时计提持有待售资产减值准备。

企业应当按照《企业会计准则第 39 号——公允价值计量》的有关规定确定非流动资产或处置组的公允价值。

出售费用是企业发生的可以直接归属于出售资产或处置组的增量费用，出售费用包括为出售发生的特定法律服务、评估咨询等中介费用，也包括相关的消费税、城市维护建设税、土地增值税和印花税等，但不包括财务费用和所得税费用。

有些情况下，公允价值减去出售费用后的净额可能为负值，持有待售的非流动资产或处置组中资产的账面价值应当以减记至零为限。是否需要确认相关预计负债，应当按照《企业会计准则第 13 号——或有事项》的规定进行会计处理。

例 4-87 A 公司拟将下属子公司 B 公司出售给 C 公司，双方已签订了转让协议，预计将在 10 个月内完成转让，子公司 B 公司满足划分为持有待售类别的条件。B 公司与银行之间存在未决诉讼，B 公司可能败诉。由于不符合预计负债的确认条件，A 公司仅在报表附注中披露了或有负债。

分析： 本案例中，在确定子公司 B 公司的公允价值减去出售费用后的净额时，A 公司需要考虑尚未确认的或有负债的公允价值，B 公司的账面价值未确认该项或有负债，因此子公司 B 公司的公允价值减去出售费用后的净额低于其账面价值，应当确认持有待售资产减值损失，计入当期损益。

3. 持有待售的非流动资产的后续计量

持有待售的非流动资产不应计提折旧或摊销。

4. 持有待售的处置组的后续计量

企业在资产负债表日重新计量持有待售的处置组时，应当先按照相关会计准则规定计量处置组中的流动资产、适用其他准则计量规定的非流动资产和负债的账面价值。例如，处置组中的金融工具，应当按照《企业会计准则第 22 号——金融工具确认和计量》的规定计量。

二十九、持有待售资产减值准备的设置与账务处理

（一）持有待售资产减值准备的内涵

持有待售资产减值准备是指由于各种原因导致持有待售资产的公允价值减去出售费用后的净额低于其账面价值的，应当将其差额确认资产减值损失而计提的减值准备。

（二）"持有待售资产减值准备"科目的具体核算

"持有待售资产减值准备"科目核算企业持有待售的非流动资产和持有待售的处置组计提的允许转回的资产减值准备和商誉的减值准备。该科目按照资产类别进行明细核算。

初始计量或资产负债表日，持有待售的非流动资产或处置组中的资产发生减值的，按应减记的金额，借记"资产减值损失"科目，贷记"持有待售资产减值准备"科目。后续资产负债表日持有待售的非流动资产或处置组中的资产减值转回的，按允许转回的金额，借记"持有待售资产减值准备"科目，贷记"资产减值损失"科目。

该科目的期末余额在贷方，反映企业已计提但尚未转销的持有待售资产减值准备。

（三）"持有待售资产减值准备"科目的明细科目设置

"持有待售资产减值准备"科目的明细科目设置如表 4-35 所示。

表 4-35　"持有待售资产减值准备"科目的明细科目设置

编号	会计科目名称	二级科目名称	三级科目名称	是否辅助核算	辅助核算类别
1482	持有待售资产减值准备				
1482 01	持有待售资产减值准备	资产类别		是	部门

（四）持有待售资产减值准备经典业务的会计核算

1. 持有待售的非流动资产减值准备的会计核算

企业在资产负债表日重新计量持有待售的非流动资产时，如果其账面价值高于公允价值减去出售费用后的净额，应当将账面价值减记至公允价值减去出售费用后的净额，减记的金额确认为资产减值损失，计入当期损益，同时计提持有待售资产减值准备。

如果后续资产负债表日持有待售的非流动资产公允价值减去出售费用后的净额增加，以前减记的金额应当予以恢复，并在划分为持有待售类别后非流动资产确认的资产减值损失金额内转回，转回金额计入当期损益，划分为持有待售类别前确认的资产减值损失不得转回。

例 4-88　2×22 年 4 月 1 日，A 公司购入 B 公司全部股权，支付价款 1 600 万元。购入该股权之前，A 公司的管理层已经做出决议，一旦购入 B 公司，将在 1 年内将其出售给 C 公司。B 公司在当前状况下即可立即出售，预计 A 公司还将为出售该子公司支付 10 万元的出售费用。A 公司与 C 公司计划于 2×22 年 4 月 30 日签署股权转让合同，初步议定股权转让价格为 1 620 万元。2×22 年 4 月 30 日，A 公司与 C 公司签订合同，转让所持有 B 公司的全部股权，转让价格为 1 610 万元，A 公司预计还将支付 12 万元的出售费用。2×22 年 4 月 1 日，A 公司的账务处理如下：

借：持有待售资产——长期股权投资　　　　　　　16 000 000
　　贷：银行存款　　　　　　　　　　　　　　　　　　16 000 000

2×22 年 4 月 30 日，A 公司持有的 B 公司股权公允价值减去出售费用后的净额为 1 598 万元（1 610 － 12），账面价值为 1 600 万元，以两者孰低计量，A 公司 2×22 年 4 月 30 日的账务处理如下：

  借：资产减值损失（1 600 － 1 598）   20 000

    贷：持有待售资产减值准备——长期股权投资   20 000

 例 4-89 2×22 年 4 月 1 日，A 公司购入 B 公司全部股权，支付价款 1 600 万元。购入该股权之前，A 公司的管理层已经做出决议，一旦购入 B 公司，将在 1 年内将其出售给 C 公司。B 公司在当前状况下即可立即出售，但 A 公司尚未与 C 公司议定转让价格。预计 A 公司还将为出售该子公司支付 10 万元的出售费用。2×22 年 4 月 30 日，A 公司持有的 B 公司股权的公允价值为 1 610 万元，预计 A 公司还将为出售该子公司支付 11 万元的出售费用。

 分析：本例中，A 公司尚未与 C 公司议定转让价格，购买日股权公允价值与支付价款一致。B 公司是专为转售而取得的子公司，其如果不划分为持有待售类别情况下的初始计量金额为 1 600 万元，当日公允价值减去出售费用后的净额为 1 590 万元（1 600 － 10），按照两者孰低计量。A 公司 2×22 年 4 月 1 日的账务处理如下：

  借：持有待售资产——长期股权投资   15 900 000

    资产减值损失   100 000

    贷：银行存款   16 000 000

 A 公司持有的 B 公司股权的公允价值减去出售费用后的净额为 1 599 万元（1 600 － 11），账面价值为 1 590 万元，以两者孰低计量，A 公司不需要进行账务处理。

 2. 持有待售的处置组减值准备的会计核算

 （1）企业在资产负债表日重新计量持有待售的处置组时，应当先按照相关会计准则规定计量处置组中的流动资产、适用其他准则计量规定的非流动资产和负债的账面价值。例如，处置组中的金融工具，应当按照《企业会计准则第 22 号——金融工具确认和计量》的规定计量。

 （2）在进行上述计量后，企业应当比较持有待售的处置组整体账面价值与公允价值减去出售费用后的净额，如果账面价值高于其公允价值减去出售费用后的净额，应当将账面价值减记至公允价值减去出售费用后的净额，减记的金额确认为资产减值损失，计入当期损益，同时计提持有待售资产减值准备。

（3）对于持有待售的处置组确认的资产减值损失金额，如果该处置组包含商誉，应当先抵减商誉的账面价值，再根据处置组中适用本章计量规定的各项非流动资产账面价值所占比重，按比例抵减其账面价值。确认的资产减值损失金额应当以处置组中包含的适用本章计量规定的各项资产的账面价值为限，不应分摊至处置组中包含的流动资产或适用其他准则计量规定的非流动资产。

（4）如果后续资产负债表日持有待售的处置组公允价值减去出售费用后的净额增加，以前减记的金额应当予以恢复，并在划分为持有待售类别后适用本章计量规定的非流动资产确认的资产减值损失金额内转回，转回金额计入当期损益，且不应当重复确认适用其他准则计量规定的非流动资产和负债按照相关准则规定已经确认的利得。已抵减的商誉账面价值，以及适用本章计量规定的非流动资产在划分为持有待售类别前确认的资产减值损失不得转回。对于持有待售的处置组确认的资产减值损失后续转回金额，应当根据处置组中除商誉外适用本章计量规定的各项非流动资产账面价值所占比重，按比例增加其账面价值。

例 4-90　A 公司的一个专设销售机构拥有一个 100 平方米的底商。2×22 年 9 月 10 日，A 公司与 B 公司签订转让协议，将该销售机构整体转让，初定转让价格为 3 800 万元；同时，转让协议还约定，对于销售机构 2×22 年 8 月 10 日购买的一项作为其他权益工具投资核算的权益工具投资，其转让价格以转让完成当日市场报价为准。假设该销售机构满足划分为持有待售类别的条件，但不符合终止经营的定义。该销售机构在 2×22 年 9 月 10 日的相关科目余额（持有待售会计处理前）见表 4-36。

表 4-36　销售机构的相关科目余额表

单位：万元

科目名称	借方余额	贷方余额
银行存款	620	
应收账款	520	
库存商品	600	
存货跌价准备		200
其他权益工具投资	760	
固定资产	2 200	

（续表）

科目名称	借方余额	贷方余额
累计折旧		60
固定资产减值准备		30
无形资产	1 900	
累计摊销		28
无形资产减值准备		10
商誉	400	
应付账款		1 740
预计负债		500
合计	7 000	2 568

（1）该处置组在划分为持有待售前的账面价值 4 432 万元（7 000 － 2 568），至 2×22 年 9 月 10 日，固定资产还应当计提折旧 10 万元，无形资产还应当计提摊销 2 万元，固定资产和无形资产均用于管理用途。2×22 年 9 月 10 日，其他权益工具投资公允价值降至 720 万元，固定资产可收回金额降至 2 040 万元。2×22 年 9 月 10 日，该销售机构的公允价值为 3 800 万元，A 公司预计为转让该销售机构还需支付律师等咨询费共计 140 万元。假设 A 公司不存在其他持有待售的非流动资产或处置组，不考虑所得税影响。A 公司的账务处理如下：

a. 2×22 年 9 月 10 日，A 公司在将该处置组划分为持有待售类别前，按照适用的会计准则计量各项资产和负债的账面价值时：

借：管理费用　　　　　　　　　　　　　　　　　120 000
　　贷：累计折旧　　　　　　　　　　　　　　　　100 000
　　　　累计摊销　　　　　　　　　　　　　　　　 20 000
借：其他综合收益（7 600 000 － 7 200 000）　　　 400 000
　　贷：其他权益工具投资　　　　　　　　　　　　400 000
固定资产减值准备 ＝ 可收回金额 － 账面价值
　　　　＝ 2 040 － （2 200 － 60 － 30 － 10）＝ 60（万元）
借：资产减值损失　　　　　　　　　　　　　　　　600 000
　　贷：固定资产减值准备　　　　　　　　　　　　600 000

b. 2×22 年 9 月 6 日，A 公司将该销售机构处置组划分为持有待售类别时：

借：持有待售资产——银行存款　　　　　　　　6 200 000

　　　　　　　——应收账款　　　　　　　　5 200 000

　　　　　　　——库存商品　　　　　　　　6 000 000

　　　　　　　——其他权益工具投资　　　　7 200 000

　　　　　　　——固定资产　　　　　　　　20 400 000

　　　　　　　——无形资产　　　　　　　　18 600 000

　　　　　　　——商誉　　　　　　　　　　4 000 000

　　存货跌价准备　　　　　　　　　　　　　2 000 000

　　固定资产减值准备　　　　　　　　　　　900 000

　　累计折旧　　　　　　　　　　　　　　　700 000

　　累计摊销　　　　　　　　　　　　　　　300 000

　　无形资产减值准备　　　　　　　　　　　100 000

　　贷：持有待售资产减值准备——存货跌价准备　　2 000 000

　　　　银行存款　　　　　　　　　　　　　　6 200 000

　　　　应收账款　　　　　　　　　　　　　　5 200 000

　　　　库存商品　　　　　　　　　　　　　　6 000 000

　　　　其他权益工具投资　　　　　　　　　　7 200 000

　　　　固定资产　　　　　　　　　　　　　　22 000 000

　　　　无形资产　　　　　　　　　　　　　　19 000 000

　　　　商誉　　　　　　　　　　　　　　　　4 000 000

借：应付账款　　　　　　　　　　　　　17 400 000

　　预计负债　　　　　　　　　　　　　5 000 000

　　贷：持有待售负债——应付账款　　　　　　17 400 000

　　　　　　　　　　——预计负债　　　　　　5 000 000

2×22 年 9 月 6 日，A 公司将该销售机构处置组划分为持有待售类别时：

处置组划分为持有待售类别的账面价值＝ 11 860 ＋ 400 － 200 － 1 740 － 500 ＝ 4 320（万元）

或：

处置组划分为持有待售类别的账面价值＝处置组在划分为持有待售前的账面价值－累计折旧－累计摊销－其他权益工具投资－固定资产减值准备＝（7 000 － 2 568）－ 10 － 2 － 40 － 60 ＝ 4 320（万元）

c. 2×22 年 9 月 6 日，A 公司按公允价值和账面价值孰低法来计量该处置组，并计提持有待售资产减值准备时：

由于该处置组的账面价值 4 320 万元高于公允价值减去出费用后的净额

3 660 万元（3 800 － 140），A 公司应当先按公允价值和账面价值孰低法来计量该处置组，再计提持有待售资产减值准备 660 万元（4 320 － 3 660），并将其计入当期损益。持有待售资产的减值损失应当先抵减处置组中商誉的账面价值 400 万元，剩余金额 260 万元再根据固定资产、无形资产账面价值所占比重，按比例抵减其账面价值。

商誉应分摊减值损失 ＝ 400（万元）

固定资产摊减值损失 ＝（660 － 400）× 2 040 ÷（2 040 ＋ 1 860）

＝ 136（万元）

无形资产摊减值损失 ＝（660 － 400）× 1 860 ÷（2 040 ＋ 1 860）

＝ 124（万元）

2×22 年 9 月 6 日抵减减值损失后处置组账面价值 ＝ 4 320 － 660

＝ 3 660（万元）

其中：

抵减减值损失后"持有待售资产——固定资产"账面价值 ＝ 2 040 － 136

＝ 1 904（万元）

抵减减值损失后"持有待售资产——无形资产"账面价值 ＝ 1 860 － 124

＝ 1 736（万元）

借：资产减值损失   6 600 000

  贷：持有待售资产减值准备——固定资产 1 360 000

        ——无形资产 1 240 000

        ——商誉   4 000 000

（2）2×22 年 9 月 30 日，该销售机构尚未完成转让，A 公司作为其他权益工具投资核算的股票投资的市场报价上升至 740 万元。假设其他资产价值没有变化。B 公司在对销售机构进行检查时发项一些资产轻微破损，A 公司同意修理，预计修理费用为 10 万元，A 公司还将律师和注册会计师咨询费预计金额调整至 80 万元。当日门店处置组整体的公允价值为 3 820 万元。2×22 年 9 月 30 日，A 公司的账务处理如下：

a. 按照适用的会计准则计量其他权益工具投资时：

借：持有待售资产——其他权益工具投资（7 400 000 －

       7 200 000） 200 000

  贷：其他综合收益   200 000

当日，该处置组的账面价值为 3 680 万元 [3 660 ＋ 20（包含其他权益工具投资已经确认的利得）]，预计出售费用为 90 万元 [10（修理费用）＋ 80（咨询费预计调整金额）]，公允价值减去出售费用后的净额为 3 730 万元（3 820 － 90），高于账面价值 3 680 万元，差额为 50 万元。

处置组的公允价值减去出售费用后的净额后续增加的，应当在原已确认的持有待售资产减值损失范围内转回，但已抵减的商誉账面价值 400 万元和划分为持有待售类别前已计提的资产减值准备不得转回，因此，转回金额应当以 260 万元（136 万元的固定资产摊减值损失＋124 万元的无形资产摊减值损失）为限。

b. 按比例转回账面价值时：

根据上述分析，A 公司可转回已经确认的持有待售资产减值损失为 50 万元［（3 730 － 20）－ 3 660］，根据固定资产、无形资产账面价值所占比重，按比例转回其账面价值。

固定资产分摊的减值损失转回＝ 50×1 904 ÷（1 904 ＋ 1 736）

＝ 26.15（万元）

无形资产分摊的减值损失转回＝ 50×1 736 ÷（1 904 ＋ 1 736）

＝ 23.85（万元）

借：持有待资产减值准备——固定资产　　　　　261 500

——无形资产　　　　　238 500

贷：资产减值损失　　　　　　　　　　　　　500 000

至此，A 公司将处置组账面价值调整到公允价值减去出售费用后的净额，即 3 730 万元。

A 公司在 2×22 年 9 月 30 日的资产负债表中应当分别以"持有待售资产"项目和"持有待售负债"项目列示 5 970 万元和 2 240 万元。由于处置组不符合终止经营定义，持有待售资产确认的资产减值损失应当在利润表中以持续经营损益列示；同时，A 公司应当在附注中进一步披露该持有待售处置组的相关信息。

持有待售的处置组中的非流动资产不应计提折旧或摊销，持有待售的处置组中的负债和适用其他准则计量规定的非流动资产的利息或租金收入、支出以及其他费用应当继续予以确认。

三十、应收退货成本的设置与账务处理

（一）应收退货成本的内涵

应收退货成核算销售商品时预期将退回商品的账面价值，扣除收回该商品预计发生的成本（包括退回商品的价值减损）后的余额。"应收退货成本"科目主要适用于附有销售退回条款的销售业务，专门核算虽然已经发出但预

计可能会被退货的那部分商品的价值，不仅要考虑退货商品的生产成本，还要考虑相应的减值准备和可能发生的退货成本、价值减损。企业一般在附有销售退回条款的销售或商品已经发出但对价很可能无法收回（客户同意退货）时使用该科目，在退货行为实际发生时，将该科目条款转到"库存商品"科目。

（二）"应收退货成本"科目的具体核算

"应收退货成本"科目核算销售商品时预期将退回商品的账面价值，扣除收回该商品预计发生的成本（包括退回商品的价值减损）后的余额。企业发生附有销售退回条款的销售的，应在客户取得相关商品控制权时，按照已收或应收合同价款，借记"银行存款""应收账款""应收票据""合同资产"等科目，按照因向客户转让商品而预期有权收取的对价金额（即不包含预期因销售退回将退还的金额），贷记"主营业务收入""其他业务收入"等科目，按照预期因销售退回将退还的金额，贷记"预计负债——应付退货款"等科目；结转相关成本时，按照预期将退回商品转让时的账面价值，扣除收回该商品预计发生的成本（包括退回商品的价值减损）后的余额，借记"应收退货成本"科目，按照已转让商品转让时的账面价值，贷记"库存商品"等科目，按其差额，借记"主营业务成本""其他业务成本"等科目；涉及增值税的，还应进行相应处理。

"应收退货成本"科目的期末余额在借方，反映企业预期将退回商品转让时的账面价值，扣除收回该商品预计发生的成本（包括退回商品的价值减损）后的余额，在资产负债表中按其流动性记入"其他流动资产"或"其他非流动资产"项目。在资产负债表日，企业需要对未来退货情况进行重新估计，并依据重要性水平确定是否对原预计的"应收退货成本"科目金额加以调整。在期末编制资产负债表时，"应收退货成本"科目的借方余额并不记入"存货"项目中，而是按其预计出售的时间长短记入"其他流动资产"或"其他非流动资产"项目。

（三）"应收退货成本"科目的明细科目设置

"应收退货成本"科目的明细科目设置如表 4-37 所示。

表 4-37　"应收退货成本"科目的明细科目设置

编号	会计科目名称	二级科目名称	明细科目名称	是否辅助核算	辅助核算类别
1485	应收退货成本				
1485 01	应收退货成本	合同类别	客户	是	部门

（四）应收退货成本经典业务的会计核算

1. 附有销售退回条款的销售

对于附有销售退回条款的销售，企业应当在客户取得相关商品控制权时，按照因向客户转让商品而预期有权收取的对价金额（即不包含预期因销售退回将退还的金额）确认收入，按照预期因销售退回将退还的金额确认负债（预计负债）。账务处理如下：

借：银行存款 / 应收账款 / 应收票据 / 合同资产等科目

    贷：主营业务收入 / 其他业务收入

        预计负债——应付退货款

2. 按照预期将退回商品转让时的账面价值，扣除收回该商品预计发生的成本（包括退回商品的价值减损）后的余额，确认为一项资产（发出商品），按照所转让商品转让时的账面价值，扣除上述资产成本的净额结转成本。 账务处理如下：

借：应收退货成本

    贷：库存商品

        主营业务成本 / 其他业务成本

例 4-91 A 公司是一家运动器材销售公司。2×22 年 1 月 1 日，A 公司向 B 公司销售 1 000 件运动器材，单位销售价格为 500 元（不含税价），单位成本为 400 元，开出的增值税专用发票上注明的销售价款为 50 万元，增值税税额为 6.5 万元。协议约定，B 公司应于 2 月 1 日之前支付货款，在 6 月 30 日之前有权退还运动器材。A 公司已将运动器材发出，款项尚未收到。假定 A 公司根据过去的经验，估计该批运动器材退货率约为 20%；运动器材发出时纳税义务已经发生；实际发生销售退回时取得税务机关开具的红字增值税专用发票。A 公司的账务处理如下：

（1）2×21 年 1 月 1 日，发出运动器材时：

借：应收账款   565 000

    贷：主营业务收入   400 000

        应交税费——应交增值税（销项税额）   65 000

        预计负债   100 000

借：主营业务成本   320 000

    应收退货成本   80 000

    贷：库存商品   400 000

（2）2月1日前收到货款时：

借：银行存款   565 000

    贷：应收账款   565 000

（3）6月30日发生销售退回，款项已经支付时：

a. 如果实际退货量为200件时：

借：预计负债   100 000

    应交税费——应交增值税（销项税额）   13 000

    贷：银行存款   113 000

借：库存商品   80 000

    贷：应收退货成本   80 000

b. 如果实际退货量为160件时：

借：库存商品   64 000

    应交税费——应交增值税（销项税额）   10 400

    主营业务成本   16 000

    预计负债   100 000

    贷：银行存款   90 400

        主营业务收入   20 000

        应收退货成本   80 000

c. 如果实际退货量为240件时：

借：库存商品   96 000

    应交税费——应交增值税（销项税额）   15 600

    主营业务收入   20 000

    预计负债   100 000

    贷：主营业务成本   16 000

        银行存款   135 600

        应收退货成本   80 000

d. 如果6月30日之前没有发生退货时：

借：主营业务成本   80 000

    预计负债   100 000

    贷：主营业务收入   100 000

        应收退货成本   80 000

例4-92 2×22年12月1日，甲公司销售A商品100件，价款为80万元，总成本为50万元，规定60天内可以无条件退货，已开具增值税专用发票，增值税税率为13%，并收取全部价税款，客户已取得A商品的控制权。甲公司根据以往经验，估计退货率为10%。甲公司预计退货商品会发生价值损失1万元。12月31日，甲公司依据与客户的沟通情况，预计退货率将降为5%，退货商品发生价值损失金额为0.5万元。

分析： 该业务为典型的附退货条件的商品销售，依据会计核算的谨慎性要求，为避免高估收入和低估负债，甲公司在销售A商品时，根据以往经验估计退货率为10%，只能视为仅转移了90%商品的控制权，确认90%商品的收入，预计会退货10%那部分商品的生产成本扣除预计发生的价值损失后的金额4万元（50×10%－1）则记入"应收退货成本"科目，全部发出商品生产成本50万元扣除这部分预计退货金额后的余额46万元转入"主营业务成本"科目。在资产负债表日，甲公司还需要依据对未来退货情况的重新估计，对"应收退货成本"科目的金额加以调整，调整金额为2万元[4－（50×5%－0.5）]。甲公司的账务处理如下：

（1）2×22年12月1日：

借：银行存款 904 000
　　贷：主营业务收入 720 000
　　　　预计负债 80 000
　　　　应交税费——应交增值税（销项税额） 104 000
借：应收退货成本 40 000
　　主营业务成本 460 000
　　贷：库存商品 500 000

（2）2×22年12月31日：

借：预计负债（800 000×5%） 40 000
　　贷：主营业务收入 40 000
借：主营业务成本 20 000
　　贷：应收退货成本 20 000

如果预计退回的商品将在1年或一个正常营业周期内出售，甲公司在编制2×22年度资产负债表时，应将"应收退货成本"2万元记入"其他流动资产"项目；反之，则记入"其他非流动资产"项目。

三十一、债权投资的设置与账务处理

（一）债权投资的内涵

债权投资是指分类为以摊余成本计量的金融资产。金融资产同时符合下列条件的，应当分类为以摊余成本计量的金融资产：

（1）企业管理该金融资产的业务模式是以收取合同现金流量为目标的。

（2）该金融资产的合同条款规定，在特定日期产生的现金流量，仅为对本金和以未偿付本金金额为基础的利息的支付。

（二）"债权投资"科目的具体核算

"债权投资"科目核算企业以摊余成本计量的债权投资的账面余额。该科目可按债权投资的类别和品种，分别"面值""利息调整""应计利息"等明细科目进行明细分类核算。

企业取得的债权投资，应按该投资的面值，借记"债权投资——成本"科目，按支付的价款中包含的已到付息期但尚未领取的利息，借记"应收利息"科目，按实际支付的金额，贷记"银行存款"等科目，按其差额，借记或贷记"债权投资——利息调整"科目。

资产负债表日，债权投资为分期付息、一次还本债券投资的，企业应按票面利率计算确定的应收未收利息，借记"应收利息"科目，按债权投资摊余成本和实际利率确定的利息收入，贷记"投资收益"科目，按其差额，借记或贷记"债权投资——利息调整"科目；债权投资为一次还本付息债券投资的，应按票面利率计算确定的应收未收利息，借记"债权投资——应计利息"科目，按债权投资摊余成本和额实际利率计算确定的利息收入，贷记"投资收益"科目，按其差额，借记或贷记"债权投资——利息调整"科目。

债权投资以摊余成本进行后续计量的，当市场利率上升，其发生减值时，应当将该债权投资的账面价值与预计未来现金流量现值之间的差额，确认为减值损失，计入当期损益。

企业将以摊余成本计量的金融资产重分类为以公允价值计量且其变动计入当期损益的金融资产的，应当按照该资产在重分类日的公允价值进行计量。原账面价值与公允价值之间的差额计入当期损益；将以摊余成本计量的金融资产重分类为以公允价值计量且其变动计入其他综合收益的金融资产的，应当按照该金融资产在重分类日的公允价值进行计量。原账面价值与公允价值之间的差额计入其他综合收益。该金融资产重分类不影响其实际利率和预期信用损失的计量。

企业出售债权投资，应按实际收到的金额，借记"银行存款"等科目，按其账面余额，贷记"债权投资——成本、利息调整、应计利息"科目，按其差额，贷记或借记"投资收益"科目；已计提减值准备的，还应同时结转减值准备。

"债权投资"科目的期末余额在借方，反映企业以摊余成本计量的债权投资的摊余成本。

（三）"债权投资"科目的明细科目设置

"债权投资"科目的明细科目设置如表 4-38 所示。

表 4-38 "债权投资"科目的明细科目设置

编号	会计科目名称	二级科目名称	明细科目名称	是否辅助核算	辅助核算类别
1501	债权投资				
1501 01	债权投资	企业债券			
1501 01 01	债权投资	企业债券	投资成本	是	按类别和品种
1501 01 02	债权投资	企业债券	溢折价	是	按类别和品种
1501 01 03	债权投资	企业债券	应计计息	是	按类别和品种
1501 02	债权投资	委托银行或其他金融机构向其他单位贷出的款项			
1501 02 01	债权投资	委托银行或其他金融机构向其他单位贷出的款项	投资成本	是	按类别和品种
1501 02 02	债权投资	委托银行或其他金融机构向其他单位贷出的款项	溢折价	是	按类别和品种
1501 02 03	债权投资	委托银行或其他金融机构向其他单位贷出的款项	应计计息	是	按类别和品种

（四）债权投资经典业务的会计核算

1. 取得债权投资

企业取得的债权投资，应按该投资的面值，借记"债权投资——成本"科目，按支付的价款中包含的已到付息期但尚未领取的利息，借记"应收利息"科目，按实际支付的金额，贷记"银行存款"等科目，按其差额，借记或贷记"债权投资——利息调整"科目。值得注意的是，债权投资初始确认时，相关交易费用计入初始入账金额，而交易性金融资产的相关交易费用则记入"投资收益"科目。

例 4-93 A 公司于 2×22 年 1 月 1 日购入 B 公司发行的 2 年期债券，支付价款 41 486 万元，债券面值为 40 000 万元，每半年付息一次，到期还本。合同约定债券发行方 B 公司在遇到特定情况下可以将债券赎回，且不需要为赎回支付额外款项。A 公司在购买时预计发行方不会提前赎回，并将其划分为债权投资。该债券票面利率为 8%，实际利率为 6%，A 公司采用实际利率法摊销。假定不考虑其他因素，A 公司 2×22 年 1 月 1 日的账务处理如下：

借：债权投资——成本　　　　　　　　　　　400 000 000
　　　　　　——利息调整　　　　　　　　　 14 860 000
　　贷：银行存款　　　　　　　　　　　　　 414 860 000

2. 持有期间确认投资收益

（1）资产负债表日，债权投资为分期付息、一次还本债券投资的，企业应按票面利率计算确定的应收未收利息，借记"应收利息"科目，按债权投资摊余成本和实际利率计算确定的利息收入，贷记"投资收益"科目，按其差额，借记或贷记"债权投资——利息调整"科目。

（2）债权投资为一次还本付息债券投资的，企业应于资产负债表日按票面利率计算确定的应收未收利息，借记"债权投资——应计利息"科目，按债权投资摊余成本和实际利率计算确定的利息收入，贷记"投资收益"科目，按其差额，借记或贷记"债权投资——利息调整"科目。

（3）摊余成本的概念和计算方法。金融资产或金融负债的摊余成本是指该金融资产或金融负债的初始确认金额经下列调整后的结果：①扣除已偿还的本金。②加上或减去采用实际利率将该初始确认金额与到期日金额之间的差额进行摊销形成的累计摊销额。③扣除已发生的减值损失（仅适用于金融资产）。

摊余成本的计算公式如下：

期末摊余成本＝期初摊余成本＋投资收益（期初摊余成本×实际利率）—应收利息—已收回的本金—已发生的减值损失

例 4-94 接例 4-93，假定不考虑其他因素，A 公司的账务处理如下：

（1）2×22 年 6 月 30 日：

借：应收利息（400 000 000×8%÷2） 16 000 000

　　贷：投资收益（414 860 000×6%÷2） 12 445 800

　　　　债权投资——利息调整 3 554 200

借：银行存款 16 000 000

　　贷：应收利息 16 000 000

债权投资的摊余成本＝41 486＋1 244.58－1 600

　　　　　　　　　＝41 130.58（万元）

（2）2×22 年 12 月 31 日：

借：应收利息（400 000 000×8%÷2） 16 000 000

　　贷：投资收益（411 305 800×6%÷2） 12 339 174

　　　　债权投资——利息调整 3 660 826

借：银行存款 16 000 000

　　贷：应收利息 16 000 000

债权投资的摊余成本＝41 130.58＋1 233.9 174－1 600

　　　　　　　　　＝40 764.497 4（万元）

（3）2×23 年 6 月 30 日：

借：应收利息（400 000 000×8%÷2） 16 000 000.00

　　贷：投资收益（407 644 974×6%÷2） 12 229 394.22

　　　　债权投资——利息调整 3 770 650.78

借：银行存款 16 000 000

　　贷：应收利息 16 000 000

债权投资的摊余成本＝40 764.4 974＋1 222.9 349－1 600

　　　　　　　　　＝40 387.432 3（万元）

（4）2×23 年 12 月 31 日：

借：应收利息（400 000 000×8%÷2） 16 000 000

　　贷：投资收益 12 125 679

　　　　债权投资——利息调整（14 860 000－3 554 200－

　　　　　　　　　　3 660 826－3 770 651）

　　　　　　　　　　　　　　　　　　　 3 874 323

借：银行存款 16 000 000

　　贷：应收利息 16 000 000

3. 债权投资重分类为其他债权投资

将债权投资重分类为以公允价值计量且其变动计入其他综合收益的金融资产的，企业应在重分类日按其公允价值，借记"其他债权投资"科目，按其账面余额，贷记"债权投资——成本、利息调整、应计利息"科目，按其差额，贷记或借记"其他综合收益"科目；已计提减值准备的，还应同时结转减值准备。

4. 出售债权投资

出售债权投资，企业应按实际收到的金额，借记"银行存款"等科目，按其账面余额，贷记"债权投资——成本、利息调整、应计利息"科目，按其差额，贷记或借记"投资收益"科目；已计提减值准备的，还应同时结转减值准备。

例 4-95　接例 4-94，2×23 年 12 月 31 日，B 公司赎回债券。假定不考虑其他因素，A 公司 2×23 年 12 月 31 日的账务处理如下：

借：银行存款　　　　　　　　　　　　　　　　400 000 000

　　贷：债权投资——成本　　　　　　　　　　　400 000 000

5. 金融资产重分类的会计处理

（1）企业将一项以摊余成本计量的金融资产重分类为以公允价值计量且其变动计入当期损益的金融资产的，应当按照该资产在重分类日的公允价值进行计量，原账面价值与公允价值之间的差额计入当期损益；企业将一项以摊余成本计量的金融资产重分类为以公允价值计量且其变动计入其他综合收益的金融资产的，应当按照该金融资产在重分类日的公允价值进行计量，原账面价值与公允价值之间的差额计入其他综合收益，该金融资产重分类不影响其实际利率和预期信用损失的计量。

例 4-96　A 银行于 2×22 年 1 月 1 日以公允价值 50 万元购入一项债券投资组合，将其分类为以摊余成本计量的金融资产。2×23 年 1 月 1 日，A 银行将其重分类为以公允价值计量且其变动计入当期损益的金融资产。重分类日，该债券组合的公允价值为 49 万元，已确认的损失准备为 0.6 万元（反映了自初始确认后信用风险显著增加，因此以整个存续期预期信用损失计量）。假定不考虑利息收入，A 银行 2×23 年 1 月 1 日的账务处理如下：

借：交易性金融资产 490 000
　　债权投资减值准备 6 000
　　公允价值变动损益 4 000
　　贷：债权投资 500 000

例 4–97　A 银行于 2×22 年 1 月 1 日以公允价值 50 万元购入一项债券投资组合，将其分类为以摊余成本计量的金融资产。2×23 年 1 月 1 日，A 银行将其重分类为以公允价值计量且其变动计入其他综合收益的金融资产。重分类日，该债券组合的公允价值为 49 万元，已确认的损失准备为 0.6 万元（反映了自初始确认后信用风险显著增加，因此以整个存续期预期信用损失计量）。假定不考虑利息收入，A 银行 2×23 年 1 月 1 日的账务处理如下：

借：其他债权投资 490 000
　　其他综合收益——其他债权投资公允价值变动 10 000
　　贷：债权投资 500 000
借：债权投资减值准备 6 000
　　贷：其他综合收益——损失准备 6 000

（2）企业将一项以公允价值计量且其变动计入其他综合收益的金融资产重分类为以摊余成本计量的金融资产的，应当将之前计入其他综合收益的累计利得或损失转出，调整该金融资产在重分类日的公允价值，并以调整后的金额作为新的账面价值，即视同该金融资产一直以摊余成本计量该金融资产重分类不影响其实际利率和预期信用损失的计量；企业将一项以公允价值计量且其变动计入其他综合收益的金融资产重分类为以公允价值计量且其变动计入当期损益的金融资产的，应当继续以公允价值计量该金融资产，同时，企业应当将之前计入其他综合收益的累计利得或损失从其他综合收益转入当期损益。

例 4–98　A 银行于 2×22 年 1 月 1 日以公允价值 50 万元购入一项债券投资组合，将其分类为以公允价值计量且其变动计入其他综合收益的金融资产。2×23 年 1 月 1 日，A 银行将其重分类为以摊余成本计量的金融资产。重分类日，该债券组合的公允价值为 49 万元，已确认的损失准备为 0.6 万元（反映了自初始确认后信用风险显著增加，因此以整个存续期预期信用损失计量）。假定不考虑利息收入，A 银行 2×23 年 1 月 1 日的账务处理如下：

借：债权投资　　　　　　　　　　　　　　490 000

　　　贷：其他债权投资　　　　　　　　　　490 000

借：债权投资　　　　　　　　　　　　　　10 000

　　　贷：其他综合收益——其他债权投资公允价值变动　10 000

借：其他综合收益——损失准备　　　　　　6 000

　　　贷：债权投资减值准备　　　　　　　　6 000

（3）企业将一项以公允价值计量且其变动计入当期损益的金融资产重分类为以摊余成本计量的金融资产的，应当以其在重分类日的公允价值作为新的账面余额；企业将一项以公允价值计量且其变动计入当期损益的金融资产重分类为以公允价值计量且其变动计入其他综合收益的金融资产的，应当继续以公允价值计量该金融资产。

例 4-99　A 银行于 2×22 年 1 月 1 日以公允价值 50 万元购入一项债券投资组合，A 银行将其分类为以公允价值计量且其变动计入当期损益的金融资产。2×23 年 1 月 1 日，A 银行将其重分类为以摊余成本计量的金融资产。重分类日，该债券组合的公允价值为 49 万元，12 个月预期信用损失为 0.4 万元。假定不考虑利息收入，A 银行 2×23 年 1 月 1 日的账务处理如下：

借：债权投资　　　　　　　　　　　　　　490 000

　　　贷：交易性金融资产　　　　　　　　　490 000

借：资产减值损失　　　　　　　　　　　　4 000

　　　贷：债权投资损失准备　　　　　　　　4 000

三十二、债权投资减值准备的设置与账务处理

（一）债权投资减值准备的内涵

债权投资是指分类为以摊余成本计量的金融资产。企业应当以预期信用损失为基础，对用摊余成本计量的金融工具进行减值会计处理并确认损失准备。预期信用损失是指以发生违约的风险为权重的金融工具信用损失的加权平均值。

在估计现金流量时，企业应当考虑金融工具在整个预计存续期的所有合同条款（如提前还款、展期、看涨期权或其他类似期权等）。企业所考虑的现金流量应当包括出售所持担保品获得的现金流量，以及属于合同条款组成部分的其他信用增级所产生的现金流量。企业通常能够可靠估计金融工具的预计存续期。在极少数情况下，金融工具预计存续期无法可靠估计的，企业在计算确定预期信用损失时，应当基于该金融工具的剩余合同期间。

（二）"债权投资减值准备"科目的具体核算

"债权投资减值准备"科目核算企业债权投资的减值准备。该科目可按债权投资类别和品种进行明细核算。

资产负债表日，债权投资发生减值的，按应减记的金额，借记"资产减值损失"科目，贷记"债权投资减值准备"科目。已计提减值准备的债权投资价值以后又得以恢复，应在原已计提的减值准备金额内，按恢复增加的金额，借记"债权投资减值准备"科目，贷记"资产减值损失"科目。

该科目的期末余额在贷方，反映企业已计提但尚未转销的债权投资减值准备。

（三）"债权投资减值准备"科目的明细科目设置

"债权投资减值准备"科目的明细科目设置如表 4-39 所示。

表 4-39 "债权投资减值准备"科目的明细科目设置

编号	会计科目名称	二级科目名称	明细科目名称
1502	债权投资减值准备		
1502 01	债权投资减值准备	企业债券	按类别和品种
1502 02	债权投资减值准备	委托银行或其他金融金构向其他单位贷出的款项	按类别和品种
1502 03	债权投资减值准备	其他	按类别和品种

（四）债权投资减值准备经典业务的会计核算

1. 计提债权投资减值准备

债权投资、贷款和应收款项以摊余成本后续计量，其发生减值时，应当将该金融资产的账面价值减记至预计未来现金流量（不包括尚未发生的未来信用损失），减记的金额确认为资产减值损失，计入当期损益。账务处理如下：

借：资产减值损失

　　贷：债权投资减值准备

2. 转回原计提的债权投资减值准备

债权投资在确认减值损失后，如有客观证据表明该债权投资的价值已恢复，且客观上与确认该损失后发生的事项有关（如债务人的信用评级已提高等），原确认的减值损失应当予以转回，计入当期损益。但是，该转回后的账面价值不应当超过假定不计提减值准备情况下该债权投资在转回日的摊余成本。账务处理如下：

借：债权投资减值准备

　　贷：资产减值损失

相关例题在本章"三十一、债权投资的设置与账务处理"中已详述，在此不再赘述。

三十三、其他债权投资的设置与账务处理

（一）其他债权投资的内涵

其他债权投资是指由公允价值计量且其变动计入其他综合收益的金融资产。该类金融资产确认的条件如下：①企业管理该资产的业务模式既以收取合同现金流量为目标又以出售该金融资产为目标。②该金融资产的合同条款规定，在特定日期生产的现金流量，仅对本金和以未来偿付本金金额为基础的利息的支付。

（二）"其他债权投资"科目的具体核算

企业取得的以公允价值计量且其变动计入其他综合收益的金融资产为债券投资的，应按债券的面值，借记"其他债权投资——成本"科目，按支付的价款中包含的已到付息期但尚未领取的利息，借记"应收利息"科目，按实际支付的金额，贷记"银行存款"等科目，按差额，借记或贷记"其他债权投资——利息调整"科目）。

资产负债表日，其他债权投资为分期付息、一次还本债券投资的，企业应按票面利率计算确定的应收未收利息，借记"应收利息"科目，按其他债权投资的摊余成本和实际利率计算确定的利息收入，贷记"投资收益"科目，

按其差额，借记或贷记"其他债权投资——利息调整"科目。其他债权投资为一次还本付息债券投资的，应于资产负债表日按票面利率计算确定的应收未收利息，借记"其他债权投资——应计利息"科目，按其他债权投资的摊余成本和实际利率计算确定的利息收入，贷记"投资收益"科目，按其差额，借记或贷记"其他债权投资——利息调整"科目。其他债权投资发生减值后利息的处理，比照"贷款"科目相关规定。资产负债表日，以公允价值计量且其变动计入其他综合收益的金融资产的公允价值高于其账面余额的差额，借记"其他债权投资——公允价值变动"科目，贷记"其他综合收益"科目；若公允价值低于其账面余额，按两者的差额，做相反的会计分录。

以公允价值计量且其变动计入其他综合收益的金融资产发生减值的，企业按应减记的金额，借记"资产减值损失"科目，按应从所有者权益中转出原计入资本公积的累计损失金额，贷记"其他综合收益"科目，按其差额，贷记"其他债权投资——公允价值变动"科目。对于已确认减值损失的以公允价值计量且其变动计入其他综合收益的金融资产，在随后会计期间内公允价值已上升且客观上与确认原减值损失事项有关的，企业应按原确认的减值损失，借记"其他债权投资——公允价值变动"科目，贷记"资产减值损失"科目。

将以摊余成本计量的金融资产划分为以公允价值计量且其变动计入其他综合收益的金融资产的，企业应在重分类日按其公允价值，借记"其他债权投资"科目，按其账面余额，贷记"债权投资"科目，按其差额，贷记或借记"其他综合收益"科目；已计提减值准备的，还应同时结转减值准备。

出售以公允价值计量且其变动计入其他综合收益的金融资产时，企业应按实际收到的金额，借记"银行存款""存放中央银行款项"等科目，按其账面余额，贷记"其他债权投资——成本、公允价值变动、利息调整、应计利息"科目，按应从所有者权益中转出的公允价值累计变动额，借记或贷记"其他综合收益"科目，按其差额，贷记或借记"投资收益"科目。

"其他债权投资"科目的期末余额在借方，反映企业以公允价值计量且其变动计入其他综合收益的金融资产的公允价值。

（三）"其他债权投资"科目的明细科目设置

"其他债权投资"科目的明细科目设置如表 4-40 所示。

表 4-40 "其他债权投资"科目的明细科目设置

编号	会计科目名称	二级科目名称	明细科目名称	是否辅助核算	辅助核算类别
1503	其他债权投资				
1503 01	其他债权投资	债券	投资成本	是	品种
1503 02	其他债权投资	债券	利息调整	是	品种
1503 03	其他债权投资	债券	应计利息	是	品种
1503 04	其他债权投资	债券	公允价值变动	是	品种

（四）其他债权投资经典业务的会计核算

1. 企业取得其他债权投资

企业取得的以公允价值计量且其变动计入其他综合收益的金融资产为债券投资的，应按债券的面值，借记"其他债权投资——成本"科目，按支付的价款中包含的已到付息期但尚未领取的利息，借记"应收利息"科目，按实际支付的金额，贷记"银行存款"等科目，按差额，借记或贷记"其他债权投资——利息调整"科目。账务处理如下：

借：其他债权投资——成本

应收利息

其他债权投资——利息调整

贷：银行存款

2. 持有期间其他债权投资的计量

（1）企业取得的其他债权投资，资产负债表日，可出售债券为分期付息、一次还本债券投资的，应按票面利率计算确定的应收未收利息，借记"应收利息"科目，按可出售债券的摊余成本和实际利率计算确定的利息收入，贷记"投资收益"科目，按其差额，借记或贷记"其他债权投资——利息调整"科目。账务处理如下：

借：应收利息

其他债权投资——利息调整

贷：投资收益

（2）债券为一次还本付息债券投资的，应于资产负债表日按票面利率计算确定的应收未收利息，借记"其他债权投资——应计利息"科目，按可出售债券的摊余成本和实际利率计算确定的利息收入，贷记"投资收益"科目，按其差额，借记或贷记"其他债权投资——利息调整"科目。账务处理如下：

借：其他债权投资——应计利息

　　　　　——利息调整

　　贷：投资收益

3. 出售其他债权投资

企业出售其他债权投资，应按实际收到的金额，借记"银行存款"等科目，按其账面余额，贷记"其他债权投资——成本、公允价值变动、利息调整、应计利息"科目，按应从所有者权益中转出的公允价值累计变动额，借记或贷记"其他综合收益"科目，按其差额，贷记或借记"投资收益"科目。账务处理如下：

借：银行存款

　　其他综合收益

　　贷：其他债权投资——成本

　　　　　　　——公允价值变动

　　　　　　　——利息调整

　　　　　　　——应计利息

　　　　投资收益

例 4-100　2×17 年 1 月 1 日，A 公司支付价款 1 000 万元（含交易费用）从上海证券交易所购入 A 公司同日发行的 5 年期公司债券 12 500 份，债券票面价值总额为 1 250 万元，票面年利率为 4.72%，于年末支付本年度债券利息（即每年利息为 59 万元），本金在债券到期时一次偿还。合同约定，该债券的发行方在遇到特定情况时可以将债券赎回，且不需要为提前赎回支付额外款项。A 公司在购买该债券时，预计发行方不会提前赎回，A 公司根据其管理该债券的业务模式和该债券的合同现金流量特征，将该债券分类为以公允价计量且其变动计入其他综合收益的金融资产。相关计算结果如表 4-41 所示。

其他资料如下：

（1）2×17 年 12 月 31 日，A 公司债券的公允价值为 1 200 万元（不含利息）。

（2）2×18 年 12 月 31 日，A 公司债券的公允价值为 1 300 万元（不含利息）。

（3）2×19 年 12 月 31 日，A 公司债券的公允价值为 1 250 万元（不含利息）。

（4）2×20 年 12 月 31 日，A 公司债券的公允价值为 1 200 万元（不含利息）。

（5）2×21年1月20日，通过上海证券交易所出售了B公司债券12 500份，取得价款1 260万元。

分析： 假定不考虑所得税、减值损失等因素，A公司用插值法计算该债券的实际利率r：

$59 \times (1+r)^{-1} + 59 \times (1+r)^{-2} + 59 \times (1+r)^{-3} + 59 \times (1+r)^{-4} + (59+1250) \times (1+r)^{-5} = 1000$（万元）

计算得出：$r = 10\%$。

表4-41　相关计算结果

单位：万元

日期	现金流入A	实际利息收入（B＝期初D×10%）	已收回的本金（C＝A－B）	摊余成本余额（D＝期初D－C）	公允价值E	公允价值变动额（F＝E－D－期初G）	公允价值变动累计金额（G＝期初G＋F）
2×17年1月1日				1 000	1 000	0	0
2×17年12月31日	59	100	－41	1 041	1 200	159	159
2×18年12月31日	59	104	－45	1 086	1 300	55	214
2×19年12月31日	59	109	－50	1 136	1 250	－100	114
2×20年12月31日	59	113	－54	1 190	1 200	－104	10
2×21年1月20日	0	70	－70	1 260	1 260	－10	0
小计	236	496	－260	1 260	－		
2×21年1月20日	1 260	－	1 260	0			
合计	1 496	496	1 000	0			

A公司的账务处理如下：

（1）2×17年1月1日，购入B公司债券时：

借：其他债权投资——成本　　　　　　　　　　　12 500 000

　　贷：银行存款　　　　　　　　　　　　　　　　10 000 000

　　　　其他债权投资——利息调整　　　　　　　　 2 500 000

（2）2×17年12月31日，确认A公司债券实际利息收入、公允价值变动，收到债券利息时：

  借：应收利息   590 000

    其他债权投资——利息调整   410 000

     贷：投资收益   1 000 000

  借：银行存款   590 000

     贷：应收利息   590 000

  借：其他债权投资——公允价值变动   1 590 000

     贷：其他综合收益——其他债权投资公允价值变动 1 590 000

  （3）2×18年12月31日，确认B公司债券实际利息收入、公允价值变动，收到债券利息时：

  借：应收利息   590 000

    其他债权投资——利息调整   450 000

     贷：投资收益   1 040 000

  借：银行存款   590 000

     贷：应收利息   590 000

  借：其他债权投资——公允价值变动   550 000

     贷：其他综合收益——其他债权投资公允价值变动 550 000

  （4）2×19年12月31日，确认A公司债券实际利息收入、公允价值变动，收到债券利息时：

  借：应收利息   590 000

    其他债权投资——利息调整   500 000

     贷：投资收益   1 090 000

  借：银行存款   590 000

     贷：应收利息   590 000

  借：其他综合收益——其他债权投资公允价值变动 1 000 000

     贷：其他债权投资——公允价值变动   1 000 000

  （5）2×20年12月31日，确认A公司债券实际利息收入、公允价值变动，收到债券利息时：

  借：应收利息   590 000

    其他债权投资——利息调整   540 000

     贷：投资收益   1 130 000

  借：银行存款   590 000

     贷：应收利息   590 000

  借：其他综合收益——其他债权投资公允价值变动 1 040 000

     贷：其他债权投资——公允价值变动   1 040 000

（6）2×21 年 1 月 20 日，确认出售 A 公司债券实现的损益时：

借：银行存款   12 600 000

其他债权投资——利息调整（2 500 000 － 410 000 －

450 000 － 500 000 － 540 000）

                                                  600 000

贷：其他债权投资——成本   12 500 000

          ——公允价值变动   100 000

        投资收益   600 000

借：其他综合收益——其他债权投资公允价值变动   100 000

    贷：投资收益   100 000

或：

借：其他债权投资——利息调整   700 000

    贷：投资收益   700 000

借：银行存款   12 600 000

投资收益   100 000

    贷：其他债权投资——成本   12 500 000

          ——公允价值变动   100 000

          ——利息调整   100 000

A 公司债券的成本＝1 250（万元）

A 公司债券的利息调整余额＝－ 250 ＋ 41 ＋ 45 ＋ 50 ＋ 54 ＋ 70

            ＝－ 10（万元）

A 公司债券公允价值变动余额＝159 ＋ 55 － 100 － 104 ＝ 10（万元）

同时，应从其他综合收益中转出的公允价值累计金额为 10 万元。

借：其他综合收益——其他债权投资公允价值变动   100 000

    贷：投资收益   100 000

4. 金融资产重分类的会计处理

（1）企业将一项以公允价值计量且其变动计入其他综合收益的金融资产重分类为以公允价值计量且其变动计入当期损益的金融资产的，应当继续以公允价值计量该金融资产；同时，企业应当将之前计入其他综合收益的累计利得或损失从其他综合收益转入当期损益。

例 4-101   A 银行于 2×20 年 1 月 1 日以公允价值 50 万元购入一项债券投资组合，将其分类为以公允价值计量且其变动计入其他综合收益的金融资产。2×21 年 1 月 1 日，A 银行将其重分类为以公允价值计量且其变动计入当期损益的金融资产。重分类日，该债券组合的公允价值为 49 万元，已确认的损失准备为 0.6 万元（反映了自初始确认后信用风险显著增加，因此以整个存续期预期信用损失计量）。假定不考虑利息收入，A 银行 2×21 年 1 月 1 日的账务处理如下：

借：交易性金融资产　　　　　　　　　　　　　　490 000
　　贷：其他债权投资　　　　　　　　　　　　　　490 000
借：投资收益　　　　　　　　　　　　　　　　　4 000
　　其他综合收益——损失准备　　　　　　　　　6 000
　　贷：其他综合收益——其他债权投资公允价值变动　10 000

（2）企业将一项以公允价值计量且其变动计入当期损益的金融资产重分类为以摊余成本计量的金融资产的，应当以其在重分类日的公允价值作为新的账面余额；企业将一项以公允价值计量且其变动计入当期损益的金融资产重分类为以公允价值计量且其变动计入其他综合收益的金融资产的，应当继续以公允价值计量该金融资产。

例 4-102　A 银行于 2×20 年 1 月 1 日以公允价值 50 万元购入一项债券投资组合，将其分类为以公允价值计量且其变动计入当期损益的金融资产。2×21 年 1 月 1 日，A 银行将其重分类为以公允价值计量且其变动计入其他综合收益的金融资产。重分类日，该债券组合的公允价值为 49 万元，12 个月预期信用损失为 0.4 万元。假定不考虑利息收入，A 银行 2×21 年 1 月 1 日的账务处理如下：

借：其他债权投资　　　　　　　　　　　　　　490 000
　　贷：交易性金融资产　　　　　　　　　　　　490 000
借：资产减值损失　　　　　　　　　　　　　　4 000
　　贷：其他综合收益——损失准备　　　　　　　4 000

三十四、其他权益工具投资的设置与账务处理

（一）其他权益工具投资的内涵

其他权益工具投资是指企业指定为以公允价值计量且其变动计入其他综

合收益的非交易性权益工具投资。企业在初始确认非交易性权益工具的金融资产时，可以将其指定为以公允价值计量且其变动计入其他综合收益的金融资产，并按照《企业会计准则第 22 号——金融工具确认和计量》第六十五条规定确认股利收入。该指定一经做出，不得撤销。

（二）"其他权益工具投资"科目的具体核算

"其他权益工具投资"科目可按其他权益工具投资的类别和品种，分别"成本""公允价值变动"等进行明细核算。企业取得的指定为以公允价值计量且其变动计入其他综合收益的非交易性权益工具投资，应按其公允价值与交易费用之和，借记"其他权益工具投资——成本"科目，按支付的价款中包含的已宣告但尚未发放的现金股利，借记"应收股利"科目，按实际支付的金额，贷记"银行存款"等科目。资产负债表日，以公允价值计量且其变动计入其他综合收益的金融资产的公允价值高于其账面余额的差额，借记"其他权益工具投资——公允价值变动"科目，贷记"其他综合收益"科目；若公允价值低于其账面余额，按两者差额，做相反的会计分录。

出售以公允价值计量且其变动计入其他综合收益的金融资产，应按实际收到的金额，借记"银行存款"等科目，按其账面余额，贷记"其他权益工具投资——成本、公允价值变动"科目，按应从所有者权益中转出的公允价值累计变动额，借记或贷记"其他综合收益"科目，按其差额，计入留存收益。

"其他权益工具投资"科目的期末余额在借方，反映企业指定为以公允价值计量且其变动计入其他综合收益的非交易性权益工具投资。

（三）"其他权益工具投资"科目的明细科目设置

"其他权益工具投资"科目的明细科目设置如表 4-42 所示。

表 4-42　"其他权益工具投资"科目的明细科目设置

编号	会计科目名称	二级科目名称	明细科目名称	是否辅助核算	辅助核算类别
1504	其他权益工具投资				
1504 01	其他权益工具投资	股票	投资成本	是	品种
1504 02	其他权益工具投资	股票	公允价值变动	是	品种

（四）其他权益工具投资经典业务的会计核算

1. 取得其他权益工具投资时的账务处理

例 4-103　A公司于2×20年7月13日购入股票100万股，每股市价为15元，手续费为3万元；初始确认时，A公司将该股票指定为以公允价值计量且其变动计入其他综合收益的非交易性权益工具投资。假定不考虑其他因素，A公司2×20年7月13日的账务处理如下：

借：其他权益工具投资——成本　　　　　　　　　　15 030 000

　　贷：银行存款　　　　　　　　　　　　　　　　15 030 000

2. 持有期间计量的账务处理

例 4-104　接例4-103，A公司至2×20年12月31日仍持有该股票，该股票当时的市价为16元。假定不考虑其他因素，A公司2×20年12月31日确认股票价格变动的账务处理如下：

借：其他权益工具投资——公允价值变动　　　　　　970 000

　　贷：其他综合收益　　　　　　　　　　　　　　970 000

3. 出售其他权益工具投资的账务处理

例 4-105　2×21年1月1日，甲公司将持有的乙公司发行的普通股的50%出售给丙公司，经协商出售价格为311万元，2×20年12月31日该部分普通股公允价值为620万元人民币。该部分普通股于2×20年1月1日发行，甲公司持有该部分普通股时将其指定为以公允价值计量且其变动计入其他综合收益的金融资产，其取得成本为600万元。

分析： 本例中，假设甲公司和丙公司在出售协议中约定，出售后该部分普通股发生的所有损失均由丙公司自行承担，甲公司已将该部分普通股所有权上的几乎所有风险和报酬转移给丙公司，因此，应当终止确认该金融资产的50%。

根据上述资料，首先，应确定出售日该部分普通股的账面价值。由于资产负债表日（即2×20年12月31日）普通股的公允价值为620万元，而且该普通股属于以公允价值计量且其变动计入其他综合收益的金融资产，继续确认部分由于与出售部分相同，应按照出售部分的价格是它的最佳公允价值来估计，也为 311 万元。

其次，应确定归属于终止确认部分已计入其他综合收益的公允价值累计变动额。2×20 年 12 月 31 日，甲公司计入其他综合收益的利得为 20 万元（620 － 600），归属于终止确认部分为 10 万元［20×311÷（311 ＋ 311）］。

最后，应确定甲公司出售该普通股 50% 形成的收益。按照金融资产转移形成的损益（或留存收益）的计算公式计算，出售该普通股形成的收益为 11 万元（311 － 310 ＋ 10）（包含终止确认部分因终止确认而从其他综合收益中转出至留存收益的 10 万元）。

甲公司出售所持有的乙公司普通股业务的账务处理如下：

借：银行存款 3 110 000
　　贷：其他权益工具投资——成本 3 000 000
　　　　　　　　　　　　　——公允价值变动 100 000
　　盈余公积——法定盈余公积 1 000
　　利润分配——未分配利润 9 000

同时，将归属于终止确认部分原计入其他综合收益的公允价值变动转出时：

借：其他综合收益——其他权益工具公允价值变动 100 000
　　贷：盈余公积——法定盈余公积 10 000
　　利润分配——未分配利润 90 000

三十五、长期股权投资的设置与账务处理

（一）长期股权投资的内涵

长期股权投资包括企业持有的对其子公司、合营企业和联营企业的权益性投资等以及企业持有的对被投资单位不具有控制、共同控制或重大影响，且在活跃市场中没有报价、公允价值不能可靠计量的权益性投资。

（二）"长期股权投资"科目的具体核算

"长期股权投资"科目核算企业持有的采用成本法和权益法核算的长期股权投资。该科目可按被投资单位进行明细核算。

长期股权投资采用权益法核算的，还应当分别"成本""损益调整""其他权益变动"进行明细核算。

"长期股权投资"科目的期末余额在借方，反映企业长期股权投资的价值。

（三）"长期股权投资"科目的明细科目设置

"长期股权投资"科目的明细科目设置如表 4-43 所示。

表 4-43　"长期股权投资"科目的明细科目设置

编号	会计科目名称	二级科目名称	明细科目名称	是否辅助核算	辅助核算类别
1511	长期股权投资				
1511 01	长期股权投资	股票投资			
1511 01 01	长期股权投资	股票投资	成本	是	按被投资单位
1511 01 02	长期股权投资	股票投资	损益调整	是	按被投资单位
1511 01 03	长期股权投资	股票投资	其他权益变动	是	按被投资单位
1511 02	长期股权投资	其他股权投资			
1511 02 01	长期股权投资	其他股权投资	成本	是	按被投资单位
1511 02 02	长期股权投资	其他股权投资	损益调整	是	按被投资单位
1511 02 03	长期股权投资	其他股权投资	其他权益变动	是	按被投资单位

（四）长期股权投资经典业务的会计核算

1. 同一控制下的企业合并

（1）同一控制下的企业合并时，合并方以支付现金、转让非现金资产或承担债务方式作为合并对价的，长期股权投资初始投资成本与支付的现金、转让的非现金资产以及所承担债务账面价值之间的差额，应当调整资本公积；资本公积（资本溢价或股本溢价）不足冲减的，依次冲减盈余公积和未分配利润。

投资企业在具体进行账务处理时，应在合并日按取得被合并方所有者权益在最终控制方合并财务报表中的账面价值的份额，借记"长期股权投资——投资成本"科目，按支付的合并对价的账面价值，贷记或借记有关资产、负债科目，按其差额，贷记"资本公积——资本溢价或股本溢价"科目；如为借方差额，借记"资本公积——资本溢价或股本溢价"科目，资本公积（资本溢价或股本溢价）不足冲减的，应依次借记"盈余公积""利润分配——未分配利润"科目。

例 4-106　2×22 年 6 月 30 日，A 公司向同集团内 B 公司的原股东签订股权转让协议，A 公司以支付 1 000 万元现金和承担 B 公司原股东 5 000 万元债务的方式取得 B 公司 100% 的股权，并于当日起能够对 B 公司实施控制。合并后，B 公司仍维持其独立法人资格继续经营。两公司在企业合并前采用的会计政策相同。合并日，B 公司的在集团合并报表账面所有者权益总额为 6 600 万元。

分析：A 公司与 B 公司属于同一控制下，其合并时支付的合并对价的账面价值与长期股权投资初始投资成本之间的差额，当调整资本公积；资本公积（资本溢价或股本溢价）不足冲减的，依次冲减盈余公积和未分配利润。
A 公司的账务处理如下：

借：长期股权投资　　　　　　　　　　　　　　　66 000 000
　　贷：现金　　　　　　　　　　　　　　　　　　10 000 000
　　　　长期借款　　　　　　　　　　　　　　　　50 000 000
　　　　资本公积——股本溢价　　　　　　　　　　　6 000 000

（2）同一控制下的企业合并时，合并方以发行权益性证券作为合并对价的，应当按照发行股份的面值总额作为股本，长期股权投资初始投资成本与所发行股份面值总额之间的差额，应当调整资本公积；资本公积（资本溢价或股本溢价）不足冲减的，依次冲减盈余公积和未分配利润。

投资企业在具体进行会计处理时，应当在合并日按照被合并方所有者权益在最终控制方合并财务报表中的账面价值的份额，借记"长期股权投资——投资成本"科目，按照发行股份的面值总额，贷记"股本"科目，按其差额，贷记"资本公积——资本溢价或股本溢价"；如为借方差额，借记"资本公积——资本溢价或股本溢价"科目，资本公积（资本溢价或股本溢价）不足冲减的，应依次借记"盈余公积""利润分配——未分配利润"科目。

例 4-107　2×21 年 6 月 30 日，A 公司向同集团内 B 公司的原股东定向增发 1 000 万股普通股（每股面值为 1 元，每股市价为 20 元），取得 B 公司 100% 的股权，并于当日起能够对 B 公司实施控制。合并后，B 公司仍维持其独立法人资格继续经营。两公司在企业合并前采用的会计政策相同。合并日，B 公司的在集团合并报表账面所有者权益总额为 6 600 万元。

合并日，A 公司在其账簿及个别财务报表中应确认对 B 公司的长期股权投资，账务处理如下：

借：长期股权投资   66 000 000

  贷：股本   10 000 000

    资本公积——股本溢价   56 000 000

例 4-108 2×21 年 6 月 30 日，A 公司向同集团内 B 公司的原股东定向增发 1 000 万股普通股（每股面值为 1 元，每股市价为 20 元），取得 B 公司 100% 的股权，并于当日起能够对 B 公司实施控制。合并后，B 公司仍维持其独立法人资格继续经营。两公司在企业合并前采用的会计政策相同。合并日，A 公司个别财务报表资本公积（资本溢价或股本溢价）为 200 万元，盈余公积为 550 万元，B 公司的在集团合并报表账面所有者权益总额为 150 万元。

合并日，A 公司在其账簿及个别财务报表中应确认对 B 公司的长期股权投资，账务处理如下：

借：长期股权投资   1 500 000

  资本公积——股本溢价   2 000 000

  盈余公积   5 500 000

  利润分配——未分配利润   1 000 000

  贷：股本   10 000 000

例 4-109 A 公司和 B 公司均为某集团的控股子公司，C 公司为 B 公司设立的全资子公司。2×20 年 5 月 1 日，A 公司以 500 万元的对价取得 B 公司持有的 C 公司 100% 股权。合并日 C 公司的在合并报表中账面净资产为 -2 000 万元，其中实收资本 4 000 万元，未弥补亏损 6 000 万元。合并日 C 公司净资产的评估价值为 500 万元。

分析：本例中，A 公司和 C 公司在合并前后均受同一控制方的最终控制且该控制并非暂时性的，因此 A 公司取得 C 公司 100% 股权的交易属于同一控制下的企业合并。根据《企业会计准则第 2 号——长期股权投资》的规定，A 公司个别报表的长期股权投资成本应在合并日按照取得被合并方，即 C 公司在合并报表中所有者权益账面价值份额进行计量。当被合并方的账面净资产为负数时，除了合并方负有承担额外损失的义务，合并方个别报表对被合并方的长期股权投资应减记至零为限，通常不应当出现负数。相应地，合并方付出的对价与长期股权投资账面价值零之间的差额应调整资本公积；资本公积不足冲减的，调整留存收益。A公司的账务会计处理如下：

借：长期股权投资   0

    资本公积   0

    盈余公积   0

    利润分配——未分配利润   5 000 000

    贷：银行存款   5 000 000

（3）初始投资成本与合并对价账面价值差额的处理。合并日长期股权投资的初始投资成本，与达到合并前的长期股权投资账面价值加上合并日进一步取得股份新支付对价的账面价值之和的差额，调整资本公积（资本溢价或股本溢价）；资本公积不足冲减的，冲减留存收益。初始投资成本与合并对价账面价值差额，与同一控制下一次交易实现合并的处理方式相同。

例4-110   2×20年1月1日，A公司取得同一控制下的B公司25%的股份，实际支付款项6 000万元，能够对B公司施加重大影响。相关手续于当日办理完毕。当日，B公司可辨认净资产账面价值为20 000万元（与公允价值相等）。2×20年，B公司共实现净利润1 000万元，无其他所有者权益变动。

2×21年1月1日，A公司以定向增发2 000万股普通股（每股面值为1元，每股公允价值为5元）的方式购买同一控制下另一企业所持有的B公司40%股权，相关手续于当日完成。进一步取得投资后，A公司能够对B公司实施控制。当日，B公司在最终控制方合并财务报表中的净资产的账面价值为22 000万元。假定A公司和B公司采用的会计政策和会计期间相同，均按照10%的比例提取盈余公积。A公司和B公司一直同受同一最终控制方控制。上述交易不属于"一揽子"交易。假定不考虑相关税费等其他因素影响。

分析： 首先，确定合并日长期股权投资的初始投资成本。合并日追加投资后A公司持有B公司股权比例为65%（25%＋40%），合并日A公司享有B公司在最终控制方合并财务报表中净资产的账面价值份额为14 300万元（22 000×65%）。

其次，计算长期股权投资初始投资成本与合并对价账面价值之间的差额。原

25%的股权投资采用权益法核算，在合并日的原账面价值为6 250万元（6 000＋1 000×25%）。追加投资（40%）所支付对价的账面价值为2 000万元。合并对价账面价值为8 250万元（6 250＋2 000）。长期股权投资初始投资成本与合并对价账面价值之间的差额为6 050万元（14 300－8 250）。A公司的账务处理如下：

借：长期股权投资——投资成本　　　　　　　　143 000 000
　　贷：长期股权投资——投资成本　　　　　　　　60 000 000
　　　　　　　　　　——损益调整　　　　　　　　 2 500 000
　　　　股本　　　　　　　　　　　　　　　　　 20 000 000
　　　　资本公积——股本溢价　　　　　　　　　　60 500 000

2. 非同一控制下的企业合并

（1）非同一控制下企业合并形成的长期股权投资，购买方以支付现金、转让非现金资产或承担债务方式等作为合并对价的，应在购买日按照《企业会计准则第20号——企业合并》确定的合并成本，借记"长期股权投资——投资成本"科目，按付出的合并对价的账面价值，贷记或借记有关资产、负债科目，按发生的直接相关费用（如资产处置费用），贷记"银行存款"等科目，按其差额，贷记"主营业务收入""营业外收入""投资收益"等科目或借记"管理费用""营业外支出""主营业务成本"等科目。

（2）购买方以发行权益性证券作为合并对价的，应在购买日按照发行的权益性证券的公允价值，借记"长期股权投资——投资成本"科目，按照发行的权益性证券的面值总额，贷记"股本"科目，按其差额，贷记"资本公积——资本溢价或股本溢价"科目。企业为企业合并发生的审计、法律服务和评估咨询等中介费用以及其他相关管理费用，应当于发生时借记"管理费用"科目，贷记"银行存款"等科目。

例4-111　2×21年3月31日，A公司取得B公司80%的股权，取得该部分股权后能够对B公司实施控制。为核实B公司的资产价值，A公司聘请资产评估机构对B公司的资产进行评估，支付评估费用100万元。合并中，A公司支付的有关资产在购买日的账面价值与公允价值如表4-44所示。假定合并前A公司与B公司不存在任何关联方关系，不考虑相关税费等其他因素影响。

表4-44 A公司支付的有关资产账面价值与公允价值对比表

2×21年3月31日　　　　　　　　　　　　　　单位：万元

项目	账面价值	公允价值
土地使用权	4 000	6 400
专利技术	2 000	2 000
银行存款	2 000	2 000
合计	8 000	10 400

A公司用作合并对价的土地使用权和专利技术原价为6 800万元，至企业合并发生时已累计摊销800万元。

分析： 因A公司与B公司在合并前不存在任何关联方关系，应作为非同一控制下的企业合并处理。A公司对于合并形成的对B公司的长期股权投资，会计处理如下：

借：长期股权投资——投资成本　　　　　　　　　104 000 000

　　管理费用　　　　　　　　　　　　　　　　　　1 000 000

　　累计摊销　　　　　　　　　　　　　　　　　　8 000 000

　贷：无形资产　　　　　　　　　　　　　　　　　68 000 000

　　　银行存款　　　　　　　　　　　　　　　　　21 000 000

　　　资产处置损益　　　　　　　　　　　　　　　24 000 000

例4-112　A公司为增值税一般纳税人，不动产和存货适用的增值税税率分别为9%和13%。A公司2×22年发生的有关业务如下：

4月30日，A公司与B公司的控股股东C公司签订股权转让协议，A公司以一批资产作为对价支付给C公司，C公司以其所持有B公司75%的股权作为支付对价。5月31日，A公司与C公司的股东大会批准收购协议。6月30日，A公司将作为对价的资产所有权转移给C公司，参与合并各方已办理了必要的财产权交接手续，A公司于当日起控制B公司财务和经营政策。A公司作为对价的资产资料如下：固定资产（不动产），账面原值为7 000万元，累计折旧为3 000万元，公允价值为6 000万元；库存商品，账面价值为4 800万元，公允价值为5 000万元。A公司开出增值税专用发票，增值税销项税额为1 190万元。

购买日，B公司可辨认净资产的账面价值为14 600万元，可辨认净资产的公允价值为16 000万元。此外，A公司发生审计评估咨询费用350万元。

A公司与C公司在交易前不存在任何关联方关系，合并前A公司与B公司未发生任何交易。A公司与B公司采用的会计政策相同。假设不考虑所得税影响。

分析： 本例中，A公司与C公司在此项交易前不存在关联方关系，因此该合并为非同一控制下企业合并，购买日为2×22年6月30日。企业合并成本为12 190万元（6 000×1.09＋5 000×1.13），购买日合并商誉为190万元（12 190－16 000×75%）。A公司的账务处理如下：

（1）结转交付库存商品的成本时：

借：主营业务成本		48 000 000
贷：库存商品		48 000 000

（2）结转交付的固定资产成本时：

借：固定资产清理		40 000 000
固定资产——累计折旧		30 000 000
贷：固定资产——原值		70 000 000

（3）确认长期股权投资时：

借：长期股权投资		121 900 000
贷：固定资产清理		40 000 000
资产处置损益		20 000 000
主营业务收入		50 000 000
应交税费——应交增值税（销项税额）		11 900 000

（4）发生的审计评估咨询费用，计入当期损益时：

借：管理费用		3 500 000
贷：银行存款		3 500 000

例 4-113 A公司为母公司，其子公司为B公司，各公司适用的企业所得税税率均为25%。

2×19年8月，A公司与C公司控股股东D公司签订协议。协议约定：A公司向D公司定向发行10 000万股本公司股票，以换取D公司持有C公司60%的股权。A公司定向发行的股票按规定每股价格为7元，双方确定的评估基准日为2×19年9月30日。

C公司经评估确定2×19年9月30日的可辨认净资产公允价值为100 000万元（不含递延所得税的影响）。A公司该并购事项于2×19年12月10日经监管部门批准，作为对价定向发行的股票于2×19年12月31日发行，当日该股票的收盘价为每股7.5元。A公司于2×19年12月31日起主导C公司财务和经营政策。以 2×19 年 9 月 30 日的评估值为基础，C 公司 2×19 年 12 月 31 日可辨认净资产的账面价值为 120 000 万元（不含递延所得税的影响），公允价值为 126 000 万元（不含递延所得税的影响），其公允价值高于账面价值的差额包括一项存货评估增值 1 000 万元、一项固定资产评估增值 5 000 万元，该固定资产预计尚可使用年限 10 年，采用年限平均法计提折旧，且资产和负债的计税基础等于其原账面价值。购买日，C 公司资产和负债的公允价值与其计税基础之间形成的暂时性差异均符合确认递延所得税资产或递延所得税负债的条件。

此外，A 公司为企业合并发生审计、法律服务、评估咨询费用 150 万元，为发行股票支付手续费、佣金 200 万元，均以银行存款支付。A 公司与 D 公司在此项交易前不存在关联方关系。A 公司向 D 公司定向发行股票后，D 公司持有 A 公司发行在外的普通股的 10%，不具有重大影响。

C 公司自购买日至 2×20 年 12 月末实现净利润 4 000 万元，其他综合收益变动增加 1 000 万元，分配现金股利 2 000 万元，至 2×20 年年末购买日 C 公司评估增值的存货已全部对外销售。

2×21 年 1 月 2 日，A 公司的子公司 B 公司自母公司 A 公司处购入 C 公司 60% 的股权。B 公司于当日主导 C 公司财务和经营政策。B 公司支付银行存款 77 000 万元给 A 公司。假定不考虑发生相关审计、法律服务、评估咨询费用。

（1）A 公司有关账务处理如下：

购买日为 2×19 年 12 月 31 日，A 公司合并成本（长期股权投资初始投资成本）为 75 000 万元（10 000×7.5），A 公司合并报表确认合并商誉 300 万元 ｛75 000－［126 000－（1 000＋5 000）×25%］×60%｝。

a. 确认长期股权投资时：

借：长期股权投资　　　　　　　　　　　　　　750 000 000

　　贷：股本　　　　　　　　　　　　　　　　100 000 000

　　　　资本公积　　　　　　　　　　　　　　650 000 000

b. 确认交易费用时：

借：管理费用　　　　　　　　　　　　　　　　1 500 000

　　资本公积　　　　　　　　　　　　　　　　2 000 000

　　贷：银行存款　　　　　　　　　　　　　　3 500 000

（2）B 公司有关账务处理如下：

B 公司并购 C 公司为同一控制下企业合并，A 公司（母公司）自购买日开始至 2×20 年年末持续计算 C 公司可辨认净资产的公允价值 126 375 万元 ｛［126 000－（1 000＋5 000）×25%］＋（4 000－1 000×75%－5 000÷

$10 \times 75\%）－2\,000＋1\,000\}$。

B 公司合并日长期股权投资的初始投资成本 76\,125 万元［126\,375 万元（最终控制方合并财务报表中被合并方可辨认净资产的账面价值）×60%（持股比例）＋300 万元（最初并购时形成的商誉）］。

借：长期股权投资 761\,250\,000
　　资本公积——股本溢价 8\,750\,000
　　贷：银行存款 770\,000\,000

（3）其他相关的处理。

其一，购买日之前持有的采用权益法核算的股权，相关其他综合收益暂不处理，应当在处置该项投资时采用与被投资单位直接处置相关资产或负债相同的基础进行会计处理，因被投资方除了净损益、其他综合收益和利润分配的其他所有者权益变动而确认的所有者权益暂不处理，应当在处置该项投资时转入相应处置期间的当期损益。

其二，对于原作为金融资产，转换为采用成本法核算的对子公司投资的，如有关金融资产分类为以公允价值计量且其变动计入当期损益的金融资产，在转换时，之前计入公允价值变动损益的累计金额计入投资收益；如非交易性权益工具投资分类为以公允价值计量且其变动计入其他综合收益的金融资产，在转换时，原确认计入其他综合收益的前期公允价值变动亦应结转计入期初留存收益。

其三，企业无论是以何种方式取得长期股权投资（包括企业合并及以外其他方式取得的长期股权投资），对于取得投资时支付的对价中包含的应享有被投资单位已经宣告但尚未发放的现金股利或利润应确认为应收项目，不构成取得长期股权投资的初始投资成本。

例 4-114　2×20 年 1 月 1 日，A 公司以现金 3\,600 万元自非关联方处取得了 B 公司 20% 股权，并能够对其施加重大影响。当日，B 公司可辨认净资产公允价值为 18\,000 万元。2×21 年 7 月 1 日，A 公司另支付现金 10\,000 万元，自另一非关联方处取得 B 公司 40% 股权，并取得对 B 公司的控制权。购买日，A 公司原持有的对 B 公司的 20% 股权的公允价值为 5\,000 万元，账面价值为 4\,500 万元，其中：A 公司确认 B 公司损益 400 万元、A 公司确认与 B 公司权益法核算相关的累计其他综合收益为 300 万元、其他所有者权益变动 200 万元；B 公司可辨认净资产公允价值为 22\,000 万元。假设 A 公司购买 B 公司 20% 股权和后续购买 40% 的股权的交易不构成"一揽子交易"。以上交易的相关手续均于当日完成。不考虑相关税费等其他因素影响。

分析： 购买日前，A公司持有B公司的投资作为联营企业进行会计核算，购买日前A公司原持有股权的账面价值为4 500万元（3 600＋400＋300＋200）。本次投资应支付对价的公允价值为10 000万元。购买日对子公司按成本法核算的初始投资成本为14 500万元（10 000＋4 500）。A公司的账务处理如下：

借：长期股权投资——投资成本		145 000 000
贷：长期股权投资——投资成本		36 000 000
——损益调整		4 000 000
——其他综合收益		3 000 000
——其他权益变动		2 000 000
银行存款		100 000 000

购买日前A公司原持有股权相关的其他综合收益300万元以及其他所有者权益变动200万元在购买日均不进行会计处理。

例4-115 2×20年1月1日，A公司以每股5元的价格购入某上市公司B公司的股票200万股，并由此持有B公司4%的股权。A公司与B公司不存在关联方关系。A公司将对B公司的投资作为其他权益工具投资进行会计处理。2×21年1月1日，A公司以现金20 000万元为对价，向B公司大股东收购B公司50%的股权，相关手续于当日完成。假设A公司购买B公司4%的股权和后续购买50%的股权不构成"一揽子交易"，A公司取得B公司控制权之日为2×21年1月1日，B公司当日股价为每股7元，B公司可辨认净资产的公允价值为30 000万元，不考虑相关税费等其他因素影响。

分析： 购买日前，A公司持有对B公司的股权投资作为其他权益工具投资进行会计处理，购买日前A公司原持有其他权益工具投资的账面价值为1 400万元（7×200）。本次追加投资应支付对价的公允价值为20 000万元。购买日对子公司按成本法核算的初始投资成本为21 400万元（20 000＋1 400）。

购买日前A公司原持有其他权益工具投资相关的其他综合收益为400万元［（7－5）×200］，购买日该其他综合收益转入期初留存收益。A公司的账务处理如下：

（1）确认增资后的长期股权投资时：

借：长期股权投资——投资成本		214 000 000
贷：其他权益工具投资		14 000 000
银行存款		200 000 000

（2）购买日该其他综合收益转入期初留存收益时：

借：其他综合收益　　　　　　　　　　　　　4 000 000

　　贷：盈余公积　　　　　　　　　　　　　　　400 000

　　　　未分配利润　　　　　　　　　　　　　3 600 000

例 4-116　2×21 年 6 月 20 日，A 公司以 1 400 万元购入 B 公司 70% 的股权，包括已宣告未发放现金股利 70 万元。A 公司取得该部分股权后，能够有权力主导 B 公司的相关活动并获得可变回报。2×21 年 7 月 20 日，B 公司分派现金股利，A 公司按照其持有比例确定可分回 70 万元。A 公司的账务处理如下：

（1）2×21 年 6 月，确认长期股权投资时：

借：长期股权投资　　　　　　　　　　　　13 300 000

　　应收股利　　　　　　　　　　　　　　　700 000

　　贷：银行存款　　　　　　　　　　　　　14 000 000

（2）2×21 年 7 月，收到现金股利时：

借：银行存款　　　　　　　　　　　　　　　700 000

　　贷：应收股利　　　　　　　　　　　　　　700 000

3. 混合交易实现的企业合并

一项交易中可能会同时涉及自最终控制方购买股权及自其他外部独立第三方购买股权而形成控制。合并方除了自最终控制方取得集团内企业股权，还会涉及自外部独立第三方购买被合并方进一步的股权。

例 4-117　2×20 年，A 公司和其控股股东以及无关联第三人 C 公司签订协议，分别以发行 1 800 万股股票（4 元 / 股）作为对价从其控股股东处购买其持有 B 公司 60% 的股权；以银行存款支付 5 000 万元从 C 公司处购买少数股权 40%。7 月 1 日，A 公司办理完毕交接手续，改选董事会成员，当日 B 公司所有者权益账面价值为 8 000 万元。

分析： 本例中，A 公司应确认的长期股权投资的初始投资成本为 9 800 万元 ［8 000×60% + 5 000］。A 公司的账务处理如下：

借：长期股权投资　　　　　　　　　　　　98 000 000

　　贷：股本　　　　　　　　　　　　　　　18 000 000

　　　　资本公积　　　　　　　　　　　　　30 000 000

　　　　银行存款　　　　　　　　　　　　　50 000 000

4. 采用成本法核算的长期股权投资

（1）长期股权投资采用成本法核算的，企业应按被投资单位宣告发放的现金股利或利润中属于本企业的部分，借记"应收股利"科目，贷记"投资收益"科目。

（2）属于被投资单位在取得本企业投资前实现净利润的分配额，企业应作为投资成本的收回，借记"应收股利"科目，贷记"长期股权投资"科目。

例 4-118 2×21 年 6 月 20 日，A 公司以 1 400 万元购入 B 公司 70% 的股权。A 公司取得该部分股权后，能够有权力主导 B 公司的相关活动并获得可变回报。2×21 年 7 月 20 日，B 公司宣告分派现金股利，A 公司按照其持有比例确定可分回 70 万元。A 公司的账务处理如下：

（1）2×21 年 6 月，确认长期股权投资时：

借：长期股权投资　　　　　　　　　　　　　　　14 000 000
　　贷：银行存款　　　　　　　　　　　　　　　　　　14 000 000

（2）2×21 年 7 月，B 公司宣告分派现金股利，A 公司确认投资收益时：

借：应收股利　　　　　　　　　　　　　　　　　700 000
　　贷：投资收益　　　　　　　　　　　　　　　　　　700 000

5. 采用权益法核算的长期股权投资

（1）长期股权投资的初始投资成本大于投资时应享有被投资单位可辨认净资产公允价值份额的，企业不调整已确认的初始投资成本；长期股权投资的初始投资成本小于投资时应享有被投资单位可辨认净资产公允价值份额的，应按其差额，借记"长期股权投资（成本）"科目，贷记"营业外收入"科目。

例 4-119 A 企业于 2×21 年 1 月取得 B 公司 40% 的股权，支付价款 9 000 万元。A 企业取得投资时，被投资单位 B 公司的净资产账面价值为 20 000 万元、公允价值为 22 000 万元。在 B 公司的生产经营决策过程中，所有股东均按持股比例行使表决权。A 企业在取得 B 公司的股权后，派人参与了 B 公司的生产经营决策，能够对 B 公司施加重大影响，所以 A 企业对该投资应当采用权益法核算。

分析：长期股权投资的初始投资成本 9 000 万元大于取得投资时应享有被投资单位可辨认净资产公允价值的份额 8 800 万元（22 000×40%），两者之间的差额不调整长期股权投资的账面价值。取得投资时，A 企业的账务处理如下：

借：长期股权投资——成本　　　　　　　　　　90 000 000

　　贷：银行存款　　　　　　　　　　　　　　　90 000 000

　　如果本例中取得投资时被投资单位可辨认净资产的公允价值为 25 000 万元，A 企业按持股比例 40% 计算确定应享有 10 000 万元，则初始投资成本与应享有被投资单位可辨认净资产公允价值份额之间的差额 1 000 万元应计入取得投资当期的营业外收入。A 企业的账务处理如下：

借：长期股权投资——成本　　　　　　　　　　100 000 000

　　贷：银行存款　　　　　　　　　　　　　　　90 000 000

　　　　营业外收入　　　　　　　　　　　　　　10 000 000

（2）根据被投资单位实现的净利润或经调整的净利润计算应享有的份额，企业应借记"长期股权投资（损益调整）"科目，贷记"投资收益"科目；被投资单位发生净亏损时做相反的会计分录，但以"长期股权投资"科目的账面价值减记至零为限；还需承担的投资损失，应将其他实质上构成对被投资单位净投资的"长期应收款"等科目的账面价值减记至零为限；除了按照以上步骤已确认的损失，企业按照投资合同或协议约定将承担的损失，确认为预计负债。发生亏损的被投资单位以后实现净利润的，应按与上述相反的顺序进行处理。

例4-120　2×20 年 1 月，A 公司取得了 B 公司 20% 有表决权的股份，能够对 B 公司施加重大影响。2×20 年 9 月，A 公司将其账面价值为 800 万元的商品以 1 000 万元的价格出售给 B 公司，B 公司将取得的商品作为原材料使用，截至年末该商品仍在 B 公司的仓库中。假定 A 公司取得该项投资时，B 公司各项可辨认资产、负债的公允价值与其账面价值相同，两者在以前期间未发生过内部交易。2×20 年，B 公司实现的净利润为 1 000 万元。假定不考虑所得税及其他相关税费等其他因素影响。

分析：本例中，A 公司在该项交易中实现利润 200 万元，其中的 40 万元（200×20%）是针对本公司持有的对联营企业的权益份额，在采用权益法计算确认投资损益时应予抵销，抵销后 A 公司享有（或分担）被投资单位的净利润 160 万元［（1 000－200）×20%］。A 公司的账务处理如下：

借：长期股权投资——损益调整　　　　　　　　1 600 000

　　贷：投资收益　　　　　　　　　　　　　　　1 600 000

　　假定在 2×21 年，B 企业将该商品以 1 200 万元的价格向外部独立第三方出售，因该部分内部交易损益已经实现，所以 A 企业在确认应享有 B 公司2×21 年净损益时，应考虑将原未确认的该部分内部交易损益计入投资损益，即应在考虑其他因素计算确定的投资损益基础上调整增加 160 万元。

（3）被投资单位以后宣告发放现金股利或利润时，企业按计算应分得的部分，借记"应收股利"科目，贷记"长期股权投资（损益调整）"科目。收到被投资单位宣告发放的股票股利时，企业不进行账务处理，但应在备查簿中登记。

例 4-121　A 企业持有 B 企业 30% 的股份，能够对 B 企业施加重大影响。2×20 年，B 企业当期实现的净损益为 6 000 万元。2×21 年 4 月，B 公司宣告分配现金股利 4 000 万元。假定 A 企业与 B 企业适用的会计政策、会计期间相同，投资时 B 企业各项可辨认资产、负债的公允价值与其账面价值亦相同。双方在当期及以前期间未发生任何内部交易，不考虑所得税影响因素。A 企业的账务处理如下：

（1）A 企业在确认应享有被投资单位所有者权益的变动时：

借：长期股权投资——损益调整　　　　　　　　　18 000 000
　　贷：投资收益　　　　　　　　　　　　　　　　　　18 000 000

（2）A 企业在 B 企业宣告分派现金股利时：

借：应收股利——B 企业　　　　　　　　　　　　12 000 000
　　贷：长期股权投资——损益调整　　　　　　　　　　12 000 000

被投资单位分派股票股利的，投资方不做会计处理，但应于除权日注明所增加的股数，以反映股份的变化情况。

（4）在持股比例不变的情况下，被投资单位除了净损益的所有者权益的其他变动，企业按持股比例计算应享有的份额，借记或贷记"长期股权投资（其他权益变动）"科目，贷记或借记"资本公积——其他资本公积"科目。

例 4-122　2×20 年 1 月 1 日，A 公司以现金 200 万元出资设立 B 公司，注册资本为 1 000 万元，持有 B 公司 20% 的股权。A 公司对 B 公司具有重大影响，采用权益法对有关长期股权投资进行核算。B 公司自设立日起至 2×20 年实现净损益 1 000 万元，除此以外，无其他影响净资产的事项。

2×21 年 1 月 1 日，B 公司其他股东提出对 B 公司增资 800 万元并获得股东大会同意，增资后 B 公司净资产为 2 800 万元，A 公司持有 B 公司的股权降至 15%，相关手续于当日完成。2×21 年 2 月 10 日，B 公司接受母公司现金捐赠 30 万元，该捐赠实质上属于资本性投资，B 公司将其计入资本公积（股本溢价）。

假定 A 公司和 B 公司使用的会计政策、会计期间相同，双方在当期及以前期间未发其他内部交易。不考虑相关税费等其他因素影响。

分析： 本例中，2×21 年 1 月 1 日增资前，B 公司的净资产账面价值为 2 000 万元，A 公司应享有 B 公司权益的份额为 400 万元（2 000×20%）。其他股东单方面增资后，B 公司的净资产增加 800 万元，A 公司应享有 B 公司权益的份额为 424.5 万元〔（2 800＋30）×15%〕。A 公司享有的权益变动 24.5 万元（其中 20 万元是 B 公司其他股东增资引起的，4.5 万元是 B 公司接受母公司捐赠引起的），属于 B 公司除了净损益、其他综合收益和利润分配的所有者权益的其他变动。A 公司的账务处理如下：

（1）A 公司出资成立 B 公司时：

借：长期股权投资——成本 2 000 000

贷：银行存款 2 000 000

（2）2×20 年，B 公司实现 1 000 万利润时：

借：长期股权投资——损益调整 2 000 000

贷：投资收益 2 000 000

（3）B 公司其他股东增资时：

借：长期股权投资——其他权益变动 200 000

贷：资本公积——其他资本公积 200 000

（4）B 公司接受母公司捐赠时：

借：长期股权投资——其他权益变动 45 000

贷：资本公积——其他资本公积 45 000

（5）超额损失的确认。《企业会计准则第 2 号——长期股权投资》规定，投资方确认应分担被投资单位发生的损失（包括被投资单位的净亏损和其他综合收益减少净额），原则上应以长期股权投资及其他实质上构成对被投资单位净投资的长期权益减记至零为限，投资方负有承担额外损失义务的除外。

例 4-123 A 企业持有 B 企业 40% 的股权，能够对 B 企业施加重大影响。2×20 年 12 月 31 日，该项长期股权投资的账面价值为 2 000 万元，B 企业由于一项主要经营业务市场条件发生变化，当年亏损 6 000 万元。假定 A 企业在取得该投资时，B 企业各项可辨认资产、负债的公允价值与其账面价值相等，双方所采用的会计政策及会计期间也相同。假定不考虑相关税费等其他因素影响。

分析： A 企业按其持股比例确认应分担的损失为 2 400 万元，但长期股权投资的账面价值仅为 2 000 万元，如果没有其他实质上构成对被投资单位净投资的长期权益项目，则 A 企业应确认的投资损失仅为 2 000 万元，超额损失

400 万元在账外进行备查登记。A 企业的账务处理如下：

借：投资收益　　　　　　　　　　　　　　　20 000 000
　　贷：长期股权投资——损益调整　　　　　　　　　20 000 000

在确认了 2 000 万元的投资损失，长期股权投资的账面价值减记至零以后，如果 A 企业账上仍有应收 B 企业的长期应收款 1 000 万元，该款项从目前情况看，没有明确的清偿计划，且在可预见的未来期间不准备收回（并非产生于商品购销等日常活动），则 A 企业的账务处理如下：

借：投资收益　　　　　　　　　　　　　　　20 000 000
　　贷：长期股权投资——损益调整　　　　　　　　　20 000 000
借：投资收益　　　　　　　　　　　　　　　4 000 000
　　贷：长期应收款　　　　　　　　　　　　　　　4 000 000

6. 成本法与权益法之间的转换

（1）企业将长期股权投资自成本法转按权益法核算的，应按转换时该项长期股权投资的账面价值作为权益法核算的初始投资成本，初始投资成本小于转换时占被投资单位可辨认净资产公允价值份额的差额，借记"长期股权投资（成本）"科目，贷记"营业外收入"科目。

（2）企业将长期股权投资自权益法转按成本法核算的，除了构成企业合并的，应按中止采用权益法时长期股权投资的账面价值作为成本法核算的初始投资成本。

例 4-124　2×20 年 1 月 1 日，A 公司以 6 300 万元现金作为对价从非关联方购入 B 公司股权，取得 B 公司 60% 的股权并取得控制权。A 公司可辨认净资产公允价值总额为 10 000 万元（假定公允价值与账面价值相同）。A 公司和 B 公司在合并前后未受同一方最终控制，自合并日起主导 B 公司财务和经营政策。

2×20 年，B 公司实现净利润 1 500 万元，B 公司当期将作为存货的房地产转换为以公允价值模式计量的投资性房地产，转换日公允价值大于账面价值 180 万元，计入了其他综合收益；B 公司重新计量设定受益计划净负债或净资产所产生的变动 20 万元，B 公司除了净损益、其他综合收益和利润分配，增加的其他所有者权益变动为 100 万元。假定 B 公司一直未进行利润分配。

2×21 年 1 月 1 日，B 公司向非关联方 C 公司定向增发新股，增资 25 000 万元，相关手续于当日完成，A 公司对 B 公司的持股比例下降为 20%，对 B 公司具有重大影响。假定不考虑增值税、所得税等影响。

A 公司的账务处理如下：

（1）取得 B 公司控制权时：

借：长期股权投资 　　　　　　　　　　　　　　　 63 000 000

　　贷：银行存款 　　　　　　　　　　　　　　　　　　 63 000 000

（2）按比例结转部分长期股权投资账面价值并确认相关损益时：

按照新的持股比例（20%）确认应享有的原子公司因增资扩股而增加的净资产的份额＝25 000×20%＝5 000（万元）

应结转持股比例下降部分所对应的长期股权投资原账面价值＝6 300×40%÷60%＝4 200（万元）

计入当期投资收益的金额＝5 000－4 200＝800（万元）

借：长期股权投资 　　　　　　　　　　　　　　　　 8 000 000

　　贷：投资收益 　　　　　　　　　　　　　　　　　　 8 000 000

（3）对剩余股权视同自取得投资时（即采用权益法核算进行调整）：

剩余长期股权投资的账面价值2 100万元（6 300－4 200），大于原剩余投资时应享有被投资单位可辨认净资产公允价值的份额100万元（2 100－10 000×20%）为商誉，该部分商誉的价值不需要对长期股权投资的成本进行调整。

（4）两个交易日之间的调整：

2×20年B公司实现净利润1 500万元，其他综合收益增加200万元（180＋20），其他所有者权益变动增加100万元。其中：处置投资以后按照持股比例计算享有被投资单位自购买日至处置投资当期期初之间实现的净损益的份额为200万元（1 000×20%），A公司应调整增加长期股权投资的账面价值，同时调整留存收益；处置期初至处置日之间实现的净损益的份额为100万元（500×20%），应调整增加长期股权投资的账面价值，同时计入当期投资收益。

借：长期股权投资——损益调整（15 000 000×20%）

　　　　　　　　　　　　　　　　　　　　　 3 000 000

　　　　　　　——其他综合收益（2 000 000×20%）

　　　　　　　　　　　　　　　　　　　　　 400 000

　　　　　　　——其他权益变动（1 000 000×20%）

　　　　　　　　　　　　　　　　　　　　　 200 000

　　贷：盈余公积（10 000 000×20%×10%） 　　　　 200 000

　　　　利润分配——未分配利润（10 000 000×20%×90%）

　　　　　　　　　　　　　　　　　　　　　 1 800 000

　　　　投资收益（5 000 000×20%） 　　　　　　　 1 000 000

　　　　其他综合收益（2 000 000×20%） 　　　　　　 400 000

　　　　资本公积——其他资本公积（1 000 000×20%）

　　　　　　　　　　　　　　　　　　　　　 200 000

7. 处置长期股权投资

（1）处置长期股权投资时，企业应按实际收到的金额，借记"银行存款"等科目，按其账面余额，贷记"长期股权投资"科目，按尚未领取的现金股利或利润，贷记"应收股利"科目，按其差额，贷记或借记"投资收益"科目；已计提减值准备的，还应同时结转减值准备。

（2）企业采用权益法核算长期股权投资的处置时，除了按照上述规定，还应结转原计入资本公积的相关金额，借记或贷记"资本公积——其他资本公积"科目，贷记或借记"投资收益"科目。

例 4-125　A 公司持有 B 公司 40% 的股权并采用权益法核算。2×20 年 7 月 1 日，A 公司所持有 B 公司 40% 的股权账面价值为 2 000 万元，A 公司自取得 B 公司股权至 2×20 年 7 月 1 日期间，确认投资收益 600 万元，确认的相关其他综合收益为 400 万元（此为按比例享有的 B 公司其他权益工具投资的公允价值变动），享有 B 公司除了净损益、其他综合收益和利润分配的其他所有者权益变动为 200 万元，A 公司将 B 公司 20% 的股权以 1 500 万元的价格出售给第三方 C 公司，对剩余 20% 的股权仍采用权益法核算。假定不考虑相关税费等其他因素影响。

A 公司原持有股权相关的其他综合收益和其他所有者权益变动的账务处理如下：

（1）处置 B 公司 20% 的股权时：

借：银行存款　　　　　　　　　　　　　　　　　　15 000 000
　　贷：长期股权投资——成本　　　　　　　　　　　　 4 000 000
　　　　　　　　　　——损益调整　　　　　　　　　　 3 000 000
　　　　　　　　　　——其他综合收益　　　　　　　　 2 000 000
　　　　　　　　　　——其他权益变动　　　　　　　　 1 000 000
　　　　投资收益　　　　　　　　　　　　　　　　　　 5 000 000

（2）结转其他综合收益时：

其他综合收益属于被投资单位其他权益工具投资的公允价值变动，由于剩余股权仍继续根据长期股权投资准则采用权益法进行核算，因此，A 公司应按处置比例（20%÷40%）相应结转计入当期投资收益 200 万元（400÷2）。

借：其他综合收益　　　　　　　　　　　　　　　　 2 000 000
　　贷：投资收益　　　　　　　　　　　　　　　　　　 2 000 000

（3）结转其他所有者权益变动时：

A 公司对于剩余股权仍继续根据长期股权投资准则采用权益法进行核算，因此应按处置比例（20%÷40%）相应结转计入当期投资收益 100 万元（200÷2）。

借：资本公积——其他资本公积　　　　　　　　　　1 000 000

　　贷：投资收益　　　　　　　　　　　　　　　　　　1 000 000

三十六、长期股权投资减值准备的设置与账务处理

（一）长期股权投资减值准备的内涵

长期股权投资减值准备是针对长期股权投资账面价值而言的，在期末时按账面价值与可收回金额孰低的原则来计量，对可收回金额低于账面价值的差额计提长期股权投资减值准备。而可收回金额是依据核算日前后的相关信息确定的。相对而言，长期股权投资减值这种估算是事后的，不同时间计提的减值准备金额具有不确定性。

（二）"长期股权投资减值准备"科目的具体核算

"长期股权投资减值准备"科目核算企业长期股权投资的减值准备。该科目可按被投资单位进行明细核算。该科目的期末余额在贷方，反映企业已计提但尚未转销的长期股权投资减值准备。

（三）"长期股权投资减值准备"科目的明细科目设置

"长期股权投资减值准备"科目的明细科目设置如表 4-45 所示。

表 4-45　"长期股权投资减值准备"科目的明细科目设置

编号	会计科目名称	二级科目名称	三级科目名称
1512	长期股权投资减值准备		
1512 01	长期股权投资减值准备	股票投资	按被投资单位
1512 02	长期股权投资减值准备	其他股权投资	按被投资单位

（四）长期股权投资减值准备经典业务的会计核算

资产负债表日，长期股权投资发生减值的，企业按应减记的金额，借记"资产减值损失"科目，贷记"长期股权投资减值准备"科目；处置长期股权投资时，应同时结转已计提的长期股权投资减值准备。长期股权投资减值损失一经确认，在以后会计期间不得转回。

例 4-126 A公司长期股权投资的账面价值为90万元。某资产负债表日，该项投资的可收回金额为60万元。A公司的账务处理如下：

借：资产减值损失   300 000

  贷：长期股权投资减值准备   300 000

三十七、投资性房地产的设置与账务处理

（一）投资性房地产的内涵

投资性房地产是指为赚取租金或资本增值，或两者兼有而持有的房地产。投资性房地产应当能够单独计量和出售。投资性房地产主要包括已出租的土地使用权、持有并准备增值后转让的土地使用权和已出租的建筑物等。

下列各项不属于投资性房地产：

（1）自用房地产，即为生产商品、提供劳务或者经营管理而持有的房地产。

（2）作为存货的房地产。

（二）"投资性房地产"科目的具体核算

"投资性房地产"科目核算企业采用成本模式计量的投资性房地产的成本。企业采用公允价值模式计量的投资性房地产，也通过该科目核算。对于采用成本模式计量的投资性房地产的累计折旧或累计摊销，企业可以通过单独设置"投资性房地产累计折旧（摊销）"科目，比照"累计折旧"等科目进行处理。采用成本模式计量的投资性房地产发生减值的，企业可以通过单独设置"投资性房地产减值准备"科目，比照"固定资产减值准备"等科目进行处理。

该科目可按投资性房地产类别和项目进行明细核算。采用公允价值模式计量的投资性房地产，还应当按照"成本""公允价值变动"明细科目分别进行明细分类核算。

该科目的期末余额在借方，反映企业采用成本模式计量的投资性房地产成本。企业采用公允价值模式计量的投资性房地产，反映投资性房地产的公允价值。

（三）"投资性房地产"科目的明细科目设置

"投资性房地产"科目的明细科目设置如表4-46所示。

表 4-46 "投资性房地产"科目的明细科目设置

编号	会计科目名称	二级科目名称	三级科目名称	是否辅助核算	辅助核算类别
1521	投资性房地产				
1521 01	投资性房地产	公允价值模式计算			
1521 01 01	投资性房地产	公允价值模式计算	已出租的土地使用权	是	项目
1521 01 02	投资性房地产	公允价值模式计算	持有并准备增值后转让的土地使用权	是	项目
1521 01 03	投资性房地产	公允价值模式计算	已出租的建筑物	是	项目
1521 02	投资性房地产	成本价值模式计算			
1521 02 01	投资性房地产	成本价值模式计算	已出租的土地使用权	是	项目
1521 02 02	投资性房地产	成本价值模式计算	持有并准备增值后转让的土地使用权	是	项目
1521 02 03	投资性房地产	成本价值模式计算	已出租的建筑物	是	项目
1521 03	投资性房地产	其他	类别	是	项目

（四）投资性房地产经典业务的会计核算

1. 外购投资性房地产的初始计量

（1）采用成本模式计量投资性房地产时的主要账务处理。企业外购、自行建造等取得投资性房地产的，按应计入投资性房地产成本的金额，借记"投资性房地产"科目，贷记"银行存款""在建工程"等科目。

取得时的实际成本包括购买价款、相关税费和可直接归属于该资产的其他支出。企业购入的房地产，部分用于出租（或资本增值）、部分自用，且用于出租（或资本增值）的部分应当予以单独确认时，企业应按照不同部分的公允价值占公允价值总额的比例将成本在不同部分之间进行分配。

例 4-127 2×22 年 10 月，A 企业计划购入一栋写字楼用于对外出租。

同年10月19日，A企业与B企业签订了经营租赁合同，约定自写字楼购买日起将这栋写字楼出租给B企业，为期5年。同年10月25日，A企业实际购入写字楼，支付价款共计3 000万元（假设不考虑其他因素，A企业采用成本模式进行后续计量）。A企业的账务处理如下：

　　借：投资性房地产——写字楼　　　　　　　　　　30 000 000
　　　　贷：银行存款　　　　　　　　　　　　　　　　　30 000 000

　　（2）采用公允价值模式计量投资性房地产时的主要账务处理。企业外购、自行建造等取得投资性房地产时，按应计入投资性房地产成本的金额，借记"投资性房地产（成本）"科目，贷记"银行存款""在建工程"等科目。

　　例4-128　接例4-127，假设A企业拥有的投资性房地产符合采用公允价值计量模式的条件，采用公允价值模式进行后续计量。A企业的账务处理如下：

　　借：投资性房地产——成本（写字楼）　　　　　　30 000 000
　　　　贷：银行存款　　　　　　　　　　　　　　　　　30 000 000

　　2. 自行建造投资性房地产的初始计量
　　自行建造投资性房地产，其成本由建造该项资产达到预定可使用状态前发生的必要支出构成，包括土地开发费、建筑成本、安装成本、应予以资本化的借款费用、支付的其他费用和分摊的间接费用等。建造过程中发生的非正常性损失，企业将其直接计入当期损益，不计入建造成本；采用成本模式计量的，企业应按照确定的成本，借记"投资性房地产"科目，贷记"在建工程"或"开发成本"科目；采用公允价值模式计量的，应按照确定的成本，借记"投资性房地产——成本"科目，贷记"在建工程"或"开发成本"科目。

　　例4-129　2×22年1月，A企业从其他单位购入1块土地的使用权，并在这块土地上开始自行建造3栋厂房，准备用于出租或出售。2×22年10月，A企业预计厂房即将完工，与B公司签订经营租赁合同，将其中的1栋厂房租赁给B公司使用。租赁合同约定，该厂房于完工（达到预定可使用状态）时开始起租。2×22年11月1日，3栋厂房同时完工（达到预定可使用状态）。该块土地使用权的成本为6 000万元；3栋厂房的实际造价均为10 000万元，能够单独出售。假设A企业采用成本计量模式。A企业的账务处理如下：

借：投资性房地产——厂房 100 000 000

　　贷：在建工程 100 000 000

借：投资性房地产——土地使用权 60 000 000

　　贷：无形资产——土地使用权 60 000 000

3. 与投资性房地产有关的后续支出

（1）资本化的后续支出。企业对某项投资性房地产进行改扩建等再开发且将来仍作为投资性房地产的，在再开发期间应继续将其作为投资性房地产，再开发期间不计提折旧或摊销。

例 4-130 2×22 年 3 月，A 企业与 B 企业的一项厂房经营租赁合同即将到期。该厂房按照成本模式进行后续计量，原价为 2 000 万元，已计提折旧 600 万元。为了提高厂房的租金收入，A 企业决定在租赁期满后对厂房进行改扩建，并与 C 企业签订经营租赁合同，约定自改扩建完工时将厂房出租给丙企业。同年 3 月 15 日，A 企业与 B 企业的租赁合同到期，厂房随即进入改扩建工程。同年 12 月 10 日，厂房改扩建工程完工，共发生支出 150 万元，并即日按照租赁合同出租给丙企业。假设 A 企业采用成本计量模式。

分析：本例中，改扩建支出属于资本化的后续支出，应当计入投资性房地产的成本。A 企业的账务处理如下：

（1）2×22 年 3 月 15 日，投资性房地产转入改扩建工程时：

借：投资性房地产——厂房（在建） 14 000 000

　　投资性房地产累计折旧 6 000 000

　　　贷：投资性房地产——厂房 20 000 000

（2）2×22 年 3 月 15 日至 12 月 10 日，发生改扩建支出时：

借：投资性房地产——厂房（在建） 1 500 000

　　贷：银行存款 1 500 000

（3）2×22 年 12 月 10 日，改扩建工程完工时：

借：投资性房地产——厂房 15 500 000

　　贷：投资性房地产——厂房（在建） 15 500 000

例 4-131 2×22 年 3 月，A 企业与 B 企业的一项厂房经营租赁合进行改扩建，并与 C 企业签订经营租赁合同，约定自改扩建完工时将厂房出租给 C 企业。2×22 年 3 月 15 日，与 B 企业的租赁合同到期，厂房随即进入自改扩建工程。

2×22 年 11 月 10 日，厂房自改扩建工程完工，共发生支出 150 万元，即日起按照租赁合同出租给 C 企业。2×22 年 3 月 15 日，厂房账面余额为 1 200 万元，其中，成本为 1 000 万元，累计公允价值变动为 200 万元。假设 A 企业采用公允价值计量模式。A 企业的账务处理如下：

（1）2×22 年 3 月 15 日，投资性房地产转入改扩建工程时：

借：投资性房地产——厂房（在建）　　　　　　12 000 000

　　贷：投资性房地产——成本　　　　　　　　　　10 000 000

　　　　　　　　——公允价值变动　　　　　　　　2 000 000

（2）2×22 年 3 月 15 日至 11 月 10 日，发生改扩建支出时：

借：投资性房地产——厂房（在建）　　　　　　1 500 000

　　贷：银行存款　　　　　　　　　　　　　　　　1 500 000

（3）2×22 年 11 月 10 日，改扩建工程完工时：

借：投资性房地产——成本　　　　　　　　　　13 500 000

　　贷：投资性房地产——厂房（在建）　　　　　　13 500 000

（2）费用化的后续支出。与投资性房地产有关的后续支出，不满足投资性房地产确认条件的，企业应当在发生时将其计入当期损益，如企业对投资性房地产进行日常维护发生一些支出。企业在发生投资性房地产费用化的后续支出时，借记"其他业务成本"等科目，贷记"银行存款"等科目。

例 4-132　A 企业对其某项投资性房地产进行日常维修，发生维修支出 2.5 万元。本例中，日常维修支出属于费用化的后续支出，应当计入当期损益。A 企业的账务处理如下：

借：其他业务成本　　　　　　　　　　　　　　25 000

　　贷：银行存款等　　　　　　　　　　　　　　　25 000

4. 采用成本模式进行后续计量的投资性房地产

（1）企业按期（月）对投资性房地产计提折旧或进行摊销时，借记"其他业务成本"科目，贷记"投资性房地产累计折旧（摊销）"科目；按取得的租金收入，借记"银行存款"等科目，贷记"其他业务收入"科目。

例 4-133　A 企业的一栋办公楼出租给 B 企业使用，已确认为投资性房地产，采用成本模式进行后续计量。假设这栋办公楼的成本为 2 400 万元，按照直线法计提折旧，使用寿命为 20 年，预计净残值为零。按照经营租赁合同约定，B 企业每月支付 A 企业租金 12 万元。当年 12 月，这栋办公楼发生减值迹象，经减值测试，其可收回金额为 1 200 万元，此时办公楼的账面价值为 1 600 万元，以前未计提减值准备。A 企业的账务处理如下：

（1）计提折旧时：

每月计提的折旧＝ 2 400÷20÷12 ＝ 10（万元）

借：其他业务成本　　　　　　　　　　　　　　　　 100 000

　　贷：投资性房地产累计折旧　　　　　　　　　　 100 000

（2）确认租金时：

借：银行存款（或其他应收款）　　　　　　　　　　 120 000

　　贷：其他业务收入　　　　　　　　　　　　　　 120 000

（3）计提减值准备时：

借：资产减值损失　　　　　　　　　　　　　　　 4 000 000

　　贷：投资性房地产减值准备　　　　　　　　　 4 000 000

（2）投资性房地产转换为自用房地产时的处理。企业将投资性房地产转换为自用房地产，应当按该项投资性房地产在转换日的账面余额、累计折旧或摊销、减值准备等，分别转入"固定资产""累计折旧""固定资产减值准备"等科目；投资性房地产的账面余额，借记"固定资产"或"无形资产"科目，贷记"投资性房地产"科目；已计提的折旧或摊销，借记"投资性房地产累计折旧（摊销）"科目，贷记"累计折旧"或"累计摊销"科目；原已计提减值准备的，借记"投资性房地产减值准备"科目，贷记"固定资产减值准备"或"无形资产减值准备"科目。

例 4-134　2×22 年 8 月 1 日，A 企业将出租在外的厂房收回，开始用于本企业生产商品。该项房地产账面价值为 3 765 万元，其中，原价为 5 000 万元，累计已提折旧为 1 235 万元。假设 A 企业采用成本计量模式。A 企业的账务处理如下：

借：固定资产　　　　　　　　　　　　　　　　 50 000 000

　　投资性房地产累计折旧　　　　　　　　　　 12 350 000

　　贷：投资性房地产　　　　　　　　　　　　 50 000 000

　　　　累计折旧　　　　　　　　　　　　　　 12 350 000

（3）企业将作为存货的房地产转换为采用成本模式计量的投资性房地产时，应当按该项存货在转换日的账面价值，借记"投资性房地产"科目，原已计提跌价准备的，借记"存货跌价准备"科目，按其账面余额，贷记"开发产品"等科目；已计提跌价准备的，还应同时结转跌价准备。

作为存货的房地产转换为投资性房地产，通常指房地产开发企业将其持有的开发产品以经营租赁的方式出租，存货相应地转换为投资性房地产。

例 4-135 　A 企业是从事房地产开发业务的企业，2×22 年 3 月 10 日，A 企业与 B 企业签订租赁协议，将其开发的一栋写字楼出租给 B 企业使用，租赁期开始日为 2×22 年 4 月 15 日。2×22 年 4 月 15 日，该写字楼的账面余额为 65 000 万元，未计提存货跌价准备。假设 A 企业采用成本模式对其投资性房地产进行后续计量。A 企业的账务处理如下：

借：投资性房地产——写字楼　　　　　　　　　650 000 000
　　贷：开发产品　　　　　　　　　　　　　　　　　650 000 000

（4）企业将自用的建筑物等转换为投资性房地产的，应按其在转换日的原价、累计折旧、减值准备等，分别转入"投资性房地产""投资性房地产累计折旧（摊销）""投资性房地产减值准备"科目。企业按投资性房地产的账面余额，借记"投资性房地产"科目，贷记"固定资产"或"无形资产"科目；按已计提的折旧或摊销，借记"累计摊销"或"累计折旧"科目，贷记"投资性房地产累计折旧（摊销）"科目。

例 4-136 　A 企业拥有一栋办公楼，用于本企业总部办公。2×22 年 3 月 10 日，A 企业与 B 企业签订了经营租赁协议，将该栋办公楼整体出租给 B 企业使用，租赁期开始日为 2×22 年 4 月 15 日，为期 5 年。2×22 年 4 月 15 日，该栋办公楼的账面余额为 5 500 万元，已计提折旧 300 万元。假设 A 企业采用成本计量模式。A 企业的账务处理如下：

借：投资性房地产——写字楼　　　　　　　　　55 000 000
　　累计折旧　　　　　　　　　　　　　　　　　3 000 000
　　贷：固定资产　　　　　　　　　　　　　　　　　55 000 000
　　　　投资性房地产累计折旧　　　　　　　　　　　3 000 000

（5）企业处置投资性房地产时，应按实际收到的金额，借记"银行存款"等科目，贷记"其他业务收入"科目，按该项投资性房地产的累计折旧或累计摊销，借记"投资性房地产累计折旧（摊销）"科目，按该项投资性房地产的账面余额，贷记"投资性房地产"科目，按其差额，借记"其他业务成本"科目；已计提减值准备的，还应同时结转减值准备。

例 4-137　A公司将其出租的一栋写字楼确认为投资性房地产，采用成本模式计量。租赁期届满后，A公司将该栋写字楼出售给B公司，合同价款为 60 000 万元，B公司已用银行存款付清。出售时，该栋写字楼的成本为 58 000 万元，已计提折旧 6 000 万元。假设不考虑相关税费。A公司的账务处理如下：

借：银行存款　　　　　　　　　　　　　　　　　600 000 000
　　贷：其他业务收入　　　　　　　　　　　　　　　　600 000 000
借：其他业务成本　　　　　　　　　　　　　　　520 000 000
　　投资性房地产累计折旧　　　　　　　　　　　　60 000 000
　　贷：投资性房地产——写字楼　　　　　　　　　　580 000 000

5. 采用公允价值模式进行后续计量的投资性房地产

（1）投资性房地产采用公允价值模式进行后续计量的，不计提折旧或摊销，应当以资产负债表日的公允价值计量。资产负债表日，投资性房地产的公允价值高于其账面余额的差额，借记"投资性房地产——公允价值变动"科目，贷记"公允价值变动损益"科目；公允价值低于其账面余额的差额，做相反的账务处理。

例 4-138　A公司为从事房地产经营开发的企业。2×22 年 8 月，A公司与 B公司签订租赁协议，约定将A公司开发的一栋精装修的写字楼于开发完成的同时开始租赁给B公司使用，租赁期为 10 年。当年 10 月 1 日，该写字楼开发完成并开始出租，写字楼的造价为 9 000 万元。2×22 年 12 月 31 日，该写字楼的公允价值为 9 200 万元。假设A公司采用公允价值计量模式。A公司的账务处理如下：

（1）2×22 年 10 月 1 日，开发完成写字楼并将其出租时：
借：投资性房地产——成本　　　　　　　　　　90 000 000
　　贷：开发成本　　　　　　　　　　　　　　　　90 000 000
（2）2×22 年 12 月 31 日，按照公允价值为基础调整其账面价值，并将公允价值与原账面价值之间的差额计入当期损益时：
借：投资性房地产——公允价值变动　　　　　　2 000 000
　　贷：公允价值变动损益　　　　　　　　　　　　2 000 000

（2）从成本模式计量变更为公允价值模式计量。只有在房地产市场比较成熟、能够满足采用公允价值模式条件的情况下，企业才能将投资性房地产从成本模式计量变更为公允价值模式计量。成本模式转为公允价值模式的，企业应当将其作为会计政策变更处理，并按计量模式变更时公允价值与账面价值的差额调整期初留存收益。已采用公允价值模式计量的投资性房地产，企业不得将其从公允价值模式转为成本模式。

例 4-139　2×22 年，A 企业将一栋写字楼对外出租，采用成本模式进行后续计量。2×22 年 2 月 1 日，假设 A 企业持有的投资性房地产满足采用公允价值模式条件，A 企业决定采用公允价值模式计量对该写字楼进行后续计量。2×22 年 2 月 1 日，该写字楼的原价为 9 000 万元，已计提折旧 270 万元，账面价值为 8 730 万元，公允价值为 9 500 万元。A 企业按净利润的 10% 计提盈余公积。假定除了上述对外出租的写字楼，A 企业无其他投资性房地产。A 企业的账务处理如下：

借：投资性房地产——成本　　　　　　　　95 000 000
　　投资性房地产累计折旧　　　　　　　　2 700 000
　　贷：投资性房地产　　　　　　　　　　　90 000 000
　　　　利润分配——未分配利润　　　　　　6 930 000
　　　　盈余公积　　　　　　　　　　　　　770 000

（3）投资性房地产转为自用房地产。企业将采用公允价值模式计量的投资性房地产转换为自用房地产时，应当以其转换当日的公允价值作为自用房地产的账面价值，公允价值与原账面价值的差额计入当期损益。在这种情况下，企业在转换日，按该项投资性房地产的公允价值，借记"固定资产"或"无形资产"科目，按该项投资性房地产的成本，贷记"投资性房地产——成本"科目，按该项投资性房地产的累计公允价值变动，贷记或借记"投资性房地产——公允价值变动"科目，按借贷方差额，贷记或借记"公允价值变动损益"科目。

例 4-140　2×22 年 10 月 15 日，A 企业因租赁期满，将出租的写字楼收回，开始作为办公楼用于本企业的行政管理。2×22 年 10 月 15 日，该写字楼的公允价值为 6 800 万元。该项房地产在转换前采用公允价值模式计量，原账面价值为 6 750 万元，其中，成本为 6 500 万元，公允价值变动为增值250 万元。A 企业的账务处理如下：

借：固定资产　　　　　　　　　　　　　　　　　68 000 000
　　贷：投资性房地产——成本　　　　　　　　　　65 000 000
　　　　——公允价值变动　　　　　　　　　　　　2 500 000
　　公允价值变动损益　　　　　　　　　　　　　　　500 000

（4）将作为存货的房地产转换为投资性房地产的，企业应按其在转换日的公允价值，借记"投资性房地产——成本"科目，按其账面余额，贷记"开发产品"等科目，按其差额，贷记"资本公积——其他资本公积"科目或借记"公允价值变动损益"科目；已计提跌价准备的，还应同时结转跌价准备。

例 4-141　2×22 年 3 月 10 日，A 房地产开发公司与 B 企业签订租赁协议，将其开发的一栋写字楼出租给 B 企业，租赁期开始日为 2×22 年 4 月 15 日。2×22 年 4 月 15 日，该写字楼的账面余额 65 000 万元，公允价值为 67 000 万元。2×22 年 12 月 31 日，该项投资性房地产的公允价值为 68 000 万元。A 房地产开发公司的账务处理如下：

（1）2×22 年 4 月 15 日，租赁期开始时：
借：投资性房地产——成本　　　　　　　　　　　670 000 000
　　贷：开发产品　　　　　　　　　　　　　　　650 000 000
　　　　其他综合收益　　　　　　　　　　　　　20 000 000
（2）2×22 年 12 月 31 日，确认公允价值变动时：
借：投资性房地产——公允价值变动　　　　　　　10 000 000
　　贷：公允价值变动损益　　　　　　　　　　　10 000 000

（5）自用房地产转换为投资性房地产。企业将自用房地产转换为采用公允价值模式计量的投资性房地产时，应当按该项土地使用权或建筑物在转换日的公允价值，借记"投资性房地产——成本"科目，按已计提的累计摊销或累计折旧，借记"累计摊销"或"累计折旧"科目，原已计提减值准备的，借记"无形资产减值准备""固定资产减值准备"科目，按其账面余额，贷记"固定资产"或"无形资产"科目；同时，转换日的公允价值小于账面价值的，按其差额借记"公允价值变动损益"科目，转换日的公允价值大于账面价值的，按其差额，贷记"其他综合收益"科目。当该项投资性房地产处置时，因转换计入资本公积的部分应转入当期损益。

例 4-142　2×22 年 6 月，A 企业打算搬迁至新建办公楼，由于原办公楼处于商业繁华地段，A企业准备将其出租，以赚取租金收入。2×22年10月30日，A企业完成搬迁工作，原办公楼停止自用。A企业与B企业签订租赁协议，将其原办公楼租赁给B企业使用，租赁期开始日为2×22年10月30日，租赁期限为3年。2×22年10月30日，该办公楼原价为9 000万元，已提折旧1 400万元，公允价值为7 000万元。假设A企业对投资性房地产采用公允价值模式计量。A企业的账务处理如下：

借：投资性房地产——成本   70 000 000

  公允价值变动损益   6 000 000

  累计折旧   14 000 000

  贷：固定资产   90 000 000

（6）处置采用公允价值模式计量的投资性房地产，企业应当按实际收到的金额，借记"银行存款"等科目，贷记"其他业务收入"科目；按该项投资性房地产的账面余额，借记"其他业务成本"科目，按其成本，贷记"投资性房地产——成本"科目，按其累计公允价值变动，贷记或借记"投资性房地产——公允价值变动"科目；同时，结转投资性房地产累计公允价值变动；若存在原转换日计入其他综合收益的金额，企业也应一并结转。

例4-143 A企业为一家房地产开发企业，2×21年3月10日，A企业与B企业签订租赁协议，将其开发的一栋写字楼出租给B企业使用，租赁期开始日为2×21年4月15日。2×21年4月15日，该写字楼的账面余额为45 000万元，公允价值为47 000万元。2×21年12月31日，该项投资性房地产的公允价值为48 000万元。2×22年6月租赁期届满，A企业收回该项投资性房地产，并以55 000万元的价格对外出售，出售款项已收讫。A企业采用公允价值模式计量，假定不考虑相关税费。A企业的账务处理如下：

（1）2×21年4月15日，存货转换为投资性房地产时：

借：投资性房地产——成本   470 000 000

  贷：开发产品   450 000 000

    其他综合收益   20 000 000

（2）2×21年12月31日，确认公允价值变动时：

借：投资性房地产——公允价值变动 10 000 000

  贷：公允价值变动损益   10 000 000

（3）2×22年6月，出售投资性房地产时：

```
借：银行存款                        550 000 000
    公允价值变动损益                 10 000 000
    其他综合收益                     20 000 000
    其他业务成本                    450 000 000
    贷：投资性房地产——成本                    470 000 000
                  ——公允价值变动               10 000 000
        其他业务收入                           550 000 000
```
或：
```
借：银行存款                        550 000 000
    贷：其他业务收入                           550 000 000
借：其他业务成本                    480 000 000
    贷：投资性房地产——成本                    470 000 000
                  ——公允价值变动               10 000 000
借：公允价值变动损益                 10 000 000
    贷：其他业务成本                            10 000 000
借：其他综合收益                     20 000 000
    贷：其他业务成本                            20 000 000
```

三十八、长期应收款的设置与账务处理

（一）长期应收款的内涵

长期应收款是指企业采用递延方式分期收款、实质上具有融资性质的销售商品和提供劳务等经营活动产生的应收款项。

（二）"长期应收款"科目的具体核算

"长期应收款"科目核算企业的长期应收款项。实质上构成对被投资单位净投资的长期权益，也通过"长期应收款"科目核算。

"长期应收款"科目可按债务人进行明细核算。该科目的期末余额在借方，反映企业尚未收回的长期应收款。

（三）"长期应收款"科目的明细科目设置

"长期应收款"科目的明细科目设置如表4-47所示。

表 4-47　"长期应收款"科目的明细科目设置

编号	会计科目名称	二级科目名称	三级科目名称
1531	长期应收款		
1531 01	长期应收款	采用递延方式具有融资性质的销售商品	按债务人
1531 02	长期应收款	采用递延方式具有融资性质的提供劳务	按债务人
1531 03	长期应收款	对被投资单位净投资的长期权益	按债务人
1531 04	长期应收款	其他	按债务人

（四）长期应收款经典业务的会计核算

采用递延方式分期收款的销售商品或提供劳务等经营活动产生的长期应收款，满足收入确认条件的，企业按应收的合同或协议价款，借记"长期应收款"科目，按应收合同或协议价款的公允价值（折现值），贷记"主营业务收入"等科目，按其差额，贷记"未实现融资收益"科目；涉及增值税的，还应进行相应的处理。

例 4-144　B 公司为增值税一般纳税人，适用的增值税税率为 13%。2×21 年 1 月 1 日，B 公司与 A 公司签订一项购销合同，B 公司向 A 公司出售一台大型机器设备。合同约定，B 公司采用分期收款方式销售。该设备价款共计 600 万元（不含增值税），分 6 期平均收取，首期款项 100 万元于 2×21 年 1 月 1 日收到，其余款项在 5 年期间平均收取，每年的收款日期为当年 12 月 31 日，收到款项时开出增值税发票。该设备的成本为 300 万元。假定折现率为 10%，按照现值确认的会计收入为 479.08 万元。B 公司的账务处理如下：

（1）2×21 年 1 月 1 日：

借：长期应收款（1 000 000×6×1.13）　　　　　6 780 000
　　贷：主营业务收入　　　　　　　　　　　　　4 790 800
　　　　未实现融资收益　　　　　　　　　　　　1 209 200
　　　　应交税费——待转销项税额　　　　　　　　780 000
借：银行存款　　　　　　　　　　　　　　　　1 130 000
　　应交税费——待转销项税额　　　　　　　　　130 000
　　贷：长期应收款　　　　　　　　　　　　　　1 130 000
　　　　应交税费——应交增值税（销项税额）　　　130 000

借：主营业务成本　　　　　　　　　　　　　　　　3 000 000

　　贷：库存商品　　　　　　　　　　　　　　　　　3 000 000

（2）2×21 年 12 月 31 日：

借：未实现融资收益　　　　　　　　　　　　　　　379 080

　　贷：财务费用［（5 000 000 － 1 209 200）×10%］　379 080

借：银行存款　　　　　　　　　　　　　　　　　1 130 000

　　应交税费——待转销项税额　　　　　　　　　　130 000

　　贷：长期应收款　　　　　　　　　　　　　　　1 130 000

　　　　应交税费——应交增值税（销项税额）　　　130 000

2×21 年 12 月 31 日长期应收款的不含税账面价值＝（600 － 100×2）－（120.92 － 37.908）＝ 316.988（万元）

三十九、未实现融资收益的设置与账务处理

（一）未实现融资收益的内涵

未实现融资收益是指未收到租金并未获担保的部分。未实现融资收益是否能按期收回具有不确定性，所以按照稳健性会计信息质量要求，企业对预期收益就不计或少计，而且对于超过一个租金支付期未收到租金的应停止确认融资收入，其原已确认的融资收入应予以冲回，转作表外核算。这样处理有助于抵销管理人员和所有者的乐观主义情绪，以利于投资者和债权人更有利地评价风险。但是，企业将能够带来未来经济利益的相关支出全部由当期投资收益承担，又不太符合会计信息质量的可比性。

未实现融资收益是出租人在租赁开始日时记录的应收融资租赁款、未担保余值和租赁资产账面价值的差额，是其将来融资收入确认的基础。出租人未担保余值的预计可收回金额低于其账面价值时确认为当期损失。

（二）"未实现融资收益"科目的具体核算

"未实现融资收益"科目核算企业分期计入租赁收入或利息收入的未实现融资收益。该科目可按未实现融资收益项目进行明细核算。该科目的期末余额在贷方，反映企业尚未转入当期收益的未实现融资收益。

（三）"未实现融资收益"科目的明细科目设置

"未实现融资收益"科目的明细科目设置如表 4-48 所示。

表 4-48　"未实现融资收益"科目的明细科目设置

编号	会计科目名称	二级科目名称	三级科目名称	是否辅助核算	辅助核算类别
1532	未实现融资收益	承租人	项目	是	部门

（四）未实现融资收益经典业务的账务处理

（1）当发生未实现融资收益余额时：

借：长期应收款

　　贷：未实现融资收益及其他相关科目

相关内容在"三十八、长期应收款的设置与账务处理"中已详述，在此不再赘述。

（2）未实现融资收益摊销时：

借：未实现融资收益

　　财务费用

　　银行存款

　　贷：长期应收款

相关内容在"三十八、长期应收款的设置与账务处理"中已详述，在此不再赘述。

四十、固定资产的设置与账务处理

（一）固定资产的内涵

固定资产是指同时具有以下特征的有形资产：①为生产商品、提供劳务、出租或经营管理而持有的。②使用寿命超过一个会计年度。

从这一定义可以看出，固定资产应具备以下两个特征：

（1）企业持有固定资产，是为了满足生产商品、提供劳务、出租或经营管理的需要，而不像商品一样为了对外出售。这一特征是固定资产区别于商品等流动资产的重要标志。

（2）企业使用固定资产的期限较长，使用寿命一般超过一个会计年度。这一特征表明企业固定资产的收益期超过 1 年，能在 1 年以上的时间里为企业创造经济利益。

（二）"固定资产"科目的具体核算

"固定资产"科目核算企业持有的固定资产原价。建造承包商的临时设施,以及企业购置计算机硬件所附带的、未单独计价的软件,也通过该科目核算。

该科目可按固定资产类别和项目进行明细核算。融资租入的固定资产,可在该科目通过设置"融资租入固定资产"明细科目进行核算。

该科目的期末余额在借方,反映企业固定资产的原价。

（三）"固定资产"科目的明细科目设置

"固定资产"科目的明细科目设置如表 4-49 所示。

表 4-49 "固定资产"科目的明细科目设置

编号	会计科目名称	二级科目名称	三级科目名称	是否辅助核算	辅助核算类别
1601	固定资产				
1601 01	固定资产	房屋及建筑物	项目	是	部门
1601 02	固定资产	机械设备	项目	是	部门
1601 03	固定资产	交通运输工具	项目	是	部门
1601 04	固定资产	家具设备	项目	是	部门
1601 05	固定资产	电气电子影视设备	项目	是	部门
1601 06	固定资产	文体娱乐设备	项目	是	部门
1601 07	固定资产	融资租入固定资产	项目	是	部门
1601 08	固定资产	其他	项目	是	部门

（四）固定资产经典业务的会计核算

1. 购入固定资产

（1）企业购入不需要安装的固定资产,按应计入固定资产成本的金额,借记"固定资产"科目,贷记"银行存款""其他应付款""应付票据"等科目。

例 4-145 2×22 年 7 月 12 日,A 公司购入一台不需要安装就可投入使用的生产设备,取得的增值税专用发票上注明的设备价款为 60 万元,增值税税额为 7.8 万元,发生的保险费为 0.5 万元,以银行存款转账支付。假定不考虑其他相关税费。A 公司的账务处理如下：

借：固定资产   605 000

  应交税费——应交增值税（进项税额） 78 000

  贷：银行存款   683 000

（2）企业购入需要安装的固定资产，先记入"在建工程"科目，安装完毕交付使用时再转入"固定资产"科目。

例 4-146 2×21 年 2 月 10 日，A 公司购入一台需要安装的生产用机器设备，取得的增值税专用发票上注明的设备价款为 50 万元，增值税进项税额为 6.5 万元，支付的运输费为 0.25 万元，取得的货物运输业增值税专用发票上注明的进项税额为 0.022 5 万元，款项已通过银行支付；安装设备时，领用本公司原材料一批，价值为 3 万元，购进该批原材料时支付的增值税进项税额为 0.39 万元；支付安装工人的工资为 0.49 万元。假定不考虑其他相关税费（除了特殊情况，本章的公司均为增值税一般纳税人）。A 公司的账务处理如下：

（1）支付设备价款、增值税、运输费时：

借：在建工程（500 000 ＋ 2 500）   502 500

  应交税费——应交增值税（进项税额）（65 000 ＋ 225）

                65 225

  贷：银行存款   567 725

（2）领用本公司原材料、支付安装工人工资时：

借：在建工程   34 900

  贷：原材料   30 000

    应付职工薪酬   4 900

（3）设备安装完毕达到预定可使用状态时：

借：固定资产   537 400

  贷：在建工程（502 500 ＋ 34 900）   537 400

（3）企业购入固定资产超过正常信用条件延期支付价款（如分期付款购买固定资产），实质上具有融资性质的，应按所购固定资产购买价款的现值，借记"固定资产"科目或"在建工程"科目，按应支付的金额，贷记"长期应付款"科目，按其差额，借记"未确认融资费用"科目。

实际支付的价款与购买价款的现值之间的差额，企业应当在信用期间内采用实际利率法进行摊销，摊销金额除了满足借款费用资本化条件的应当计入固定资产成本，其余均应当在信用期间内确认为财务费用，计入当期损益。"未确认融资费用"科目是"长期应付款"科目的备抵科目，"未确认融资费用"科目的借方余额会减少"长期应付款"项目的金额。未确认融资费用摊销的计算公式如下：

未确认融资费用摊销＝期初应付本金余额 × 实际利率

＝（期初长期应付款余额—期初未确认融资费用余额）× 实际利率

例 4-147 2×21 年 1 月 1 日，A 公司与 B 公司签订一项购货合同，A 公司从 B 公司购入一台需要安装的特大型设备。合同约定，A 公司采用分期付款方式支付价款。该设备价款共计 900 万元（不考虑增值税），在 2×21 年至 2×25 年的 5 年内每半年支付 90 万元，每年的付款日期分别为当年 6 月 30 日和 12 月 31 日。2×21 年 1 月 1 日，设备如期运抵 A 公司并开始安装。2×21 年 12 月 31 日，设备达到预定可使用状态，发生安装费 398 530.60 元，已用银行存款付讫。假定 A 公司适用的 6 个月折现率为 10%，利率为 10%、期限为 10 期的终值系数为 6.144 6。A 公司的账务处理如下：

（1）2×21 年 1 月 1 日，确定购买价款的现值时：

购买价款的现值＝900 000×（P/A, 10%, 10）＝900 000×6.144 6＝5 530 140（元）

借：在建工程——×× 设备	5 530 140
未确认融资费用	3 469 860
贷：长期应付款——B 公司	9 000 000

信用期间未确认融资费用的分摊额，如表 4-50 所示。

表 4-50 信用期间未确认融资费用的分摊额

2×21 年 1 月 1 日   单位：元

日期 (1)	分期付款额 (2)	确认的融资费用 (3)＝期初 ×10%	应付本金减少额 (4)＝(2)－(3)	应付本金余额 期末 (5)＝期初 (5) － (4)
2×21 年 1 月 1 日				5 530 140（本金）
2×21 年 6 月 30 日	900 000	553 014	346 986	5 183 154
2×21 年 12 月 31 日	900 000	518 315.40	381 684.60	4 801 469.40
2×22 年 6 月 30 日	900 000	480 146.94	419 853.06	4 381 616.34

（续表）

日期 (1)	分期付款额 (2)	确认的融资费用 (3) = 期初 ×10%	应付本金减少额 (4) = (2) − (3)	应付本金余额 期末 (5) = 期初 (5) − (4)
2×22 年 12.31 日	900 000	438 161.63	461 838.37	3 919 777.97
2×23 年 6 月 30 日	900 000	391 977.80	508 022.20	3 411 755.77
2×23 年 12 月 31 日	900 000	341 175.58	558 824.42	2 852 931.35
2×24 年 6 月 30 日	900 000	285 293.14	614 706.86	2 238 224.47
2×24 年 12 月 31 日	900 000	223 822.45	676 177.55	1 562 046.92
2×25 年 6 月 30 日	900 000	156 204.69	743 795.31	818 251.61
2×25 年 12 月 31 日	900 000	81 748.39*	818 251.61*	0
合计	9 000 000	3 469 860	5 530 140	0

* 尾数调整：81 748.39 = 900 000 − 818 251.61，818 251.61 元为最后一期应付本金余额。

2×21 年 1 月 1 日至 2×21 年 12 月 31 日为设备的安装期间，未确认融资费用的分摊额符合资本化条件，计入固定资产成本。

（2）2×21 年 6 月 30 日：

借：在建工程——×× 设备　　　　　　　　　　　　　553 014

　　贷：未确认融资费用　　　　　　　　　　　　　　　　553 014

借：长期应付款——B 公司　　　　　　　　　　　　900 000

　　贷：银行存款　　　　　　　　　　　　　　　　　　　900 000

本期的相关计算如下：

还款金额 = 900 000（元）

还息金额 = 5 530 140×10% = 553 014（元）

还本金额 = 900 000 − 553 014 = 346 986（元）

未还的本金 = 5 530 140 − 346 986 = 5 183 154（元）

（3）2×21 年 12 月 31 日：

借：在建工程——×× 设备　　　　　　　　　　　　518 315.40

　　贷：未确认融资费用　　　　　　　　　　　　　　　　518 315.40

借：长期应付款——B 公司　　　　　　　　　　　　900 000

　　贷：银行存款　　　　　　　　　　　　　　　　　　　900 000

本期的相关计算如下：

还款金额 = 900 000（元）

还息金额＝5 183 154×10%＝518 315.40（元）

还本金额＝900 000－518 315.40＝381 684.60（元）

未还的本金＝5 183 154－381 684.60＝4 801 469.40（元）

发生的安装费＝398 530.60（元）

固定资产的成本＝5 530 140＋553 014＋518 315.40＋398 530.60＝7 000 000（元）

　　借：在建工程——××设备　　　　　　　　　398 530.60

　　　　贷：银行存款等　　　　　　　　　　　　　　　398 530.60

　　借：固定资产——××设备　　　　　　　　　7 000 000

　　　　贷：在建工程——××设备　　　　　　　　　　7 000 000

2×22年1月1日至2×25年12月31日，该设备已经达到预定可使用状态，未确认融资费用的分摊额不再符合资本化条件，应计入当期损益。

（4）2×21年6月30日：

　　借：财务费用　　　　　　　　　　　　　　　480 146.94

　　　　贷：未确认融资费用　　　　　　　　　　　　　480 146.94

　　借：长期应付款——B公司　　　　　　　　　900 000

　　　　贷：银行存款　　　　　　　　　　　　　　　　900 000

本期的相关计算如下：

还款金额＝900 000（元）

还息金额＝4 801 469.40×10%＝480 146.94（元）

还本金额＝900 000－480 146.94＝419 853.06（元）

未还的本金＝4 801 469.40－419 853.06＝4 381 616.34（元）

以后期间的账务处理与2×21年6月30日相同，此处略。

（4）以一笔款项购入多项没有单独标价的固定资产，应当按照各项固定资产的公允价值比例对总成本进行分配，分别确定各项固定资产的成本。

例 4-148　A公司为一家制造企业。2×21年4月，为降低采购成本，A公司向B公司一次购入三套不同型号且不同生产能力的甲、乙、丙三种设备。A公司为该批设备共支付货款780万元，增值税进项税额101.4万元（假设按税法规定可以抵扣），包装费4.2万元，上述款项全部以银行存款支付；假定甲、乙、丙设备分别满足固定资产确认条件，公允价值分别为292.6万元、359.48万元和183.92万元；A公司实际支付的货款等于计税价格，不考虑其他相关税费。A公司的账务处理如下：

应计入固定资产成本的金额＝购买价款＋包装费＝780＋4.2

$$＝784.2（万元）$$

甲、乙、丙三种设备价值分配比例的计算如下：

甲设备应分配的固定资产价值比例＝292.6÷（292.6＋359.48＋183.92）×100%＝35%

乙设备应分配的固定资产价值比例＝359.48÷（292.6＋359.48＋183.92）×100%＝43%

丙设备应分配的固定资产价值比例＝183.92÷（292.6＋359.48＋183.92）×100%＝22%

甲、乙、丙三种设备各自的成本的计算如下：

甲设备的成本＝784.2×35%＝274.47（万元）

乙设备的成本＝784.2×43%＝337.206（万元）

丙设备的成本＝784.2×22%＝172.524（万元）

借：固定资产——甲设备　　　　　　　　　　　2 744 700

　　　　　　——乙设备　　　　　　　　　　　3 372 060

　　　　　　——丙设备　　　　　　　　　　　1 725 240

　　应交税费——应交增值税（进项税额）　　　1 014 000

　　贷：银行存款　　　　　　　　　　　　　　　　8 856 000

2. 自行建造固定资产

企业自行建造完成的固定资产，借记"固定资产"科目，贷记"在建工程"科目。已达到预定可使用状态但尚未办理竣工决算手续的固定资产，可先按估计价值记账，待确定实际价值后再进行调整。

例 4-149　2×21 年 1 月 1 日，某企业准备自行建造一座仓库。假定不考虑增值税，该企业 2×21 年的有关资料如下：

（1）1 月 8 日，购入工程物资一批，价款为 33.9 万元，款项以银行存款支付。

（2）2 月 3 日，领用生产用原材料一批，价值为 3.616 元。

（3）1 月 8 日至 6 月 30 日，工程先后领用工程物资 27.25 万元。

（4）6 月 30 日，对工程物资进行清查，发现工程物资减少 4.8 万元，经调查属保管员过失造成，根据企业管理规定，保管员应赔偿 3 万元。剩余工程物资转入企业原材料，该原材料的计划成本为 2.7 万元。

（5）工程建设期间辅助生产车间为工程提供有关的劳务支出为 3.5 万元。

（6）工程建设期间发生工程人员职工薪酬 6.58 万元。

（7）6 月 30 日，工程完工并交付使用。

该企业的账务处理如下：

（1）购入工程物资时：

借：工程物资 339 000

　　贷：银行存款 339 000

（2）领用原材料时：

借：在建工程——仓库 36 160

　　贷：原材料 36 160

（3）工程领用物资时：

借：在建工程——仓库 272 500

　　贷：工程物资 272 500

（4）确认工程物资盘亏、报废及毁损损失，并结转剩余工程物资成本差异时：

借：在建工程——仓库 18 000

　　其他应收款 30 000

　　贷：工程物资 48 000

借：原材料 27 000

　　贷：材料成本差异 8 500

　　　　工程物资（339 000 － 272 500 － 48 000） 18 500

（5）辅助生产车间为工程提供劳务支出时：

借：在建工程——仓库 35 000

　　贷：生产成本——辅助生产成本 35 000

（6）计提工程人员职工薪酬时：

借：在建工程——仓库 65 800

　　贷：应付职工薪酬 65 800

（7）工程完工交付使用时：

借：固定资产——仓库 427 460

　　贷：在建工程——仓库（37 440 ＋ 272 500 ＋ 18 000 ＋

　　　　　　　　　　　　35 000 ＋ 65 800） 427 460

3. 出包工程的账务处理

在出包方式下，"在建工程"科目主要是企业与建造承包商办理工程价款的结算科目，企业支付给建造承包商的工程价款作为工程成本通过"在建工程"科目核算。企业应按合理估计的工程进度和合同规定结算的进度款，借记"在建工程——建筑工程（××工程）""在建工程——安装工程（××工程）"科目，贷记"银行存款""预付账款"等科目。工程完成时，企业按合同规定补付的工程款，借记"在建工程"科目，贷记"银行存款"等科目。企业将需安装设备运抵现场安装时，借记"在建工程——在安装设备（××设备）"科目，贷记"工程物资——××设备"科目；企业为建造固定资产发生的待摊支出，借记"在建工程——待摊支出"科目，贷记"银行存款""应付职工薪酬""长期借款"等。

在建工程达到预定可使用状态时，首先，计算分配待摊支出；其次，计算确定已完工的固定资产成本；最后，进行相应的会计处理，借记"固定资产"科目，贷记"在建工程——建筑工程""在建工程——安装工程""在建工程——待摊支出"等科目。

例 4-150　A公司经当地有关部门批准，新建一座火电厂。建造的火电厂由建造发电车间、建造冷却塔和安装发电设备3个单项工程组成。2×21年2月1日，A公司与B公司签订合同，将该发电厂项目出包给B公司承建。根据双方签订的合同，建造发电车间的价款为500万元，建造冷却塔的价款为300万元，安装发电设备需支付安装费用50万元。建造期间发生的有关事项如下（假定不考虑相关税费）：

（1）2×21年2月10日，A公司按合同约定向B公司预付10%的备料款80万元，其中发电车间50万元，冷却塔30万元。

（2）2×21年8月2日，建造发电车间和冷却塔的工程进度达到50%，A公司与B公司办理工程价款结算400万元，其中发电车间250万元，冷却塔150万元。A公司抵扣了预付备料款后，将余款用银行存款付讫。

（3）2×21年10月8日，A公司购入需安装的发电设备，价款总计350万元（含增值税进项税额），已用银行存款付讫。

（4）2×21年3月10日，建筑工程主体已完工，A公司与B公司办理工程价款结算400万元，其中，发电车间250万元，冷却塔150万元。A公司向B公司开具了一张为期3个月的商业票据。

（5）2×21年4月1日，A公司将发电设备运抵现场，交B公司安装。

（6）2×21年5月10日，发电设备安装到位，A公司与B公司办理设备安装价款结算50万元，款项已支付。

（7）工程项目发生管理费、可行性研究费、公证费、监理费共计 29 万元，已用银行存款付讫。

（8）2×21 年 5 月，进行负荷联合试车领用本公司材料 10 万元，发生其他试车费用 5 万元，用银行存款支付，试车期间取得发电收入 20 万元。

（9）2×21 年 6 月 1 日，完成试车，各项指标达到设计要求。

A 公司的账务处理如下：

（1）2×21 年 2 月 10 日，预付备料款时：

借：预付账款	800 000
贷：银行存款	800 000

（2）2×21 年 8 月 2 日，办理建筑工程价款结算时：

借：在建工程——建筑工程（冷却塔）	1 500 000
——建筑工程（发电车间）	2 500 000
贷：银行存款	3 200 000
预付账款	800 000

（3）2×21 年 10 月 8 日，购入发电设备时：

借：工程物资——发电设备	3 500 000
贷：银行存款	3 500 000

（4）2×21 年 3 月 10 日，办理建筑工程价款结算时：

借：在建工程——建筑工程（冷却塔）	1 500 000
——建筑工程（发电车间）	2 500 000
贷：应付票据	4 000 000

（5）2×21 年 4 月 1 日，将发电设备交 B 公司安装时：

借：在建工程——在安装设备（发电设备）	3 500 000
贷：工程物资——发电设备	3 500 000

（6）2×21 年 5 月 10 日，办理安装工程价款结算时：

借：在建工程——安装工程（发电设备）	500 000
贷：银行存款	500 000

（7）支付工程发生的管理费、可行性研究费、公证费、监理费时：

借：在建工程——待摊支出	290 000
贷：银行存款	290 000

（8）进行负荷联合试车时：

借：在建工程——待摊支出	150 000
贷：原材料	100 000
银行存款	50 000

借：银行存款   200 000

  贷：在建工程——待摊支出   200 000

（9）计算应分配的待摊支出并转在建工程时：

待摊支出分配率＝（290 000＋150 000－200 000）÷（5 000 000＋3 000 000＋500 000＋3 500 000）×100%＝240 000÷12 000 000×100%＝2%

发电车间应分配的待摊支出＝5 000 000×2%＝100 000（元）

冷却塔应分配的待摊支出＝3 000 000×2%＝60 000（元）

发电设备应分配的待摊支出＝（500 000＋3 500 000）×2%＝80 000（元）

借：在建工程——建筑工程（发电车间）   100 000

     ——建筑工程（冷却塔）   60 000

     ——安装工程（发电设备）   10 000

     ——在安装设备（发电设备） 70 000

  贷：在建工程——待摊支出   240 000

发电车间的成本＝5 000 000＋100 000＝5 100 000（元）

冷却塔的成本＝3 000 000＋60 000＝3 060 000（元）

发电设备的成本＝（500 000＋3 500 000）＋80 000＝4 080 000（元）

借：固定资产——发电车间   5 100 000

    ——冷却塔   3 060 000

    ——发电设备   4 080 000

  贷：在建工程——建筑工程（发电车间） 5 100 000

      ——建筑工程（冷却塔）   3 060 000

      ——安装工程（发电设备） 510 000

      ——在安装设备（发电设备） 3 570 000

4. 固定资产弃置义务

固定资产存在弃置义务的，企业应在取得固定资产时，按预计弃置费用的现值，借记"固定资产"科目，贷记"预计负债"科目；在该项固定资产的使用寿命内，按弃置费用计算确定各期应负担的利息费用，借记"财务费用"科目，贷记"预计负债"科目。

弃置费用通常是指根据国家法律和行政法规、国际公约等规定，企业承担的环境保护和生态恢复等义务所确定的支出，如核电站核设施等的弃置和恢复环境等义务。一般工商企业的固定资产发生的报废清理费用，不属于弃置费用，应当在发生时作为固定资产处置费用处理。

例 4-151 A公司经国家批准于 2×22 年 1 月 1 日建造完成核电站核反应堆并将其交付使用。该核反应堆的建造成本为 2 500 000 万元，预计使用寿命为 40 年。该核反应堆将会对当地的生态环境产生一定的影响。根据法律规定，企业应在该项设施使用期满后将其拆除，并对造成的污染进行整治，预计发生弃置费用 250 000 万元。假定适用的折现率为 10%。A公司的账务处理如下：

（1）确定核反应堆成本时：

核反应堆属于特殊行业的特定固定资产，公司确定其成本时应考虑弃置费用。

2×22 年 1 月 1 日弃置费用的现值 = 250 000×（P/F，10%，40）= 250 000×0.0 221 = 5 525（万元）

核反应堆的成本 = 2 500 000 + 5 525 = 2 505 525（万元）

借：固定资产　　　　　　　　　　　　　25 055 250 000
　　贷：在建工程　　　　　　　　　　　　　　25 000 000 000
　　　　预计负债　　　　　　　　　　　　　　　　55 250 000

（2）计算每年应负担的利息费用时：

第 1 年应负担的利息费用 = 55 250 000×10% = 5 525 000（元）

借：财务费用　　　　　　　　　　　　　　5 525 000
　　贷：预计负债　　　　　　　　　　　　　　　5 525 000

以后年度，A公司应当按照实际利率法计算确定每年财务费用，相关账务处理略。

5. 固定资产资本化后续支出

与固定资产有关的更新改造等后续支出，符合固定资产确认条件的，企业应将其计入固定资产成本，同时将被替换部分的账面价值扣除。企业将固定资产进行更新改造的，应将相关固定资产的原价、已计提的累计折旧和减值准备转销，将固定资产的账面价值转入在建工程，并停止计提折旧。固定资产发生的可资本化的后续支出，通过"在建工程"科目核算。待固定资产发生的后续支出完工并达到预定可使用状态时，再从在建工程转为固定资产，并按重新确定的使用寿命、预计净残值和折旧方法计提折旧。

例 4-152 A公司有关固定资产更新改造的资料如下：

（1）2×18 年 12 月 30 日，该公司自行建成了一条生产线，建造成本为 113.6 万元；采用年限平均法计提折旧；预计净残值率为 3%，预计使用寿命为 6 年。

（2）2×20 年 12 月 31 日，由于生产的产品适销对路，现有生产线的生产能力已难以满足公司生产发展的需要，但若新建生产线则建设周期过长。A 公司决定对现有生产线进行改扩建，以提高其生产能力。假定该生产线未发生减值。

（3）2×20 年 12 月 31 日至 2×21 年 3 月 31 日，经过 3 个月的改扩建，A 公司完成了对这条生产线的改扩建工程，达到预定可使用状态共发生支出53.78 万元，全部以银行存款支付。

（4）该生产线改扩建工程达到预定可使用状态后，大大提高了生产能力，预计将其使用寿命延长 4 年，即为 10 年。假定改扩建后的生产线的预计净残值率为改扩建后固定资产账面价值的 3%；折旧方法仍为年限平均法。

（5）为简化计算过程，整个过程不考虑其他相关税费；A 公司按年度计提固定资产折旧。

本例中，生产线改扩建后，生产能力大大提高，能够为 A 公司带来更多的经济利益，改扩建的支出金额也能可靠计量，因此该后续支出符合固定资产的确认条件，应计入固定资产的成本。A 公司的账务处理如下：

（1）2×19 年 1 月 1 日至 2×20 年 12 月 31 日 2 年间（即固定资产后续支出发生前）计提固定资产折旧时：

该条生产线的应计折旧额 = 1 136 000×（1 － 3%）= 1 101 920（元）

该条生产线的年折旧额 = 1 101 920÷6 ≈ 183 653.33（元）

借：制造费用　　　　　　　　　　　　　　　　183 653.33

　　贷：累计折旧　　　　　　　　　　　　　　　　183 653.33

（2）2×20 年 12 月 31 日，固定资产转入改扩建时：

固定资产的账面价值 = 1 136 000 －（183 653.33×2）= 768 693.34（元）

借：在建工程——××生产线　　　　　　　　　768 693.34

　　累计折旧　　　　　　　　　　　　　　　　367 306.66

　　贷：固定资产——××生产线　　　　　　　　1 136 000.00

（3）2×21 年 1 月 1 日至 3 月 31 日，发生改扩建工程支出时：

借：在建工程——××生产线　　　　　　　　　537 800

　　贷：银行存款　　　　　　　　　　　　　　　537 800

（4）2×21 年 3 月 31 日，生产线改扩建工程达到预定可使用状态时：

固定资产的入账价值 = 768 693.34 ＋ 537 800 = 1 306 493.34（元）

借：固定资产——××生产线　　　　　　　　　1 306 493.34

　　贷：在建工程——××生产线　　　　　　　　1 306 493.34

（5）2×21年3月31日，该生产线转为固定资产后，按重新确定的使用寿命、预计净残值和折旧方法计提折旧时：

应计折旧额＝1 306 493.34×（1－3%）＝1 267 298.54（元）

月折旧额＝1 267 298.54÷（7×12＋9）＝13 626.87（元）

年折旧额＝13 626.87×12＝163 522.39（元）

2×21年应计提的折旧额＝13 626.87×9＝122 641.83（元）

借：制造费用　　　　　　　　　　　　122 641.83

　　贷：累计折旧　　　　　　　　　　　　122 641.83

6. 固定资产费用化后续支出

与固定资产有关的修理费用等后续支出，不符合固定资产确认条件的，企业应当根据不同情况分别在发生时计入当期管理费用或销售费用。

除了与存货的生产和加工相关的固定资产的修理费用按照存货成本确定原则进行处理，行政管理部门、企业专设的销售机构等所发生的固定资产修理费用等后续支出，计入管理费用或销售费用；企业固定资产更新改造支出不满足资本化条件的，在发生时应直接计入当期损益。

例4-153　2×21年6月5日，A公司对现有的一台生产用机器设备进行日常维护，在维护过程中领用本公司原材料一批，价值为9.4万元，应支付维护人员的工资为2.8万元；不考虑其他相关税费。

分析：本例中，对机器设备的维护，仅仅是为了维护固定资产的正常使用而发生的，不产生未来的经济利益，因此A公司应在维护支出发生时确认为费用。A公司的账务处理如下：

借：管理费用　　　　　　　　　　　　1 22 000

　　贷：原材料　　　　　　　　　　　　94 000

　　　　应付职工薪酬　　　　　　　　　28 000

7. 固定资产的处置

处置固定资产应通过"固定资产清理"科目核算。企业应按该项固定资产账面净额，借记"固定资产清理"科目，按已提的累计折旧，借记"累计折旧"科目，原已计提减值准备的，借记"固定资产减值准备"科目，按其账面余额，贷记"固定资产"科目。

（1）因已丧失使用功能或因自然灾害发生毁损等原因而报废清理产生的利得或损失应计入营业外收支。属于生产经营期间正常报废清理产生的处理净损失，借记"营业外支出——处置非流动资产损失"科目，贷记"固定资产清理"科目；属于生产经营期间由自然灾害等非正常原因造成的净损失，借记"营业外支出——非常损失"科目，贷记"固定资产清理"科目；属于生产经营期间正常报废清理产生的或自然灾害等非正常原因造成的处理净收益，借记"固定资产清理"科目，贷记"营业外收入"科目。

例 4-154 A公司有一台设备，因使用期满经批准报废。该设备原价为19万元，累计已计提折旧17.7万元，已计提减值准备0.55万元。在清理过程中，A公司以银行存款支付清理费用0.4万元，残料变卖收入为0.55万元。A公司的账务处理如下：

（1）固定资产转入清理时：

借：固定资产清理	7 500
累计折旧	177 000
固定资产减值准备	5 500
贷：固定资产	190 000

（2）发生清理费用时：

借：固定资产清理	4 000
贷：银行存款	4 000

（3）收到残料变价收入时：

借：银行存款	5 500
贷：固定资产清理	5 500

（4）结转固定资产净损益：

借：营业外支出——处置非流动资产损失	6 000
贷：固定资产清理	6 000

例 4-155 A公司年末对固定资产进行清查时，发现丢失一台设备。该设备原价为5.2万元，已计提折旧2万元，并已计提减值准备1.2万元。经查，该设备丢失的原因在于保管员看守不当。经批准，由保管员赔偿0.5万元。假定不考虑增值税的影响。A公司的账务处理如下：

（1）发现该设备丢失时：

借：待处理财产损溢——××设备	20 000
累计折旧	20 000
固定资产减值准备——××设备	12 000
贷：固定资产——××设备	52 000

（2）报经批准后：

借：其他应收款——保管员   5 000

营业外支出——盘亏损失   15 000

贷：待处理财产损溢——××设备   20 000

（2）由出售、转让等原因产生的固定资产处置利得或损失应计入资产处置损益。产生处置净损失的，借记"资产处置损益"科目，贷记"固定资产清理"科目；如为处置净收益，借记"固定资产清理"科目，贷记"资产处置损益"科目。

例 4-156   2×22 年 6 月 8 日，A 公司出售一台机器设备，取得收入 1.03 万元。该设备原值为 15 万元，已计提折旧 6 万元，已计提减值准备 2 万元。假该 A 公司是一般纳税人，该设备处置符合简易计税条件，并按 3% 征收率开具了增值税专用发票。

分析： 由于该设备是出售处置，仅仅是为了换取对价，对于资产处置后还尚有使用价值，相关净损益需要结转至"资产处置损益"科目，年终并入"资产处置收益"报表项目。A 公司的账务处理如下：

（1）固定资产转入清理时：

借：累计折旧   60 000

固定资产减值准备   20 000

固定资产清理   70 000

贷：固定资产   150 000

（2）出售取得收入时：

借：银行存款   103 00

贷：固定资产清理   10 000

应交税费——简易计税   300

（3）清理净损益结转时：

借：资产处置损益——非流动资产损失   60 000

贷：固定资产清理   60 000

8. 其他会计处理

高危行业企业依照国家有关规定提取的安全生产费，一方面应当计入相关产品的成本或当期损益，另一方面记入"专项储备"科目。企业提取安全费用时，借记"生产成本"（或"当期损益"）科目，贷记"专项储备"科目。企业使用提取的安全费用时，如果属于费用性支出，直接冲减专项储备，借记"专项储备"科目，贷记"银行存款"科目；如果形成固定资产，借记"在建工程""应交税费——应交增值税（进项税额）"科目，贷记"银行存款""应付职工薪酬"科目，同时，借记"固定资产"科目，贷记"在建工程"科目，再借记"专项储备"科目，贷记"累计折旧"科目。

例 4-157　A 公司是一家煤矿企业，依据开采的原煤产量按月提取安全生产费，提取标准为每吨 10 元，假定每月原煤产量为 7 万吨，2×21 年 7 月 8 日，经有关部门批准，A 公司购入一批需要安装的用于改造和完善矿井运输的安全防护设备，价款为 200 万元，增值税进项税额为 26 万元，安装过程中支付人工费 30 万元。2×21 年 7 月 28 日，该设备安装完成。2×21 年 7 月 30 日，A 公司另支付安全生产检查费 15 万元，假定 2×21 年 6 月 30 日，A 公司"专项储备——安全生产费"科目余额为 5 000 万元。假定不考虑其他相关税费。A 公司的账务处理如下：

（1）按月提取安全生产费时：

借：生产成本（70 000×10）		700 000
贷：专项储备——安全生产费		700 000

（2）购置安全防护设备时：

借：在建工程——××设备		2 000 000
应交税费——应交增值税（进项税额）		260 000
贷：银行存款		2 260 000
借：在建工程——××设备		300 000
贷：应付职工薪酬		300 000
借：应付职工薪酬		300 000
贷：银行存款 / 库存现金		300 000
借：固定资产——××设备		2 300 000
贷：在建工程——××设备		2 300 000
借：专项储备——安全生产费（全额计提）		2 300 000
贷：累计折旧		2 300 000

（3）支付安全生产检查费时：

借：专项储备——安全生产费		150 000
贷：银行存款		150 000

四十一、累计折旧的设置与账务处理

（一）累计折旧的内涵

"累计折旧"科目属于资产类的备抵调整科目，其结构与一般资产科目的结构刚好相反，贷方登记增加，借方登记减少，余额在贷方。

固定资产折旧是指在固定资产使用寿命内，按照确定的方法对应计折旧额进行系统分摊。其中，应计折旧额是指应当计提折旧的固定资产的原价扣除其预计净残值后的金额。已计提减值准备的固定资产还应当扣除已计提的固定资产减值准备累计金额。预计净残值是指假定固定资产预计使用寿命已满并处于使用寿命终了时的预期状态，企业目前从该项资产处置中获得的扣除预计处置费用后的金额。预计净残值在预期能够在固定资产使用寿命终了后收回，计算折旧时应将其扣除。企业应当根据固定资产的性质和使用情况，合理确定固定资产的使用寿命和预计净残值。固定资产的使用寿命、预计净残值一经确定，不得随意变更。

（二）"累计折旧"科目的具体核算

"累计折旧"科目核算企业固定资产的累计折旧。该科目可按固定资产的类别或项目进行明细核算。该科目的期末余额在贷方，反映企业固定资产的累计折旧额。

企业应当根据与固定资产有关的经济利益的预期消耗方式合理选择折旧方法。固定资产折旧的方法包括年限平均法、工作量法、双倍余额递减法和年数总和法等。

1. 年限平均法

年限平均法又称直线法，是指将固定资产的应计折旧额均衡地分摊到固定资产预计使用寿命内的一种方法。企业采用这种方法计算折旧额时，每期的折旧额均相等。其计算公式如下：

年折旧率＝（1－预计净残值率）÷预计使用寿命（年）×100%

月折旧率＝年折旧率÷12

月折旧额＝固定资产原价×月折旧率

2. 工作量法

工作量法是指根据实际工作量计算每期应计提折旧额的一种方法。其计算公式如下：

单位工作量折旧额＝固定资产原价×（1－预计净残值率）÷预计总工作量

某项固定资产月折旧额＝该项固定资产当月工作量×单位工作量折旧额

3. 双倍余额递减法

双倍余额递减法是指在不考虑固定资产预计净残值的情况下，根据每期期初固定资产原价减去累计折旧后的金额和双倍的直线法折旧率计算固定资产折旧的一种方法。企业应用这种方法计算固定资产折旧额时，由于每年固定资产净值没有扣除预计净残值，应在其折旧年限到期前2年内，将固定资产净值扣除预计净残值后的余额平均摊销。其计算公式如下：

$$年折旧率＝2÷预计使用寿命（年）×100\%$$

$$月折旧率＝年折旧率÷12$$

$$月折旧额＝（固定资产原价－累计折旧）×月折旧率$$

4. 年数总和法

年数总和法又称年限合计法，是指将固定资产的原价减去预计净残值后的余额，乘以一个以固定资产尚可使用寿命为分子、以预计使用寿命逐年数字之和为分母的逐年递减的分数计算每年折旧额的一种方法。其计算公式如下：

$$年折旧率＝尚可使用寿命÷预计使用寿命的年数总和×100\%$$

$$月折旧率＝年折旧率÷12$$

$$月折旧额＝（固定资产原价－预计净残值）×月折旧率$$

企业应当按月计提固定资产折旧，当月增加的固定资产，当月不计提折旧，从下月起计提折旧；当月减少的固定资产，当月仍计提折旧，从下月起不计提折旧。

企业计提的固定资产折旧，应当根据用途计入相关资产的成本或者当期损益。基本生产车间使用的固定资产所计提的折旧，应计入制造费用；管理部门使用的固定资产所计提的折旧，应计入管理费用；销售部门使用的固定资产所计提的折旧，应计入销售费用；未使用固定资产所计提的折旧，应计入管理费用等。

（三）"累计折旧"科目的明细科目设置

"累计折旧"科目的明细科目设置如表4-51所示。

表4-51　"累计折旧"科目的明细科目设置

编号	会计科目名称	二级科目名称	三级科目名称	是否辅助核算	辅助核算类别
1602	累计折旧				
1602 01	累计折旧	房屋及建筑物	项目	是	部门

（续表）

编号	会计科目名称	二级科目名称	三级科目名称	是否辅助核算	辅助核算类别
1602 02	累计折旧	机械设备	项目	是	部门
1602 03	累计折旧	交通运输工具	项目	是	部门
1602 04	累计折旧	家居设备	项目	是	部门
1602 05	累计折旧	电器电子影视设备	项目	是	部门
1602 06	累计折旧	文体娱乐设备	项目	是	部门
1602 07	累计折旧	其他	项目	是	部门

（四）累计折旧经典业务的会计核算

企业按期（月）计提固定资产的折旧，借记"制造费用""销售费用""管理费用""研发支出""其他业务成本"等科目，贷记"累计折旧"科目。企业处置固定资产时还应同时结转累计折旧。

例 4-158　A企业采用年限平均法对固定资产计提折旧。2×22年1月，A企业根据"固定资产折旧计算表"确定的各车间及厂部管理部门应分配的折旧额为：B车间100万元，C车间200万元，D车间300万元，管理部门40万元。A企业的账务处理如下：

借：制造费用——B车间　　　　　　　　　1 000 000
　　　　　　——C车间　　　　　　　　　2 000 000
　　　　　　——D车间　　　　　　　　　3 000 000
　　管理费用　　　　　　　　　　　　　　400 000
　　贷：累计折旧　　　　　　　　　　　　6 400 000

四十二、固定资产减值准备的设置与账务处理

（一）固定资产减值准备的内涵

固定资产减值准备是指由于固定资产市价持续下跌或技术陈旧、损坏、长期闲置等原因导致其可收回金额低于账面价值时，可收回金额低于其账面价值的差额。

（二）"固定资产减值准备"科目的具体核算

"固定资产减值准备"科目核算企业固定资产的减值准备。该科目的期末余额在贷方，反映企业已计提但尚未转销的固定资产减值准备。

（三）"固定资产减值准备"科目的明细科目设置

"固定资产减值准备"科目的明细科目设置如表4-52所示。

表 4-52 "固定资产减值准备"科目的明细科目设置

编号	会计科目名称	二级科目名称	三级科目名称	是否辅助核算	辅助核算类别
1603	固定资产减值准备				
160 01	固定资产减值准备	房屋及建筑物	项目	是	部门
1603 02	固定资产减值准备	机械设备	项目	是	部门
1603 03	固定资产减值准备	交通运输工具	项目	是	部门
1603 04	固定资产减值准备	家具设备	项目	是	部门
1603 05	固定资产减值准备	电器电子影视设备	项目	是	部门
1603 06	固定资产减值准备	文体娱乐设备	项目	是	部门
1603 07	固定资产减值准备	其他	项目	是	部门

（四）固定资产减值准备经典业务的账务处理

（1）资产负债表日，固定资产发生减值的，企业按应减记的金额，借记"资产减值损失——计提的固定资产减值准备"科目，贷记"固定资产减值准备"科目。企业在处置固定资产时还应同时结转减值准备。

例 4-159　2×21年12月31日，A公司的某生产线存在可能发生减值的迹象。经计算，该机器的可收回金额合计为 123 万元，账面价值为 140 万元，A 公司以前年度未对该生产线计提过减值准备。

分析：由于该生产线的可收回金额为 123 万元，账面价值为 140 万元，可收回金额低于账面价值，应按两者之间的差额 17 万元（1 40 － 123）计提固定资产减值准备。A 公司的账务处理如下：

借：资产减值损失——计提的固定资产减值准备　　　　　　170 000
　　贷：固定资产减值准备　　　　　　　　　　　　　　　　170 000

（2）固定资产处置时，其账务处理如下：

借：固定资产清理
　　累计折旧
　　固定资产减值准备
　　贷：固定资产

四十三、在建工程的设置与账务处理

（一）在建工程的内涵

在建工程是指企业固定资产的新建、改建、扩建，或技术改造、设备更新和大修理工程等尚未完工的工程支出。

（二）"在建工程"科目的具体核算

"在建工程"科目核算企业基建、更新改造等在建工程发生的支出。在建工程发生减值的，企业可以单独设置"在建工程减值准备"科目，比照"固定资产减值准备"科目进行处理。

企业（石油天然气开采类）发生的油气勘探支出和油气开发支出，可以通过单独设置"油气勘探支出""油气开发支出"科目进行核算。

"在建工程"科目可按"建筑工程""安装工程""在安装设备""待摊支出""单项工程""其他"等进行明细核算。该科目的期末余额在借方，反映企业尚未达到预定可使用状态的在建工程的成本。

（三）"在建工程"科目的明细科目设置

"在建工程"科目的明细科目设置如表 4-53 所示。

表 4-53　"在建工程"科目的明细科目设置

编号	会计科目名称	二级科目名称	三级科目名称	是否辅助核算	辅助核算类别
1604	在建工程				
1604 01	在建工程	自营工程		是	项目
1604 01 01	在建工程	自营工程	建筑工程	是	项目
1604 01 02	在建工程	自营工程	安装工程	是	项目
1604 01 03	在建工程	自营工程	在安装设备	是	项目
1604 01 04	在建工程	自营工程	待摊支出	是	项目
1604 01 05	在建工程	自营工程	单项工程	是	项目
1604 01 06	在建工程	自营工程	其他	是	项目
1604 02	在建工程	出包工程		是	项目
1604 03	在建工程	其他		是	项目

（四）在建工程经典业务的会计核算

1. 领用工程物资、原材料或库存商品及负担的职工薪酬

自营的在建工程领用工程物资、原材料或库存商品的，借记"在建工程"科目，贷记"工程物资""原材料""库存商品"等科目；采用计划成本核算的，应同时结转应分摊的成本差异；涉及增值税的，还应进行相应的处理。在建工程应负担的职工薪酬，借记"在建工程"科目，贷记"应付职工薪酬"科目。

在建工程的入账价值应当按照建造该项固定资产达到预定可使用状态前所发生的必要支出确定，包括直接材料、直接人工、直接机械施工费等。

例 4-160　A 公司为大中型煤矿企业，其矿井属于高瓦斯的矿井，按照国家规定 A 公司按原煤实际产量以每吨 30 元从成本中提取安全生产费。2×22 年 3 月 31 日，A 公司"专项储备——安全生产费"科目余额为 2 000 万元。A 公司 2×22 年发生如下经济业务：

（1）4 月，按照原煤实际产量计提安全生产费 1 000 万元。

（2）4 月，支付安全生产检查费 10 万元，以银行存款支付。

（3）5月，购入一批需要安装的用于改造和完善矿井瓦斯抽采等安全防护设备，价款为2 000万元，立即投入安装，安装中应付安装人员薪酬30万元。

A公司的账务处理如下：

（1）4月，计提安全生产费时：

借：生产成本   10 000 000

  贷：专项储备——安全生产费   10 000 000

（2）4月，支付安全生产检查费时：

借：专项储备——安全生产费   100 000

  贷：银行存款   100 000

（3）5月，购入需安装的安全防护设备时：

借：在建工程   20 000 000

  贷：银行存款   20 000 000

借：在建工程   300 000

  贷：应付职工薪酬   300 000

2. 结转在建工程成本

在建工程达到预定可使用状态时，借记"固定资产"等科目，贷记"在建工程"科目。

工程完工达到预定可使用状态后，企业应将该项工程完工达到预定可使用状态前所发生的必要支出结转，作为固定资产的入账价值。

例 4-161 接例4-160，2×22年5月，该安全防护设备安装完毕并达到预定可使用状态。A公司的账务处理如下：

借：固定资产   20 300 000

  贷：在建工程   20 300 000

借：专项储备——安全生产费   20 300 000

  贷：累计折旧   20 300 000

四十四、工程物资的设置与账务处理

（一）工程物资的内涵

工程物资是指用于固定资产建造的建筑材料，如钢材、水泥、玻璃等。工程物资在资产负债表中并入"在建工程"项目。

（二）"工程物资"科目的具体核算

"工程物资"科目核算企业为在建工程准备的各种物资的成本，包括工程用材料、尚未安装的设备以及为生产准备的工器具等。该科目可按"专用材料""专用设备""工器具""其他""减值准备"等明细科目进行明细分类核算。

工程物资发生减值的，可以通过单独设置"工程物资减值准备"科目，比照"固定资产减值准备"科目进行处理。

"工程物资"科目的期末余额在借方，反映企业为在建工程准备的各种物资的成本。

（三）"工程物资"科目的明细科目设置

"工程物资"科目的明细科目设置如表4-54所示。

表4-54　"工程物资"科目的明细科目设置

编号	会计科目名称	二级科目名称	三级科目名称	是否辅助核算	辅助核算类别
1605	工程物资				
1605 01	工程物资	专用材料	项目明细	是	存放地点
1605 02	工程物资	专用设备	项目明细	是	存放地点
1605 03	工程物资	工具器	项目明细	是	存放地点
1605 04	工程物资	其他	项目明细	是	存放地点
1605 05	工程物资	减值准备	项目明细	是	存放地点

（四）工程物资经典业务的会计核算

1. 购入工程物资

企业购入为工程准备的物资，借记"工程物资"科目，贷记"银行存款""其他应付款"等科目。

例 4-162　A企业购入基建工程所用物资一批，价款及运输保险等费用合计50万元，增值税专用发票上注明的增值税税额为6.5万元，物资已验收入库，款项尚未支付。A企业的账务处理如下：

借：工程物资　　　　　　　　　　　　　　　　565 000
　　贷：应付账款　　　　　　　　　　　　　　　　　565 000

2. 领用工程物资

企业领用工程物资，借记"在建工程"科目，贷记"工程物资"科目。工程完工后，企业将领出的剩余物资退库时，做相反的会计分录；已计提减值准备的，还应同时结转减值准备。

例 4–163　2×22 年 1 月，A 公司准备自行建造一座厂房。2×22 年 1 ～ 8 月，该建造工程先后领用工程物资 39.05 万元（含税）。A 公司的账务处理如下：

借：在建工程　　　　　　　　　　　　　　　　　　　390 500
　　贷：工程物资　　　　　　　　　　　　　　　　　　390 500

3. 工程完工后将剩余的工程物资转作本企业存货

工程完工后，企业将剩余的工程物资转作本企业存货的，借记"原材料""应交税费——应交增值税（进项税额）"等科目，贷记"工程物资"科目；企业若采用计划成本核算的，还应同时结转材料成本差异。

例 4–164　A 企业自建厂房一幢，购入为工程准备的各种物资 60 万元，支付的增值税税额为 7.8 万元，全部用于工程建设。该工程领用本企业生产的水泥一批，实际成本为 8 万元，税务部门确定的计税价格为 10 万元，增值税税率为 13%；工程人员的应计工资为 10 万元，支付的其他费用为 3 万元。该工程完工并达到预定可使用状态。A 企业的账务处理如下：

（1）购入工程物资时：

借：工程物资　　　　　　　　　　　　　　　　　　　678 000
　　贷：银行存款　　　　　　　　　　　　　　　　　　678 000

（2）工程领用工程物资时：

借：在建工程　　　　　　　　　　　　　　　　　　　678 000
　　贷：工程物资　　　　　　　　　　　　　　　　　　678 000

（3）工程领用本企业生产的水泥时：

借：在建工程（80 000 ＋ 100 000×13%）　　　　　　　93 000
　　贷：库存商品　　　　　　　　　　　　　　　　　　80 000
　　　　应交税费——应交增值税（销项税额）　　　　　13 000

（4）分配工程人员工资时：

借：在建工程　　　　　　　　　　　　　　　　　　　100 000
　　贷：应付职工薪酬　　　　　　　　　　　　　　　　100 000

（5）支付工程发生的其他费用时：

借：在建工程　　　　　　　　　　　　　　　　　　30 000
　　贷：银行存款　　　　　　　　　　　　　　　　　　30 000

（6）工程完工转入固定资产时：

借：固定资产（678 000 ＋ 93 000 ＋ 100 000 ＋ 30 000）

　　　　　　　　　　　　　　　　　　　　　　　　901 000
　　贷：在建工程　　　　　　　　　　　　　　　　　901 000

4. 工程完工后剩余的工程物资对外出售

工程完工后剩余的工程物资对外出售的，企业应确认其他业务收入，借记"银行存款"科目，贷记"其他业务收入""应交税费——应交增值税（销项税额）"科目；结转相应成本时，借记"其他业务成本"科目，贷记"工程物资"科目。

例 4-165　2×22 年 6 月 2 日，某企业由于生产经营需要，向仓库领用原材料一批，该原材料的实际成本为 6 万元，其中 4 万元用于生产 A 产品，另 2 万元剩余的工程物资对外出售，出售价格为 4 万元，增值税税率为 13%，该企业采用实际成本核算原材料。该企业的账务处理如下：

（1）收到材料款时：

借：银行存款　　　　　　　　　　　　　　　　　　45 200
　　贷：其他业务收入　　　　　　　　　　　　　　　40 000
　　　　应交税费——应交增值税（销项税额）　　　　 5 200

（2）结转材料成本时：

借：其他业务成本　　　　　　　　　　　　　　　　20 000
　　贷：原材料　　　　　　　　　　　　　　　　　　20 000

5. 工程完工，将为生产准备的工具和器具交付生产使用

工程完工，将为生产准备的工具和器具交付生产使用时，借记"包装物及低值易耗品"等科目，贷记"工程物资"科目。

6. 工程物资减值

资产负债表日，根据《企业会计准则第 8 号——资产减值》确定工程物资发生减值的，企业按应减记的金额，借记"资产减值损失"科目，贷记"工程物资——减值准备"科目；领用或处置工程物资时，应结转已计提的工程物资减值准备。

四十五、固定资产清理的设置与账务处理

（一）固定资产清理的内涵

固定资产清理是指企业因出售、报废和毁损等原因转入清理的固定资产价值及其在清理过程中所发生的清理费用和清理收入等。

（二）"固定资产清理"科目的具体核算

"固定资产清理"科目核算企业因出售、报废、毁损、对外投资、非货币性资产交换、债务重组等转出的固定资产价值以及在清理过程中发生的费用。

"固定资产清理"科目可按被清理的固定资产项目进行明细核算。该科目的期末余额在借方，反映企业尚未清理完毕的固定资产清理净损失。

（三）"固定资产清理"科目的明细科目设置

"固定资产清理"科目的明细科目设置如表 4-55 所示。

表 4-55　"固定资产清理"科目的明细科目设置

编号	会计科目名称	二级科目名称	三级科目名称
1606	固定资产清理		
1606 01	固定资产清理	房屋及建筑物	项目
1606 02	固定资产清理	机械设备	项目
1606 03	固定资产清理	交通运输工具	项目
1606 04	固定资产清理	家具设备	项目
1606 05	固定资产清理	电气电子影视设备	项目
1606 06	固定资产清理	文体娱乐设备	项目
1606 07	固定资产清理	其他	项目

（四）固定资产清理经典业务的会计核算

1. 固定资产转清理

企业因出售、报废、毁损、对外投资、非货币性资产交换、债务重组等

转出的固定资产，按该项固定资产的账面价值，借记"固定资产清理"科目，按已计提的累计折旧，借记"累计折旧"科目，按其账面原价，贷记"固定资产"科目；已计提减值准备的，还应同时结转减值准备。

2.清理过程相关支出

企业在清理过程中应支付的相关税费及其他费用，借记"固定资产清理"科目，贷记"银行存款"等科目；企业收回出售固定资产的价款、残料价值和变价收入等，借记"银行存款""原材料"等科目，贷记"固定资产清理"科目；应由保险公司或过失人赔偿的损失，借记"其他应收款"等科目，贷记"固定资产清理"科目。

例4-166　2×21年9月，A公司以生产经营过程中使用的一台设备交换B公司生产的一批打印机，换入的打印机作为固定资产管理。A、B公司均为增值税一般纳税人，适用的增值税税率为13%。设备的账面原价为150万元，在交换日的累计折旧为45万元，公允价值为90万元。打印机的账面价值为110万元，在交换日的市场价格为90万元，计税价格等于市场价格。B公司换入A公司的设备是生产打印机过程中需要使用的设备。假设A公司此前没有为该项设备计提资产减值准备，在整个交易过程中，除了支付运杂费1.5万元，没有发生其他相关税费。假设B公司此前也没有为库存打印机计提存货跌价准备，其在整个交易过程中没有发生除了增值税的其他税费。A公司的账务处理如下：

A公司换入资产的增值税进项税额＝90×13%＝11.7（万元）

A公司换出设备的增值税销项税额＝90×13%＝11.7（万元）

借：固定资产清理	1 050 000
累计折旧	450 000
贷：固定资产——设备	1 500 000
借：固定资产清理	15 000
贷：银行存款	15 000
借：固定资产——打印机	900 000
应交税费——应交增值税（进项税额）	117 000
资产处置损益	165 000
贷：固定资产清理	1 065 000
应交税费——应交增值税（销项税额）	117 000

3. 固定资产清理完成

固定资产清理完成后，属于生产经营期间正常的处理损失，借记"营业外支出——处置非流动资产损失"科目，贷记"固定资产清理"科目；属于自然灾害等非正常原因造成的损失，借记"营业外支出——非常损失"科目，贷记"固定资产清理"科目。如"固定资产清理"科目为贷方余额，即清理形成处理收益时，借记"固定资产清理"科目，贷记"营业外收入——非流动资产处置利得"科目。

四十六、使用权资产的设置与账务处理

（一）使用权资产的内涵

使用权资产是指承租人可在租赁期内使用租赁资产的权利。在《企业会计准则第 21 号——租赁》下，无论是融资租赁还是经营租赁，对于承租人而言都不再进行区分，都要通过统一设置"使用权资产"科目进行会计处理。

（二）"使用权资产"科目的具体核算

"使用权资产"科目核算承租人持有的使用权资产的原价，其期末借方余额反映承租人使用权资产的原价。承租人可按租赁资产的类别和项目进行明细核算，应当在资产负债表中单独列示"使用权资产"项目。使用权资产的主要账务处理如下：

（1）在租赁期开始日，承租人应当按成本借记"使用权资产"科目，按尚未支付的租赁付款额的现值贷记"租赁负债"科目，对于租赁期开始日之前支付租赁付款额的（扣除已享受的租赁激励）贷记"预付款项"等科目，按发生的初始直接费用贷记"银行存款"等科目，按预计将发生的为拆卸及移除租赁资产、复原租赁资产所在场地或将租赁资产恢复至租赁条款约定状态等成本的现值贷记"预计负债"科目。

（2）在租赁期开始日后，承租人按变动后的租赁付款额的现值重新计量租赁负债的，当租赁负债增加时，应当按增加额借记"使用权资产"科目，贷记"租赁负债"科目。除了下述（3）中的情形，当租赁负债减少时，企业应当按减少额借记"租赁负债"科目，贷记"使用权资产"科目；若使用权资产的账面价值已调减至零，应当按仍需进一步调减的租赁负债金额，借记"租赁负债"科目，贷记"制造费用""销售费用""管理费用""研发支出"等科目。

（3）租赁变更导致租赁范围缩小或租赁期缩短的，承租人应当按缩小或缩短的相应比例，借记"租赁负债""使用权资产累计折旧""使用权资产减

值准备"科目，贷记"使用权资产"科目，差额借记或贷记"资产处置损益"科目。

（4）企业转租使用权资产形成融资租赁的，应当借记"应收融资租赁款""使用权资产累计折旧""使用权资产减值准备"科目，贷记"使用权资产"科目，差额借记或贷记"资产处置损益"科目。

（三）"使用权资产"科目的明细科目设置

"使用权资产"科目的明细科目设置如表4-56所示。

表4-56 "使用权资产"科目的明细科目设置

编号	会计科目名称	二级科目名称	三级科目名称	是否辅助核算	辅助核算类别
1607	使用权资产				
1607 01	使用权资产	房屋及建筑物	项目	是	部门
1607 02	使用权资产	机械设备	项目	是	部门
1607 03	使用权资产	交通运输工具	项目	是	部门
1607 04	使用权资产	家具设备	项目	是	部门
1607 05	使用权资产	电气电子影视设备	项目	是	部门
1607 06	使用权资产	文体娱乐设备	项目	是	部门
1607 08	使用权资产	其他	项目	是	部门

（四）使用权资产经典业务的会计核算

例4-167 承租人A公司就某栋建筑物的某一层楼与出租人B公司签订了为期10年的租赁协议，并拥有5年的续租选择权。有关资料如下：①初始租赁期内的不含税租金为每年5万元，续租期间为每年5.5万元，所有款项应于每年年初支付。②为获得该项租赁，A公司发生的初始直接费用为2万元，其中，1.5万元为向该楼层前任租户支付的款项，0.5万元为向促成此租赁交易的房地产中介支付的佣金。③作为对A公司的激励，B公司同意补偿A公司0.5万元的佣金。④在租赁期开始日，A公司评估后认为，不能合理确定将行使续租选择权，因此，将租赁期确定为10年。⑤A公司无法确定租赁内含利率，其增量借款利率为每年5%，该利率反映的是A公司以类似抵押条件借入期限为10年、与使用权资产等值的相同币种的借款而必须支付的利率。为简化处理，假设不考虑相关税费影响。A 公司的账务处理如下：

（1）计算租赁期开始日租赁付款额的现值，并确认租赁负债和使用权资产时：

在租赁期开始日，A 公司支付第 1 年的租金 5 万元，并以剩余 9 年租金（每年 5 万元）按 5% 的年利率折现后的现值计量租赁负债。计算租赁付款额现值的过程如下：

剩余 9 年租赁付款额＝5×9＝45（万元）

租赁负债＝剩余 9 年租赁付款额的现值＝5×（P/A，5%，9）

　　　　　　　　　　　　　　　　　＝35.539 1（万元）

未确认融资费用＝剩余 9 年租赁付款额－剩余 9 期租赁付款额的现值

　　　　　　　＝45－35.539 1＝9.460 9（万元）

借：使用权资产　　　　　　　　　　　　　　　　405 391

　　租赁负债——未确认融资费用　　　　　　　　 94 609

　　贷：租赁负债——租赁付款额　　　　　　　　450 000

　　　　银行存款（第 1 年的租赁付款额）　　　　 50 000

（2）将初始直接费用计入使用权资产的初始成本时：

借：使用权资产　　　　　　　　　　　　　　　　 20 000

　　贷：银行存款　　　　　　　　　　　　　　　 20 000

（3）将已收的租赁激励相关金额从使用权资产入账价值中扣除时：

借：银行存款　　　　　　　　　　　　　　　　　　5 000

　　货：使用权资产　　　　　　　　　　　　　　　5 000

综上，A 公司使用权资产的初始成本为 42.039 1 万元（40.539 1 ＋ 2 － 0.5）。

四十七、使用权资产折旧的设置与账务处理

（一）使用权资产累计折旧的内涵

承租人应当参照《企业会计准则第 4 号——固定资产》有关折旧的规定，自租赁期开始日起对使用权资产计提折旧。使用权资产通常应自租赁期开始的当月计提折旧，当月计提确有困难的，为便于实务操作，企业也可以选择自租赁期开始的下月计提折旧，但应对同类使用权资产采取相同的折旧政策。计提的折旧金额应根据使用权资产的用途，计入相关资产的成本或者当期损益。

承租人在确定使用权资产的折旧方法时，应当根据与使用权资产有关的

经济利益的预期实现方式做出决定。通常，承租人按直线法对使用权资产计提折旧；若其他折旧方法更能反映使用权资产有关经济利益预期实现方式的，承租人应采用其他折旧方法计提折旧。

承租人在确定使用权资产的折旧年限时，应遵循以下原则：承租人能够合理确定租赁期届满时取得租赁资产所有权的，应当在租赁资产剩余使用寿命内计提折旧；承租人无法合理确定租赁期届满时能够取得租赁资产所有权的，应当在租赁期与租赁资产剩余使用寿命两者孰短的期间内计提折旧。如果使用权资产的剩余使用寿命短于前两者，则承租人应在使用权资产的剩余使用寿命内计提折旧。

"使用权资产累计折旧"科目属于资产类的备抵调整科目，其结构与一般资产科目的结构刚好相反，其贷方登记增加，借方登记减少，余额在贷方。

（二）"使用权资产累计折旧"科目的具体核算

"使用权资产累计折旧"科目核算使用权资产的累计折旧，其期末贷方余额反映使用权资产的累计折旧额，承租人可按租赁资产的类别和项目进行明细核算。该科目的主要账务处理如下：

（1）承租人通常应当自租赁期开始日起按月计提使用权资产的折旧，借记"营业成本""制造费用""销售费用""管理费用""研发支出"等科目，贷记"使用权资产累计折旧"科目。当月计提确有困难的，承租人也可从下月起计提折旧，并在会计报表附注中予以披露。

（2）因租赁范围缩小、租赁期缩短或转租等原因减记或终止确认使用权资产时，承租人应同时结转相应的使用权资产累计折旧。

（三）"使用权资产累计折旧"科目的明细科目设置

"使用权资产累计折旧"科目的明细科目设置如表4-57所示。

表4-57　"使用权资产累计折旧"科目的明细科目设置

编号	会计科目名称	二级科目名称	三级科目名称	是否辅助核算	辅助核算类别
1608	使用权资产累计折旧				
1608 01	使用权资产累计折旧	房屋及建筑物	项目	是	部门
1608 02	使用权资产累计折旧	机械设备	项目	是	部门

（续表）

编号	会计科目名称	二级科目名称	三级科目名称	是否辅助核算	辅助核算类别
1608 03	使用权资产累计折旧	交通运输工具	项目	是	部门
1608 04	使用权资产累计折旧	家居设备	项目	是	部门
1608 05	使用权资产累计折旧	电器电子影视设备	项目	是	部门
1608 06	使用权资产累计折旧	文体娱乐设备	项目	是	部门
1608 07	使用权资产累计折旧	其他	项目	是	部门

（四）使用权资产累计折旧经典业务的会计核算

例 4-168 沿用例 4-167，A公司对其租入的建筑物采取直线折旧法计提折旧，假定该建筑物用于生产制造，并且净残值为零。A公司每年计提折旧的账务处理如下：

借：制造费用   42 039.10

  贷：使用权资产累计折旧   42 039.10

四十八、使用权资产减值准备的设置与账务处理

（一）使用权资产减值准备的内涵

在租赁期开始日后，承租人应当按照《企业会计准则第8号——资产减值》的规定，确定使用权资产是否发生减值，并对已识别的减值损失进行会计处理。使用权资产发生减值的，承租人按应减记的金额，借记"资产减值损失"科目，贷记"使用权资产减值准备"科目。使用权资产减值准备一旦计提，不得转回。承租人应当按照扣除减值损失之后的使用权资产的账面价值，进行后续折旧。

（二）"使用权资产减值准备"科目的具体核算

"使用权资产减值准备"科目核算使用权资产的减值准备，其期末贷方

余额反映使用权资产的累计减值准备金额。承租人可按租赁资产的类别和项目进行明细核算，使用权资产减值准备一旦计提，不得转回。使用权资产减值准备的主要账务处理如下：

（1）使用权资产发生减值的，承租人按应减记的金额，借记"资产减值损失"科目，贷记"使用权资产减值准备"科目。

（2）因租赁范围缩小、租赁期缩短或转租等原因减记或终止确认使用权资产时，承租人应同时结转相应的使用权资产累计减值准备。

（三）"使用权资产减值准备"科目的明细科目设置

"使用权资产减值准备"科目的明细科目设置如表 4-58 所示。

表 4-58　"使用权资产减值准备"科目的明细科目设置

编号	会计科目名称	二级科目名称	三级科目名称	是否辅助核算	辅助核算类别
1609	使用权资产减值准备				
1609 01	使用权资产减值准备	房屋及建筑物	项目	是	部门
1609 02	使用权资产减值准备	机械设备	项目	是	部门
1609 03	使用权资产减值准备	交通运输工具	项目	是	部门
1609 04	使用权资产减值准备	家具设备	项目	是	部门
1609 05	使用权资产减值准备	电器电子影视设备	项目	是	部门
1609 06	使用权资产减值准备	文体娱乐设备	项目	是	部门
1609 07	使用权资产减值准备	其他	项目	是	部门

（四）使用权资产减值准备经典业务的会计核算

例 4-169　承租人 A 公司签订了一份为期 10 年的机器租赁合同，用于公司的生产经营。相关使用权资产的初始账面价值为 10 万元，按直线法在 10 年内计提折旧，年折旧费为 1 万元。在第 5 年年末，A 公司确认该使用权资产发生的减值损失 2 万元，并将其计入当期损益。

分析： 该使用权资产在减值前的账面价值为 5 万元（10×5÷10）。计提减值损失之后，该使用权资产的账面价值减至 3 万元（5－2），之后每年的折旧费也相应减至 0.6 万元（3÷5）。A 公司计提减值准备的账务处理如下：

借：资产减值损失   20 000

  贷：使用权资产减值准备   20 000

四十九、无形资产的设置与账务处理

（一）无形资产的内涵

无形资产是指企业拥有或者控制的没有实物形态的可辨认非货币性资产。无形资产具有以下 3 个主要特征：

（1）不具有实物形态。无形资产不像固定资产、存货等有形资产具有实物形体。

（2）具有可辨认性。资产满足下列条件之一的，符合无形资产定义中的可辨认性标准：①能够从企业中分离或者划分出来，并能单独或者与相关合同、资产或负债一起，用于出售、转移、授予许可、租赁或者交换。②源自合同性权利或其他法定权利，无论这些权利是否可以从企业或其他权利和义务中转移或者分离。

商誉的存在无法与企业自身分离，不具有可辨认性，不在本节讲解。

（3）无形资产属于非货币性资产。无形资产属于非货币性资产且能够在多个会计期间为企业带来经济利益。无形资产的使用年限在 1 年以上，其价值将在各个受益期间逐渐摊销。

（二）"无形资产"科目的具体核算

"无形资产"科目核算企业持有的无形资产成本，包括专利权、非专利技术、商标权、著作权、土地使用权等。该科目可按无形资产项目进行明细核算。该科目的期末余额在借方，反映企业无形资产的成本。

（三）"无形资产"科目的明细科目设置

"无形资产"科目的明细科目设置如表 4-59 所示。

表 4-59 "无形资产"科目的明细科目设置

编号	会计科目名称	二级科目名称	三级科目名称
1701	无形资产		
1701 01	无形资产	专利权	项目
1701 02	无形资产	非专利技术	项目

（续表）

编号	会计科目名称	二级科目名称	三级科目名称
1701 03	无形资产	商标权	项目
1701 04	无形资产	著作权	项目
1701 05	无形资产	土地使用权	项目
1701 06	无形资产	其他	项目

（四）无形资产经典业务的会计核算

（1）外购的无形资产，企业按应计入无形资产成本的金额，借记"无形资产"科目，贷记"银行存款"等科目。购入无形资产超过正常信用条件延期支付价款，实质上具有融资性质的，企业应按所购无形资产购买价款的现值，借记"无形资产"科目，按应支付的金额，贷记"长期应付款"科目，按其差额，借记"未确认融资费用"科目。

例 4-170　因 A 公司某项生产活动需要 B 公司已获得的专利技术，如果使用了该项专利技术 A 公司预计其生产能力比原先提高 20%，销售利润率增长 15%。为此，A 公司从 B 公司购入一项专利权，按照协议约定以现金支付，实际支付的价款为 300 万元，并支付相关税费 1 万元和有关专业服务费用 5 万元，款项已通过银行转账支付。

分析：①A 公司购入的专利权符合无形资产的定义，即 A 公司能够拥有或者控制该项专利技术符合可辨认的条件，同时是不具有实物形态的非货币性资产。②A 公司购入的专利权符合无形资产的确认条件。首先，A 公司的某项生产活动需要 B 公司已获得的专利技术，A 公司使用了该项专利技术，预计 A 公司的生产能力比原先提高 20%，销售利润率增长 15%，即经济利益很可能流入；其次，A 公司购买该项专利权的成本为 300 万元，另外支付相关税费和有关专业服务费用 6 万元，即成本能够可靠计量。由此，符合无形资产的确认条件。A 公司的账务处理如下：

无形资产初始计量的成本 = 300 + 1 + 5 = 306（万元）

借：无形资产——专利权　　　　　　　　　　　　3 060 000

　　贷：银行存款　　　　　　　　　　　　　　　　　3 060 000

例 4-171　因 B 公司创立的商标已有较好的声誉，A 公司预计使用 B 公司商标后可使其未来利润增长 30%。为此，A 公司与 B 公司协议商定，B 公司以其商标权投资于 A 公司，双方协议价格（等于公允价值）为 500 万元，

A 公司另支付印花税等相关税费 2 万元，款项已通过银行转账支付。

分析： 该商标权的初始计量，应当以取得时的成本为基础。取得时的成本为投资协议约定的价格 500 万元，加上支付的相关税费 2 万元。A 公司的账务处理如下：

A 公司接受 B 公司作为投资的商标权的成本 = 500 + 2 = 502（万元）

借：无形资产——商标权　　　　　　　　　　　　5 020 000

　　贷：实收资本（或股本）　　　　　　　　　　　　5 000 000

　　　　银行存款　　　　　　　　　　　　　　　　　　20 000

例 4-172　2×21 年 1 月 1 日，A 公司从 B 公司购入一项无形资产，由于资金周转紧张，A 公司与 B 公司协议以分期付款方式支付款项。协议约定：该无形资产作价 2 000 万元，A 公司每年年末付款 400 万元，分 5 年付清。假定银行同期贷款利率为 5%，5 年期 5% 利率的年金现值系数为 4.329 5，假定不考虑其他因素。A 公司的账务处理如下：

（1）2×21 年 1 月 1 日，购入无形资产时：

借：无形资产　　　　　　　　　　　　　　　　17 318 000

　　未确认融资费用　　　　　　　　　　　　　　2 682 000

　　　　贷：长期应付款（4 000 000×5）　　　　　　20 000 000

相关计算如下：

未支付的本金 = 400×（P/A，5%，5）= 400×4.329 5 = 1 731.80（万元）

（2）2×21 年 12 月 31 日，偿还本金时：

借：长期应付款　　　　　　　　　　　　　　　4 000 000

　　贷：银行存款　　　　　　　　　　　　　　　　4 000 000

借：财务费用　　　　　　　　　　　　　　　　　865 900

　　贷：未确认融资费用　　　　　　　　　　　　　　865 900

相关计算如下：

支付的利息 = 1 731.80×5% = 86.59（万元）

支付的本金 = 400 － 86.59 = 313.41（万元）

未支付的本金 = 1 731.80 － 313.41 = 1 418.39（万元）

注：

2×21 年 12 月 31 日"长期应付款"项目列报金额 = 1 600 － 181.61 － 329.08 = 1 089.31（万元）

长期应付款余额 = 2 000 － 400 = 1 600（万元）

未确认融资费用余额 = 268.20 － 86.59 = 181.61（万元）

2×22 年应付本金＝329.08（万元），该部分金额应在 2×22 年 12 月 31 日资产负债表中"一年内到期的非流动负债"项目反映。

（3）2×22 年 12 月 31 日，偿还本金时：

借：长期应付款   4 000 000

 贷：银行存款   4 000 000

借：财务费用   709 200

 贷：未确认融资费用   709 200

相关计算如下：

支付的利息＝1 418.39×5%＝70.92（万元）

支付的本金＝400－70.92＝329.08（万元）

未支付的本金＝1 418.39－329.08＝1 089.31（万元）

（2）企业自行开发无形资产发生的研发支出，不满足资本化条件的，借记"研发支出——费用化支出"科目；满足资本化条件的，借记"研发支出——资本化支出"科目，贷记"原材料""银行存款""应付职工薪酬"等科目。

企业以其他方式取得的正在进行中的研究开发项目，应按确定的金额，借记"研发支出——资本化支出"科目，贷记"银行存款"等科目。以后发生的研发支出，企业应当比照上述第一条原则进行处理。

研究开发项目达到预定用途形成无形资产的，企业应按"研发支出——资本化支出"科目的余额，借记"无形资产"科目，贷记"研发支出——资本化支出"科目。

例 4-173 2×21 年 1 月 1 日，A 公司经董事会批准研发某项新产品专利技术。该公司董事会认为，研发该项目具有可靠的技术和财务等资源的支持，并且一旦研发成功，该公司生产产品的生产成本将降低。该公司在研究开发过程中发生材料费 5 000 万元、人工工资 1 000 万元，以及用银行存款支付其他费用 4 000 万元，总计 10 000 万元，其中，符合资本化条件的支出为 6 000 万元。2×21 年 12 月 31 日，该专利技术已经达到预定用途。

分析：首先，A 公司经董事会批准研发某项新产品专利技术，并认为完成该项专利技术无论从技术上还是从财务上均能得到可靠的资源支持，该项专利技术一旦研发成功将降低公司的生产成本，因此符合条件的开发费用可以资本化。其次，A 公司在开发该项新型技术讨，累计发生 10 000 万元的研究与开发支出，其中，符合资本化条件的开发支出为 6 000 万元，其符合"归属于该无形资产开发阶段的支出能够可靠地计量"的条件。A公司的账务处理如下：

（1）发生研发支出时：

借：研发支出——费用化支出　　　　　　　　　40 000 000

　　　　　　——资本化支出　　　　　　　　　60 000 000

　　贷：原材料　　　　　　　　　　　　　　　　　50 000 000

　　　　应付职工薪酬　　　　　　　　　　　　　　10 000 000

　　　　银行存款　　　　　　　　　　　　　　　　40 000 000

（2）2×21年12月31日，该专利技术达到预定用途时：

借：管理费用　　　　　　　　　　　　　　　40 000 000

　　无形资产　　　　　　　　　　　　　　　60 000 000

　　贷：研发支出——费用化支出　　　　　　　　　40 000 000

　　　　　　　　——资本化支出　　　　　　　　　60 000 000

除了内部开发产生的无形资产，其他内部产生的无形资产，企业应比照上述原则进行处理。

（3）土地使用权用于自行开发建造厂房等地上建筑物时，土地使用权的账面价值不与地上建筑物合并计算其成本，而仍作为无形资产进行核算，土地使用权与地上建筑物分别进行摊销和提取折旧。

例 4-174　2×21年1月1日，A股份有限公司购入一块土地的使用权，以银行存款转账支付8 000万元，并在该土地上自行建造厂房等工程，发生材料支出12 000万元，工资费用8 000万元，以及用银行存款支付其他相关费用10 000万元等。该工程已经完工并达到预定可使用状态。假定土地使用权的使用年限为50年，该厂房的使用年限为25年，两者都没有净残值，都采用直线法进行摊销和计提折旧。为简化核算，不考虑其他相关税费。

分析：A公司购入土地使用权，使用年限为50年，表明它属于使用寿命有限的无形资产。A公司在该土地上自行建造厂房时，应将土地使用权和地上建筑物分别作为无形资产和固定资产进行核算，并分别摊销和计提折旧。A公司的账务处理如下：

（1）支付转让价款时：

借：无形资产——土地使用权　　　　　　　　80 000 000

　　贷：银行存款　　　　　　　　　　　　　　　80 000 000

（2）在土地上自行建造厂房时：

```
借：在建工程                                    300 000 000
    贷：工程物资                                120 000 000
        应付职工薪酬                             80 000 000
        银行存款                                100 000 000
```

（3）厂房达到预定可使用状态时：

```
借：固定资产                                    300 000 000
    贷：在建工程                                300 000 000
```

（4）每年分期摊销土地使用权和对厂房计提折旧时：

```
借：管理费用                                      1 600 000
    制造费用                                     12 000 000
    贷：累计摊销                                   1 600 000
        累计折旧                                 12 000 000
```

（4）企业内部研究开发项目所发生的支出应区分研究阶段支出和开发阶段支出，企业自行开发无形资产发生的研发支出，不满足资本化条件的，借记"研发支出——费用化支出"科目（满足资本化条件的，借记"研发支出——资本化支出"科目），贷记"原材料""银行存款""应付职工薪酬"等科目。

研究开发项目达到预定用途形成无形资产的，企业应按"研发支出——资本化支出"科目的余额，借记"无形资产"科目，贷记"研发支出——资本化支出"科目。期（月）末，企业应将"研发支出——费用化支出"科目归集的金额转入"管理费用"科目，借记"管理费用"科目，贷记"研发支出——费用化支出"科目。

例 4-175　某企业自行研究开发一项新产品专利技术，在研究开发过程中发生材料费 4 000 万元、人工工资 1 000 万元，以及用银行存款支付其他费用 3 000 万元，总计 8 000 万元，其中，符合资本化条件的支出为 5 000 万元。期末，该专利技术已经达到预定用途。假定不考虑相关税费。该企业的账务处理如下：

（1）相关费用发生时：

```
借：研发支出——费用化支出                        30 000 000
         ——资本化支出                         50 000 000
    贷：原材料                                 40 000 000
        应付职工薪酬                            10 000 000
        银行存款                               30 000 000
```

（2）期末，该专利技术达到预定用途时：

借：管理费用   30 000 000

     无形资产   50 000 000

    贷：研发支出——费用化支出   30 000 000

            ——资本化支出   50 000 000

（5）使用寿命有限的无形资产摊销的账务处理。使用寿命有限的无形资产从增加当月开始摊销，减少当月不再摊销，计提的摊销额一般应计入当期损益，借记"管理费用"（自用无形资产摊销）、"其他业务成本"（出租无形资产摊销）、"制造费用"（用于产品生产等的无形资产摊销）、"生产成本"（专门用于生产某种产品或其他资产的无形资产摊销）等科目，贷记"累计摊销"科目。

持有待售的无形资产不进行摊销，企业应按照其账面价值与公允价值减去处置费用后的净额孰低进行计量。

例 4-176 2×21 年 1 月 1 日，A 公司从外单位购得一项非专利技术，支付价款 5 000 万元，款项已支付，估计该项非专利技术的使用寿命为 10 年，该项非专利技术用于产品生产；同时，购入一项商标权，支付价款 3 000 万元，款项已支付，估计该商标权的使用寿命为 15 年。假定这两项无形资产的净残值均为零，并按直线法摊销。

分析：本例中，A 公司外购的非专利技术的估计使用寿命为 10 年，表明该项无形资产是使用寿命有限的无形资产，且该项无形资产用于产品生产，因此，应当将其摊销金额计入相关产品的制造成本。A 公司外购的商标权的估计使用寿命为 15 年，表明该项无形资产同样也是使用寿命有限的无形资产，而商标权的摊销金额通常直接计入当期管理费用。A 公司的账务处理如下：

（1）取得无形资产时：

借：无形资产——非专利技术   50 000 000

          ——商标权   30 000 000

    贷：银行存款   80 000 000

（2）按年摊销时：

借：制造费用——非专利技术   500 000

    管理费用——商标权   200 000

    贷：累计摊销   700 000

（6）无形资产预期不能为企业带来经济利益的，企业应按已计提的累计摊销，借记"累计摊销"科目，原已计提减值准备的，借记"无形资产减值准备"科目，按其账面余额，贷记"无形资产"科目，按其差额，借记"营业外支出——处置非流动资产损失"科目。

例 4-177　A 企业拥有某项专利技术，根据市场调查，用该项专利技术生产的产品已没有市场，A 企业决定予以转销。转销时，该项专利技术的账面余额为 600 万元，摊销期限为 10 年，A 企业采用直线法进行摊销，已累计摊销 300 万元。假定该项专利权的残值为零，已累计计提的减值准备为 160 万元。假定不考虑其他相关因素。A 企业的账务处理如下：

借：累计摊销　　　　　　　　　　　　　　　　3 000 000
　　无形资产减值准备　　　　　　　　　　　　1 600 000
　　营业外支出——处置非流动资产损失　　　　1 400 000
　　贷：无形资产——专利权　　　　　　　　　6 000 000

（7）企业出售无形资产，应当将取得的价款与该无形资产账面价值及相关税费（不包括确认的增值税销项税额）的差额计入资产处置损益。借记"银行存款""无形资产减值准备""累计摊销"科目，贷记"无形资产""应交税费——应交增值税（销项税额）"科目，差额借记或贷记"资产处置损益"科目。

例 4-178　2×21 年 1 月 4 日，A 公司与 B 公司签订商标销售合同，将一项酒类商标出售，开出的增值税专用发票上注明的价款为 20 万元，增值税税额为 1.2 万元，款项已经存入银行。该商标的账面余额为 21 万元，累计摊销金额为 6 万元，未计提减值准备。A 公司的账务处理如下：

借：银行存款　　　　　　　　　　　　　　　　212 000
　　累计摊销　　　　　　　　　　　　　　　　 60 000
　　贷：无形资产　　　　　　　　　　　　　　210 000
　　　　应交税费——应交增值税（销项税额）　 12 000
　　　　资产处置损益　　　　　　　　　　　　 50 000

（8）企业将无形资产对外出租，应当按照有关收入确认原则确认所取得的转让使用权收入，借记"银行存款"科目，贷记"其他业务收入""应交税费——应交增值税（销项税额）"科目；将发生的与该转让使用权有关的相关费用计入其他业务成本，借记"其他业务成本"科目，贷记"累计摊销""银行存款"科目。

例 4-179 A公司将某商标使用权出租给B公司，合同规定出租期限为3年，每月租金收入为20万元，每月末收取当月租金。2×21年7月31日，A公司收到当月的租金及其增值税税额合计21.2万元，已办理入账手续。该商标权每月的摊销额为10万元。A公司的账务处理如下：

```
借：银行存款                                    212 000
    贷：其他业务收入                             200 000
        应交税费——应交增值税（销项税额）          12 000
借：其他业务成本                                100 000
    贷：累计摊销                                100 000
```

（9）在购买日确认因企业合并取得的资产、负债。合并中取得的无形资产，其公允价值能够可靠地计量的，企业应当将其单独确认为无形资产并按照公允价值计量。特别注意，企业应对被购买方拥有的但在其财务报表中未确认的无形资产进行充分辨认和合理判断，满足条件的，应确认为无形资产。

（10）递延所得税资产和递延所得税负债，取得的被购买方各项可辨认资产、负债及或有负债的公允价值与其计税基础之间存在差额的，应当按照《企业会计准则第18号——所得税》的规定确认相应的递延所得税资产或递延所得税负债，所确认的递延所得税资产或递延所得税负债的金额不应折现。

例 4-180 2×21年1月1日，A公司与B公司签订股权转让协议，取得B公司持有的C公司80%股权。购买日前，A公司与B公司不存在关联方关系。购买日，C公司可辨认净资产账面价值为1 300万元，公允价值为1 400万元，其他相关资料如下：

（1）购买日，C公司拥有一项已经入账的无形资产，账面价值为560万元，公允价值为650万元。

（2）购买日，C公司有一项非专利技术，个别报表未确认无形资产，但其公允价值为10万元。

假定所得税税率为25%，在购买日A公司合并财务报表中合并取得的无形资产按660万元（650＋10）计量。A公司购买日的调整分录如下：

```
借：无形资产                                  1 000 000
    贷：递延所得税负债                           250 000
        资本公积                                750 000
```

五十、累计摊销的设置与账务处理

（一）累计摊销的内涵

"累计摊销"科目是"无形资产"科目的备抵科目，其期末余额一般在贷方。无形资产的应摊销金额，为其成本扣除预计残值后的金额。已计提减值准备的无形资产，还应扣除已计提的无形资产减值准备累计金额。使用寿命有限的无形资产，其残值应当视为零，但下列情况除外：

（1）有第三方承诺在无形资产使用寿命结束时购买该无形资产。

（2）可以根据活跃市场得到预计残值信息，并且该市场在无形资产使用寿命结束时很可能存在。

（二）"累计摊销"科目的具体核算

"累计摊销"科目核算企业对使用寿命有限的无形资产计提的累计摊销。该科目可按无形资产项目进行明细核算。该科目的期末余额在贷方，反映企业无形资产的累计摊销额。

（三）"累计摊销"科目的明细科目设置

"累计摊销"科目的明细科目设置如表 4-60 所示。

表 4-60　"累计摊销"科目的明细科目设置

编号	会计科目名称	二级科目名称	三级科目名称
1702	累计摊销		
1702 01	累计摊销	专利权	项目
1702 02	累计摊销	非专利技术	项目
1702 03	累计摊销	商标权	项目
1702 04	累计摊销	著作权	项目
1702 05	累计摊销	土地使用权	项目
1702 06	累计摊销	其他	项目

（四）累计摊销经典业务的会计核算

企业按期（月）计提无形资产的摊销，借记"管理费用""其他业务成本"

等科目，贷记"累计摊销"科目；处置无形资产时，还应同时结转累计摊销。

相关内容在本章"四十九、无形资产的设置与账务处理"中已详述，在此不再赘述。

五十一、无形资产减值准备的设置与账务处理

（一）无形资产减值准备的内涵

无形资产减值准备是指企业在期末应当将由技术陈旧、损坏、长期闲置等原因所致其可收回金额低于其账面价值的无形资产计提的无形资产减值准备。

（二）"无形资产减值准备"科目的具体核算

"无形资产减值准备"科目核算企业无形资产的减值准备。该科目可按无形资产项目进行明细核算。该科目的期末余额在贷方，反映企业已计提但尚未转销的无形资产减值准备。

（三）"无形资产减值准备"科目的明细科目设置

"无形资产减值准备"科目的明细科目设置如表4-61所示。

表 4-61　"无形资产减值准备"科目的明细科目设置

编号	会计科目名称	二级科目名称	三级科目名称
1703	无形资产减值准备		
1703 01	无形资产减值准备	专利权	项目
1703 02	无形资产减值准备	非专利技术	项目
1703 03	无形资产减值准备	商标权	项目
1703 04	无形资产减值准备	著作权	项目
1703 05	无形资产减值准备	土地使用权	项目
1703 06	无形资产减值准备	其他	项目

（四）无形资产减值准备经典业务的会计核算

对于使用寿命不确定的无形资产，企业在持有期间内不需要摊销，但应当在每个会计期间进行减值测试。减值测试的方法按照资产减值的原则进行

处理，如经减值测试表明已发生减值，则需要计提相应的减值准备，借记"资产减值损失"科目，贷记"无形资产减值准备"科目。

例 4-181 2×21 年 1 月 1 日，A 公司购入一项市场领先的畅销产品的商标。该商标的成本为 6 000 万元，按照法律规定还有 5 年的使用寿命，但是在保护期届满时，A 公司可每 10 年以较低的手续费申请延期，且 A 公司有充分的证据表明其有能力申请延期。此外，有关的调查表明，根据产品生命周期、市场竞争等方面情况综合判断，该商标将在不确定的期间内为 A 公司带来现金流量。2×21 年 12 月 31 日，A 公司对该商标按照资产减值的原则进行减值测试，经测试表明该商标已发生减值。2×21 年 12 月 31 日，该商标的公允价值为 4 000 万元。

分析：根据上述情况，该商标可视为使用寿命不确定的无形资产，在持有期间内不需要进行摊销。A 公司的账务处理如下：

（1）2×21 年 1 月 1 日，购入商标时：

借：无形资产——商标权   60 000 000
  贷：银行存款   60 000 000

（2）2×21 年 12 月 31 日，商标发生减值时：

借：资产减值损失（60 000 000 − 40 000 000） 20 000 000
  贷：无形资产减值准备——商标权   20 000 000

五十二、商誉的设置与账务处理

（一）商誉的内涵

商誉是指能在未来期间为企业经营带来超额利润的潜在经济价值，或一家企业预期的获利能力超过可辨认资产正常获利能力（如社会平均投资回报率）的资本化价值。商誉是企业整体价值的组成部分。在企业合并时，它是购买企业投资成本超过被并入企业净资产公允价值的差额，代表的是合并中取得的由于不符合确认条件未予确认的资产以及被购买方有关资产产生的协同效应或合并盈利能力。

（二）"商誉"科目的具体核算

"商誉"科目核算企业合并中形成的商誉价值。商誉发生减值的，企业可以通过单独设置"商誉减值准备"科目（可比照"无形资产减值准备"科目）来进行核算。商誉在确认以后，持有期间不要求摊销，企业应当按照《企业会计准则第8号——资产减值》的规定对其价值进行测试，按照账面价值与可收回金额孰低的原则计量，对于可收回金额低于账面价值的部分，计提减值准备，有关减值准备在提取以后，不能够转回。

"商誉"科目的期末余额在借方，反映企业商誉的价值。

（三）"商誉"科目的明细科目设置

"商誉"科目的明细科目设置如表4-62所示。

表4-62 "商誉"科目的明细科目设置

编号	会计科目名称	二级科目名称	三级科目名称
1711	商誉	项目	被合并企业

（四）商誉经典业务的会计核算

（1）非同一控制下的企业合并中，企业合并成本大于合并中取得的被购买方可辨认净资产公允价值份额的，企业应将两者的差额确认为商誉。相关账务处理为，借记"商誉"科目，贷记有关科目。

例4-182 A公司在2×21年12月31日，以3000万元的价格吸收合并了B公司。在购买日，B公司可辨认净资产的公允价值为2900万元（其中，资产为5000万元；负债均为应付账款，为2100万元），A公司确认了商誉100万元。B公司的全部资产为一条生产线和一项该生产线生产产品的专利技术。生产线的公允价值为3000万元，专利技术的公允价值为2000万元。A公司在合并B公司后，将该条生产线及专利技术认定为一个资产组。A公司的账务处理如下：

借：固定资产	30 000 000
无形资产	20 000 000
商誉	1 000 000
贷：应付账款	21 000 000
银行存款	3 0 000 000

（2）控股合并时商誉减值的账务处理为，借记"资产减值损失"科目，

贷记"商誉——商誉减值准备"科目。

例 4-183 A公司2×21年7月1日以3 000万元购买B公司80%股权，B公司购买当日可辨认净资产的公允价值为3 500万元，B公司被认定为一个资产组。至2×21年年末，B公司可收回金额为2 600万元，B公司可辨认净资产的公允价值（自购买日起开始持续计算）为2 800万元。

相关计算如下：

2×21年7月1日（购买日）A公司应确认的合并财务报表的商誉＝3 000－3 500×80%＝200（万元）

与B公司相关的总商誉＝200÷80%＝250（万元）

A公司应确认的不含商誉的有关资产组的减值＝2 800－2 600＝200（万元）

A公司应确认的包含商誉的有关资产组的减值＝（2 800＋250）－2 600＝450（万元）

A公司应确认的商誉的减值准备＝（450－200）×80%＝200（万元）

A公司应确认的资产的减值准备（其余为有形资产的减值）＝450－250＝200（万元）

A公司的账务处理如下：

借：资产减值损失　　　　　　　　　　　　　　　　　　2 000 000
　　贷：商誉——商誉减值准备　　　　　　　　　　　　　　2 000 000

值得注意的是，A公司在合并财务报表中，应当用"商誉"项目代替"商誉减值准备"项目。

（3）可辨认净资产公允价值与合并成本之差：①购买方对合并成本大于合并中取得的被购买方可辨认净资产公允价值份额的差额，应当确认为商誉；初始确认后的商誉，应当以其成本扣除累计减值准备后的金额计量。商誉的减值应当按照《企业会计准则第8号——资产减值》处理。②购买方对合并成本小于合并中取得的被购买方可辨认净资产公允价值份额的差额，应当对取得的被购买方各项可辨认资产、负债及或有负债的公允价值以及合并成本的计量进行复核；经复核后合并成本仍小于合并中取得的被购买方可辨认净资产公允价值份额的，其差额应当计入当期损益。

例 4-184 某非同一控制下的企业合并，因会计准则规定与适用税法规定的处理方法不同在购买日产生可抵扣暂时性差异200万元。假定购买日及未来期间企业适用的所得税税率为25%。购买日因预计未来期间无法取得足够的应纳税所得额，未确认与可抵扣暂时性差异相关的递延所得税资产 50 万元（200×25%）。购买日确认的商誉金额为 2 000 万元。该项合并 1 年以后，因情况发生变化，企业预计能够产生足够的应纳税所得额用来抵扣原合并时产生的 200 万元可抵扣暂时性差异的影响。该企业的账务处理如下：

借：递延所得税资产　　　　　　　　　　　　　　500 000

　　贷：所得税费用　　　　　　　　　　　　　　　　　500 000

如上述企业预计能够产生足够的应纳税所得额用来抵扣原合并时产生的 300 万元可抵扣暂时性差异的影响的情况发生于购买日之后的 1 年之内，则企业应对合并时进行的会计处理进行追溯调整。该企业的账务处理如下：

借：递延所得税资产　　　　　　　　　　　　　　500 000

　　贷：商誉　　　　　　　　　　　　　　　　　　　　500 000

五十三、长期待摊费用的设置与账务处理

（一）长期待摊费用的内涵

长期待摊费用是指企业已经支出，但摊销期限在 1 年以上（不含 1 年）的各项费用，包括开办费、租入固定资产的改良支出以及摊销期在 1 年以上的固定资产大修理支出、股票发行费用等。应当由本期负担的借款利息、租金等，不得作为长期待摊费用处理。

（二）"长期待摊费用"科目的具体核算

"长期待摊费用"科目核算企业已经发生但应由本期和以后各期负担的分摊期限在 1 年以上的各项费用，如以经营租赁方式租入的固定资产发生的改良支出等。该科目可按费用项目进行明细核算。该科目的期末余额在借方，反映企业尚未摊销完毕的长期待摊费用。

（三）"长期待摊费用"科目的明细科目设置

"长期待摊费用"科目的明细科目设置如表 4-63 所示。

表 4-63 　"长期待摊费用"科目的明细科目设置

编号	会计科目名称	二级科目名称	三级科目名称
1801	长期待摊费用		
1801 01	长期待摊费用	租入固定资产的改良支出	项目

（续表）

编号	会计科目名称	二级科目名称	三级科目名称
1801 02	长期待摊费用	摊销期在1年以上的固定资产大修理支出	项目
1801 03	长期待摊费用	股票发行费用	项目
1801 04	长期待摊费用	开办费	项目
1801 05	长期待摊费用	其他	项目

（四）长期待摊费用经典业务的会计核算

1. 企业发生的长期待摊费用时

企业发生的长期待摊费用，借记"长期待摊费用"科目，贷记"银行存款""原材料"等科目。

例 4-185　A企业在筹建期间发生开办费5万元，其中，应付相关人员的工资3万元，以银行存款支付其他各项开办费2万元。A企业的账务处理如下：

借：长期待摊费用——开办费　　　　　　　　　　50 000
　　贷：应付职工薪酬　　　　　　　　　　　　　　30 000
　　　　银行存款　　　　　　　　　　　　　　　　20 000

2. 摊销长期待摊费用时

企业摊销长期待摊费用时，借记"管理费用""销售费用""制造费用"等科目，贷记"长期待摊费用"科目。

例 4-186　承例4-185，A企业本月正式投入生产经营，一次性摊销上述开办费5万元。A企业的账务处理如下：

借：管理费用　　　　　　　　　　　　　　　　　50 000
　　贷：长期待摊费用——开办费　　　　　　　　　50 000

五十四、递延所得税资产的设置与账务处理

（一）递延所得税资产的内涵

递延所得税资产是指对于可抵扣暂时性差异，以未来期间很可能取得用来

抵扣可抵扣暂时性差异的应纳税所得额为限确认的一项资产。所有应纳税暂时性差异，企业均应将其确认为一项递延所得税负债，但某些特殊情况除外。

（二）"递延所得税资产"科目的具体核算

"递延所得税资产"科目核算企业确认的可抵扣暂时性差异产生的递延所得税资产。该科目应按可抵扣暂时性差异等项目进行明细核算。根据税法规定可用以后年度税前利润弥补的亏损及税款抵减产生的所得税资产，也在该科目核算。该科目的期末余额在借方，反映企业确认的递延所得税资产。

（三）"递延所得税资产"科目的明细科目设置

"递延所得税资产"科目的明细科目设置如表 4-64 所示。

表 4-64　"递延所得税资产"科目的明细科目设置

编号	会计科目名称	二级科目名称	三级科目名称
1811	递延所得税资产		
1811 01	递延所得税资产	资产减值准备	项目
1811 02	递延所得税资产	以前年度亏损	项目
1811 03	递延所得税资产	商誉	项目
1811 04	递延所得税资产	预计负债	项目
1811 05	递延所得税资产	公允价值变动	项目
1811 06	递延所得税资产	其他	项目

（四）递延所得税资产经典业务的会计核算

（1）资产负债表日递延所得税资产的应有余额大于其账面余额的，企业应按其差额确认，借记"递延所得税资产"科目，贷记"所得税费用——递延所得税费用"等科目；资产负债表日递延所得税资产的应有余额小于其账面余额的差额，做相反的会计分录。

（2）企业合并中取得资产、负债的入账价值与其计税基础不同形成可抵扣暂时性差异的，企业应于购买日确认递延所得税资产，借记"递延所得税资产"科目，贷记"商誉"等科目；按直接计入所有者权益的交易或事项相关的递延所得税资产，借记"递延所得税资产"科目，贷记"资本公积——其他资本公积"科目。

例 4-187 某非同一控制下的企业合并，因企业会计准则规定与适用税法规定的处理方法不同，在购买日产生可抵扣暂时性差异 3 000 万元。假定购买日及未来期间企业适用的所得税税率为 25%。购买日因预计未来期间无法取得足够的应纳税所得额，为确认与可抵扣暂时性差异相关的递延所得税资产 750 万元。购买日确认的商誉金额为 20 000 万元。该项合并 1 年以后，因情况发生变化，该企业预计能够产生足够的应纳税所得额用来抵扣原合并时产生的 3 000 万元可抵扣暂时性差异的影响，该企业的账务处理如下：

借：递延所得税资产   7 500 000

    贷：所得税费用   7 500 000

借：资产减值损失   7 500 000

    贷：商誉   7 500 000

如该企业预计能够产生足够的应纳税所得额用来抵扣原合并时产生的 3 000 万元可抵扣暂时性差异的影响的情况发生于购买日之后的 1 年之内，则该企业应对合并时进行的账务处理进行追溯调整：

借：递延所得税资产   7 500 000

    贷：商誉   7 500 000

例 4-188 A 公司属于高新技术企业，适用的所得税税率为 15%，税前会计利润各年均为 100 万元。A 公司于 2×21 年 12 月 31 日购入设备一台，成本为 150 万元，净残值为零。税法规定采用年限平均法计提折旧，折旧年限为 5 年；会计规定采用年数总和法，折旧年限为 5 年。A 公司于 2×22 年 1 月 2 日购入股票，价款为 200 万元，并将其划分为以公允价值计量且其变动计入当期损益的交易性金融资产。该股票 2×22 年年末公允价值为 230 万元，2×23 年年末公允价值为 220 万元。税法规定公允价值变动不得计入应纳税所得额，A 公司于 2×22 年 12 月 31 日预计公司在 2×23 年以后不再属于高新技术企业，且所得税税率将变更为 25%。递延所得税费用计算如表 4-65 所示。

表 4-65   2×22 年年末递延所得税费用计算表

单位：万元

项目	固定资产	交易性金融资产
账面价值	150 — 150×5÷15 = 100	230
计税基础	150 — 150÷5 = 120	200

（续表）

项目	固定资产	交易性金融资产
暂时性差异	可抵扣暂时性差异＝ 120 － 100 ＝ 20	应纳税暂时性差异＝ 30
税率	15%	15%
递延所得税期末余额	递延所得税资产期末余额＝ 20×15%＝3	递延所得税负债期末余额＝ 30×15%＝4.5
递延所得税费用	－3	4.5

2×22 年应交所得税＝［100＋（50－30）－30］×15%＝13.5（万元）

2×22 年确认所得税费用＝13.5－3＋4.5＝15（万元）

借：所得税费用　　　　　　　　　　　　　　　150 000

　　递延所得税资产　　　　　　　　　　　　　 30 000

　　贷：应交税费——应交所得税　　　　　　　　135 000

　　　　递延所得税负债　　　　　　　　　　　　 45 000

五十五、待处理财产损溢的设置与账务处理

（一）待处理财产损溢的内涵

待处理财产损溢是指在清查财产过程中查明的各种盘盈、盘亏、毁损的价值。企业应设置"待处理固定资产损溢"和"待处理流动资产损溢"两个明细科目进行明细分类核算。待处理财产损溢在未报经批准前与资产直接相关，在报经批准后与当期损溢直接相关，因此，企业对待处理财产损溢的检查不容忽视。

（二）"待处理财产损溢"科目的具体核算

"待处理财产损溢"科目核算企业在清查财产过程中查明的各种财产盘盈、盘亏和毁损的价值。物资在运输途中发生的非正常短缺与损耗，也通过该科目核算。企业如有盘盈固定资产的，应作为前期差错记入"以前年度损益调整"科目。该科目可按盘盈、盘亏的资产种类和项目进行明细核算。企业的财产损溢，应查明原因，在期末结账前处理完毕，处理后该科目应无余额。

（三）"待处理财产损溢"科目的明细科目设置

"待处理财产损溢"科目的明细科目设置如表 4-66 所示。

表 4-66 "待处理财产损溢" 科目的明细科目设置

编号	会计科目名称	二级科目名称	三级科目名称	四级科目名称
1901	待处理财产损溢			
1901 01	待处理财产损溢	盘盈		项目
1901 01 01	待处理财产损溢	盘盈	待处理固定资产损溢	项目
1901 01 02	待处理财产损溢	盘盈	待处理流动资产损溢	项目
1901 02	待处理财产损溢	盘亏		项目
1901 02 01	待处理财产损溢	盘亏	待处理固定资产损溢	项目
1901 02 02	待处理财产损溢	盘亏	待处理流动资产损溢	项目
1901 03	待处理财产损溢	其他		

（四）待处理财产损溢经典业务的会计核算

1. 盘盈各种材料、库存商品等时

（1）盘盈的各种材料、产成品、商品、生物资产等，借记"原材料""库存商品""消耗性生物资产"等科目，贷记"待处理财产损溢"科目。

（2）盘亏、毁损的各种材料、产成品、商品、生物资产等中，盘亏的固定资产，借记"待处理财产损溢"科目，贷记"原材料""库存商品""消耗性生物资产""固定资产"等科目；材料、产成品、商品采用计划成本（或售价）核算的，还应同时结转成本差异（或商品进销差价）。涉及增值税的，企业还应进行相应处理。

例 4-189　2×22 年 3 月 4 日，某企业在进行现金清查时，发现库存现金较账面余额多出 2 000 元。经查，其中 1 500 元为应付给乙企业的货款，其余 500 元无法查明原因，经批准转入"营业外收入"。发现现金溢余时，该企业的账务处理如下：

借：库存现金　　　　　　　　　　　　　　　　　　　500
　　贷：待处理财产损溢　　　　　　　　　　　　　　　　　500

2. 查明盘盈、盘亏原因时的账务处理

（1）盘盈的除了固定资产的其他财产，借记"待处理财产损溢"科目，贷记"管理费用""营业外收入"等科目。

（2）盘亏、毁损的各项资产，按管理权限报经批准后处理时，按残料价值，借记"原材料"等科目，按可收回的保险赔偿或过失人赔偿，借记"其他应收款"科目，按"待处理财产损溢"科目余额，贷记"待处理财产损溢"科目，按其借、贷方差额，借记"管理费用""营业外支出"等科目。

例 4-190　A 公司在财产清查中盘盈 X 材料 2 000 千克，实际单位成本为 40 元，经查属于材料收发计量方面的错误。A 公司的账务处理如下：

（1）批准处理前：

借：原材料　　　　　　　　　　　　　　　　　80 000
　　贷：待处理财产损溢　　　　　　　　　　　　　　　80 000

（2）批准处理后：

借：待处理财产损溢　　　　　　　　　　　　　　80 000
　　贷：管理费用　　　　　　　　　　　　　　　　　　80 000

例 4-191　A 公司在财产清查中发现毁损 X 材料 2 000 千克，实际单位成本为 40 元，经查属于材料保管员的过失造成的，按规定由其个人赔偿 2 万元，残料已办理入库手续，价值为 5 万元。A 公司的账务处理如下：

（1）批准处理前：

借：待处理财产损溢　　　　　　　　　　　　　　80 000
　　贷：原材料　　　　　　　　　　　　　　　　　　　80 000

（2）批准处理后：

由过失人赔款部分：

借：其他应收款　　　　　　　　　　　　　　　　20 000
　　贷：待处理财产损溢　　　　　　　　　　　　　　　20 000

残料入库：

借：原材料　　　　　　　　　　　　　　　　　　50 000
　　贷：待处理财产损溢　　　　　　　　　　　　　　　50 000

材料毁损净损失：

借：管理费用　　　　　　　　　　　　　　　　　10 000
　　贷：待处理财产损溢　　　　　　　　　　　　　　　10 000

第五章 负债类科目的设置与账务处理

一、短期借款的设置与账务处理

（一）短期借款的内涵

短期借款是指企业向银行或其他金融机构等借入的期限在 1 年以下（含 1 年）的各种借款。它通常是为了满足正常生产经营的需要而借入的款项。无论借入款项的来源如何，企业均需要向债权人按期偿还借款的本金及利息。在会计核算上，企业要及时如实地反映短期借款的借入、利息的发生以及本金和利息的偿还情况。

（二）"短期借款"科目的具体核算

"短期借款"科目核算企业向银行或其他金融机构等借入的期限在 1 年以下（含 1 年）的各种借款。该科目可按借款种类、贷款人和币种进行明细核算。该科目期末贷方余额，反映企业尚未偿还的短期借款。

（三）"短期借款"科目的明细科目设置

"短期借款"科目的明细科目设置如表 5-1 所示。

表 5-1 "短期借款"科目的明细科目设置

编号	会计科目名称	二级科目名称	三级科目名称	四级科目名称
2001	短期借款			
2001 01	短期借款	人民币		
2001 01 01	短期借款	人民币	经营周转借款	贷款人
2001 01 02	短期借款	人民币	临时借款	贷款人
2001 01 03	短期借款	人民币	结算借款	贷款人
2001 01 04	短期借款	人民币	票据贴现借款	贷款人
2001 01 05	短期借款	人民币	卖方信贷	贷款人

（续表）

编号	会计科目名称	二级科目名称	三级科目名称	四级科目名称
2001 01 06	短期借款	人民币	预购定金借款	贷款人
2001 01 07	短期借款	人民币	专项储备借款	贷款人
2001 02	短期借款	外币		
2001 02 01	短期借款	外币	美元	贷款人
2001 02 02	短期借款	外币	欧元	贷款人
2001 02 03	短期借款	外币	其他	贷款人

（四）短期借款经典业务的会计核算

1. 借入短期借款

企业借入各种短期借款时，借记"银行存款"科目，贷记"短期借款"科目；归还借款时，做相反的会计分录。

例 5-1　A 公司销售一批商品给 B 公司，货已发出，增值税专用发票上注明的商品价款为 30 万元，增值税销项税额为 3.9 万元。销售当日，A 公司收到 B 公司签发的不带息商业承兑汇票一张，该票据的期限为 3 个月。相关销售商品收入符合收入确认条件。如果 A 公司在该票据到期前向银行贴现，且银行拥有追索权，则表明 A 公司的应收票据贴现不符合金融资产终止确认条件，应将贴现所得确认为一项金融负债（短期借款）。假定 A 公司贴现获得现金净额 33.766 万元。A 公司的账务处理如下：

借：银行存款　　　　　　　　　　　　　　337 660
　　短期借款——利息调整　　　　　　　　　　1 340
　　　贷：短期借款——成本　　　　　　　　　　339 000

2. 计提与支付短期借款利息时的账务处理

（1）资产负债表日，企业应按计算确定的短期借款利息费用，借记"财务费用"等科目，贷记"应付利息"科目。

借：财务费用
　　贷：应付利息

（2）企业实际支付利息时，借记"应付利息"科目，贷记"银行存款"科目。

借：应付利息

　　贷：银行存款

二、交易性金融负债的设置与账务处理

（一）交易性金融负债的内涵

交易性金融负债是指企业采用短期获利模式进行融资所形成的负债，如应付短期债券。

符合以下条件之一的金融负债，企业应当划分为交易性金融负债：

（1）承担金融负债的目的是近期内出售或回购。

（2）金融负债是企业采用短期获利模式进行管理的金融工具投资组合中的一部分。

（3）属于衍生金融工具。

公允价值能够可靠计量的金融负债符合以下条件之一的，可以在初始确认时将其直接指定为交易性金融负债：

（1）该指定可以消除或明显减少该金融负债在计量方面存在较大不一致的情况。

（2）企业风险管理或投资策略的书面文件已载明，该金融负债以公允价值为基础进行管理和评价并向关键管理人员报告。

（二）"交易性金融负债"科目的具体核算

"交易性金融负债"科目核算企业承担的交易性金融负债的公允价值。企业持有的直接指定为以公允价值计量且其变动计入当期损益的金融负债，也在该科目核算。衍生金融负债在"衍生工具"科目核算。

（三）"交易性金融负债"科目的明细科目设置

"交易性金融负债"科目的明细科目设置如表 5-2 所示。

表 5-2　"交易性金融负债"科目的明细科目设置

编号	会计科目名称	二级科目名称	三级科目名称
2101	交易性金融负债		
2101 01	交易性金融负债	本金	项目名称
2101 02	交易性金融负债	公允价值变动	项目名称

（四）交易性金融负债经典业务的会计核算

1.取得交易性金融负债

企业承担的交易性金融负债，应按实际收到的金额，借记"银行存款"科目，按发生的交易费用，借记"投资收益"科目，按交易性金融负债的公允价值，贷记"交易性金融负债——本金"科目。

例 5-2　A 公司于 2×21 年 11 月 1 日投资 20 万元购买 B 公司的债券，占其股份比例的 1%。B 公司的账务处理如下：

借：银行存款 200 000

　　贷：交易性金融负债——本金 200 000

2.计提利息和公允价值变动

（1）资产负债表日，企业应按交易性金融负债票面利率计算的利息，借记"投资收益"科目，贷记"应付利息"科目。

（2）资产负债表日，交易性金融负债的公允价值高于其账面余额的，按两者的差额，借记"公允价值变动损益"科目，贷记"交易性金融负债——公允价值变动"科目；公允价值低于其账面余额的，按两者的差额做相反的会计分录。

例 5-3　接例 5-2，该债券在 2×21 年 12 月 31 日的公允价值为 22 万元，在 2×22 年 12 月 31 日的公允价值为 19.5 万元。B 公司的账务处理如下：

（1）2×21 年 12 月 31 日，计算公允价值变动时：

借：公允价值变动损益 20 000

　　贷：交易性金融负债——公允价值变动 20 000

（2）2×22 年 12 月 31 日，计算公允价值变动时：

借：交易性金融负债——公允价值变动 25 000

　　贷：公允价值变动损益 25 000

3.处置交易性金融负债

企业处置交易性金融负债时，应按该金融负债的账面余额，借记"交易性金融负债"科目，按实际支付的金额，贷记"银行存款"科目，按其差额，贷记或借记"投资收益"科目。

例 5-4　接例 5-3 ，2×23 年 1 月 5 日，A 公司以 19 万元的价格将该债券卖给 B 公司。B 公司的账务处理如下：

借：交易性金融负债——本金   200 000
 贷：银行存款   190 000
   交易性金融负债——公允价值变动   5 000
   投资收益   5 000

4. 金融负债后续计量的会计处理

（1）对于按照公允价值进行后续计量的金融负债，其公允价值变动形成利得或损失，除了与套期会计有关的，应当计入当期损益。

对于指定为以公允价值计量且其变动计入当期损益的金融负债，由企业自身信用风险变动引起的该金融负债公允价值的变动金额，计入其他综合收益，并在该金融负债终止确认时从其他综合收益中转出，计入留存收益。

（2）对于以摊余成本计量且不属于任何套期关系的一部分的金融负债所产生的利得或损失，企业应当在终止确认时将其计入当期损益或在按照实际利率法摊销时计入相关期间损益。

例 5-5 2×20 年 7 月 1 日，甲公司经批准在全国银行间债券市场公开发行 100 000 万元人民币短期融资券，期限为 1 年，票面年利率为 5.58%，每张短期融资券的面值为 100 元，到期一次还本付息，所募集资金主要用于公司购买生产经营所需的原材料及配套件等。甲公司将该短期融资券指定为以公允价值计量且其变动计入当期损益的金融负债。假定不考虑发行短期融资券相关的交易费用和公司自身信用风险变动。2×20 年 12 月 31 日，该短期融资券市场价格为每张 120 元（不含利息）；2×21 年 6 月 30 日，该短期融资券到期兑付完成。甲公司的账务处理如下：

（1）2×20 年 7 月 1 日，发行短期融资券时：

借：银行存款   1 000 000 000
 贷：交易性金融负债   1 000 000 000

（2）2×20 年 12 月 31 日，年末确认公允价值变动和利息费用时：

借：公允价值变动损益   200 000 000
 贷：交易性金融负债   200 000 000
借：财务费用（1 000 000 000×5.58%×6÷12）   27 900 000
 贷：应付利息   27 900 000

（3）2×21 年 6 月 30 日，短期融资券到期时：

借：财务费用   27 900 000
 贷：应付利息   27 900 000

借：交易性金融负债　　　　　　　　　　　　1 200 000 000

应付利息　　　　　　　　　　　　　　55 800 000

贷：银行存款　　　　　　　　　　　　　1 055 800 000

公允价值变动损益　　　　　　　　　200 000 000

三、应付票据的设置与账务处理

（一）应付票据的内涵

应付票据是指企业因购买材料、商品和接受劳务供应等而开出、承兑的商业汇票，包括商业承兑汇票和银行承兑汇票。

（二）"应付票据"科目的具体核算

"应付票据"科目核算企业因购买材料、商品和接受劳务供应等而开出、承兑的商业汇票，包括银行承兑汇票和商业承兑汇票。该科目可按债权人进行明细核算。

企业应当设置"应付票据备查簿"，详细登记商业汇票的种类、号数、出票日期、到期日、票面金额、交易合同号、收款人姓名或单位名称、付款日期和金额等资料。应付票据到期结清时，企业应将其在备查簿中予以注销。

"应付票据"科目的期末余额在贷方，反映企业尚未到期的商业汇票的票面金额。

（三）"应付票据"科目的明细科目设置

"应付票据"科目的明细科目设置如表5-3所示。

表5-3　"应付票据"科目的明细科目设置

编号	会计科目名称	二级科目名称	三级科目名称	是否辅助核算	辅助核算类别
2201	应付票据			是	按债权人
2201 01	应付票据	银行承兑汇票		是	按债权人
2201 01 01	应付票据	银行承兑汇票	带息	是	按债权人
2201 01 02	应付票据	银行承兑汇票	不带息	是	按债权人
2201 02	应付票据	商业承兑汇票		是	按债权人
2201 02 01	应付票据	商业承兑汇票	带息	是	按债权人
2201 02 02	应付票据	商业承兑汇票	不带息	是	按债权人
2201 03	应付票据	其他		是	按债权人

（四）应付票据经典业务的会计核算

1. 开出、承兑商业汇票或承兑商业汇票

企业开出、承兑商业汇票或以承兑商业汇票抵付货款、应付账款等，借记"材料采购""库存商品"等科目，贷记"应付票据"科目；涉及增值税进项税额的，企业还应进行相应的处理。

例 5-6　A 企业为增值税一般纳税人。该企业于 2×22 年 4 月 6 日开出一张面值为 11.3 万元、期限 5 个月的不带息商业汇票，用于采购一批材料。增值税专用发票上注明的材料价款为 10 万元，增值税税额为 1.3 万元。A 企业的财务处理如下：

借：材料采购　　　　　　　　　　　　　　　100 000
　　应交税费——应交增值税（进项税额）　　　 13 000
　　贷：应付票据　　　　　　　　　　　　　　113 000

2. 期末计算带息票据的应付利息

企业支付银行承兑汇票的手续费时，借记"财务费用"科目，贷记"银行存款"科目；支付票款时，借记"应付票据"科目，贷记"银行存款"科目。

例 5-7　接例 5-6，假设该商业汇票为银行承兑汇票，A 企业已交纳承兑手续费 49.25 元。A 企业的账务处理如下：

借：财务费用　　　　　　　　　　　　　　　　49.25
　　贷：银行存款　　　　　　　　　　　　　　　49.25

例 5-8　接例 5-7，2×22 年 9 月 6 日，A 企业于 4 月 6 日开出的商业汇票到期，A 企业通知其开户银行以银行存款支付票款。A 企业的账务处理如下：

借：应付票据　　　　　　　　　　　　　　　113 000
　　贷：银行存款　　　　　　　　　　　　　　113 000

3. 商业承兑汇票到期，企业无力支付票款

商业承兑汇票到期，企业无力支付票款的，按应付票据的票面金额，借记"应付票据"科目，贷记"应付账款"科目。

例 5-9　接例 5-8，假设该商业汇票到期时 A 企业无力支付票款。A 企业的账务处理如下：

借：应付票据　　　　　　　　　　　　　　　　　113 000
　　贷：应付账款　　　　　　　　　　　　　　　　　113 000

4.银行承兑汇票到期，企业无力支付票款

银行承兑汇票到期，企业无力支付票款的，按应付票据的票面金额，借记"应付票据"科目，贷记"短期借款"科目。

例 5-10　接例 5-8，假设上述商业汇票为银行承兑汇票。该汇票到期时，A 企业无力支付票款。A 企业的账务处理如下：

借：应付票据　　　　　　　　　　　　　　　　　113 000
　　贷：短期借款　　　　　　　　　　　　　　　　　113 000

四、应付账款的设置与账务处理

（一）应付账款的内涵

应付账款是指企业因购买材料、商品或接受劳务供应等经营活动应支付的款项。它一般应在与所购买物资所有权相关的主要风险和报酬已经转移，或者所购买的劳务已经接受时确认。

在实务工作中，为了使所购入物资的金额、品种、数量和质量等与合同规定的条款相符，避免因验收时发现所购物资存在数量或质量问题而对入账的物资或应付账款金额进行改动，企业在物资和发票账单同时到达的情况下，一般在所购物资验收入库后，才根据发票账单登记入账，确认应付账款。在所购物资已经验收入库，但是发票账单未能同时到达的情况下，企业应付物资供应单位的债务已经成立。在会计期末，为了反映企业的负债情况，企业需要将所购物资和相关的应付账款暂估入账，待下月初做相反分录予以冲回。

（二）"应付账款"科目的具体核算

应付账款是由于在购销活动中买卖双方取得物资与支付货款在时间上的不一致而产生的负债。企业的其他应付账款，如应付赔偿款、应付租金、存入保证金等，不属于"应付账款"科目的核算内容。

"应付账款"科目可按债权人进行明细分类核算。该科目的期末余额在贷方，反映企业尚未支付的应付账款余额。

（三）"应付账款"科目的明细科目设置

"应付账款"科目的明细科目设置如表5-4所示。

表5-4 "应付账款"科目的明细科目设置

编号	会计科目名称	二级科目名称	三级科目名称	是否辅助核算	辅助核算类别
2202	应付账款				
2202 01	应付账款	人民币	类别	是	按债权人
2202 02	应付账款	外币	类别	是	按债权人

（四）应付账款经典业务的会计核算

1. 债务重组

（1）企业以低于重组债务账面价值的现金清偿债务的，应按应付账款的账面余额，借记"应付账款"科目，按实际支付的金额，贷记"银行存款"科目，按其差额，贷记"投资收益——债务重组利得"科目。

例5-11 A企业于2×21年4月20日销售一批材料给B企业，不含税价格为20万元，增值税税率为13%。按合同规定，B企业应于2×21年7月1日前偿付货款。由于B企业发生财务困难，无法按合同规定的期限偿还债务，经双方协议于10月1日进行债务重组。债务重组协议规定，A企业同意减免B企业3万元债务，余额用现金立即偿清。B企业于当日通过银行转账支付了该笔剩余款项，A企业随即收到了通过银行转账偿还的款项。A企业已为该项应收债权计提了2万元的坏账准备。B企业的账务处理如下：

应付账款账面余额＝226 000（元）

支付的现金＝226 000－30 000＝196 000（元）

债务重组利得＝226 000－196 000＝30 000（元）

借：应付账款 226 000

　　贷：银行存款 196 000

　　　投资收益——债务重组利得 30 000

（2）企业以非现金资产清偿债务的，应按应付账款的账面余额，借记"应付账款"科目，按用于清偿债务的非现金资产的公允价值，贷记"主营业务收入""其他业务收入""固定资产清理""无形资产""长期股权投资"等科目，按应支付的相关税费和其他费用，贷记"应交税费""银行存款"等科目，按其差额，贷记"投资收益——债务重组利得"科目。

抵债资产为存货的，企业还应同时结转成本，记入"主营业务成本""其他业务成本"等科目；抵债资产为固定资产、无形资产的，其公允价值和账面价值的差额，记入"资产处置损益——处置非流动资产利得"或"资产处理损益——处置非流动资产损失"科目；抵债资产为其他债权投资、债权投资、长期股权投资等的，其公允价值和账面价值的差额，记入"投资收益"科目。

例 5-12　A 公司欠 B 公司购货款 35 万元。由于 A 公司财务发生困难，短期内不能支付已于 2×21 年 5 月 1 日到期的货款。2×21 年 7 月 1 日，经双方协商，B 公司同意 A 公司以其生产的产品偿还债务。该产品的公允价值为 20 万元，实际成本为 12 万元。A 公司为增值税一般纳税人，适用的增值税税率为 13%。B 公司于 2×21 年 8 月 1 日收到 A 公司抵债的产品，并作为库存商品入库；B 公司对该项应收账款计提了 5 万元的坏账准备。A 公司的账务处理如下：

应付账款的账面余额 = 350 000（元）

所转让产品的公允价值 = 200 000（元）

增值税销项税额 = 200 000×13% = 26 000（元）

债务重组利得 = 350 000 － 200 000 － 26 000 = 124 000（元）

借：应付账款 350 000
　　贷：主营业务收入 200 000
　　　　应交税费——应交增值税（销项税额） 26 000
　　　　投资收益——债务重组利得 124 000
借：主营业务成本 120 000
　　贷：库存商品 120 000

例 5-13　2×20 年 11 月 5 日，A 公司向 B 公司赊购一批材料，含税价为 113 万元。2×21 年 9 月 10 日，A 公司与 B 公司协商进行债务重组，双方达成的债务重组协议如下：B 公司同意 A 公司用其固定资产（生产设备）抵偿该账款。2×21 年 9 月 20 日，抵债设备已转让完毕，其中，B 公司持有的债权公允价值为 75 万元，A 公司抵债设备的账面原价为 100 万元，累计折旧为 30 万元，公允价值为 75 万元。假定 B 公司已对该项债权计提坏账准备 1 万元，B 公司在接受抵债资产时，B 公司员工自行安排设备发生的人工成本为 5 000 元。假定不考虑其他相关税费和设备运输过程中的费用和其他因素。A 公司的账务处理如下：

重组债务应付账款的账面价值与抵债设备公允价值之间的差额＝113－75＝38（万元）

抵债设备公允价值与账面价值之间的差额＝75－（100－30）＝5（万元）

（1）将固定资产净值转入固定资产清理时：

借：固定资产清理——×× 设备   700 000

  累计折旧——×× 设备   300 000

   贷：固定资产——×× 设备   1 000 000

（2）结转债务重组利得及转让资产损益时：

借：应付账款——B 公司   1 130 000

   贷：固定资产清理——×× 设备   750 000

    投资收益——债务重组利得   380 000

借：固定资产清理——×× 设备   50 000

   贷：资产处置损益   50 000

例 5-14 A 公司于 2×21 年 7 月 1 日销售给 B 公司一批产品，价值为 45 万元（包括应收取的增值税税额），B 公司 2×21 年 7 月 1 日开出为期 6 个月承兑的商业汇票。A 公司于 2×21 年 12 月 31 日尚未支付货款。当日经与 A 公司协商，A 公司同意 B 公司以其所拥有并作为以公允价值计量且公允价值变动计入当期损益的某公司股票抵偿债务。B 公司该股票的账面价值为 40 万元（成本为 39 万元，公允价值变动为 1 万元），当日该股票的公允价值为 38 万元。A 公司持有债权的公允价值为 38 万元。假定 A 公司为该项应收账款提取了坏账准备 4 万元。用于抵债的股票于当日即办理相关转让手续，A 公司将取得的股票作为以公允价值计量且公允价值变动计入当期损益的金融资产处理。债务重组前 A 公司已将该项应收票据转入应收账款；B 公司已将应付票据转入应付账款。假定不考虑与商业汇票或者应付款项有关的利息。

B 公司的账务处理如下：

借：应付账款   450 000

  投资收益——债务重组损失   20 000

   贷：交易性金融资产   400 000

    投资收益——债务重组利得   70 000

借：公允价值变动损益   10 000

   贷：投资收益   10 000

（3）以债务转为资本的，企业应按应付账款的账面余额，借记"应付账款"科目，按债权人因放弃债权而享有股权的公允价值，贷记"实收资本"或"股本""资本公积——资本溢价或股本溢价"科目，按其差额，贷记"营业外收入——债务重组利得"科目。

例 5-15　2×21 年 2 月 10 日，B 公司销售一批材料给 A 公司，应收账款为 10 万元，合同约定 6 个月后结清款项。6 个月后，A 公司与 B 公司协商进行债务重组，经双方协议，B 公司同意 A 公司将该债务转为 A 公司的股份，B 公司对该项应收账款计提了坏账准备 0.5 万元，假定转股后 A 公司注册资本为 500 万元，净资产的公允价值为 760 万元，抵债股权占 A 公司注册资本的 1%。B 公司持有债务的公允价值为 7.6 万元。假定相关手续已办理完毕，不考虑相关税费。A 公司的账务处理如下：

重组债务应付账款的账面价值与所转股权的公允价值之间的差额 = 100 000 − 7 600 000×1% = 100 000 − 76 000 = 24 000（元）

所转股份的公允价值与实收资本的差额 = 76 000 − 5 000 000×1% = 26 000（元）

借：应付账款　　　　　　　　　　　　　　　100 000
　　贷：实收资本　　　　　　　　　　　　　　500 000
　　　　资本公积——资本溢价　　　　　　　　 26 000
　　　　投资收益——债务重组利得　　　　　　 24 000

（4）以修改其他债务条件进行清偿的，企业应将重组债务的账面余额与重组后债务的公允价值的差额，借记"应付账款"科目，贷记"营业外收入——债务重组利得"科目。

例 5-16　A 公司 2×20 年 12 月 31 日应收 B 公司票据的账面余额为 6.54 万元，其中，0.54 万元为累计未付的利息，票面年利率为 4%。经双方协商，于 2×21 年 1 月 5 日进行债务重组。A 公司同意将债务本金减至 5 万元；免去债务人所欠的全部利息；将利率从 4% 降低到 2%（等于实际利率），并将债务到期日延至 2×22 年 12 月 31 日，利息按年支付。该项债务重组协议从协议签订日起开始实施。A、B 公司已将应收、应付票据转入应收、应付账款。A 公司已为该项应收款项计提了 5 000 元坏账准备。B 公司的账务处理如下：

债务重组利得 = 应付账款的账面余额 − 重组后债务入账价值
　　　　　　　 = 65 400 − 50 000
　　　　　　　 = 15 400（元）

（1）债务重组时：

借：应付账款 65 400

　　贷：应付账款——债务重组 50 000

　　　　投资收益——债务重组利得 15 400

（2）2×21 年 12 月 31 日，支付利息时：

借：财务费用 1 000

　　贷：银行存款（50 000×2%） 1 000

（3）2×22 年 12 月 31 日，偿还本金和最后一年利息时：

借：应付账款——债务重组 50 000

　　财务费用 1 000

　　贷：银行存款 51 000

2. 购入材料、商品等验收入库时

企业购入材料、商品等验收入库，但货款尚未支付，根据有关凭证（发票账单、随货同行发票上记载的实际价款或暂估价值），借记"材料采购""在途物资"等科目，按应付的款项，贷记"应付账款"科目。

企业接受供应单位提供劳务而发生的应付未付款项，根据供应单位的发票账单，借记"生产成本""管理费用"等科目，贷记"应付账款"科目。

例 5-17　　A 企业为增值税一般纳税人。2×21 年 9 月 1 日，A 企业从 B 公司购入一批材料，货款为 10 万元，增值税税额为 1.3 万元，对方代垫运杂费 0.1 万元。材料已运到并验收入库（该企业材料按实际成本计价核算），款项尚未支付。A 企业的账务处理如下：

借：材料采购 101 000

　　应交税费——应交增值税（进项税额） 13 000

　　贷：应付账款 114 000

3. 支付应付账款时

企业支付应付账款时，借记"应付账款"科目，贷记"银行存款"等科目。

例 5-18　　接例 5-17，9 月 30 日，A 企业用银行存款支付上述应付账款。A 企业的账务处理如下：

借：应付账款 114 000

　　贷：银行存款 114 000

五、预收账款的设置与账务处理

（一）预收账款的内涵

预收账款是指企业按照合同规定向购货单位预收的款项。与应付账款不同，预收账款所形成的负债不是以货币偿付，而是以货物偿付。有些购销合同规定，销货企业可向购货企业预先收取一部分货款，待向对方发货后再收取其余货款。企业在发货前收取的货款，表明企业承担了会在未来导致经济利益流出企业的应履行的义务，该预收的款项就成为企业的一项负债。

（二）"预收账款"科目的具体核算

"预收账款"科目核算企业按照合同规定预收的款项。预收账款情况不多的企业也可以不设置"预收账款"科目，将预收的款项直接记入"应收账款"科目。"预收账款"科目可按购货单位进行明细核算。

企业应通过"预收账款"科目来核算预收账款的取得、偿付等情况。该科目贷方登记发生的预收账款的数额和购货单位补付账款的数额；借方登记企业向购货方发货后冲销的预收账款数额和退回购货方多付账款的数额；期末余额一般在贷方，反映企业向购货单位预收款项但尚未向购货方发货的数额；期末余额如在借方，反映企业尚未转销的款项。企业应当按照购货单位设置明细科目进行明细核算。

（三）"预收账款"科目的明细科目设置

"预收账款"科目的明细科目设置如表 5-5 所示。

表 5-5　"预收账款"科目的明细科目设置

编号	会计科目名称	二级科目名称	三级科目名称	是否辅助核算	辅助核算类别
2203	预收账款				
2203 01	预收账款	预收的货款	商品、劳务类别	是	按购货单位、个人
2203 02	预收账款	预收购货定金	商品、劳务类别	是	按购货单位、个人

（续表）

编号	会计科目名称	二级科目名称	三级科目名称	是否辅助核算	辅助核算类别
2203 03	预收账款	预收工程款	商品、劳务类别	是	按购货单位、个人
2203 04	预收账款	预收备料款	商品、劳务类别	是	按购货单位、个人
2203 05	预收账款	其他	商品、劳务类别	是	按购货单位、个人

（四）预收账款经典业务的会计核算

（1）企业向购货单位预收的款项，借记"银行存款"等科目，贷记"预收账款"科目。

例 5-19　A公司为增值税一般纳税人。2×22年6月3日，A公司与B企业签订供货合同，向其出售一批设备，货款金额共计10万元，应交纳的增值税税额为1.3万元。根据购货合同规定，B企业在购货合同签订1周内，应当向A公司预付货款6万元，剩余货款在交货后付清。2×22年6月8日，A公司收到B企业交来的预付款6万元，并将其存入银行。6月18日，A公司将货物发到B企业并开出增值税专用发票；B企业验收合格后付清了剩余货款。A公司收到B企业交来的预付款时的账务处理如下：

借：银行存款　　　　　　　　　　　　　　　　　　60 000
　　贷：预收账款　　　　　　　　　　　　　　　　　　　60 000

（2）销售实现时，企业应按实现的收入和应交的增值税销项税额，借记"预收账款"科目，按照实现的营业收入，贷记"主营业务收入"科目，按照增值税专用发票上注明的增值税额，贷记"应交税费——应交增值税（销项税额）"等科目。企业收到购货单位补付的款项，借记"银行存款"科目，贷记"预收账款"科目；向购货单位退回其多付的款项时，借记"预收账款"科目，贷记"银行存款"科目。

例 5-20　接例5-19，6月18日，A公司发货后收到B企业剩余货款时的账务处理如下：

借：预收账款 113 000

  贷：主营业务收入 100 000

   应交税费——应交增值税（销项税额） 13 000

B 企业补付的货款＝ 113 000 － 60 000 ＝ 53 000（元）

借：银行存款 53 000

  贷：预收账款 53 000

例 5-21　接例 5-20，假若 A 公司只能向 B 企业供 4 万元的货，则 A 公司应退回预收款 1.48 万元。A 公司的账务处理如下：

借：预收账款 60 000

  贷：主营业务收入 40 000

   应交税费——应交增值税（销项税额） 5 200

   银行存款 14 800

六、合同负债的设置与账务处理

（一）合同负债的内涵

合同负债是指企业已收或应收客户对价而应向客户转让商品的义务，如企业在转让承诺的商品之前已收取的款项。

企业未履行向客户转让商品的义务，但客户已经支付合同对价或者企业已经取得了无条件收取合同对价的权利，则企业应当在客户支付款项的时点和合同中规定的客户到期应付款项两个时点中选择较早的时点，并且在该时点将其因已经收取的款项或者是获得的收取款项的权利而需要履行向客户转移商品控制权、提供劳务的履约义务作为合同负债处理。与合同负债不同，预收账款则强调企业向购货方预先收取的、诸如购货订金、部分货款、工程款、备料款等性质的各类款项，企业预收的货款待其实际向客户转移商品、提供劳务时再行冲减（即企业需要以商品或劳务来抵偿该负债）。

但是，我们不能据此认为合同负债可以完全取代了预收款项，因为"合同负债"科目是只在构成履约义务的前提下用来核算计量履约义务与客户付款关系的科目，当某项预收款并不构成履约义务时，我们仍须沿用"预收账款"科目予以确认计量。

（二）"合同负债"科目的具体核算

合同负债与预收账款核算内容的区别主要体现在：①所收款项是否对应

于合同规定的交付商品或提供劳务的履约义务。如果收取的款项不构成交付商品或提供劳务的履约义务，则属于预收账款；反之，则属于合同负债。例如，健身俱乐部所收到的客户交来的入会手续费属于预收账款，但俱乐部向会员发售的健身卡所收款项则属于合同负债。又如，酒店所收到的客户预交的房费款属于合同负债，但所收到的客户预订房间的定金则属预收账款。②确认预收账款的前提是收到了款项，确认合同负债则不以是否收到款项为前提，而是以合同中履约义务的确立为前提。如上所述，如果所预收的款项与合同规定的特定履约义务无关，则该款项作为预收账款核算，但前提是已收到款项，而不管款项是否已经被企业预收。如果企业能够认定合同中规定的履约义务确已产生，且企业履约后对这笔款项有无条件收取的权利，企业应对此确认合同负债，即合同负债的确认不以款项收取为前提条件。

在企业向客户转让商品之前，客户已经支付了合同对价或企业已经取得了无条件收取合同对价权利的，企业应当在客户实际支付款项与到期应支付款项孰早时点，按照该已收或应收的金额，借记"银行存款""应收账款""应收票据"等科目，贷记"合同负债"科目；企业向客户转让相关商品时，借记"合同负债"科目，贷记"主营业务收入""其他业务收入"等科目；涉及增值税的，企业还应进行相应的处理。

"合同负债"科目的期末余额在贷方，反映企业在向客户转让商品之前，已经收到的合同对价或已经取得的无条件收取合同对价权利的金额。

（三）"合同负债"科目的明细科目设置

"合同负债"科目的明细科目设置如表5-6所示。

表5-6　"合同负债"科目的明细科目设置

编号	会计科目名称	二级科目名称	明细科目名称	是否辅助核算	辅助核算类别
2205	合同负债				
2205 01	合同负债	甲项目	种类	是	部门
2205 02	合同负债	乙项目	种类	是	部门

（四）合同负债经典业务的会计核算

（1）在企业向客户转让商品之前，客户已经支付了合同对价或企业已经取得了无条件收取合同对价权利的，企业应当在客户实际支付款项与到期应支付款项熟早时点，按照该已收或应收的金额，借记"银行存款""应收账款""应收票据"等科目，贷记"合同负债"科目。

（2）企业向客户转让相关商品时，借记"合同负债"科目，贷记"主营业务收入""其他业务收入"等科目；涉及增值税的，还应做相关处理。

例 5-22　2×22 年 1 月 1 日，A 公司开始推行一项奖励积分计划。根据该计划，客户在 A 公司每消费 10 元可获得 1 个积分，每个积分从次月开始在购物时可以抵减 1 元。截至 2×22 年 1 月 31 日，客户共消费 100 000 元，可获得 10 000 个积分。根据历史经验，A 公司估计该积分的兑换率为 95%。假定上述金额均不包含增值税等的影响。

分析：本例中，A 公司认为其授予客户的积分为客户提供了一项重大权利，应当作为一项单独的履约义务。客户购买商品的单独售价合计为 100 000 元。考虑到积分的兑换率，A 公司估计积分的单独售价为 9 500 元（1×10 000×95%）。A 公司按照商品和积分单独售价的相对比例对交易价格进行分摊，具体计算如下：

分摊至商品的交易价格＝［100 000÷（100 000＋9 500）］×100 000＝91 324（元）

分摊至积分的交易价格＝［9 500÷（100 000＋9 500）］×100 000＝8 676（元）

因此，A 公司应当在商品的控制权转移时确认收入 91 324 元，同时确认合同负债 8 676 元。A 公司的账务处理如下：

借：银行存款　　　　　　　　　　　　　　　　100 000
　　贷：主营业务收入　　　　　　　　　　　　　　91 324
　　　　合同负债　　　　　　　　　　　　　　　　8 676

假定截至 2×22 年 12 月 31 日，客户共兑换了 4 500 个积分，A 公司对该积分的兑换率进行了重新估计，仍然预计客户总共将会兑换 9 500 个积分。因此，A 公司以客户兑换的积分数占预期将兑换的积分总数的比例为基础确认收入。

积分应当确认的收入＝4 500÷9 500×8 676＝4 110（元）；剩余未兑换的积分对应的金额＝8 676－4 110＝4 566（元），仍然作为合同负债。A 公司的账务处理如下：

借：合同负债　　　　　　　　　　　　　　　　4 110
　　贷：主营业务收入　　　　　　　　　　　　　　4 110

例 5-23　2×21 年 5 月 1 日，甲公司与乙公司订立了一项销售合同，合同约定：甲公司于 2×21 年 9 月 30 日向乙公司销售商品一批；同时，乙公司在 2×21 年 5 月 31 日前预先向甲公司支付合同总价的 100%，即 500 万元。在乙公司预付货款以前，该项合同可以撤销。乙公司并未按照合同约定的时限支付合同价款，而是在 2×21 年 6 月 30 日予以支付。甲公司于 2×21 年 9 月 30 日向乙公司转让了相应的商品。甲公司的账务处理如下：

（1）对于未来出售一项非金融项目的确定承诺，且该合同并非可以现金或其他金融工具进行净额结算，该项合同属于一项"待执行合同"。在合同签订日，甲公司无需进行账务处理。

（2）根据合同约定，在乙公司预付 500 万元货款以前，该项合同可以撤销。因此，甲公司不具有无条件收取现金的合同权利，在 2×21 年 5 月 31 日无需进行账务处理。

（3）2×21 年 6 月 30 日，甲公司收到预付货款 500 万元，同时应确认合同负债 500 万元，以反映甲公司向乙公司转让商品的合同义务。

借：银行存款   5 000 000
 贷：合同负债   5 000 000

（4）2×21 年 9 月 30 日，甲公司履行了转让商品的合同义务，甲公司应当冲销合同负债，同时确认收入 500 万元（假定不考虑增值税）。

借：合同负债   5 000 000
 贷：主营业务收入   5 000 000

例 5-24 接例 5-23，假设该合同不可撤销。甲公司的账务处理如下：

（1）在合同签订日，甲公司同样无需进行账务处理。

（2）根据合同约定，2×21 年 5 月 31 日，甲公司拥有一项无条件收取现金的合同权利，该项权利对应一项向乙公司转让商品的合同义务。因此，甲公司应当同时确认一项应收账款和合同负债，金额为 500 万元。

借：应收账款   5 000 000
 贷：合同负债   5 000 000

（3）2×21 年 6 月 30 日，甲公司收到预付货款 500 万元，同时冲销应收款项 500 万元。

借：银行存款   5 000 000
 贷：应收账款   5 000 000

（4）2×21 年 9 月 30 日，甲公司履行了转让商品的合同义务，甲公司应当冲销合同负债，同时确认收入 500 万元（假定不考虑增值税）。

借：合同负债　　　　　　　　　　　　　　　　5 000 000
　　贷：主营业务收入　　　　　　　　　　　　　　5 000 000

七、应付职工薪酬的设置与账务处理

（一）应付职工薪酬的内涵

应付职工薪酬是指企业根据有关规定应付给职工的各种薪酬。它包括职工工资、奖金、津贴和补贴，职工福利费，医疗、养老、失业、工伤、生育等社会保险费，住房公积金，工会经费，职工教育经费，非货币性福利等因职工提供服务而产生的义务。从广义上讲，职工薪酬是企业必须付出的人力成本，是吸引和激励职工的重要手段。也就是说，职工薪酬既是职工对企业投入劳动获得的报酬，也是企业的成本费用。

（二）"应付职工薪酬"科目的具体核算

"应付职工薪酬"科目核算企业根据有关规定应付给职工的各种薪酬。企业（外商类）按规定从净利润中提取的职工奖励及福利基金，也在该科目核算。

该科目可按"工资""职工福利""社会保险费""住房公积金""工会经费""职工教育经费""非货币性福利""辞退福利""股份支付""带薪缺勤""利润分享计划""设定受益计划义务"等明细科目进行明细分类核算。

该科目的期末余额在贷方，反映企业应付未付的职工薪酬。

（三）"应付职工薪酬"科目的明细科目设置

"应付职工薪酬"科目的明细科目设置如表 5-7 所示

表 5-7　"应付职工薪酬"科目的明细科目设置

编号	会计科目名称	二级科目名称	三级科目名称	是否辅助核算	辅助核算类别
2211	应付职工薪酬				
2211 01	应付职工薪酬	工资、奖金、津贴、补贴	项目	是	部门
2211 02	应付职工薪酬	职工福利	项目	是	部门
2211 03	应付职工薪酬	社会保险费	项目	是	部门
2211 04	应付职工薪酬	住房公积金	项目	是	部门

（续表）

编号	会计科目名称	二级科目名称	三级科目名称	是否辅助核算	辅助核算类别
2211 05	应付职工薪酬	工会经费	项目	是	部门
2211 06	应付职工薪酬	职工教育经费	项目	是	部门
2211 07	应付职工薪酬	解除职工劳务关系补偿	项目	是	部门
2211 08	应付职工薪酬	非货币性福利	项目	是	部门
2211 09	应付职工薪酬	辞退福利	项目	是	部门
2211 10	应付职工薪酬	股份支付	项目	是	部门
2211 11	应付职工薪酬	其他	项目	是	部门

（四）应付职工薪酬经典业务的会计核算

1.发生应付职工薪酬

（1）生产部门人员的职工薪酬，借记"生产成本""制造费用""劳务成本"等科目，贷记"应付职工薪酬"科目；应由在建工程、研发支出负担的职工薪酬，借记"在建工程""研发支出"等科目，贷记"应付职工薪酬"科目；管理部门人员、销售人员的职工薪酬，借记"管理费用"或"销售费用"科目，贷记"应付职工薪酬"科目。

例5-25 2×21年6月，A公司当月应发工资2 000万元，其中，生产部门直接生产人员工资100万元，生产部门管理人员工资200万元，公司管理部门人员工资360万元，公司专设产品销售机构人员工资100万元，建造厂房人员工资220万元；内部开发存货管理系统人员工资120万元。

分析：根据公司所在地政府规定，A公司分别按照职工工资总额的10%、12%、2%和10.5%计提医疗保险费、养老保险费、失业保险费和住房公积金，并交纳给当地社会保险经办机构和住房公积金管理机构。公司内设医务室，根据2×20年实际发生的职工福利费情况，公司预计2×21年应承担的职工福利费义务金额为职工工资总额的2%，职工福利的受益对象为上述所有人员。公司分别按照职工工资总额的2%和1.5%计提工会经费和职工教育经费。假定公司存货管理系统已处于开发阶段并符合《企业会计准则第6号——无形资产》资本化为无形资产的条件。

应计入生产成本的职工薪酬金额＝1 000＋1 000×（10%＋12%＋2%＋10.5%＋2%＋2%＋1.5%）＝1 400（万元）

应计入制造费用的职工薪酬金额＝200＋200×（10%＋12%＋2%＋10.5%＋2%＋2%＋1.5%）＝280（万元）

应计入管理费用的职工薪酬金额＝360＋360×（10%＋12%＋2%＋10.5%＋2%＋2%＋1.5%）＝504（万元）

应计入销售费用的职工薪酬金额100＋100×（10%＋12%＋2%＋10.5%＋2%＋2%＋1.5%）＝140（万元）

应计入在建工程成本的职工薪酬金额＝220＋220×（10%＋12%＋2%＋10.5%＋2%＋2%＋1.5%）＝308（万元）

应计入无形资产成本的职工薪酬金额＝120＋120×（10%＋12%＋2%＋1.5%＋2%＋2%＋1.5%）＝168（万元）

A公司在分配工资、职工福利费、各种社会保险费、住房公积金、工会经费和职工教育经费等职工薪酬时，账务处理如下：

借：生产成本　　　　　　　　　　　　　　　14 000 000
　　制造费用　　　　　　　　　　　　　　　 2 800 000
　　管理费用　　　　　　　　　　　　　　　 5 040 000
　　销售费用　　　　　　　　　　　　　　　 1 400 000
　　在建工程　　　　　　　　　　　　　　　 3 080 000
　　研发支出——资本化支出　　　　　　　　 1 680 000
　　贷：应付职工薪酬——工资　　　　　　　 20 000 000
　　　　　　　　　　——职工福利　　　　　　　 400 000
　　　　　　　　　　——社会保险费　　　　　 4 800 000
　　　　　　　　　　——住房公积金　　　　　 2 100 000
　　　　　　　　　　——工会经费　　　　　　　 400 000
　　　　　　　　　　——职工教育经费　　　　　 300 000

（2）企业以其自产产品发放给职工作为职工薪酬的，借记"管理费用""生产成本""制造费用"等科目，贷记"应付职工薪酬"科目。

无偿向职工提供住房等固定资产使用的，按应计提的折旧额，借记"管理费用""生产成本""制造费用"等科目，贷记"应付职工薪酬"科目；同时，借记"应付职工薪酬"科目，贷记"累计折旧"科目。租赁住房等资产供职工无偿使用的，企业应按每期应支付的租金，借记"管理费用""生产成本""制造费用"等科目，贷记"应付职工薪酬"科目。

例 5-26　A公司决定为每位部门经理提供轿车免费使用，同时为每位副总裁租赁一套住房免费使用。A公司部门经理共有30名，副总裁共有6名。

假定每辆轿车月折旧额为 1 000 元，每套住房月租金为 8 000 元。A 公司的账务处理如下：

（1）每月计提轿车折旧时：

借：管理费用　　　　　　　　　　　　　　　　30 000

　　贷：应付职工薪酬　　　　　　　　　　　　　　　30 000

借：应付职工薪酬　　　　　　　　　　　　　　30 000

　　贷：累计折旧　　　　　　　　　　　　　　　　　30 000

（2）每月确认住房租金费用时：

借：管理费用　　　　　　　　　　　　　　　　48 000

　　贷：应付职工薪酬　　　　　　　　　　　　　　　48 000

借：应付职工薪酬　　　　　　　　　　　　　　48 000

　　贷：银行存款　　　　　　　　　　　　　　　　　48 000

（3）企业对各种原因产生的缺勤进行补偿，如年休假、病假、短期伤残假、婚假、产假、丧假、探亲假等。带薪缺勤分为累积带薪缺勤和非累积带薪缺勤。

其一，累积带薪缺勤是指带薪缺勤权利可以结转下期的带薪缺勤，本期尚未用完的带薪缺勤权利可以在未来期间使用。

企业应当在职工提供服务从而增加了其未来享有的带薪缺勤权利时，确认与累积带薪缺勤相关的职工薪酬，并以累积未行使权利而增加的预期支付金额计量。

例 5-27　A 公司从 2×21 年 1 月 1 日起实行累积带薪缺勤制度。制度规定，该公司每名职工每年有权享受 12 个工作日的带薪休假，休假权利可以向后结转 2 个日历年度。在第 2 年年末，A 公司将对职工未使用的带薪休假权利支付现金。假定该公司每名职工平均每月工资为 2 000 元，每名职工每月工作日为 20 个，每个工作日平均工资为 100 元。下面以 A 公司一名直接参与生产的职工为例：

（1）假定 2×21 年 1 月，该名职工没有休假。A 公司应当在职工为其提供服务的当月，累积相当于 1 个工作日工资的带薪休假义务。

（2）假定 2×21 年 2 月，该名职工休了 1 天假。公司应当在职工为其提供服务的当月，累积相当于 1 个工作日工资的带薪休假义务，反映职工使用累积权利的情况。

（3）假定第 2 年年末（2×22 年 12 月 31 日），该名职工有 5 个工作日未使用的带薪休假到期，A 公司以现金支付了未使用的带薪休假（如果不支付现金，就冲回成本费用）。

A 公司的账务处理如下：

（1）借：生产成本　　　　　　　　　　　　　　　　　　2 100

　　　　　　贷：应付职工薪翻——工资　　　　　　　　　　　2 000

　　　　　　　　　——累积带薪缺勤　　　　　　　　　　100

（2）借：生产成本　　　　　　　　　　　　　　　　　　2 100

　　　　　　货：应付职工薪酬——工资　　　　　　　　　　　2 000

　　　　　　　　　——累积带薪缺勤　　　　　　　　　　100

　　　借：应付职工薪酬——累积带薪缺勤　　　　　　　　100

　　　　　　贷：生产成本（使用上期休假）　　　　　　　　　100

（3）借：应付职工薪酬——累积带薪缺勤　　　　　　　　500

　　　　　　货：库存现金（5×100）　　　　　　　　　　　　500

其二，非累积带薪缺勤是指带薪权利不能结转下期的带薪缺勤，本期尚未用完的带薪缺勤权利将予以取消，并且职工离开企业时也无权获得现金支付。

企业应当在职工实际发生缺勤的会计期间确认与非累积带薪缺勤相关的职工薪酬。

通常，与非累积带薪缺勤相关的职工薪酬已经包括在企业每期向职工发放的工资等薪酬中，因此，企业不必额外做相应的账务处理。

（4）短期利润分享计划。企业根据企业经济效益增长的实际情况提取的奖金，属于利润分享和奖金计划。但是，这类计划是按照企业实现净利润的一定比例确定享受的奖金，与企业经营业绩挂钩，仍然是由职工提供的服务而产生的，不是由企业与其所有者之间的交易而产生。因此，企业应当将利润分享和奖金计划作为费用处理（或根据相关准则将其作为资产成本的一部分），不能作为净利润的分配。具体会计分录为：借记"管理费用"等科目，贷记"应付职工薪酬——利润分享计划"科目（根据利润分享计划确定的金额）。

例 5-28　A 公司有一项利润分享计划，要求 A 公司将其至 2×20 年 12 月 31 日止会计年度的税前利润的指定比例支付给在 2×20 年 7 月 1 日至 2×21 年 6 月 30 日为 A 公司提供服务的职工。该奖金于 2×21 年 6 月 30 日支付。

2×20 年 12 月 31 日止会计年度的税前利润为 1 000 万元。如果 2×20 年 12 月 31 日至 2×21 年 6 月 30 日期间 A 公司没有职工离职，则当年的利润共享支付总额为税前利润的 3%。A 公司估计职工离职将使支付额降低至税前利润的 2.5%（其中，直接参加生产的职工享有 1%，总部管理人员享有 1.5%），假定不考虑个人所得税影响。

分析： 尽管支付额是按照截至 2×20 年 12 月 31 日会计年度的税前利润的 3% 计量，但业绩是基于职工在 2×20 年 7 月 1 日至 2×21 年 6 月 30 日期间提供的服务。因此，A 公司在 2×20 年 12 月 31 日应按照税前利润的 50% 的 2.5% 确认负债和成本及费用，金额为 12.5 万元（1 000×50%×2.5%）；余下的利润分享金额，连同针对估计金额与实际支付金额之间的差额做出的调整额，在 2×21 年予以确认。A 公司 2×20 年 12 月 31 日的账务处理如下：

借：生产成本 50 000
　　管理费用 75 000
　　贷：应付职工薪酬——利润分享计划 125 000

（5）因解除与职工的劳动关系给予的补偿，借记"管理费用"科目，贷记"应付职工薪酬"科目。

辞退福利通常采取在解除劳动关系时一次性支付补偿的方式，也有通过提高退休后养老金或其他离职后福利的标准，或者将职工工资支付至辞退后未来某一期间的方式。

例 5-29　A 公司主要从事家用电器的生产和销售。2×20 年 11 月，A 公司为在 2×21 年顺利实施转产，公司管理层制订了一项辞退计划，规定自 2×21 年 1 月 1 日起，以职工自愿方式，辞退平面直角彩色电视机生产车间职工。2×20 年 12 月 31 日，A 公司预计平面直角彩色电视机生产车间职工接受辞退应支付的补偿金额为 230 万元。A 公司的账务处理如下：

借：管理费用 2 300 000
　　贷：应付职工薪酬 2 300 000

（6）企业以现金与职工结算的股份支付，在等待期内每个资产负债表日，按当期应确认的成本费用金额，借记"管理费用""生产成本""制造费用"等科目，贷记"应付职工薪酬"科目。

在可行权日之后，以现金结算的股份支付当期公允价值的变动金额，借记或贷记"公允价值变动损益"科目，贷记或借记"应付职工薪酬"科目。

企业（外商类）按规定从净利润中提取的职工奖励及福利基金，借记"利润分配——提取的职工奖励及福利基金"科目，贷记"应付职工薪酬"科目。

例 5-30　2×17 年 11 月，A 公司为其 200 名中层以上职员每人授予 100 份现金股票增值权。这些职员从 2×16 年 1 月 1 日起在该公司连续服务 3 年，即可按照当时股价的增长幅度获得现金。该增值权应在 2×22 年 12 月 31 日之前行使。第 1 年有 20 名管理人员离开公司，A 公司估计 3 年中还将有 15 名管理人员离开；第 2 年又有 10 名管理人员离开公司，A 公司估计还将有 10 名管理人员离开；第 3 年又有 15 名管理人员离开。假定：第 3 年年末 A 公司有 70 名管理人员行使了股份增值权，第 4 年年末有 50 名管理人员行使了股份增值权，第 5 年年末剩余 35 名管理人员全部行使了股份增值权。

A 公司估计，该增值权在负债结算之前的每一资产负债表日以及结算日的公允价值和可行权后的每份增值权现金支出额如表 5-8 所示。

表 5-8　增值权的公允价值和现金支出额

单位：元

年份	公允价值	支付现金
2×18	14	
2×19	15	
2×20	18	16
2×21	21	20
2×22		25

A 公司的账务处理如下：

（1）从授予日开始，第 1 年离职 20 名管理人员，预计还有 15 名要走，2×18 年 12 月 31 日股票增值权的公允价值为 14 元，每名为 100 份。3 年中的第一年应确认的费用 ＝（200 － 20 － 15）×14×100×1/3 ＝ 77 000（元）。

　　借：管理费用　　　　　　　　　　　　　　　　77 000

　　　　贷：应付职工薪酬　　　　　　　　　　　　　　　77 000

（2）2×19 年 12 月 31 日，股票增值权的公允价值为 15 元，第 1 年离职 20 名管理人员，第 2 年离职 10 名管理人员，预计还有 10 名管理人员要走，3 年中的第 2 年应确认的费用 ＝（200 － 20 － 10 － 10）×100×15×2/3 － 77 000 ＝ 83 000（元）。

　　借：管理费用　　　　　　　　　　　　　　　　83 000

　　　　贷：应付职工薪酬　　　　　　　　　　　　　　　83 000

（3）2×20 年 12 月 31 日，股票增值权的公允价值为 18 元，同时每份股票增值权现金支出额为 16 元，本期是可行权日并有 70 名管理人员行权了股份增值权。第 3 年考虑行权的 70 名管理人员后，应付职工薪酬余额 ＝（200 － 20 － 10 － 15 － 70）×18×100 ＝ 153 000（元），本期支付的现金 ＝

$70 \times 16 \times 100 = 112\,000$（元），第 1 年计提费用 77 000 元，第 2 年计提费用 83 000 元，可倒挤出第 3 年应该计提的费用为 105 000 元（153 000 ＋ 112 000 － 77 000 － 83 000）。

借：管理费用   105 000
  贷：应付职工薪酬   105 000
借：应付职工薪酬   112 000
  贷：银行存款   112 000

（4）2×21 年 12 月 31 日，股票增值权的公允价值为 21 元，每份股票增值权现金支出额 20 元，本期属于行权期以后的变动，不能计入管理费用，而应计入公允价值变动损益。应付职工薪酬的期末余额＝（200 － 20 － 10 － 15 － 70 － 50）×100×21 ＝ 73 500（元），本期支付的现金＝50×20×100 ＝ 100 000（元），可倒挤出第 4 年应该计提的费用 20 500 元（73 500 ＋ 100 000 － 153 000）。

借：公允价值变动损益   20 500
  贷：应付职工薪酬   20 500
借：应付职工薪酬   100 000
  贷：银行存款   100 000

（5）2×22 年，股票增值权无公允价值，本期每份股票增值权现金支出额为 25 元，期末，A 公司应付职工薪酬为 0，本期支付的现金＝35×25×100 ＝ 87 500（元），本期应计提的费用＝0 ＋ 87 500 － 73 500 ＝ 14 000（元）。

借：公允价值变动损益   14 000
  贷：应付职工薪酬   14 000
借：应付职工薪酬   87 500
  贷：银行存款   87 500

2. 发放职工薪酬

（1）向职工支付工资、奖金、津贴、福利费等，从应付职工薪酬中扣还的各种款项（代垫的家属药费、个人所得税等）等，借记"应付职工薪酬"科目，贷记"银行存款""库存现金""其他应收款""应交税费——应交个人所得税"等科目。

例 5-31 A 企业根据"工资结算汇总表"结算本月应付职工薪酬总额 46.2 万元，代扣职工房租 4 万元，代垫职工家属医药费 0.2 万元，实发工资 42 万元。A 企业的账务处理如下：

（1）以银行存款支付工资时：

借：应付职工薪酬——工资　　　　　　　　　　　420 000

　　贷：库存现金　　　　　　　　　　　　　　　　　420 000

（2）代扣款项时：

借：应付职工薪酬——工资　　　　　　　　　　　42 000

　　贷：其他应收款——职工房租　　　　　　　　　　40 000

　　　　　　　　——代垫医药费　　　　　　　　　　2 000

　　（2）企业以其生产的产品作为非货币性福利提供给职工的，应当按照该产品的公允价值和相关税费，计量应计入成本费用的职工薪酬金额，相关收入的确认、销售成本的结转和相关税费的处理，与正常商品销售相同。具体会计分录为：借记"应付职工薪酬——非货币性福利"科目，贷记"主营业务收入""应交税费——应交增值税（销项税额）"科目；借记"主营业务成本"科目，贷记"库存商品"科目。

　　企业以外购商品作为非货币性福利提供给职工的，应当按照该商品的公允价值和相关税费计入成本费用。外购商品时，借记"库存商品""应交税费——应交增值税（进项税额）"科目，贷记"银行存款"科目；发放时，借记"应付职工薪酬——非货币性福利"科目，贷记"库存商品""应交税费——应交增值税（进项税额转出）"科目。

　　在以自产产品或外购商品发放给职工作为福利的情况下，企业在进行账务处理时，应当先通过"应付职工薪酬"科目归集当期应计入成本费用的非货币性薪酬金额。具体会计分录为：借记"生产成本""制造费用""管理费用""销售费用""在建工程""研发支出"等科目，贷记"应付职工薪酬——非货币性福利"科目。

　　例5-32　A公司为一家生产笔记本电脑的企业，共有职工200名。2×22年2月，A公司以其生产的成本为1万元的高级笔记本电脑和外购的每部不含税价格为0.1万元的手机作为春节福利发放给公司每名职工。该型号笔记本电脑的售价为每台1.4万元，A公司适用的增值税税率为13%，已开具了增值税专用发票；A公司以银行存款支付了购买手机的价款和增值税进项税额，已取得增值税专用发票，适用的增值税税率为13%。假定200名职工中170名为直接参加生产的职工，30名为总部管理人员。

　　分析：A公司以自己生产的产品作为福利发放给职工，应计入成本费用的职工薪酬金额以公允价值计量，计入主营业务收入，产品按照成本结转，但要根据相关税收规定，视同销售计算增值税销项税额。外购商品发放给职工作为福利，应当将所缴纳的增值税进项税额计入成本费用。

笔记本电脑的售价总额＝14 000×170＋14 000×30＝2 380 000＋420 000＝2 800 000（元）

笔记本电脑的增值税销项税额＝14 000×170×13%＋14 000×30×13%＝309 400＋54 600＝364 000（元）

A公司的账务处理如下：

（1）决定发放非货币性福利——笔记本电脑时：

借：生产成本	2 689 400
管理费用	474 600
贷：应付职工薪酬——非货币性福利	3 164 000

（2）实际发放笔记本电脑时：

借：应付职工薪酬——非货币性福利	3 164 000
贷：主营业务收入	2 800 000
应交税费——应交增值税（销项税额）	364 000
借：主营业务成本	2 000 000
贷：库存商品	2 000 000

手机的售价总额＝170×1 000＋30×1 000＝170 000＋30 000＝200 000（元）

手机的进项税额＝170×1 000×13%＋30×1 000×13%＝22 100＋3 900＝26 000（元）

（3）决定发放非货币性福利——手机时：

借：生产成本	192 100
管理费用	33 900
贷：应付职工薪酬——非货币性福利	226 000

（4）购买手机，并实际发放时：

借：库存商品	200 000
应交税费——应交增值税（进项税额）	26 000
贷：银行存款	226 000
借：应付职工薪酬——非货币性福利	226 000
贷：库存商品	200 000
应交税费——应交增值税（进项税额转出）	26 000

（3）企业将拥有的房屋等资产无偿提供给职工使用的，应根据受益对象处理。

借：管理费用等
  贷：应付职工薪酬——非货币性福利
借：应付职工薪酬——非货币性福利
  贷：累计折旧

企业将租赁住房等资产供职工无偿使用的，应当根据受益对象，将每期应付的租金计入相关资产成本或当期损益，并确认应付职工薪酬（其代价是租金）。

借：管理费用等
  贷：应付职工薪酬——非货币性福利
借：应付职工薪酬——非货币性福利
  贷：其他应付款

例 5-33 2×21 年，丁公司为总部各部门经理级别以上职工提供自建单位宿舍免费使用，同时为副总裁以上高级管理人员每人租赁一套住房。丁公司总部共有部门经理以上职工 60 名，每人提供一间单位宿舍免费使用，假定每间单位宿舍每月计提折旧 0.1 万元；该公司共有副总裁以上高级管理人员 10 名，公司为其每人租赁一套月租金为 1 万元的公寓。丁公司每月的账务处理如下：

借：管理费用   60 000
  贷：应付职工薪酬——非货币性福利   60 000
借：应付职工薪酬——非货币性福利   60 000
  贷：累计折旧   60 000
借：管理费用   100 000
  贷：应付职工薪酬——非货币性福利   100 000
借：应付职工薪酬——非货币性福利   100 000
  贷：其他应付款   100 000

（4）企业向职工提供企业支付了补贴的商品或服务（以提供包含补贴的住房为例）：①购入住房时，借记"固定资产"科目，贷记"银行存款"科目；出售住房时，借记"银行存款""长期待摊费用"科目，贷记"固定资产"科目；摊销长期待摊费用时，借记"管理费用"科目等，贷记"应付职工薪酬——非货币性福利"科目；同时，借记"应付职工薪酬——非货币性福利"科目，贷记"长期待摊费用"科目。②如果出售住房的合同或协议中未规定职工在购得住房后必须服务的年限，企业应当将该项差额直接计入出售住房当期相关资产成本或当期损益。

例 5-34 2×21 年 5 月，A 公司购买了 100 套全新的公寓拟以优惠价格向职工出售，该公司共有 100 名职工，其中 80 名为直接生产人员，20 名为公司总部管理人员。A 公司拟向直接生产人员出售的住房平均每套购买价为 100 万元，向职工出售的价格为每套 80 万元；拟向管理人员出售的住房平均每套购买价为 180 万元，向职工出售的价格为每套 150 万元。假定该 100 名职工均在 2×21 年度中陆续购买了公司出售的住房，售房协议规定，职工在取得住房后必须在公司服务 15 年；不考虑相关税费。A 公司的账务处理如下：

（1）出售住房时：

借：银行存款　　　　　　　　　　　　　　　　94 000 000

　　长期待摊费用　　　　　　　　　　　　　　22 000 000

　　贷：固定资产　　　　　　　　　　　　　　　116 000 000

（2）出售住房后的每年按照直线法在 15 年内摊销长期待摊费用时：

借：生产成本　　　　　　　　　　　　　　　　1 066 667

　　管理费用　　　　　　　　　　　　　　　　　400 000

　　贷：应付职工薪酬——非货币性福利　　　　　1 466 667

借：应付职工薪酬——非货币性福利　　　　　　1 466 667

　　贷：长期待摊费用　　　　　　　　　　　　　1 466 667

八、应交税费的设置与账务处理

（一）应交税费的内涵

企业根据税法规定应交纳的各种税费包括增值税、消费税、城市维护建设税、资源税、所得税、土地增值税、房产税、车船税、城镇土地使用税、教育费附加、矿产资源补偿费等。

（二）"应交税费"科目的具体核算

"应交税费"科目核算企业按照税法等规定计算应交纳的各种税费，包括增值税、消费税、所得税、资源税、土地增值税、城市维护建设税、房产税、土地使用税、车船税、教育费附加、矿产资源补偿费等。企业代扣代交的个人所得税等，也通过该科目核算。该科目可按应交的税费项目进行明细核算。其中，"应交增值税"明细科目还应分别"进项税额""销项税额""出口退税""进项税额转出""已交税金"等明细科目进行明细分类核算。

该科目期末贷方余额反映企业尚未交纳的税费；期末借方余额反映企业

多交或尚未抵扣的税费。

（三）"应交税费"科目的明细科目设置

"应交税费"科目的明细科目设置如表5-9所示。

表5-9　"应交税费"科目的明细科目设置

编号	会计科目名称	二级科目名称	三级科目名称
2221	应交税费	应交增值税	
2221 01	应交税费	应交增值税	
2221 01 01	应交税费	应交增值税	销项税额
2221 01 02	应交税费	应交增值税	进项税额
2221 01 03	应交税费	应交增值税	已交税金
2221 01 04	应交税费	应交增值税	进项税额转出
2221 01 05	应交税费	应交增值税	出口退税
2221 02	应交税费	增值税留抵税额	
2221 03	应交税费	应交城市维护建设税	
2221 04	应交税费	应交教育费附加	
2221 05	应交税费	应交地方教育费附加	
2221 06	应交税费	应交文化事业建设税	
2221 07	应交税费	应交个人所得税	
2221 08	应交税费	应交所得税	
2221 09	应交税费	应交房产税	
2221 10	应交税费	应交土地使用税	
2221 11	应交税费	应交车船税	
2221 12	应交税费	应交土地增值税	
2221 13	应交税费	应交残疾人就业保障金	

（四）应交税费经典业务的会计核算

1.应交的增值税

（1）所购材料、商品到达并验收入库，借记"原材料""库存商品"等科目，根据增值税专用发票上注明的可抵扣的增值税税额，借记"应交税费——应交增值税（进项税额）"科目，贷记"在途物资"科目。

例 5-35 A 企业购入原材料一批，增值税专用发票上注明的货款为 9 万元、增值税进项税额为 1.17 万元。货款和增值税进项税额已用银行存款支付。所购材料到达验收入库时，A 企业的有关会计分录如下：

借：原材料   90 000

     应交税费——应交增值税（进项税额）   11 700

     贷：在途物资   101 700

（2）销售物资或提供应税劳务，按营业收入和应收取的增值税额，借记"应收账款""应收票据""银行存款"等科目，按增值税专用发票上注明的增值税额，贷记"应交税费——应交增值税（销项税额）"科目，按确认的营业收入，贷记"主营业务收入""其他业务收入"等科目；发生销售退回的，做相反的会计分录。

例 5-36 A 公司将生产的产品用于在建工程。该产品的成本为 20 万元，计税价格（公允价值）为 30 万元，适用的增值税税率为 13%。A 公司的账务处理如下：

用于工程的产品增值税销项税额＝ 300 000×13% ＝ 39 000（元）

借：在建工程   339 000

     贷：主营业务收入   300 000

         应交税费——应交增值税（销项税额）   39 000

借：主营业务成本   200 000

     贷：库存商品   200 000

（3）企业购进的货物发生非常损失，以及将购进货物改变用途（如用于非应税项目、集体福利或个人消费等），其进项税额应通过"应交税费——应交增值税（进项税额转出）"科目转入有关科目，借记"待处理财产损溢""在建工程""应付职工薪酬"等科目，贷记"应交税费——应交增值税（进项税额转出）"科目；属于转作待处理财产损溢的进项税额，应与遭受非常损失的购进货物、在产品或库存商品的成本一并处理。

例 5-37 A 企业库存材料因意外火灾毁损一批，有关增值税专用发票确认的成本为 2 万元、增值税税额为 0.26 万元。A 企业的账务处理如下：

借：待处理财产损溢——待处理流动资产损溢　　　　　　22 600
　　贷：原材料　　　　　　　　　　　　　　　　　　　　20 000
　　　　应交税费——应交增值税（进项税额转出）　　　　2 600

（4）对于经税务机关核准的允许退还的增值税期末留抵税额，以及缴回的已退还的留抵退税款项，企业应当通过"应交税费——增值税留抵税额"明细科目进行核算。企业在税务机关准予留抵退税时，按税务机关核准允许退还的留抵税额，借记"应交税费——增值税留抵税额"科目，贷记"应交税费——应交增值税（进项税额转出）"科目；在实际收到留抵退税款项时，按收到留抵退税款项的金额，借记"银行存款"科目，贷记"应交税费——增值税留抵税额"科目。企业将已退还的留抵退税款项缴回并继续按规定抵扣进项税额时，按缴回留抵退税款项的金额，借记"应交税费——应交增值税（进项税额）"科目，贷记"应交税费——增值税留抵税额"科目；同时，借记"应交税费——增值税留抵税额"科目，贷记"银行存款"科目。

2. 计提的消费税、资源税、城市维护建设税、教育费附加等
（1）企业按规定计算应交的消费税、资源税、城市维护建设税、教育费附加等，借记"税金及附加"科目，贷记"应交税费"科目。

例 5-38　A 企业销售所生产的化妆品，价款为 200 万元（不含增值税），适用的消费税税率为 30%。A 企业的账务处理如下：
　　应交消费税＝2 000 000×30%＝600 000（元）
　　借：税金及附加　　　　　　　　　　　　　　　　　　600 000
　　　　贷：应交税费——应交消费税　　　　　　　　　　600 000

（2）出售不动产计算应交的增值税，借记"应收账款"等科目，贷记"应交税费——应交增值税（销项税额）"科目。
（3）企业转让土地使用权应交的土地增值税，土地使用权与地上建筑物及其附着物一并在"固定资产"等科目核算的，借记"固定资产清理"等科目，贷记"应交税费——应交土地增值税"科目。
（4）土地使用权在"无形资产"科目核算的，按实际收到的金额，借记"银行存款"科目，按应交的土地增值税，贷记"应交税费——应交土地增值税"科目，同时冲销土地使用权的账面价值，贷记"无形资产"科目，按其差额，借记"营业外支出"科目或贷记"营业外收入"科目。

例 5-39 A 企业出售一栋办公楼，取得含税收入 32.96 万元，款项已存入银行。该办公楼的账面原价为 40 万元，已提折旧为 10 万元，未曾计提减值准备；出售过程中，A 企业用银行存款支付清理费用 0.5 万元。销售该项固定资产适用增值税简易征税办法，税率为 3%。A 企业的账务处理如下：

（1）固定资产转入清理时：

借：固定资产清理   300 000

  累计折旧   100 000

   贷：固定资产   400 000

（2）收到出售收入时：

借：银行存款   329 600

   贷：固定资产清理   320 000

     应交税费——应交增值税（销项税额） 9 600

（3）支付清理费用时：

借：固定资产清理   5 000

   贷：银行存款   5 000

（4）结转销售该固定资产的净损失时：

清理该办公楼的损益 = 320 000 − 300 000 − 5 000 = 15 000（元）

借：固定资产清理   15 000

   贷：营业外支出   15 000

例 5-40 A 企业对外转让一炼厂房，根据税法规定计算的应交土地增值税为 2.7 万元。A 企业的账务处理如下：

（1）计算应缴纳的土地增值税时：

借：固定资产清理   27 000

   贷：应交税费——应交土地增值税   27 000

（2）用银行存款缴纳应交土地增值税时：

借：应交税费——应交土地增值税   27 000

   贷：银行存款   27 000

3. 应交的房产税、土地使用税、车船税、矿产资源补偿费

企业按规定计算应交的房产税、土地使用税、车船税、矿产资源补偿费，借记"管理费用"科目，贷记"应交税费"科目。

例 5-41 设在 A 城市的一家企业使用土地面积为 2 000 平方米。经税务机关核定，该土地为应税土地，每平方米年土地使用税为 12 元。根据该项经

济业务，该企业的账务处理如下：

土地使用税税额＝2 000×12＝24 000（元）

借：管理费用　　　　　　　　　　　　　　　　24 000

　　贷：应交税费——土地使用税　　　　　　　　　　24 000

九、应付利息的设置与账务处理

（一）应付利息的内涵

应付利息是指企业按照合同约定应支付的利息，包括吸收存款、分期付息到期还本的长期借款、企业债券等应支付的利息。

（二）"应付利息"科目的具体核算

"应付利息"科目核算企业按照合同约定应支付的利息，包括吸收存款、分期付息到期还本的长期借款、企业债券等应支付的利息。

"应付利息"科目可按存款人或债权人进行明细核算。该科目的期末余额在贷方，反映企业应付未付的利息。

（三）"应付利息"科目的明细科目设置

"应付利息"科目的明细科目设置如表5-10所示。

表5-10　"应付利息"科目的明细科目设置

编号	会计科目名称	二级科目名称	三级科目名称	是否辅助核算	辅助核算类别
2231	应付利息				
2231 01	应付利息	吸收存款	项目	是	存款人或债权人
2231 02	应付利息	分期付息到期还本的长期借款	项目	是	存款人或债权人
2231 03	应付利息	企业债券	项目	是	存款人或债权人
2231 04	应付利息	其他	项目	是	存款人或债权人

（四）应付利息经典业务的会计核算

1. 发生应付利息

资产负债表日，企业应按摊余成本和实际利率计算确定的利息费用，借记"利息支出""在建工程""财务费用""研发支出"等科目，按合同利率计算确定的应付未付利息，贷记"应付利息"科目，按其差额，借记或贷记"长期借款——利息调整""吸收存款——利息调整"等科目。合同利率与实际利率差异较小的，企业也可以采用合同利率计算确定利息费用。

例5-42　A公司于2×20年1月1日正式动工兴建一幢办公楼，工期预计为1年零6个月，工程采用出包方式，分别于2×20年1月1日、2×20年7月1日和2×21年1月1日支付工程进度款。公司为建造办公楼于2×20年1月1日专门借款2 000万元，借款期限为3年，年利率为6%。另外，A公司在2×20年7月1日又专门借款4 000万元，借款期限为5年，年利率为7%。借款利息为按年支付（如无特别说明，本章例题中名义利率与实际利率均相同）。闲置借款资金均用于固定收益债券短期投资，该短期投资月收益率为0.5%。办公楼于2×21年6月30日完工，达到预定可使用状态。公司为建造该办公楼的支出如表5-11所示。

表5-11　办公楼建造支出表

单位：万元

日期	每期资产支出金额	累计资产支出金额	闲置借款资金用于短期投资金额
2×20年1月1日	1 500	1 500	500
2×20年7月1日	2 500	4 000	2 000
2×21年1月1日	1 500	5 500	500
总计	5 500	—	—

分析：A公司使用了专门借款建造办公楼，而且办公楼建造支出没有超过专门借款金额，因此公司2×20年、2×21年为建造办公楼应予资本化的利息金额计算如下：

（1）确定借款费用资本化期间为2×20年1月1日至2×21年6月30日。

（2）计算在资本化期间内专门借款实际发生的利息金额：

2×20年专门借款发生的利息金额＝2 000×6%＋4 000×7%×6÷12＝260（万元）

2×21年1月1日至6月30日专门借款发生的利息金额＝2 000×6%×6÷12＋4 000×7%×6÷12＝200（万元）

（3）计算在资本化期间内利用闲置的专门借款资金进行短期投资的收益：

2×20年短期投资收益＝500×0.5%×6＋2 000×0.5%×6＝75（万元）

2×21年1月1日至6月30日短期投资收益＝500×0.5%×6＝15（万元）

（4）在资本化期间内，专门借款利息费用的资本化金额应当以其实际发生的利息费用减去将闲置的借款资金进行短期投资取得的投资收益后的金额确定。因此：

2×20 年的利息资本化金额＝260－75＝185（万元）

2×21 年的利息资本化金额＝200－15＝185（万元）

A 公司的账务处理如下：

（1）2×20 年 12 月 31 日：

借：在建工程 　　　　　　　　　　　　　　　　　1 850 000

　　应收利息（或银行存款）　　　　　　　　　　　　 750 000

　　贷：应付利息　　　　　　　　　　　　　　　　 2 600 000

（2）2×21 年 6 月 30 日：

借：在建工程 　　　　　　　　　　　　　　　　　1 850 000

　　应收利息（或银行存款）　　　　　　　　　　　　 150 000

　　贷：应付利息　　　　　　　　　　　　　　　　 2 000 000

例 5-43　接例 5-42，假定 A 公司建造办公楼没有专门借款，占用的都是一般借款。A 公司为建造办公楼占用的一般借款有两笔，具体如下：

（1）向 B 银行长期贷款 2 000 万元，期限为 2×19 年 12 月 1 日至 2×22 年 12 月 1 日，年利率为 6%，按年支付利息。

（2）发行公司债券 10 000 万元，该债券于 2×19 年 1 月 1 日发行，期限为 5 年，年利率为 8%，按年支付利息。

假定这两笔一般借款除了用于办公楼建设，没有用于其他符合资本化条件的资产的购建或者生产活动；全年按 360 天计算。

分析： 鉴于 A 公司建造办公楼没有占用专门借款，而占用了一般借款，因此，公司应当先计算所占用一般借款的加权平均利率作为资本化率，再计算建造办公楼的累计资产支出加权平均数，将其与资本化率相乘，计算求得当期应予资本化的借款利息金额。具体计算如下：

首先，计算所占用一般借款资本化率：

一般借款资本化率（年）＝（2 000×6%＋10 000×8%）÷（2 000＋10 000）＝7.67%

其次，计算累计资产支出加权平均数：

2×20 年累计资产支出加权平均数＝1 500×360÷360＋2 500×180÷360＝2 750（万元）

2×21 年累计资产支出加权平均数＝（4 000＋1 500）×180÷360＝

2 750（万元）

最后，计算每期利息资本化金额：

2×20年为建造办公楼的利息资本化金额＝2 750×7.67%＝210.93（万元）

2×21年实际发生的一般借款利息费用＝2 000×6%＋10 000×8%＝920（万元）

2×21年为建造办公楼的利息资本化金额＝2 750×7.67%＝210.93（万元）

2×21年1月1日至6月30日实际发生的一般借款利息费用＝（2 000×6%＋10 000×8%）×180÷360＝460（万元）

A公司的账务处理如下：

（1）2×20年12月31日：

借：在建工程   2 109 300

  财务费用   7 090 700

  贷：应付利息   9 200 000

（2）2×21年6月30日：

借：在建工程   2 109 300

  财务费用   2 490 700

  贷：应付利息   4 600 000

2. 实际支付利息

企业实际支付时，借记"应付利息"科目，贷记"银行存款"等科目。

例5-44 A企业借入5年期到期还本每年付息的长期借款500万元，合同约定年利率为3.5%，假定不符合资本化条件。A企业的账务处理如下：

（1）每年计算确定利息费用时：

借：财务费用   175 000

  贷：应付利息（5 000 000×3.5%）   175 000

（2）每年实际支付利息时：

借：应付利息   175 000

  贷：银行存款   175 000

十、应付股利的设置与账务处理

（一）应付股利的内涵

应付股利是指企业经董事会或股东大会，或类似机构决议确定分配的现金股利或利润。获得投资收益是出资者对企业进行投资的初衷。企业在宣告给投资者分配股利或利润时，一方面将冲减企业的所有者权益，另一方面也形成"应付股利"这项负债。随着企业向投资者实际支付利润，这项负债即行消失。

（二）"应付股利"科目的具体核算

"应付股利"科目核算企业分配的现金股利或利润。

董事会或类似机构通过的利润分配方案中拟分配的现金股利或利润，不做账务处理，但应在附注中披露。

"应付股利"科目可按投资者进行明细核算。该科目的期末余额在贷方，反映企业应付未付的现金股利或利润。

（三）"应付股利"科目的明细科目设置

"应付股利"科目的明细科目设置如表 5-12 所示。

表 5-12 "应付股利"科目的明细科目设置

编号	会计科目名称	二级科目名称	三级科目名称
2232	应付股利	按投资者设置	投资者

（四）应付股利经典业务的会计核算

1. 分配现金股利时

企业根据股东大会或类似机构审议批准的利润分配方案，按应支付的现金股利或利润，借记"利润分配"科目，贷记"应付股利"科目。

例 5-45 甲有限责任公司 2×21 年度实现净利润 500 万元，经过股东大会批准，决定 2×21 年度分配股利 250 万元。甲有限责任公司的账务处理如下：

借：利润分配——应付现金股利或利润　　　　　　　2 500 000
　　　贷：应付股利　　　　　　　　　　　　　　　　　　2 500 000

2. 实际支付时

企业实际支付现金股利或利润时，借记"应付股利"科目，贷记"银行存款"等科目。

例 5-46 接例 5-45，股利已经用银行存款支付。甲有限责任公司的账务处理如下：

  借：应付股利   2 500 000

    贷：银行存款   2 500 000

十一、其他应付款的设置与账务处理

（一）其他应付款的内涵

其他应付款是指企业除了应付票据、应付账款、预收账款、应付职工薪酬、应交税费、应付股利等经营活动的其他各项应付、暂收的款项，如应付包装物租金、存入保证金等。

（二）"其他应付款"科目的具体核算

"其他应付款"科目核算企业除了应付票据、应付账款、预收账款、应付职工薪酬、应付利息、应付股利、应交税费、长期应付款等的其他各项应付、暂收的款项。企业（保险）应缴纳的保险保障基金，也通过该科目核算。

"其他应付款"科目可按其他应付款的项目和对方单位（或个人）进行明细核算。该科目的期末余额在贷方，反映企业应付未付的其他应付款项。

（三）"其他应付款"科目的明细科目设置

"其他应付款"科目的明细科目设置如表5-13所示。

表5-13 "其他应付款"科目的明细科目设置

编号	会计科目名称	二级科目名称	三级科目名称	是否辅助核算	辅助核算类别
2241	其他应付款				
2241 01	其他应付款	职工医药费	项目	是	按项目或对方单位（个人）
2241 02	其他应付款	职工结余分配	项目	是	按项目或对方单位（个人）
2241 03	其他应付款	个人往来	项目	是	按项目或对方单位（个人）
2241 04	其他应付款	代收款项	项目	是	按项目或对方单位（个人）
2241 05	其他应付款	单位往来	项目	是	按项目或对方单位（个人）

（续表）

编号	会计科目名称	二级科目名称	三级科目名称	是否辅助核算	辅助核算类别
2241 06	其他应付款	总公司内部企业往来款	项目	是	按项目或对方单位（个人）
2241 07	其他应付款	押金	项目	是	按项目或对方单位（个人）
2241 08	其他应付款	合同履约保证金	项目	是	按项目或对方单位（个人）
2241 09	其他应付款	应付租入固定资产和包装物的租金	项目	是	按项目或对方单位（个人）
2241 10	其他应付款	存入保证金	项目	是	按项目或对方单位（个人）
2241 11	其他应付款	管辖区内业主和物业管护装修存入保证金	项目	是	按项目或对方单位（个人）
2241 12	其他应付款	预提费用	项目	是	按项目或对方单位（个人）

（四）其他应付款经典业务的会计核算

1. 售后回购，实际收到销售款时

（1）企业采用售后回购方式融入资金的，应按实际收到的金额，借记"银行存款"科目，贷记"其他应付款"科目。

例 5-47　2×22 年 5 月 1 日，A 公司向 B 公司销售一批商品，开出的增值税专用发票上注明的销售价款为 90 万元（不含税），增值税税额为 11.7 万元。该批商品成本为 70 万元；商品已经发出，款项已经收到。协议约定，A 公司应于 9 月 30 日将所售商品购回，回购价为 100 万元（不含增值税）。5 月 1 日，发出商品时，A 公司的账务处理如下：

借：银行存款　　　　　　　　　　　　　　1 017 000
　　贷：其他应付款　　　　　　　　　　　　　900 000
　　　　应交税费——应交增值税（销项税额）　117 000
借：发出商品　　　　　　　　　　　　　　700 000
　　贷：库存商品　　　　　　　　　　　　　　700 000

（2）若回购价格大于原销售价格，对于两者之间的差额，企业应在售后回购期间内按期对其计提利息费用，借记"财务费用"科目，贷记"其他应付款"科目。

例 5-48　接例 5-47，回购价格大于原销售价格，对于两者之间的差额 10 万元（100 - 90），A 公司应在回购期间按期对其计提利息费用，并计入当期财务费用。由于回购期间为 5 个月，货币时间价值影响不大，A 公司采用直线法计提利息费用，每月计提利息费用为 2 万元（10÷5）。A 公司的账务处理如下：

借：财务费用　　　　　　　　　　　　　　　　　　20 000
　　贷：其他应付款　　　　　　　　　　　　　　　　　　　20 000

（3）按照合同约定购回商品等时，企业应按实际支付的金额，借记"其他应付款"科目，贷记"银行存款"科目。

例 5-49　接例 5-48，9 月 30 日，A 公司回购商品时，收到的增值税专用发票上注明的商品价格为 100 万元、增值税税额为 13 万元。假定商品已验收入库，款项已经支付。A 公司的账务处理如下：

借：其他应付款　　　　　　　　　　　　　　　　1 000 000
　　应交税费——应交增值税（进项税额）　　　　　　130 000
　　贷：银行存款　　　　　　　　　　　　　　　　　1 130 000

2. 发生的其他各种应付、暂收款项

（1）企业发生的其他各种应付、暂收款项，借记"管理费用"等科目，贷记"其他应付款"科目。

例 5-50　A 公司从 2×22 年 1 月 1 日起，以经营租赁方式租入管理用办公设备一批，每月租金为 1 万元，按季支付。3 月 31 日，A 公司以银行存款支付应付租金。1 月 31 日，计提应付经营租入固定资产租金时，A 公司的账务处理如下：

借：管理费用　　　　　　　　　　　　　　　　　　10 000
　　贷：其他应付款　　　　　　　　　　　　　　　　　　10 000

2 月底，A 公司计提应付经营租入固定资产租金的会计处理同上。

（2）支付其他应付款时，借记"其他应付款"科目，贷记"银行存款"科目。

例 5-51　接例 5-50，3 月 31 日支付租金时，A 公司的账务处理如下：

借：其他应付款　　　　　　　　　　　　　　　　　20 000
　　管理费用　　　　　　　　　　　　　　　　　　10 000
　　贷：银行存款　　　　　　　　　　　　　　　　　　30 000

注：3 月 31 日，A 公司支付租金时，不用再先计提租金，而是直接记入"管理费用"科目。

十二、递延收益的设置与账务处理

（一）递延收益的内涵

递延收益是指尚待确认的收入或收益，也可以说是暂时未确认的收益。它是权责发生制在收益确认上的运用。递延收益属于企业的负债，企业在可以确认相关收入时同时确认递延收益。

（二）"递延收益"科目的具体核算

"递延收益"科目核算企业确认的应在以后期间计入当期损益的政府补助。该科目可按政府补助的项目进行明细核算。该科目的期末余额在贷方，反映企业应在以后期间计入当期损益的政府补助。

（三）"递延收益"科目的明细科目设置

"递延收益"科目的明细科目设置如表 5-14 所示。

表 5-14　"递延收益"科目的明细科目设置

编号	会计科目名称	二级科目名称	三级科目名称
2401	递延收益	按政府补助项目设置	项目名称

（四）递延收益经典业务的会计核算

1. 与资产相关的政府补助

（1）在总额法下，政府补助在取得时，借记"银行存款"等资产类科目，贷记"递延收益"科目；在摊销时，借记"递延收益"科目，贷记"其他收益"科目。

相关资产在使用寿命结束时或结束前被处置（出售、转让、报废等），尚未分摊的递延收益余额应当一次性转入资产处置当期损益，不再予以递延。

（2）在净额法下，企业应将补助冲减相关资产账面价值。

企业对某项经济业务选择总额法或净额法后，应当对该项业务一贯地运用该方法，不得随意变更。

对于政府无偿给予企业的长期非货币性资产（如土地使用权和天然起源的天然林等），企业应当按照公允价值或名义金额对此类补助进行计量。企业在收到非货币性资产时，应当借记有关资产科目，贷记"递延收益"科目，在相关资产使用寿命内按合理、系统的方法分期计入损益，借记"递延收益"科目，贷记"其他收益"等科目。对以名义金额（1元）计量的政府补助，企业在取得时计入当期损益。

例 5-52　按照国家有关政策，企业购置环保设备可以申请补贴以补偿其环保支出。A公司于2×21年1月向政府有关部门提交210万元的补助申请，作为对其购置环保设备的补贴。2×21年3月15日，A公司收到政府补贴款210万元。2×21年4月20日，A公司购入不需要安装环保设备，实际成本为480万元，使用寿命为10年，采用直线法计提折旧（不考虑净残值）。假设2×29年4月，A公司的这台设备发生毁损；不考虑相关税费。A公司的账务处理如下：

方法一： A公司选择总额法进行会计处理

（1）2×21年3月15日，实际收到财政拨款时：

借：银行存款　　　　　　　　　　　　　　　　　2 100 000

　　贷：递延收益　　　　　　　　　　　　　　　　　2 100 000

（2）2×21年4月20日，购入设备时：

借：固定资产　　　　　　　　　　　　　　　　　4 800 000

　　贷：银行存款　　　　　　　　　　　　　　　　　4 800 000

（3）自2×21年5月起每个资产负债表日（月末）计提折旧，同时分摊递延收益时：

a.计提折旧时（假设该设备用于污染物排放测试，折旧费用计入制造费用）：

借：制造费用　　　　　　　　　　　　　　　　　40 000

　　贷：累计折旧　　　　　　　　　　　　　　　　　40 000

b.分摊递延收益（月末）时：

借：递延收益　　　　　　　　　　　　　　　　　17 500

　　贷：其他收益　　　　　　　　　　　　　　　　　17 500

（4）2×29年4月，出售设备，同时转销递延收益余额时：

a.出售设备时：

借：固定资产清理　　　　　　　　　　　　　　　960 000

　　累计折旧　　　　　　　　　　　　　　　　　3 840 000

　　贷：固定资产　　　　　　　　　　　　　　　　　4 800 000

借：营业外支出　　　　　　　　　　　　　　　　960 000

　　贷：固定资产清理　　　　　　　　　　　　　　　960 000

b.转销递延收益余额时：

借：递延收益 420 000

    贷：营业外收入 420 000

方法二： A公司选择净额法进行会计处理

（1）2×21年3月15日，实际收到财政拨款时：

借：银行存款 2 100 000

    贷：递延收益 2 100 000

（2）2×21年4月20日，购入设备时：

借：固定资产 4 800 000

    贷：银行存款 4 800 000

借：递延收益 2 100 000

    贷：固定资产 2 100 000

（3）自2×21年5月起，每个资产负债表日（月末）计提折旧时：

借：制造费用 22 500

    贷：累计折旧 22 500

（4）2×29年4月，出售设备时：

借：固定资产清理 540 000

    累计折旧 2 160 000

    贷：固定资产 2 700 000

借：营业外支出 540 000

    贷：固定资产清理 540 000

2. 与收益相关的政府补助

（1）企业应当选择总额法或净额法进行会计处理。企业选择总额法的，应当将与收益相关的补助计入其他收益或营业外收入；选择净额法的，应当冲减相关成本费用或营业外支出。

例 5-53 A企业于2×20年3月15日与企业所在地地方政府签订合作协议，根据协议约定当地政府向A企业提供500万元奖励基金，用于企业的人才激励和人才引进奖励。A企业必须按年向当地政府报送详细的资金使用计划，并按规定用途使用资金。A企业于2×20年4月10日收到500万元补助资金，并分别在2×20年12月、2×21年12月、2×22年12月使用了200万元、150万元和150万元，用于发放给总裁级别高管年度奖金。A企业选择将该政府补助冲减管理费用。

分析： 本例中，A企业在实际收到补助资金时，应先将其记入"递延收益"科目，实际按规定用途使用资金时再结转计入当期损益。A企业的账务处理如下：

（1）2×20 年 4 月 10 日，实际收到补助资金时：

借：银行存款　　　　　　　　　　　　　　　5 000 000

　　贷：递延收益　　　　　　　　　　　　　　　　5 000 000

（2）2×20 年 12 月、2×21 年 12 月、2×22 年 12 月，将补贴资金作为放高管奖金发放时：

借：递延收益　　　　　　　　　　　　　　　2 000 000

　　贷：管理费用　　　　　　　　　　　　　　　　2 000 000

借：递延收益　　　　　　　　　　　　　　　1 500 000

　　贷：管理费用　　　　　　　　　　　　　　　　1 500 000

借：递延收益　　　　　　　　　　　　　　　1 500 000

　　贷：管理费用　　　　　　　　　　　　　　　　1 500 000

（2）用于补偿企业以后期间的相关成本费用或损失的，企业在收到时应先判断企业能否满足政府补助所附条件。根据《企业会计准则第 16 号——政府补助》的规定，只有满足政府补助确认条件的才能予以确认，客观情况通常表明企业能够满足政府补助所附条件，企业应当将补助确认为递延收益，并在确认相关费用或损失期间，计入当期损益或冲减相关成本。

如果收到时，客观情况表明企业能够满足政府补助所附条件，则企业应当将其确认为递延收益，借记"银行存款"科目，贷记"递延收益"科目；并在确认费用和损失期间，计入当期损益或冲减相关成本，借记"递延收益"科目，贷记"管理费用"或相关资产成本科目；如果收到时，暂时无法确定判断企业能否满足政府补助所附条件，借记"银行存款"科目，贷记"其他应付款"科目；客观情况表明企业能够满足政府补助所附条件后再确认递延收益，借记"其他应付款"科目，贷记"递延收益"科目。

3. 政府补助的退回

已计入损益的政府补助需要退回的，应当需要在退回当期按照以下规定进行会计处理：初始确认时冲减相关资产账面价值的，调整资产账面价值；存在相关递延收益的，冲减相关递延收益账面余额，超出部分计入当期损益；属于其他情况的，直接计入当期损益。对于属于前期差错的政府补助退回，应当按照前期差错更正进行追溯调整。

例 5-54　A 企业于 2×20 年 11 月与某开发区政府签订合作协议，在开发区内投资设立生产基地。协议约定，开发区政府自协议签订之日起 6 个月内向 A 企业提供 300 万元产业补贴资金用于奖励该企业在开发区内投资，

A企业自获得补贴起 5 年内注册地址不得迁离本区，如果 A 企业在此期限内搬离开发区，开发区政府允许 A 企业按照实际留在本区的时间保留部分补贴，并按剩余时间追回补贴资金。A 企业于 2×21 年 1 月 3 日收到补贴资金。

假设 A 企业在实际收到补贴资金时，客观情况表明 A 企业在未来 5 年内搬离开发区的可能性很小，A 企业应当在收到补贴资金时将其金额记入"递延收益"科目，由于协议约定如果 A 企业提前搬离开发区，开发区政府有权追回部分补助，说明企业每多留在开发区内 1 年，就有权取得与这 1 年相关的补助，与这 1 年内补助有关的不确定性基本消除，补贴收益得以实现，所以 A 企业应当将该补助在 5 年内平均摊销结转计入损益。

A企业的账务处理如下：

（1）2×21 年 1 月 3 日，实际收到补贴资金时：

借：银行存款   3 000 000

  贷：递延收益   3 000 000

（2）2×21 年 12 月 31 日及以后年度，分期将递延收益结转入当期损益时：

借：递延收益   600 000

  贷：其他收益   600 000

（3）假设 2×23 年 1 月（过了 2 年），A 企业因重大战略调整搬离开发区，开发区政府根据协议要求 A 企业退回补贴 180 万元时：

借：递延收益   1 800 000

  贷：其他应付款   1 800 000

十三、长期借款的设置与账务处理

（一）长期借款的内涵

长期借款是指企业向银行或其他金融机构借入的期限在 1 年以上（不含 1 年）的各种借款。长期借款一般用于固定资产的购建、改扩建工程、大修理工程、对外投资以及保持长期经营能力等方面。它是企业长期负债的重要组成部分，必须加强管理与核算。

（二）"长期借款"科目的具体核算

"长期借款"科目核算企业向银行或其他金融机构借入的期限在 1 年以上（不含 1 年）的各项借款。由于长期借款的使用关系到企业的生产经营规模和效益，企业除了要遵守有关的贷款规定、编制借款计划并要有不同形式的担保，还应监督借款的使用、按期支付长期借款的利息以及按规定的期限归还借款本金等。因此，长期借款会计处理的基本要求是反映和监督企业长期借款的借入、借款利息的结算和借款本息的归还情况，促使企业遵守信贷纪律、提高信用等级，同时也要确保长期借款发挥效益。

"长期借款"科目可按贷款单位和贷款种类，分别"本金""利息调整"等明细科目进行明细分类核算。该科目的期末余额在贷方，反映企业尚未偿还的长期借款。

（三）"长期借款"科目的明细科目设置

"长期借款"科目的明细科目设置如表 5-15 所示。

表 5-15 "长期借款"科目的明细科目设置

编号	会计科目名称	二级科目名称	三级科目名称	是否辅助核算	辅助核算类别
2501	长期借款				
2501 01	长期借款	本金	贷款种类	是	按贷款单位或贷款种类
2501 02	长期借款	利息调整	贷款种类	是	按贷款单位或贷款种类
2501 03	长期借款	溢折价	贷款种类	是	按贷款单位或贷款种类
2501 04	长期借款	交易费用	贷款种类	是	按贷款单位或贷款种类
2501 05	长期借款	其他	贷款种类	是	按贷款单位或贷款种类

（四）长期借款经典业务的会计核算

（1）企业借入长期借款，应按实际收到的金额，借记"银行存款"科目，贷记"长期借款——本金"科目，按借贷双方之间的差额，还应借记"长期借款——利息调整"科目。

例 5-55 甲企业于 2×19 年 11 月 30 日从银行借入资金 400 万元，借款期限为 3 年，年利率为 8.4%（到期一次还本付息，不计复利），所借款项已存入银行。甲企业用该借款于当日购买不需安装的设备一台，价款为 390 万元，另支付运杂费及保险等费用 10 万元，设备已于当日投入使用（假定不考虑增值税）。甲企业的账务处理如下：

（1）取得借款时：

借：银行存款你　　　　　　　　　　　　　　　　　4 000 000

　　贷：长期借款——本金　　　　　　　　　　　　　　4 000 000

（2）支付设备款和运杂费、保险费时：

借：固定资产　　　　　　　　　　　　　　　　　　4 000 000

　　贷：银行存款　　　　　　　　　　　　　　　　　4 000 000

（2）资产负债表日，企业应按摊余成本和实际利率计算确定的长期借款的利息费用，借记"在建工程""制造费用""财务费用""研发支出"等科目，按合同利率计算确定的应付未付利息，贷记"应付利息""长期借款——应计利息"科目，按其差额，贷记"长期借款——利息调整"科目。实际利率与合同利率差异较小的，企业也可以采用合同利率计算确定利息费用。

例 5-56　接例 5-55，甲企业于 2×19 年 12 月 31 日计提长期借款利息时，甲企业的账务处理如下：

2×19 年 12 月 31 日计提的长期借款利息 = 4 000 000×8.4%÷12

$$= 28 000（元）$$

借：财务费用　　　　　　　　　　　　　　　　　　28 000

　　贷：长期借款——应计利息　　　　　　　　　　　　28 000

2×20 年 1 月至 2×22 年 10 月每月末预提利息的账务处理同上。

（3）企业归还长期借款本金，借记"长期借款——本金"科目，贷记"银行存款"科目；同时，存在利息调整余额的，借记或贷记"在建工程""制造费用""财务费用""研发支出"等科目，贷记或借记"长期借款——利息调整"科目。

例 5-57　接例 5-56，2×22 年 11 月 30 日，甲企业偿还该笔银行借款本息。甲企业的账务处理如下：

借：财务费用　　　　　　　　　　　　　　　　　　28 000

　　长期借款——本金　　　　　　　　　　　　　　4 000 000

　　长期借款——应计利息　　　　　　　　　　　　　980 000

　　贷：银行存款　　　　　　　　　　　　　　　　　5 008 000

十四、应付债券的设置与账务处理

（一）应付债券的内涵

应付债券是指企业为筹集长期资金而实际发行的债券及应付的利息。它是企业筹集长期资金的一种重要方式。企业发行债券的价格受同期银行存款利率的影响较大，在一般情况下，企业可以按面值、溢价和折价来发行债券。

企业债券发行价格的高低一般取决于债券票面金额、债券票面利率、发行当时的市场利率和债券期限的长短等因素。债券发行有面值发行、溢价发行和折价发行三种情况。企业债券按其面值出售的，称为面值发行；以低于债券面值价格发行的，称为折价发行；以高于债券面值价格发行的，则称为溢价发行。债券溢价或折价不是债券发行企业的收益或损失，而是发行债券企业在债券存续期内对利息费用的一种调整。

（二）"应付债券"科目的具体核算

"应付债券"科目核算企业为筹集（长期）资金而发行债券的本金和利息。企业应将自身发行的可转换公司债券分拆为负债和权益成分，分拆后形成的负债部分在"应付债券"科目核算。

企业应当设置"企业债券备查簿"，详细登记企业债券的票面金额、债券票面利率、还本付息期限与方式、发行总额、发行日期和编号、委托代售单位、转换股份等资料。企业债券到期兑付，在备查簿中应予注明。

"应付债券"科目可按"面值""利息调整""应计利息"等明细科目进行明细分类核算。该科目的期末余额在贷方，反映企业尚未偿还的长期债券摊余成本。

（三）"应付债券"科目的明细科目设置

"应付债券"科目的明细科目设置如表 5-16 所示。

表 5-16　"应付债券"科目的明细科目设置

编号	会计科目名称	二级科目名称	三级科目名称	是否辅助核算	辅助核算类别
2502	应付债券				
2502 01	应付债券	面值	种类	是	购买人
2502 02	应付债券	利息调整 （债券溢价）	种类	是	购买人

（续表）

编号	会计科目名称	二级科目名称	三级科目名称	是否辅助核算	辅助核算类别
2502 03	应付债券	利息调整 （债券折价）	种类	是	购买人
2502 04	应付债券	应计利息	种类	是	购买人
2502 05	应付债券	其他	种类	是	购买人

（四）应付债券经典业务的会计核算

1. 发行债券

企业发行债券，应按实际收到的金额，借记"银行存款"等科目，按债券票面金额，贷记"应付债券——面值"科目；存在差额的，还应借记或贷记"应付债券——利息调整"科目。

2. 债券利息相关处理

（1）资产负债表日，对于分期付息、一次还本的债券，企业应按摊余成本和实际利率计算确定的债券利息费用，借记"在建工程""制造费用""财务费用""研发支出"等科目，按票面利率计算确定的应付未付利息，贷记"应付利息"科目，按其差额，借记或贷记"应付债券——利息调整"科目。

（2）对于一次还本付息的债券，企业应于资产负债表日按摊余成本和实际利率计算确定的债券利息费用，借记"在建工程""制造费用""财务费用""研发支出"等科目，按票面利率计算确定的应付未付利息，贷记"应付债券——应计利息"科目，按其差额，借记或贷记"应付债券——利息调整"科目。实际利率和票面利率差异较小的，企业也可以采用票面利率计算确定利息费用。

3. 债券还本付息的账务处理

长期债券到期，支付债券本息，借记"应付债券——面值""应付债券——应计利息""应付利息"等科目，贷记"银行存款"等科目。

例 5-58　A公司发行公司债券为建造专用生产线筹集资金。有关资料如下：

（1）2×17 年 12 月 31 日，委托证券公司以 7 755 万元的价格发行 3 年期分期付息公司债券。该债券面值为 8 000 万元，票面年利率为 4.5%，实际年利率为 5.64%，每年付息一次，到期后按面值偿还。支付的发行费用与发行期间冻结资金产生的利息收入相等。

（2）生产线建造工程采用出包方式，于 2×18 年 1 月 1 日开始动工，发行债券所得款项当日全部支付给建造承包商，2×19 年 12 月 31 日，所建造生产线达到预定可使用状态。

（3）假定各年度利息的实际支付日期均为下年度的 1 月 10 日；2×21 年 1 月 10 日支付 2×20 年度利息，一并偿付面值。

（4）所有款项均以银行存款支付。

据此，A 公司计算得出该债券在各年年末的摊余成本、应付利息金额、当年应予资本化或费用化的利息金额、利息调整的本年摊销和年末余额。有关结果如表 5-17 所示。

表 5-17　计算结果

单元：万元

时间		2×17 年 12 月 31 日	2×18 年 12 月 31 日	2×19 年 12 月 31 日	2×20 年 12 月 31 日
年末摊余成本	面值	8 000	8 000	8 000	8 000
	利息调整	− 245	− 167.62	− 85.87	0
	合计	7 755	7 832.38	7 914.13	8 000
当年应予资本化或费用化的利息金额		437.38	441.75	445.87	
年末应付利息金额		360	360	360	
"利息调整"本年摊销额		77.38	81.75	85.87	

A 公司的账务处理如下：

（1）2×17 年 12 月 31 日，发行债券时：

借：银行存款　　　　　　　　　　　　　　　　77 550 000

　　应付债券——利息调整　　　　　　　　　　 2 450 000

　　贷：应付债券——面值　　　　　　　　　　　　　　80 000 000

（2）2×18 年 12 月 31 日，确认和结转利息时：

借：在建工程　　　　　　　　　　　　　　　　 4 373 800

　　贷：应付利息　　　　　　　　　　　　　　　　　　 3 600 000

　　　　应付债券——利息调整　　　　　　　　　　　　　 773 800

（3）2×19 年 1 月 10 日，支付利息时：

借：应付利息　　　　　　　　　　　　　　　　 3 600 000

　　贷：银行存款　　　　　　　　　　　　　　　　　　 3 600 000

（4）2×19 年 12 月 31 日，确认利息时：

借：在建工程　　　　　　　　　　　　　　　　4 417 500
　　贷：应付利息　　　　　　　　　　　　　　　　　3 600 000
　　　　应付债券——利息调整　　　　　　　　　　　　817 500
借：固定资产　　　　　　　　　　　　　　　　8 791 300
　　贷：在建工程　　　　　　　　　　　　　　　　　8 791 300

（5）2×20 年 1 月 10 日，支付利息时：

借：应付利息　　　　　　　　　　　　　　　　3 600 000
　　贷：银行存款　　　　　　　　　　　　　　　　　3 600 000

（6）2×20 年 12 月 31 日，确认债券利息时：

借：财务费用　　　　　　　　　　　　　　　　4 458 700
　　贷：应付利息　　　　　　　　　　　　　　　　　3 600 000
　　　　应付债券——利息调整　　　　　　　　　　　　858 700

（7）2×21 年 1 月 10 日，债券到期兑付时：

借：应付利息　　　　　　　　　　　　　　　　3 600 000
　　应付债券——面值　　　　　　　　　　　　80 000 000
　　贷：银行存款　　　　　　　　　　　　　　　　83 600 000

十五、租赁负债的设置与账务处理

（一）租赁负债的内涵

根据《企业会计准则第 21 号——租赁》，承租人在租入资产确认使用权资产的同时确认租赁负债，不管是经营租赁还是融资租赁，均需要在资产负债表中列示。租赁负债等于按照租赁期开始日尚未支付的租赁付款额的现值。

《企业会计准则第 21 号——租赁》对于承租人取消了经营租赁和融资租赁的区分，要求对所有租赁均需在资产负债表单独列示（进行简化处理的短期租赁和低价值资产租赁除外），并引入了使用权资产和租赁负债的概念，在租赁期开始日，承租人应当对租赁确认使用权资产和租赁负债。

租赁负债应当按照租赁期开始日尚未支付的租赁付款额的现值进行初始计量。租赁负债通常分别在"非流动负债"和"一年内到期的非流动负债"等项目中列示。在计算租赁付款额的现值时，承租人应当采用租赁内含利率作为折现率；无法确定租赁内含利率的，应当采用承租人增量借款利率作为折现率。其中，租赁内含利率是指使出租人的租赁收款额的现值与未担保余值的现值之和等于租赁资产公允价值与出租人的初始直接费用之和的利率；

承租人增量借款利率，是指承租人在类似经济环境下为获得与使用权资产价值接近的资产，在类似期间以类似抵押条件借入资金须支付的利率。在后续计量中，承租人应当按照固定的周期性利率（即折现率）计算租赁负债在租赁期内各期间的利息费用，并计入当期损益。

（二）"租赁负债"科目的具体核算

"租赁负债"科目核算承租人尚未支付的租赁付款额的现值。该科目的期末余额在贷方，反映承租人尚未支付的租赁付款额的现值。承租人可分别设置"租赁付款额""未确认融资费用"等明细科目进行明细分类核算。主要账务处理如下：

（1）在租赁期开始日，承租人应当按尚未支付的租赁付款额，贷记"租赁负债——租赁付款额"科目，按尚未支付的租赁付款额的现值，借记"使用权资产"科目，按尚未支付的租赁付款额与其现值的差额，借记"租赁负债——未确认融资费用"科目。

（2）承租人在确认租赁期内各个期间的利息时，应当借记"财务费用——利息费用""在建工程"等科目，贷记"租赁负债——未确认融资费用"科目。

（3）承租人支付租赁付款额时，应当借记"租赁负债——租赁付款额"等科目，贷记"银行存款"等科目。

（4）在租赁期开始日后，承租人按变动后的租赁付款额的现值重新计量租赁负债的，当租赁负债增加时，应当按租赁付款额现值的增加额，借记"使用权资产"科目，按租赁付款额的增加额，贷记"租赁负债——租赁付款额"科目，按其差额，借记"租赁负债——未确认融资费用"科目。除了下述（5）中的情形，当租赁负债减少时，承租人应当按租赁付款额的减少额，借记"租赁负债——租赁付款额"科目，按租赁付款额现值的减少额，贷记"使用权资产"科目，按其差额，贷记"租赁负债——未确认融资费用"科目；若使用权资产的账面价值已调减至零，承租人应当按仍需进一步调减的租赁付款额，借记"租赁负债——租赁付款额"科目，按仍需进一步调减的租赁付款额现值，贷记"营业成本""制造费用""销售费用""管理费用""研发支出"等科目，按其差额，贷记"租赁负债——未确认融资费用"科目。

（5）租赁变更导致租赁范围缩小或租赁期缩短的，承租人应当按缩小或缩短的相应比例，借记"租赁负债——租赁付款额""使用权资产累计折旧""使用权资产减值准备"科目，贷记"租赁负债——未确认融资费用""使用权资产"科目，差额借记或贷记"资产处置损益"科目。

租赁负债通常分别在资产负债表中的"非流动负债"项目和"一年内到期的非流动负债"项目列示。

（三）"租赁负债"科目的明细科目设置

"租赁负债"科目的明细科目设置如表 5-18 所示。

表 5-18　"租赁负债"科目的明细科目设置

编号	会计科目名称	二级科目名称	三级科目名称	是否辅助核算	辅助核算类别
2503	租赁负债				
2503 01	租赁负债	租赁付款额	租赁种类	是	按租赁资产种类
2503 02	租赁负债	未确认融资费用	租赁种类	是	按租赁资产种类
2503 03	租赁负债	其他	租赁种类	是	按租赁资产种类

（四）租赁负债经典业务的会计核算

例 5-59　　承租人 A 公司与出租人 B 公司签订了为期 7 年的商铺租赁合同。每年的租赁付款额为 45 万元，在每年年末支付。A 公司无法确定租赁内含利率，其增量借款利率为 5.04%。

分析：在租赁期开始日，A 公司按租赁付款额的现值所确认的租赁负债为 260 万元。在第 1 年年末，A 公司向 B 公司支付第 1 年的租赁付款额 45 万元，其中，13.104 万元（260×5.04%）是当年的利息，31.896 万元（45 - 13.104）是本金，即租赁负债的账面价值减少 31.896 万元。A 公司的账务处理如下：

借：租赁负债——租赁付款额　　　　　　　　450 000

　　贷：银行存款　　　　　　　　　　　　　　　　450 000

借：财务费用——利息费用　　　　　　　　131 040

　　贷：租赁负债——未确认融资费用　　　　　　131 040

十六、长期应付款的设置与账务处理

（一）长期应付款的内涵

长期应付款是指企业除了长期借款和应付债券的其他各种长期应付款

项，包括应付融资租入固定资产的租赁费、以分期付款方式购入固定资产发生的应付款项等。长期应付款除了具有长期负债的一般特点，还具有款项主要形成固定资产并分期付款的特点。

（二）"长期应付款"科目的具体核算

"长期应付款"科目用于核算以分期付款方式购入固定资产时应付的款项及偿还情况。该科目贷方反映应付的长期应付款项；借方反映偿还的长期应付款项；期末的余额在贷方，反映企业应付未付的长期应付款项。该科目可按长期应付款的种类和债权人设置明细科目进行明细核算。该科目可按长期应付款的种类和债权人进行明细核算。

（三）"长期应付款"科目的明细科目设置

"长期应付款"科目的明细科目设置如表 5-19 所示。

表 5-19　"长期应付款"科目的明细科目设置

编号	会计科目名称	二级科目名称	三级科目名称
2701	长期应付款	按种类和债权人设置	项目名称

（四）长期应付款经典业务的会计核算

购入有关资产超过正常信用条件延期支付价款、实质上具有融资性质的，企业应按购买价款的现值，借记"固定资产""在建工程"等科目，按应支付的金额，贷记"长期应付款"科目，按其差额，借记"未确认融资费用"科目。

例 5-60　2×21 年 1 月 1 日，A 公司与 B 公司签订一项购货合同，A 公司从 B 公司购入一台需要安装的大型机器设备。合同约定，A 公司采用分期付款方式支付价款。该设备价款共计 90 万元，首期款项 15 万元于 2×21 年 1 月 1 日支付，其余款项在 2×21 年至 2×25 年的 5 年期间平均支付，每年的付款日期为当年 12 月 31 日。

2×21 年 1 月 1 日，设备如期运抵 A 公司并开始安装，发生运杂费和相关税费 16 万元（不含增值税），A 公司已用银行存款付讫。2×21 年 12 月 31 日，设备达到预定可使用状态，A 公司发生安装费 4 万元，已用银行存款付讫。

A 公司按照合同约定用银行存款如期支付了款项。假定折现率为 10%。

购买价款的现值＝150 000＋150 000×（P/A，10%，5）＝150 000＋150 000×3.790 8＝718 620（元）

2×21年1月1日，A公司的账务处理如下：

借：在建工程   718 620

  未确认融资费用   181 380

   贷：长期应付款   900 000

借：长期应付款   150 000

   贷：银行存款   150 000

借：在建工程   160 000

   贷：银行存款   160 000

十七、未确认融资费用的设置与账务处理

（一）未确认融资费用的内涵

未确认融资费用是指企业应当分期计入利息费用但目前尚未确认的融资费用。

（二）"未确认融资费用"科目的具体核算

"未确认融资费用"科目核算企业应当分期计入利息费用的未确认融资费用。该科目可按债权人和长期应付款项目进行明细核算。该科目的期末余额在借方，反映企业未确认融资费用的摊余价值。

（三）"未确认融资费用"科目的明细科目设置

"未确认融资费用"科目的明细科目设置如表5-20所示。

表5-20 "未确认融资费用" 科目的明细科目设置

编号	会计科目名称	二级科目名称	三级科目名称
2702	未确认融资费用	按债权人和项目设置	债权人或项目名称

（四）未确认融资费用经典业务的会计核算

1. 购入有关资产超过正常信用条件

（1）购入有关资产超过正常信用条件延期支付价款、实质上具有融资性质

的，应按购买价款的现值，借记"固定资产""在建工程"等科目，按应支付的金额，贷记"长期应付款"科目，按其差额，借记"未确认融资费用"科目。

（2）企业若采用实际利率法来分期摊销未确认融资费用，借记"在建工程""财务费用"等科目，贷记"未确认融资费用"科目。

例 5-61 甲公司为增值税一般纳税人，2×19 年 1 月 1 日购入一台不需要安装的设备，计入固定资产。该设备总价款为 500 万元，增值税额为 65 万元。2×19 年 1 月 1 日，甲公司支付 265 万元，其中含增值税 65 万元。余款分 3 年于每年年末等额支付。第 1 期于 2×19 年年末支付。假定同期银行贷款年利率为 6%。（P/A，6%，3）= 2.673 0。甲公司的账务处理如下：

（1）购入固定资产时：

借：固定资产	4 673 000
应交税费——应交增值税（进项税额）	650 000
未确认融资费用	327 000
贷：银行存款	2 650 000
长期应付款	3 000 000

相关计算如下：

长期应付款的现值 = 100×2.673 0 = 267.3（万元）

固定资产入账价值 = 200 + 267.3 = 467.3（万元）

（2）2×19 年年底支付 100 万元分期款时：

借：长期应付款	1 000 000
贷：银行存款	1 000 000
借：财务费用	160 400
贷：未确认融资费用	160 400

相关计算如下：

未确认的融资费用的摊销额 = 期初应付本金余额 × 实际利率 =（期初长期应付款余额 - 期初未确认融资费用余额）× 实际利率 =（300 - 32.7）×6% = 16.04（万元）

（3）2×20 年年底支付 100 万元分期付款时：

借：长期应付款	1 000 000
贷：银行存款	1 000 000
借：财务费用	110 000
贷：未确认融资费用	110 000

相关计算如下：

未确认的融资费用的摊销 = 期初应付本金余额 × 实际利率 =（期初长期

应付款余额－期初未确认融资费用余额）× 实际利率＝［（300－100）－（32.7－16.04）］×6%＝11（万元）

2×19 年年底支付的 100 万元长期应付款中包含有 16.04 万元的利息，所以在计算 2×20 年年初的应付本金余额时要将 16.04 万元的利息剔除。

（4）2×21 年年底支付 100 万元分期款时：

借：长期应付款　　　　　　　　　　　　　　　1 000 000
　　贷：银行存款　　　　　　　　　　　　　　　　　1 000 000
借：财务费用　　　　　　　　　　　　　　　　　56 600
　　贷：未确认融资费用　　　　　　　　　　　　　　　56 600

相关计算如下：

最后一期的未确认融资费用的摊销金额＝32.7－16.04－11＝5.66（万元）

确认的融资费用的摊销额＝期初应付本金余额 × 实际利率＝（期初长期应付款余额－期初未确认融资费用余额）× 实际利率＝［（300－200）－（32.7－16.04－11）］×6%＝5.66（万元）

2×20 年年底支付的 100 万元长期应付款中包含有 11 万元的利息，所以在计算 2×20 年年初的应付本金余额时，要将 11 万元的利息剔除。

2. 购入有关资产超过正常信用条件

（1）企业购入有关资产超过正常信用条件延期支付价款、实质上具有融资性质的，应按购买价款的现值，借记"固定资产""在建工程"等科目，按应支付的金额，贷记"长期应付款"科目，按其差额，借记"未确认融资费用"科目。相关内容详见"十六、长期应付款的设置与账务处理"，在此不再赘述。

（2）企业采用实际利率法来分期摊销未确认融资费用，借记"在建工程""财务费用"等科目，贷记"未确认融资费用"科目。

十八、预计负债的设置与账务处理

（一）预计负债的内涵

预计负债是因或有事项可能产生的负债。根据《企业会计准则第 13 号——或有事项》的规定，与或有事项相关的义务同时符合以下三个条件的，企业应将其确认为负债：

（1）该义务是企业承担的现时义务。

（2）该义务的履行很可能导致经济利益流出企业。这里的"很可能"是指发生的可能性为"大于 50%，但小于或等于 90%"。

（3）该义务的金额能够可靠地计量。

（二）"预计负债"科目的具体核算

"预计负债"科目核算企业确认的对外提供担保、未决诉讼、产品质量保证、重组义务、亏损性合同等预计负债。该科目可按形成预计负债的交易或事项进行明细核算。该科目的期末余额在贷方，反映企业已确认尚未支付的预计负债。

（三）"预计负债"科目明细科目设置

"预计负债"科目的明细科目设置如表 5-21 所示。

表 5-21　"预计负债"科目的明细科目设置

编号	会计科目名称	二级科目名称	三级科目名称
2801	预计负债	按交易或事项设置	债权人或项目

（四）预计负债经典业务的会计核算

1. 发生预计负债

由对外提供担保、未决诉讼、重组义务产生的预计负债，企业应按确定的金额，借记"营业外支出"等科目，贷记"预计负债"科目；由产品质量保证产生的预计负债，应按确定的金额，借记"销售费用"科目，贷记"预计负债"科目；由资产弃置义务产生的预计负债，应按确定的金额，借记"固定资产"或"油气资产"科目，贷记"预计负债"科目；在固定资产或油气资产的使用寿命内，按计算确定的各期应负担的利息费用，借记"财务费用"科目，贷记"预计负债"科目。

例 5-62　2×21 年 11 月 1 日，B 公司因合同违约而被丁公司起诉。2×21 年 12 月 31 日，B 公司尚未接到法院的判决。丁公司预计，如无特殊情况很可能在诉讼中获胜，假定丁公司估计将来很可能获得赔偿金额 190 万元。在咨询了公司的法律顾问后，B 公司认为最终的法律判决很可能对公司不利。假定 B 公司预计将要支付的赔偿金额、诉讼费等费用为 160 万元至 200 万元之间的某一金额，而且在这个区间内每个金额的可能性都大致相同，其中诉讼费为 3 万元。

分析：本例中，丁公司不应当确认或有资产，而应当在 2×21 年 12 月 31 日的报表附注中披露或有资产 190 万元。

B 公司应在资产负债表中确认一项预计负债，金额为 180 万元［（160 ＋ 200）÷2］，同时在 2×21 年 12 月 31 日的报表附注中进行披露。

B 公司的账务处理如下：

借：管理费用——诉讼费   30 000

    营业外支出   1 770 000

    贷：预计负债——未决诉讼   1 800 000

2. 清偿或冲减预计负债

企业实际清偿或冲减的预计负债，借记"预计负债"科目，贷记"银行存款"等科目。

企业预期从第三方获得的补偿，是一种潜在资产，其最终是否真的会转化为企业真正的资产（即企业是否能够收到这项补偿）具有较大的不确定性，企业只能在基本确定能够收到补偿时才能对其进行确认。根据资产和负债不能随意抵销的原则，预期可获得的补偿在基本确定能够收到时应当确认为一项资产，而不能作为预计负债金额的扣减。

例 5-63　B 企业 2×21 年 1 月 1 日与某外贸公司签订一项产品销售合同，约定在 2×21 年 2 月 15 日以每件产品 100 元的价格向外贸公司提供 1 万件 A 产品，若不能按期交货，B 企业需要交纳 30 万元的违约金。

这批产品在签订合同时尚未开始生产，但 B 企业开始筹备原材料以生产这批产品时，原材料价格突然上涨，预计生产每件产品的成本将升至 125 元。

分析： 在本例中，B 企业生产产品的成本为每件 125 元，而售价为每件 100 元，每销售 1 件产品亏损 25 元，共计损失 25 万元。因此，这项销售合同是一项亏损合同。如果撤销合同，B 企业需要交纳 30 万元的违约金。B 企业的账务处理如下：

（1）由于该合同变为亏损合同时不存在标的资产，B 企业应当按照履行合同造成的损失与违约金两者中的较低者确认一项预计负债：

借：营业外支出   250 000

    贷：预计负债   250 000

（2）待相关产品生产完成后，将已确认的预计负债冲减产品成本时：

借：预计负债   250 000

    贷：库存商品   250 000

例 5-64　接例 5-63，若其他条件不变，预计生产每件产品的成本将升至 140 元。

分析：本例中，B 企业生产产品的成本为每件 140 元，而售价为每件 100 元，每销售 1 件产品亏损 40 元，共计损失 40 万元。因此，这项销售合同是一项亏损合同。如果撤销合同，B 企业需要交纳 30 万元的违约金。

（1）由于该合同变为亏损合同时不存在标的资产，B 企业应当按照履行合同造成的损失与违约金两者中的较低者确认一项预计负债：

借：营业外支出　　　　　　　　　　　　　　　　　 300 000

　　贷：预计负债　　　　　　　　　　　　　　　　　　　　300 000

（2）支付违约金时：

借：预计负债　　　　　　　　　　　　　　　　　　 300 000

　　贷：银行存款　　　　　　　　　　　　　　　　　　　　300 000

3. 在购买日确认因企业合并取得的资产、负债

合并中取得的被购买方或有负债，其公允价值能够可靠地计量的，企业应当将其单独确认为负债，并按照公允价值予以计量。

例 5-65　A 公司合并 B 公司，之前两者不存在关联方关系。假定购买日被购买企业 B 公司存在一项未决诉讼，B 公司预计败诉的可能性为 40%，如果败诉很可能赔偿金额为 200 万元，即公允价值能够合理确定（假定所得税税率为 25%）。

分析：本例中，按照《企业会计准则》规定，B 公司不确认预计负债，但是 A 公司在合并财务报表中，在购买日需要确认该负债。A 公司购买日的调整分录如下：

借：递延所得税资产　　　　　　　　　　　　　　　 500 000

　　资本公积　　　　　　　　　　　　　　　　　　 1 500 000

　　贷：预计负债　　　　　　　　　　　　　　　　　　　2 000 000

十九、递延所得税负债的设置与账务处理

（一）递延所得税负债的内涵

应纳税暂时性差异在转回期间将增加本来期间企业的应纳税所得额和应交所得税，导致企业经济利益的流出，从其发生当期看，构成企业应支付税金的义务，应作为递延所得税负债确认。

企业在确认因应纳税暂时性差异产生的递延所得税负债时，应遵循以下原则：

（1）除了《企业会计准则》中明确规定可不确认递延所得税负债的情况，企业对于所有的应纳税暂时性差异均应确认相关的递延所得税负债。除了直接所有者权益的交易或事项以及企业合并，企业在确认递延所得税负债的同时，应增加利润表中的所得税费用。

（2）企业在确认应纳税暂时性差异产生的递延所得税负债时，交易或事项发生时影响到会计利润或应纳税所得额的，相关的所得税影响应作为利润表中所得税费用的组成部分，即递延所得税负债的确认应导致利润表中所得税费用的增加；与直接所有者权益的交易或事项相关的，其所得税影响应增加或减少所有者权益；企业合并产生的，相关的递延所得税影响应调整购买回应确认的商誉或是当期损益的金额。

（二）"递延所得税负债"科目的具体核算

"递延所得税负债"科目核算企业确认的应纳税暂时性差异产生的所得税负债。该科目可按应纳税暂时性差异的项目进行明细核算。该科目的期末余额在贷方，反映企业已确认的递延所得税负债。

（三）"递延所得税负债"科目的明细科目设置

"递延所得税负债"科目的明细科目设置如表5-22所示。

表5-22 "递延所得税负债" 科目的明细科目设置

编号	会计科目名称	二级科目名称	三级科目名称
2901	递延所得税负债	按应纳税暂时性差异的项目	项目名称

（四）递延所得税负债经典业务的会计核算

1. 确认递延所得税负债

（1）资产负债表日，企业确认的递延所得税负债，借记"所得税费用——递延所得税费用"科目，贷记"递延所得税负债"科目。资产负债表日递延所得税负债的应有余额大于其账面余额的，应按其差额确认，借记"所得税费用——递延所得税费用"科目，贷记"递延所得税负债"科目；资产负债表日递延所得税负债的应有余额小于其账面余额的，做相反的会计分录。

（2）与直接计入所有者权益的交易或事项相关的递延所得税负债，借记"资本公积——其他资本公积"科目，贷记"递延所得税负债"科目。

例 5-66　A公司适用的所得税税率为25%，各年实现的利润总额均为1 000万元。2×21年3月31日，A公司取得某项固定资产，成本为500万元，使用年限为10年，会计上采用年限平均法计提折旧，净残值为零。2×22年12月31日，A公司估计，该项固定资产的可收回金额为350万元。税法规定，该固定资产使用年限为10年，应采用双倍余额递减法计提折旧，净残值为零。A公司的账务处理如下：

（1）2×21年年末：

年末资产账面价值＝500－500÷10×9÷12＝500－37.5＝462.5（万元）

年末资产计税基础＝500－500×2÷10×9÷12＝500－75＝425（万元）

年末应纳税暂时性差异余额＝462.5－425＝37.5（万元）【将于未来期间计入企业的应纳税所得额】

年末"递延所得税负债"余额＝37.5×25%＝9.375（万元）

年末"递延所得税负债"发生额＝9.375（万元）

2×21年，A公司应确认递延所得税费用9.375万元。

2×21年应交所得税＝（利润总额＋会计折旧－税法折旧）×所得税税率＝（1 000＋37.5－75）×25%＝240.625（万元）

2×21年确认所得税费用＝240.625＋9.375＝250（万元）

借：所得税费用　　　　　　　　　　　　　　　2 500 000

　　贷：应交税费——应交所得税　　　　　　　　　　2 406 250

　　　　递延所得税负债　　　　　　　　　　　　　　　93 750

（2）2×22年年末：

2×22年12月31日，该项固定资产计提减值准备前的账面价值＝500－375－500÷10＝412.5（万元），该账面价值大于其可收回金额350万元，应计提62.5万元的固定资产减值准备。

年末资产账面价值＝500－37.5－500÷10－62.5＝350（万元）

年末资产计税基础＝500－75－（500×2÷10×3÷12＋400×2÷10×9÷12）＝340（万元）

年末累计应纳税暂时性差异＝350－340＝10（万元）

年末"递延所得税负债"余额＝10×25%＝2.5（万元）

年末"递延所得税负债"发生额＝2.5－9.375＝－6.875（万元）

2×22 年，A 公司应确认递延所得税收益 6.875 万元。

2×22 年应交所得税＝（利润总额＋会计折旧＋减值准备－税法折旧）×所得税税率＝（1 000＋500÷10＋62.5－85）×25%＝256.875（万元）

2×22 年，确认的所得税费用＝256.875－6.875＝250（万元）

借：所得税费用　　　　　　　　　　　　　　2 500 000

　　递延所得税负债　　　　　　　　　　　　　　68 750

　　贷：应交税费——应交所得税　　　　　　　　　2 568 750

2. 企业合并形成的递延所得税负债

企业合并中取得资产、负债的入账价值与其计税基础不同形成应纳税暂时性差异的，应于购买日确认递延所得税负债，同时调整商誉，借记"商誉"等科目，贷记"递延所得税负债"科目。

二十、衍生工具的设置与账务处理

（一）衍生工具的内涵

衍生工具是指属于《企业会计准则第 22 号——金融工具确认和计量》范围并同时具备下列特征的金融工具或其他合同：

（1）价值随特定利率、金融工具价格、商品价格、汇率、价格指数、费率指数、信用等级、信用指数或其他变量的变动而变动。变量为非金融变量的，该变量不应与合同的任何一方存在特定关系。

（2）不要求初始净投资，或者与对市场因素变化预期有类似反应的其他合同相比，要求较少的初始净投资。

（3）在未来某一日期结算。

常见的衍生工具包括远期合同、期货合同、互换合同和期权合同等。

（二）"衍生工具"科目的具体核算

"衍生工具"科目核算企业衍生工具的公允价值及其变动形成的衍生资产或衍生负债。衍生工具作为套期工具的，在"套期工具"科目核算。该科目可按衍生工具类别进行明细核算。

衍生工具的主要账务处理如下：①企业取得衍生工具，按其公允价值，借记本科目，按发生的交易费用，借记"投资收益"科目，按实际支付的金额，贷记"银行存款""存放中央银行款项"等科目。②资产负债表日，衍生工具的公允价值高于其账面余额的差额，借记"衍生工具"科目，贷记"公允价值变动损益"科目；公允价值低于其账面余额的差额，做相反的会计分录。③终止确认的衍生工具，应当比照"交易性金融资产""交易性金融负债"等科目的相关规定进行处理。

"衍生工具"科目期末借方余额反映企业衍生工具形成资产的公允价值；期末贷方余额反映企业衍生工具形成负债的公允价值。

（三）"衍生工具"科目的明细科目设置

"衍生工具"科目的明细科目设置如表 5-23 所示。

表 5-23　"衍生工具"科目的明细科目设置

编号	会计科目名称	二级科目名称	三级科目名称
3101	衍生工具	类别	

（四）衍生工具经典业务的会计核算

例 5-67　甲公司于 2×21 年 2 月 1 日向乙公司发行以自身普通股为标的看涨期权。根据该期权合同，如果乙公司行权（行权价为 102 元），乙公司有权以每股 102 元的价格从甲公司购入普通股 1 000 股。其他有关资料如下：

（1）合同签订日：2×21 年 2 月 1 日。

（2）行权日（欧式期权）：2×22 年 1 月 31 日。

（3）2×22 年 1 月 31 日应支付的固定行权价格为 102 元。

（4）期权合同中的普通股数量为 1 000 股。

（5）2×21 年 2 月 1 日，每股市价为 100 元。

（6）2×21 年 12 月 31 日，每股市价为 104 元。

（7）2×22 年 1 月 31 日，每股市价为 104 元。

（8）2×21 年 2 月 1 日，期权的公允价值为 5 000 元。

（9）2×21 年 12 月 31 日，期权的公允价值为 3 000 元。

（10）2×22 年 1 月 31 日，期权的公允价值为 2 000 元。

第一种情形：该期权将以现金净额结算。

分析：在现金净额结算约定下，甲公司不能完全避免向另一方支付现金的义务，因此应当将该期权划分为金融负债。甲公司的账务处理如下：

（1）2×21 年 2 月 1 日，确认发行的看涨期权时：

借：银行存款 5 000

　　贷：衍生工具——看涨期权 5 000

（2）2×21 年 12 月 31 日，确认期权公允价值减少时：

借：衍生工具——看涨期权（5 000 − 3 000） 2 000

　　贷：公允价值变动损益 2 000

（3）2×22 年 1 月 31 日，确认期权公允价值减少时：

借：衍生工具——看涨期权（3 000 − 2 000） 1 000

　　贷：公允价值变动损益 1 000

在同一天，乙公司行使了该看涨期权，合同以现金净额方式进行结算。甲公司有义务向乙公司交付 104 000 元（104×1 000），并从乙公司收取 102 000 元（102×1 000），甲公司实际支付净额为 2 000 元。反映看涨期权结算的账务处理如下：

借：衍生工具——看涨期权 2 000

　　贷：银行存款 2 000

第二种情形：该期权将以普通股净额结算。

分析：普通股净额结算是指甲公司以普通股代替现金进行净额结算，支付的普通股公允价值等于应当支付的现金金额。在普通股净额结算的约定下，由于甲公司须交付的普通股数量 ［（行权日每股价格 − 102）×1 000÷行权日每股价格］不确定，甲公司应当将该期权划分为金融负债。

除了期权以普通股净额结算，其他资料与第一种情形相同。甲公司实际向乙公司交付普通股数量约为 19.23 股（2 000÷104），因交付的普通股数量须为整数，实际交付 19 股，余下的金额 24 元（0.23×104）将以现金方式支付。因此，甲公司除了以下账务处理，其他账务处理与第一种情形相同。

2×22 年 1 月 31 日：

借：衍生工具——看涨期权 2 000

　　贷：股本 19

　　　资本公积——股本溢价 1 957

　　　银行存款（2 000 − 19×104） 24

第三种情形：该期权以普通股总额结算。

分析：在普通股总额结算的约定下，甲公司需交付的普通股数量固定，将收到的金额也是固定的，因此，应当将该期权划分为权益。除了甲公司以约定的固定数量的自身普通股交换固定金额现金，其他资料与第一种情形相同。因此，乙公司有权于 2×22 年 1 月 31 日以 102 000 元（102×1 000）购买甲公司 1 000 股普通股。甲公司的账务处理如下：

（1）2×21年2月1日，确认发行的看涨期权时：

借：银行存款　　　　　　　　　　　　　　　　　　　5 000
　　贷：其他权益工具　　　　　　　　　　　　　　　　　　5 000

由于甲公司以约定的固定数量的自身普通股交换固定金额现金，甲公司应将该衍生工具确认为权益工具。

（2）2×21年12月31日：

该期权合同确认为权益工具，甲公司无需就该期权的公允价值变动做出会计处理，因此无需在2×21年12月31日进行账务处理。

（3）2×22年1月31日，乙公司行权时：

借：银行存款　　　　　　　　　　　　　　　　　　102 000
　　其他权益工具　　　　　　　　　　　　　　　　　　5 000
　　贷：股本　　　　　　　　　　　　　　　　　　　　1 000
　　　　资本公积——股本溢价　　　　　　　　　　　106 000

第四种情形： 乙公司拥有结算选择权。

结算选择权（如现金净额、股票净额或以普通股总额结算）的存在导致看涨期权成为一项金融负债。由于可以用企业发行自身固定数量股票而收取固定金额的现金或其他金融资产以外方式的其他方式进行结算，该合同不符合权益工具的定义。甲公司应该如上述第一种情形和第二种情形所示，将该期权确认为一项衍生负债，结算时需要进行的账务处理取决于合同的实际结算方式。

二十一、套期工具的设置与账务处理

（一）套期工具的内涵

套期工具是指企业为进行套期而指定的、其公允价值或现金流量变动预期可抵销被套期项目的公允价值或现金流量变动的金融工具。套期工具主要包括以下几类：

（1）以公允价值计量且其变动计入当期损益的衍生工具，但签出期权除外。企业签出期权收到的仅是期权费，但承担的潜在损失却远高于潜在收益（期权费），签出期权导致企业面临的风险更大，而套期工具的作用是抵消被套期项目的风险，因此，签出期权起不到套期作用，在通常情况下，企业不能将其作为套期工具，只有在对购入期权（包括嵌入在混合合同中的购入期权）进行套期时，签出期权才可以作为套期工具。嵌入在混合合同中但未分拆的衍生工具不能作为单独的套期工具，其原因在于嵌入在混合合同中但未分拆的衍生工具因其未分拆，没有单独计量，因此，不能作为单独的套期工具。

（2）以公允价值计量且其变动计入当期损益的非衍生金融资产或非衍生金融负债，但指定为以公允价值计量且其变动计入当期损益、且其自身信用风险变动引起的公允价值变动计入其他综合收益的金融负债除外，原因在于其没有将整体公允价值变动计入损益（符合条件的套期工具要求公允价值变动全部计入损益当中）。

企业自身权益工具不属于企业的金融资产或金融负债，不能作为套期工具。

《企业会计准则第24——套期会计》规定，在确立套期关系时，企业应当将符合条件的金融工具整体指定为套期工具，但下列情形除外：

（1）对于期权，企业可以将期权的内在价值和时间价值分开，只将期权的内在价值变动指定为套期工具。期权的价值包括内在价值（立即执行期权时现货价格与行权价格之差所带来的收益）和时间价值（期权的价格与内在价值之差）。随着期权临近到期，期权的时间价值不断减少直至为零。当企业仅指定期权的内在价值变动为套期工具时，与期权的时间价值相关的公允价值变动被排除在套期有效性评估之外，从而能够提高套期的有效性。

（2）对于远期合同，企业可以将远期合同的远期要素和即期要素分开，只将即期要素的价值变动指定为套期工具。远期合同的即期要素反映了基础项目远期价格与现货价格的差异，而远期要素的特征取决于不同的基础项目。当企业仅指定远期合同的即期要素的价值变动为套期工具时，能够提高套期的有效性。

（3）对于金融工具，企业可以将金融工具的外汇基差单独分拆，只将排除外汇基差后的金融工具指定为套期工具。外汇基差反映了货币主权信用差异和市场供求等因素所带来的成本。企业将外汇基差分拆，只将排除外汇基差之后的金融工具指定为套期工具，能够提高套期的有效性。

（4）企业可以将套期工具的一定比例指定为套期工具，但不可以将套期工具剩余期限内某一时段的公允价值变动部分指定为套期工具。

（二）"套期工具"科目的具体核算

"套期工具"科目核算企业在开展套期保值业务（包括公允价值套期、现金流量套期和境外经营净投资套期）时套期工具公允价值变动形成的资产或负债。该科目可按套期工具类别进行明细核算。

套期工具的主要账务处理如下：①企业将已确认的衍生工具等金融资产

或金融负债指定为套期工具的，应按其账面价值，借记或贷记"套期工具"科目，贷记或借记"衍生工具"等科目。②资产负债表日，对于有效套期，应按套期工具产生的利得，借记"套期工具"科目，贷记"公允价值变动损益""资本公积——其他资本公积"等科目；套期工具产生损失时，做相反的会计分录。③金融资产或金融负债不再作为套期工具核算的，应按套期工具形成的资产或负债，借记或贷记有关科目，贷记或借记"套期工具"科目。

"套期工具"科目期末借方余额反映企业套期工具形成资产的公允价值；期末贷方余额反映企业套期工具形成负债的公允价值。

（三）"套期工具"科目的明细科目设置

"套期工具"科目的明细科目设置如表 5-24 所示。

表 5-24　"套期工具"科目的明细科目设置

编号	会计科目名称	二级科目名称	三级科目名称
3201	套期工具	类别	

（四）套期工具经典业务的会计核算

1. 公允价值套期的会计核算

例 5-68　2×21 年 1 月 1 日，甲公司为规避所持有铜存货公允价值变动风险，与某金融机构签订一项铜期货合同，并将其指定为对 2×21 年前 2 个月铜存货的商品价格变化引起的公允价值变动风险的套期工具。铜期货合同的标的资产与被套期项目铜存货在数量、质次、价格变动和产地方面相同。假设套期工具与被套期项目因铜价变化引起的公允价值变动一致，且不考虑期货市场中每日无负债结算制度的影响。

2×21 年 1 月 1 日，铜期货合同的公允价值为零，被套期期项目（铜存货）的账面价值和成本均为 100 万元，公允价值为 110 万元。2×21 年 1 月 31 日，铜期货合同公允价值上涨了 2.5 万元，铜存货的公允价值下降了 2.5 万元。2×21 年 2 月 28 日，铜期货合同公允价值下降了 1.5 万元，铜存货的公允价值上升了 1.5 万元。当日，甲公司将铜存货以 109 万元的价格出售，并将铜期货合同结算。

甲公司通过分析发现，铜存货与铜期货合同存在经济关系，且经济关系产生的价值变动中信用风险不占主导地位，套期比率也反映了套期的实际数量，符合套期有效性要求。假定不考虑商品销售相关的增值税及其他因素，甲公司的账务处理如下：

（1）2×21 年 1 月 1 日：

借：被套期项目——库存商品铜　　　　　　　　　　1 000 000

　　贷：库存商品——铜　　　　　　　　　　　　　　　 1 000 000

（指定铜存货为被套期项目）

2×21 年 1 月 1 日，被指定为套期工具的铜期货合同的公允价值为零，因此无账务处理。

（2）2×21 年 1 月 31 日：

借：套期工具——铜期货合同　　　　　　　　　　　 25 000

　　贷：套期损益　　　　　　　　　　　　　　　　　　　 25 000

（确认套期工具公允价值变动）

借：套期损益　　　　　　　　　　　　　　　　　　　 25 000

　　贷：被套期项目——库存商品铜　　　　　　　　　　 25 000

（确认被套期项目公允价值动）

（3）2×21 年 2 月 28 日：

借：套期损益　　　　　　　　　　　　　　　　　　　 15 000

　　贷：套期工具——铜期货合同　　　　　　　　　　　 15 000

（确认套期工具公允价值变动）

借：被套期项目——库存商品铜　　　　　　　　　　 15 000

　　贷：套期损益　　　　　　　　　　　　　　　　　　　 15 000

（确认被套期项目公允价值变动）

借：应收账款或银行存款　　　　　　　　　　　　1 090 000

　　贷：主营业务收入　　　　　　　　　　　　　　　　 1 090 000

（确认铜存货销售收入）

借：主营业务成本　　　　　　　　　　　　　　　 990 000

　　贷：被套期项目——库存商品铜　　　　　　　　　　 990 000

（结转铜存货销售成本）

借：银行存款　　　　　　　　　　　　　　　　　　 10 000

　　贷：套期工具——铜期货合同　　　　　　　　　　　 10 000

（结算铜期货合同）

注：由于甲公司采用套期进行风险管理，规避了铜存货公允价值变动风险，因此其铜存货公允价值下降没有对预期毛利 10 万元（110 － 100）产生不利影响；同时，甲公司运用公允价值套期会计将套期工具与被套期项目的公允

价值变动计入相同会计期间的损益，消除了因公司的风险管理活动可能导致的损益波动。

例 5-69 甲公司为境内商品生产企业，采用人民币作为记账本位币。2×21 年 3 月 3 日，甲公司与某境外公司签订了一项设备购买合同（确定承诺），设备价格为外币（以下简称"FC"）300 万元，交货日期及付款日为 2×21 年 4 月 30 日。

2×21 年 3 月 3 日，甲公司签订了一项购买 FC300 万元的外汇远期合同。根据该远期合同，甲公司将于 2×21 年 4 月 30 日支付人民币 495 万元购入 FC300 万元。2×21 年 3 月 3 日，外汇远期合同的公允价值为 0。

甲公司将该外汇远期合同指定为对 FC/ 人民币汇率变动可能引起的外币计价的确定承诺公允价值变动风险进行套期的套期工具。

2×21 年 4 月 30 日，甲公司履行确定承诺并以净额结算该远期合同，当日的即期汇率为 1FC ＝ 1.8 人民币元。

与该套期有关的远期汇率以及外汇远期合同的资料如表 5-25 所示。

表 5-25 合同资料

单位：人民币元

日期	2×21 年 4 月 30 日的远期汇率（FC/ 人民币）	本期外汇远期合同公允价值变动	本期末外汇远期合同公允价值
2×21 年 3 月 3 日	1.65	—	—
2×21 年 3 月 31 日	1.68	90 000	90 000
2×21 年 4 月 30 日	—	360 000	450 000

为简化核算，假定不考虑设备购买有关的税费因素、设备运输和安装费用等；同时，本例假设被套期项目与套期工具因 FC/ 人民币汇率变动引起的公允价值变动金额相同。

根据上述资料，甲公司的账务处理如下：

（1）2×21 年 3 月 3 日，远期合同和确定承诺当日公允价值均为 0，因此无须进行账务处理，但需编制指定文件。

（2）2×21 年 3 月 31 日，确认确定承诺因汇率变动引起的公允价值变动时：

借：套期损益　　　　　　　　　　　　　　　　　90 000

　　贷：被套期项目——确定承诺　　　　　　　　　　　90 000

确认套期工具的公允价值变动时：

借：套期工具——远期合同　　　　　　　　　　　　　90 000

　　贷：套期损益　　　　　　　　　　　　　　　　　　90 000

（3）2×21年4月30日，确认确定承诺因汇率变动引起的公允价值变动时：

借：套期损益　　　　　　　　　　　　　　　　　　360 000

　　贷：被套期项目——确定承诺　　　　　　　　　　360 000

确认套期工具的公允价值变动时：

借：套期工具——远期合同　　　　　　　　　　　　360 000

　　贷：套期损益　　　　　　　　　　　　　　　　　360 000

结算远期合同时：

借：银行存款　　　　　　　　　　　　　　　　　　450 000

　　贷：套期工具——远期合同　　　　　　　　　　　450 000

履行确定承诺购入固定资产时：

借：固定资产——设备　　　　　　　　　　　　　4 950 000

　　被套期项目——确定承诺　　　　　　　　　　　450 000

　　贷：银行存款　　　　　　　　　　　　　　　5 400 000

注：甲公司通过运用套期进行风险管理，使所购设备的成本锁定在确定承诺的购买价格FC300万元按1FC＝1.65人民币元（套期开始日的远期合同汇率）进行折算确定的金额，即人民币495万元。

例 5-70　2×19年1月1日，甲公司以每股50元的价格购入乙公司股票2万股（占乙公司有表决权股份的3%），且选择将其指定为以公允价值计量且其变动计入其他综合收益的非交易性权益工具投资。为规避该股票价格下跌风险，甲公司于2×19年12月31日签订一份股票远期合同，约定将于2×21年12月31日以每股65元的价格出售其所持的乙公司股票2万股，2×19年12月31日该股票远期合同的公允价值为0。2×21年12月31日，甲公司履行远期合同，出售乙公司股票。假设不考虑远期合同的远期要素。甲公司购入的乙公司股票和股票远期合同的公允价值如表5-26所示。

表5-26　股票和股票远期合同的公允价值

单位：人民币元

乙公司股票	2×19年12月31日	2×20年12月31日	2×21年12月31日
每股价格	65	60	57

（续表）

乙公司股票	2×19 年 12 月 31 日	2×20 年 12 月 31 日	2×21 年 12 月 31 日
股票公允价值	1 300 000	1 200 000	1 140 000
远期合同公允价值	—	100 000	160 000

分析： 甲公司通过分析发现，乙公司股票与远期合同存在经济关系，且价值变动中信用风险不占主导地位，套期比率也反映了套期的实际数量，符合套期有效性要求。甲公司的账务处理如下：

（1）2×19 年 1 月 1 日，确认购入乙公司股票时：

借：其他权益工具投资　　　　　　　　　　　　　　　1 000 000

　　贷：银行存款　　　　　　　　　　　　　　　　　　1 000 000

（2）2×19 年 12 月 31 日：

a. 确认乙公司股票的公允价值变动时：

借：其他权益工具投资　　　　　　　　　　　　　　　　300 000

　　贷：其他综合收益——公允价值变动　　　　　　　　　300 000

b. 将非交易性权益工具投资指定为被套期项目时：

借：被套期项目——其他权益工具投资　　　　　　　　1 300 000

　　贷：其他权益工具投资　　　　　　　　　　　　　　1 300 000

c. 远期合同的公允价值为 0，无须进行账务处理。

（3）2×20 年 12 月 31 日：

a. 确认套期工具公允价值变动：

借：套期工具——远期合同　　　　　　　　　　　　　　100 000

　　贷：其他综合收益——套期损益　　　　　　　　　　　100 000

b. 确认被套期项目公允价值变动时：

借：其他综合收益——套期损益　　　　　　　　　　　　100 000

　　贷：被套期项目——其他权益工具投资　　　　　　　　100 000

（4）2×21 年 12 月 31 日：

a. 确认套期工具公允价值变动：

借：套期工具——远期合同　　　　　　　　　　　　　　 60 000

　　贷：其他综合收益——套期损益　　　　　　　　　　　 60 000

b. 确认被套期项目公允价值变动时：

借：其他综合收益——套期损益　　　　　　　　　　　　 60 000

　　贷：被套期项目——其他权益工具投资　　　　　　　　 60 000

c.履行远期合同，出售乙公司股票时：

借：银行存款   1300 000

    贷：被套期项目——其他权益工具投资   1 140 000

        套期工具——远期合同   160 000

d.将计入其他综合收益的公允价值变动转出，计入留存收益时：

借：盈余公积——法定盈余公积   30 000

    利润分配——未分配利润   270 000

    贷：其他综合收益——公允价值变动   300 000

例 5-71 2×20 年 12 月 31 日，甲银行按面值购入 10 000 万元国债，票面利率为 3.39%，每季度付息一次，到期日为 2×21 年 12 月 31 日。甲银行对该国债以摊余成本计量。2×20 年 12 月 31 日，甲银行与交易对手签订名义金额 10 000 万元的 1 年期利率互换合约，起息日为 2×20 年 12 月 31 日。甲银行作为固定利率支付方，按季支付 3.39% 的固定利率，同时按季收取并重置 SHIBOR_1M 的浮动利率，首次利率确定日为 2×20 年 12 月 30 日。国债和利率互换合约均按照 30/360 计息。利率互换合约的初始公允价值为 0。甲银行于 2×20 年 12 月 31 日将利率互换合约指定为套期工具，对该 10 000 万元国债由于市场利率变动产生的公允价值变动风险进行套期。假设不考虑国债的信用风险。2×21 年 7 月 1 日，甲银行的风险管理目标发生变化，导致套期关系不再满足运用套期会计的条件，甲银行在当日对上述指定终止运用套期会计。利率互换合约现金流量和公允价值变动如表 5-27 所示。

表 5-27 利率互换合约现金流量和公允价值变动

金额单位：万元

时间	收：浮动利率（1 个月期 SHIBOR)	付：固定利率	净利息结算	期初余额（结算利息后）	本期公允价值变动	期末余额（结算利息后）
2×21 年 3 月 31 日	5.009%	3.39%	40.5	—	13.1	13.1
2×21 年 6 月 30 日	3.521%	3.39%	3.3	13.1	（65.1）	（52.0）
2×21 年 9 月 30 日	3.091%	3.39%	（7.5）	（52.0）	23.7	（28.3）
2×21 年 12 月 31 日	3.002%	3.39%	（9.7）	（28.3）	28.3	0

被套期项目因利率风险引起的公允价值变动金额如表 5-28 所示。

表 5-28　被套期项目因利率风险引起的公允价值变动

单位：万元

时间	因利率风险引起的公允价值变动	公允价值变动累计金额	调整后账面价值
2×21 年 3 月 31 日	（12.9）	（12.9）	9 987.1
2×21 年 6 月 30 日	65.6	52.7	10 052.7

假设甲银行选择自调整日（2×21 年 3 月 31 日）开始摊销，其对被套期项目的摊销情况如表 5-29 所示。

表 5-29　被套期项目的摊销情况

金额单位：万元

时间	期初摊余成本	实际利率	实际利息收入	现金流入	本期摊销	期末摊余成本（调整前）	本期对被套期项目的调整	期末摊余成本（调整后）
2×21 年 3 月 31 日	10 000.0	3.39%	84.7	（84.7）	—	10 000.0	（12.9）	9 987.1
2×21 年 6 月 30 日	9 987.1	3.56%	89.0	（84.7）	4.3	9 991.4	65.6	1 005.7
2×21 年 9 月 30 日	10 057.0	2.24%	56.3	（84.7）	（28.4）	10 028.6	0	10 028.6
2×21 年 12 月 31 日	10 028.6	2.24%	56.1	（10 084.7）	（28.6）	0	0	0

甲银行的账务处理如下：

（1）2×20 年 12 月 31 日，购入国债，并将其指定为被套期项目时：

借：被套期项目——债权投资　　　　　　　　　　100 000 000

　　贷：银行存款　　　　　　　　　　　　　　　　　100 000 000

被指定为套期工具的利率互换合约的初始公允价值为 0，因此无须账务处理。

（2）2×21 年 3 月 31 日：

a. 确认国债利息收入，收到国债利息时：

借：应收利息　　　　　　　　　　　　　　　　　847 000

　　贷：利息收入　　　　　　　　　　　　　　　　　847 000

借：银行存款 847 000

　　贷：应收利息 847 000

b.结算利率互换合约利息时：

借：银行存款 405 000

　　贷：利息收入 405 000

c.确认套期工具公允价值变动时：

借：套期工具——利率互换合约 131 000

　　贷：套期损益 131 000

d.确认被套期项目因利率风险引起的公允价值变动时：

借：套期损益 129 000

　　贷：被套期项目——债权投资 129 000

（3）2×21年6月30日：

a.确认国债利息收入，收到国债利息时：

借：应收利息 847 000

　　被套期项目——债权投资 43 000

　　贷：利息收入 890 000

借：银行存款 847 000

　　贷：应收利息 847 000

b.结算利率互换合约息时：

借：银行存款 33 000

　　贷：利息收入 33 000

c.确认套期工具公允价值变动时：

借：套期损益 651 000

　　贷：套期工具——利率互换合约 651 000

d.确认被套期项目因利率风险引起的公允价值变动时：

借：被套期项目——债权投资 651 000

　　贷：套期损益 651 000

（4）2×21年7月1日，套期关系终止时：

借：债权投资——本金 100 000 000

　　　　　　——利息调整 570 000

　　贷：被套期项目——债权投资 100 570 000

借：套期工具——利率互换合约 520 000

　　贷：衍生工具——利率互换合约 520 000

（5）2×21年9月30日：

a. 确认国债利息收入时：

借：应收利息	847 000
贷：利息收入	563 000
债权投资——利息调整	284 000

| 借：银行存款 | 847 000 |
| 贷：应收利息 | 847 000 |

b. 结算利率互换合约息时：

| 借：投资收益 | 75 000 |
| 贷：银行存款 | 75 000 |

c. 确认利率互换合约公允价值变动时：

| 借：衍生工具——利率互换合约 | 237 000 |
| 贷：公允价值变动损益 | 237 000 |

（6）2×21年12月31日：

a. 确认利息收入，收到国债本金和利息时：

借：应收利息	847 000
贷：利息收入	561 000
债权投资——利息调整	286 000

借：银行存款	100 847 000
贷：应收利息	847 000
债权投资——本金	10 0000 000

b. 结算利率互换合约利息时：

| 借：投资收益 | 97 000 |
| 贷：银行存款 | 97 000 |

c. 确认利率互换合约公允价值变动时：

| 借：衍生工具——利率互换合约 | 283 000 |
| 贷：公允价值变动损益 | 283 000 |

注：本例中，根据《企业会计准则第24号——套期会计》规定，甲银行对被套期项目所做调整的摊销，也可以自2×21年7月1日（被套期项目终止进行套期利得和损失调整的时点）开始。此外，如果甲银行在2×21年7月1日不终止套期会计，套期关系持续至2×21年12月31日，即对被套期项目终止进行套期利得和损失调整的时点与被套期项目的到期日相同，则对于被套期项目所做调整的累计金额为0。在此情况下，如果甲银行选择自

2×21 年 12 月 31 日开始摊销，则甲银行在 2×21 年 12 月 31 日不需要进行额外账务处理。

2. 现金流量套期的会计处理

例 5-72 2×21 年 1 月 1 日，A 公司预期在 2×21 年 6 月 30 日将销售一批商品 X，数量为 10 万吨。为规避该预期销售有关的现金流量变动风险，A 公司于 2×21 年 1 月 1 日与某金融机构签订了一项关于衍生工具 Y 的合同，且将其指定为对该预期商品销售的套期工具。衍生工具 Y 的标的资产与被套期预期商品销售在数量、质次、价格变动和产地等方面相同，并且衍生工具 Y 的结算日和预期商品销售日均为 2×20 年 6 月 30 日。

2×21 年 1 月 1 日，衍生工具 Y 的公允价值为零，商品的预期销售价格为 110 万元。

2×21 年 6 月 30 日，衍生工具 Y 的公允价值上涨了 2.5 万元，预期销售价格下降了 2.5 万元。当日，A 公司将商品 X 出售，并将衍生工具 Y 结算。

A 公司采用比率分析法评价套期有效性，即通过比较衍生工具 Y 和商品 X 预期销售价格变动评价套期有效性。A 公司预期该套期完全有效。

假定不考虑衍生工具的时间价值、商品销售相关的增值税及其他因素，A 公司的账务处理如下：

（1）2×21 年 1 月 1 日，A 公司不做账务处理。

（2）2×21 年 6 月 30 日：

a. 确认衍生工具的公允价值变动时：

借：套期工具——衍生工具 Y	25 000
贷：其他综合收益（套期工具价值变动）	25 000

b. 确认商品 X 的销售收入时：

借：应收账款或银行存款	1 075 000
贷：主营业务收入	1 075 000

c. 确认衍生工具 Y 的结算时：

借：银行存款	25 000
贷：套期工具——衍生工具	25 000

d. 确认将原计入资本公积的衍生工具公允价值变动转出，调整销售收入时：

借：其他综合收益（套期工具价值变动）	25 000
贷：主营业务收入	25 000

例 5-73 甲公司于 2×20 年 11 月 1 日与境外乙公司签订合同，约定于 2×21 年 1 月 30 日以外币（FC）每吨 60 元的价格购入 100 吨橄榄油。甲公司为规避购入橄榄油成本的外汇风险，于当日与某金融机构签订一项 3 个月到期的外汇远期合同，约定汇率为 1FC ＝ 45 人民币元，合同金额为 FC6 000 元。2×21 年 1 月 30 日，甲公司以净额方式结算该外汇远期合同，并购入橄榄油。

假定：① 2×20 年 12 月 31 日，FC 对人民币 1 个月远期汇率为 1FC ＝ 44.8 人民币元。② 2×21 年 1 月 30 日，FC 对人民币即期汇率为 1FC ＝ 44.6 人民币元。③该套期符合运用套期会计的条件。④不考虑增值税等相关税费和远期合同的远期要素。

分析： 根据《企业会计准则第 24 号——套期会计》，对确定承诺的外汇风险进行的套期，既可以划分为公允价值套期，也可以划分为现金流量套期。下面分别两种情形进行账务处理。

第一种情形： 甲公司将上述套期划分为公允价值套期。

（1）2×20 年 11 月 1 日，外汇远期合同的公允价值为 0，不作账务处理，但需编制指定文档。

（2）2×20 年 12 月 31 日，确认套期工具和被套期项目公允价值变动时：

外汇远期合同的公允价值＝（45 － 44.8）×6 000 ＝ 1 200（人民币元）

借：套期损益   1 200

    贷：套期工具——外汇远期合同   1 200

借：被套期项目——确定承诺   1 200

    贷：套期损益   1 200

（3）2×21 年 1 月 30 日：

a. 确认套期工具公允价值变动时：

外汇远期合同的公允价值＝（45 － 44.6）×6 000 ＝ 2 400（人民币元）。

借：套期损益   1 200

    贷：套期工具——外汇远期合同   1 200

b. 结算外汇远期合同时：

借：套期工具——外汇远期合同   2 400

    贷：银行存款   2 400

c. 确认被套期项目公允价值变动时：

借：被套期项目——确定承诺   1 200

    贷：套期损益   1 200

d. 购入橄榄油：

借：库存商品——橄榄油   267 600

    贷：银行存款   267 600

e. 将被套期项目的余额转入橄榄油账面价值时：

借：库存商品——橄榄油   2 400

    贷：被套期项目——确定承诺   2 400

第二种情形： 甲公司将上述套期划分为现金流量套期。

（1）2×20 年 11 月 1 日，外汇远期合同的公允价值为 0，不做账务处理，但需编制指定文档。

（2）2×20 年 12 月 31 日，确认现金流量套期储备时：

外汇远期合同的公允价值 =（45 − 44.8）× 6 000 = 1 200（人民币元）

借：其他综合收益——套期储备   1 200

    贷：套期工具——外汇远期合同   1 200

（3）2×21 年 1 月 30 日时：

a. 确认现金流量套期储备时：

外汇远期合同的公允价值 =（45 − 44.6）× 6 000 = 2 400（人民币元）

借：其他综合收益——套期储备   1 200

    贷：套期工具——外汇远期合同   1 200

b. 结算外汇远期合同时：

借：套期工具——外汇远期合同   2 400

    贷：银行存款   2 400

c. 购入橄榄油时：

借：库存商品——橄榄油   267 600

    贷：银行存款   267 600

d. 将计入其他综合收益中的套期储备转出时：

借：库存商品——橄榄油   2 400

    贷：其他综合收益——套期储备   2 400

3. 境外经营净投资套期的会计处理

例 5−74 2×20 年 10 月 1 日，甲公司（记账本位币为人民币）在其境外子公司有一项境外经营净投资外币（FC）5 000 万元。为规避境外经营净投资外汇风险，甲公司与某境外金融机构签订了一项外汇远期合同，约定于 2×21 年

4 月 1 日卖出 FC5 000 万元。其他有关资料如表 5-30 所示。

表 5-30　合同资料

单位：人民币元

日期	即期汇率（FC/ 人民币）	远期汇率（FC/ 人民币）	远期合同的公允价值
2×20 年 10 月 1 日	1.71	1.70	0
2×20 年 12 月 31 日	1.64	1.63	3 430 000
2×21 年 3 月 31 日	1.60	不适用	5 000 000

假定不考虑远期合同的远期要素。甲公司的上述套期满足运用套期会计方法的所有条件。

甲公司的账务处理如下：

（1）2×20 年 10 月 1 日，外汇远期合同的公允价值为 0，不做账务处理。

（2）2×20 年 12 月 31 日：

a. 确认外汇远期合同的公允价值变动时：

借：套期工具——外汇远期合同　　　　　　　　　3 430 000

　　贷：其他综合收益——外币报表折算差额　　　　　3 430 000

b. 确认对子公司净投资的汇兑损益时：

借：其他综合收益——外币报表折算差额　　　　　3 500 000

　　贷：长期股权投资　　　　　　　　　　　　　　3 500 000

（3）2×21 年 3 月 31 日：

a. 确认外汇远期合同的公允价值变动时：

借：套期工具——外汇远期合同　　　　　　　　　1 570 000

　　贷：其他综合收益——外币报表折算差额　　　　　1 570 000

b. 确认对子公司净投资的汇兑损益时：

借：其他综合收益 ——外币报表折算差额　　　　2 000 000

　　贷：长期股权投资　　　　　　　　　　　　　　2 000 000

c. 结算外汇远期合同时：

借：银行存款　　　　　　　　　　　　　　　　　5 000 000

　　贷：套期工具——外汇远期合同　　　　　　　　　5 000 000

注：境外经营净投资中套期工具形成的利得在其他综合收益中列示，直至子公司被处置。

二十二、被套期项目的设置与账务处理

（一）被套期项目的内涵

被套期项目是指使企业面临公允价值或现金流量变动风险，且被指定为被套期对象的、能够可靠计量的项目。

企业可以将下列单个项目、项目组合或其组成部分指定为被套期项目：

（1）已确认资产或负债。

（2）尚未确认的确定承诺。确定承诺是指在未来某特定日期或期间，以约定价格交换特定数量资源、具有法律约束力的协议。

（3）极可能发生的预期交易。预期交易是指尚未承诺但预期会发生的交易。评估预期交易发生的可能性不能仅依靠企业管理人员的意图，而应当基于可观察的事实和相关因素。在评估预期交易发生的可能性时，企业应当考虑以下因素：①类似交易之前发生的频率。②企业在财务和经营上从事此项交易的能力。③企业有充分的资源（如在短期内仅能用于生产某一类型商品的设备）能够完成此项交易。④交易不发生时可能对经营带来的损失和破坏程度。⑤为达到相同的业务目标，企业可能会使用在实质上不同的交易的可能性（如计划筹集资金的企业可以通过获取银行贷款或者发行股票等方式筹集资金）。⑥企业的业务计划。

此外，企业还应当考虑预期交易发生时点距离当前的时间跨度和预期交易的数量或价值占企业相同性质交易的数量或价值的比例。在其他因素相同的情况下，预期交易发生的时间越远或预期交易的数量或价值占企业相同性质交易的数量或价值的比例越高，预期交易发生的可能性就越小，就越需要有更强有力的证据来支持"极可能发生"的判断。例如，企业预计将在 3 年后发生的交易比预计将 3 个月后发生的交易的可能性小，判断前者"极可能发生"时需要更多的证据支持；企业预计将在 1 个月内销售 1 000 件商品（假设在过去 3 个月平均每月的销售量为 1 000 件）比预计将在 1 个月内销售 200 件商品的可能性小，判断前者"极可能发生"时需要更多的证据支持。

（4）境外经营净投资。《企业会计准则第 24 号——套期会计》规定，境外经营净投资可以被指定为被套期项目。其中，境外经营净投资是指企业在境外经营净资产中的权益份额。企业既无计划也无可能在可预见的未来会计期间结算的长期外币货币性应收项目（含贷款），应当视同实质构成境外经营净投资的组成部分。在销售商品或提供劳务等形成的期限短的应收账款不

构成境外经营净投资。

境外经营可以是企业在境外的子公司、合营安排、联营安排、联营安排或分支机构。在境内的子公司、合营安排、联营企业或分支机构，采用不同于企业记账本位币的，也视同境外经营。

（二）"被套期项目"科目的具体核算

"被套期项目"科目核算企业开展套期保值业务被套期项目公允价值变动形成的资产或负债。该科目可按被套期项目类别进行明细核算。

被套期项目的主要账务处理如下：①企业将已确认的资产或负债指定为被套期项目，应按其账面价值，借记或贷记"被套期项目"科目，贷记或借记"库存商品""长期借款"等科目。已计提跌价准备或减值准备的，还应同时结转跌价准备或减值准备。②资产负债表日，对于有效套期，应按被套期项目产生的利得，借记"被套期项目"科目，贷记"公允价值变动损益""资本公积——其他资本公积"等科目；若被套期项目产生损失，则做相反的账务处理。③资产或负债不再作为被套期项目核算的，应按被套期项目形成的资产或负债，借记或贷记有关科目，贷记或借记"被套期项目"科目。

"被套期项目"科目期末借方余额反映企业被套期项目形成资产的公允价值；期末贷方余额反映企业被套期项目形成负债的公允价值。

（三）"被套期项目"科目的明细科目设置

"被套期项目"科目的明细科目设置如表5-31所示。

表5-31　"被套期项目"科目的明细科目设置

编号	会计科目名称	二级科目名称	三级科目名称
3202	被套期项目	类别	

（四）被套期项目经典业务的会计核算

被套期项目经典业务的会计核算详见本章"二十一、套期工具的设置与账务处理"，在此不再赘述。

第六章 所有者权益类科目的
设置与账务处理

一、实收资本的设置与账务处理

（一）实收资本的内涵

为了反映和监督投资者投入资本的增减变动情况，企业必须按照国家统一的会计制度的规定进行实收资本的核算，真实地反映所有者投入企业资本的状况，维护所有者各方在企业的权益。除了股份有限公司，其他各类企业应通过"实收资本"科目核算所有者投入企业资本的状况，股份有限公司应通过"股本"科目核算所有者投入企业资本的状况。

企业收到所有者投入企业的资本后，应根据有关原始凭证（如投资清单、银行通知单等），分别针对不同的出资方式进行会计处理。

（二）"实收资本"科目的具体核算

"实收资本"科目核算企业接受投资者投入的实收资本。股份有限公司应将"实收资本"科目改为"股本"科目。企业收到投资者出资超过其在注册资本或股本中所占份额的部分，作为资本溢价或股本溢价，在"资本公积"科目核算。

"实收资本"科目可按投资者进行明细核算。企业（中外合作经营）在合作期间归还投资者的投资，应在该科目设置"已归还投资"明细科目进行核算。该科目的期末余额在贷方，反映企业实收资本或股本总额。

（三）"实收资本"科目的明细科目设置

"实收资本"科目的明细科目设置如表 6-1 所示。

表 6-1 "实收资本"科目的明细科目设置

编号	会计科目名称	二级科目名称	三级科目名称
4001	实收资本		按股东设明细

编号	会计科目名称	二级科目名称	三级科目名称
4001 01	实收资本	国有资本	按股东设明细
4001 02	实收资本	法人资本	按股东设明细
4001 03	实收资本	集体资本	按股东设明细
4001 04	实收资本	个人资本	按股东设明细
4001 05	实收资本	已归还投资	按股东设明细
4001 06	实收资本	外商资本	按股东设明细
4001 07	实收资本	其他	按股东设明细

（四）实收资本经典业务的会计核算

1. 当企业接受投资时的账务处理

企业接受投资者投入的资本，借记"银行存款""其他应收款""固定资产""无形资产""长期股权投资"等科目，按其在注册资本或股本中所占份额，贷记"实收资本"科目，按其差额，贷记"资本公积——资本溢价或股本溢价"科目。

例 6-1　非上市企业 A 公司在成立时，以其持有的对 B 公司的长期股权投资作为出资投入 C 公司。B 公司为上市公司，其约定，A 公司作为出资的长期股权投资作价 5 000 万元（该作价与其公允价值相当）。交易完成后，C 公司注册资本增加至 20 000 万元，其中 A 公司的持股比例为 20%。C 公司取得该长期股权投资后能够对 B 公司施加重大影响。不考虑相关税费等其他因素影响。

分析：本例中，A 公司向 C 公司投入的长期股权投资具有活跃市场报价，而 C 公司所发行的权益性工具的公允价值不具有活跃市场报价，因此，C 公司应采用 B 公司股权的公允价值来确认长期股权投资的初始成本。C 公司的账务处理如下：

借：长期股权投资——投资成本　　　　　　　　50 000 000
　　贷：实收资本　　　　　　　　　　　　　　　40 000 000
　　　　资本公积——资本溢价　　　　　　　　　10 000 000

例 6-2　A、B、C 三家公司共同投资设立 X 有限责任公司，注册资本为 200 万元，A、B、C 三家公司的持股比例分别为 60%、25% 和 15%。按照公司章程规定，A、B、C 三家公司的投入资本分别为 120 万元、50 万元和 30 万元。X 有限责任公司已如期收到各投资者一次缴足的款项。X 有限责任公司的账务处理如下：

```
借：银行存款                                    2 000 000
    贷：实收资本——A 公司                        1 200 000
              ——B 公司                          500 000
              ——C 公司                          300 000
```

例 6-3　A 有限责任公司于设立时收到 B 公司作为资本投入的原材料一批。投资合同或协议约定该批原材料的价值（不含可抵扣的增值税进项税额部分）为 20 万元，增值税进项税额为 2.6 万元。B 公司已开具了增值税专用发票。

假设合同约定的价值与公允价值相符，该进项税额允许抵扣，不考虑其他因素，则 A 有限责任公司的账务处理如下：

```
借：原材料                                        200 000
    应交税费——应交增值税（进项税额）              26 000
    贷：实收资本——B 公司                          226 000
```

例 6-4　2×21 年 2 月 10 日，B 有限责任公司（以下简称"B 公司"）销售一批材料给 A 公司，价款为 20 万元（包括应收取的增值税税额），合同约定 6 个月后结清款项。6 个月后，A 公司与 B 公司协商进行债务重组。经双方协议，B 公司同意将该债务转为持有 A 公司的股份。B 公司对该项应收账款计提了坏账准备 1 万元，转股后 A 公司注册资本为 500 万元，抵债股权占 A 公司注册资本的 2%。债务重组日，A 公司抵债股权的公允价值为 15.2 万元，B 公司放弃的债权公允价值为 15.2 万元。2×22 年 11 月 1 日，相关手续办理完毕。假定 B 公司将该股权作为长期股权投资核算，不考虑其他相关税费。A 公司（债务人）的账务处理如下：

计入资本公积的金额 = 152 000 - 5 000 000×2% = 52 000（元）

债务重组利得 = 200 000 - 152 000 = 48 000（元）

```
借：应付账款——B 公司                            200 000
    贷：实收资本                                  100 000
        资本公积——资本溢价                        52 000
        投资收益——债务重组利得                     48 000
```

2. 增资或资本公积转增资本

（1）企业按照股东大会批准的利润分配方案分配的股票股利，应在办理增资手续后，借记"利润分配"科目，贷记"实收资本"科目。

（2）经股东大会或类似机构决议，企业用资本公积转增资本，借记"资本公积——资本溢价或股本溢价"科目，贷记"实收资本"科目。

例 6-5 接例 6-2，为扩大经营规模，经批准，X 有限责任公司注册资本扩大为 300 万元，A、B、C 三家公司按照原出资比例分别追加投资 50 万元、30 万元和 20 万元。X 有限责任公司如期收到 A、B、C 三家公司追加的现金投资。X 有限责任公司的账务处理如下：

```
借：银行存款                              1 000 000
    贷：实收资本——A 公司                      500 000
              ——B 公司                      300 000
              ——C 公司                      200 000
```

例 6-6 接例 6-5，因扩大经营规模需要，经批准，X 有限责任公司按原出资比例将资本公积 100 万元转增资本。X 有限责任公司的账务处理如下：

```
借：资本公积——资本溢价或股本溢价              1 000 000
    贷：实收资本——A 公司                      500 000
              ——B 公司                      300 000
              ——C 公司                      200 000
```

本例中，资本公积 100 万元按原出资比例转增实收资本，因此，X 有限责任公司应分别按照 50 万元、30 万元和 20 万元的金额贷记"实收资本"科目中 A 公司、B 公司、C 公司的明细分类科目。

例 6-7 接例 6-5，因扩大经营规模需要，经批准，X 有限责任公司按原出资比例将盈余公积 100 万元转增资本。X 有限责任公司的账务处理如下：

```
借：盈余公积                              1 000 000
    贷：实收资本——A 公司                      500 000
              ——B 公司                      300 000
              ——C 公司                      200 000
```

3. 减少注册资本时的账务处理

（1）企业按法定程序报经批准减少注册资本的，借记"实收资本"科目，贷记"库存现金""银行存款"等科目。

（2）股份有限公司采用收购本公司股票方式减资的，按股票面值和注销股数计算的股票面值总额，借记"实收资本"科目，按所注销库存股的账面余额，贷记"库存股"科目，按其差额，借记或贷记"资本公积——股本溢价"科目，股本溢价不足冲减的，应借记"盈余公积""利润分配——未分配利润"科目。

例 6-8　甲公司 2×20 年 12 月 31 日的股本为 10 000 万股，面值为 1 元，资本公积（股本溢价）为 3 000 万元，盈余公积为 4 000 万元。经股东大会批准，甲公司以现金回购本公司股票 2 000 万股并注销。假定甲公司按每股 2 元的价格回购股票，不考虑其他因素，甲公司的账务处理如下：

（1）回购本公司股票时：

借：库存股（20 000 000×2）　　　　　　　　　　40 000 000
　　贷：银行存款　　　　　　　　　　　　　　　　　　40 000 000

（2）注销本公司股票时：

借：股本　　　　　　　　　　　　　　　　　　　20 000 000
　　资本公积——股本溢价（20 000 000×2 －
　　　　　　　　　　　　　　20 000 000×1）　　　20 000 000
　　贷：库存股　　　　　　　　　　　　　　　　　　40 000 000

例 6-9　接例 6-8，假定甲公司按每股 3 元的价格回购股票，其他条件不变，甲公司的账务处理如下：

（1）回购本公司股票时：

借：库存股（20 000 000×3）　　　　　　　　　　60 000 000
　　贷：银行存款　　　　　　　　　　　　　　　　　　60 000 000

（2）注销本公司股票时：

借：股本　　　　　　　　　　　　　　　　　　　20 000 000
　　资本公积——股本溢价　　　　　　　　　　　　30 000 000
　　盈余公积　　　　　　　　　　　　　　　　　　10 000 000
　　贷：库存股　　　　　　　　　　　　　　　　　　60 000 000

由于应冲减的资本公积 4 000 万元（2 000×3 － 2 000×1）大于公司现有的资本公积，甲公司只能冲减资本公积 3 000 万元，剩余的 1 000 万元应冲减盈余公积。

二、资本公积的设置与账务处理

（一）资本公积的内涵

资本公积是企业收到投资者的超出其在企业注册资本（或股本）中所占份额的投资（即资本溢价或股本溢价），以及直接计入所有者权益的利得和损失等。

资本溢价（或股本溢价）是指企业收到投资者的超出其在企业注册资本（或股本）中所占份额的投资。形成资本溢价（或股本溢价）的原因有溢价发行股票、投资者超额缴入资本等。

直接计入所有者权益的利得和损失是指不应计入当期损益、会导致所有者权益发生增减变动的、与所有者投入资本或者向所有者分配利润无关的利得或者损失。

（二）"资本公积"科目的具体核算

"资本公积"科目核算企业收到投资者出资额超出其在注册资本或股本中所占份额的部分。直接计入所有者权益的利得和损失，也通过该科目核算。该科目应当分别"资本溢价（股本溢价）""其他资本公积"进行明细核算。该科目的期末余额在贷方，反映企业的资本公积的余额。

（三）"资本公积"科目的明细科目设置

"资本公积"科目的明细科目设置如表 6-2 所示。

表 6-2　"资本公积"科目的明细科目设置

编号	会计科目名称	二级科目名称	三级科目名称
4002	资本公积		
4002 01	资本公积	资本溢价（股本溢价）	
4002 02	资本公积	其他资本公积	

（四）资本公积经典业务的会计核算

1. "资本公积——资本（或股本）溢价"科目的会计核算

"资本公积——资本（或股本）溢价"科目的会计核算内容主要包括：①投资者投入资本（或股本）的溢（折）价部分。②发行权益性证券的佣金和手续费等。③可转换债券和债转股形成的资本溢（折）价部分。④同一控制下企业合并的相关处理。⑤回购企业股票（库存股）的相关处理。

例 6-10　A 公司的记账本位币为人民币，其外币交易采用交易日的即期汇率折算。2×21 年 2 月 25 日，A 公司为增资扩股与某外商签订投资合同，当日收到外商投入资本 200 万美元，当日即期汇率为 1 美元＝6.82 人民币元，其中，1 300 万人民币元作为注册资本的组成部分。假定投资合同约定的汇率为 1 美元＝6.85 人民币元。A 公司的账务处理处理如下：

借：银行存款——××银行（美元）（2 000 000×
　　　　　　　　　　　　　　　6.82）　　　　　　13 640 000
　　贷：实收资本　　　　　　　　　　　　　　　13 000 000
　　　　资本公积——资本溢价　　　　　　　　　　　640 000

例 6-11　2×21 年 1 月 1 日，A、B、C 三方共同投资设立了甲公司。A 以其生产的产品作为投资（甲公司作为原材料管理和核算），投资合同约定的该批产品的价值为 500 万元（与公允价值相同）。甲公司取得的增值税专用发票上注明的不含税价款为 500 万元，增值税税额为 65 万元。假定甲公司的实收资本总额为 1 000 万元，A 在甲公司享有的份额为 35%。甲公司为一般纳税人，适用的增值税税率为 13%；甲公司采用实际成本法核算存货。

分析：本例中，由于甲公司为一般纳税人，投资合同约定的该项原材料的价值为 500 万元，甲公司接受的这批原材料的入账价值为 500 万元，增值税税额 65 万元单独作为可抵扣的进项税额进行核算。

A 在甲公司享有的实收资本金额＝10 000 000×35%＝3 500 000（元）

A 在甲公司投资的资本溢价＝5 000 000＋650 000－3 500 000＝2 150 000（元）

甲公司的账务处理如下：

借：原材料　　　　　　　　　　　　　　　　　5 000 000
　　应交税费——应交增值税（进项税额）　　　　650 000
　　贷：实收资本——A　　　　　　　　　　　　3 500 000
　　　　资本公积——资本溢价　　　　　　　　　2 150 000

例 6-12　2×21 年 3 月，甲公司以增发 3 000 万股（每股面值为 1 元）的本公司普通股为对价，从非关联方处取得对乙公司 20% 的股权，所增发股份的公允价值为 5 200 万元。为增发该部分普通股，甲公司支付了 200 万元的佣金和手续费。取得乙公司股权后，甲公司能够对乙公司施加重大影响（假定不考虑相关税费等其他因素影响）。

分析： 本例中，甲公司应当以所发行股份的公允价值作为取得长期股权投资的成本。甲公司的账务处理如下：

借：长期股权投资——乙公司（投资成本）　　　　52 000 000
　　贷：股本　　　　　　　　　　　　　　　　　30 000 000
　　　　资本公积——股本溢价　　　　　　　　　22 000 000
借：资本公积——股本溢价　　　　　　　　　　　2 000 000
　　贷：银行存款　　　　　　　　　　　　　　　2 000 000

例 6-13　A 公司 2×21 年 1 月 1 日按每份面值 1 000 元发行了 2 000 份可转换债券，取得总收入 200 万元。该债券期限为 3 年，票面年利率为 6%，利息按年支付；每份债券均可在债券发行 1 年后的任何时间转换为 250 股普通股。A 公司发行该债券时，二级市场上与之类似但没有转股权的债券的市场利率为 9%。假定不考虑其他相关因素，A 公司将发行的债券划分为以摊余成本计量的金融负债。

分析： A 公司应先对负债部分进行计量，债券发行收入与负债部分的公允价值之间的差额则分配到所有者权益部分。

负债部分的初始入账金额 $= 2\ 120\ 000 \times (1 + 9\%)^{-3} + 120\ 000 \times (1 + 9\%)^{-2} + 120\ 000 \times (1 + 9\%)^{-1} = 1\ 848\ 122$（元）

权益部分的初始入账金额 $= 2\ 000\ 000 - 1\ 848\ 122 = 151\ 878$（元）

A 公司的账务处理如下：

（1）2×21 年 1 月 1 日，发行可转换债券时：

借：银行存款　　　　　　　　　　　　　　　　2 000 000
　　应付债券——利息调整　　　　　　　　　　　151 878
　　贷：应付债券——面值　　　　　　　　　　　2 000 000
　　　　其他权益工具　　　　　　　　　　　　　151 878

（2）2×21 年 12 月 31 日，计提并实际支付利息时：

a. 计提债券利息时：

借：财务费用　　　　　　　　　　　　　　　　　166 331
　　贷：应付利息　　　　　　　　　　　　　　　120 000
　　　　应付债券——利息调整　　　　　　　　　　46 331

b. 实际支付利息时：

借：应付利息　　　　　　　　　　　　　　　　　　　120 000
　　贷：银行存款　　　　　　　　　　　　　　　　　　　120 000

（3）2×22年12月31日，债券转换前，计提和实际支付利息时：

a. 计提债券利息时：

借：财务费用　　　　　　　　　　　　　　　　　　　170 501
　　贷：应付利息　　　　　　　　　　　　　　　　　　　120 000
　　　　应付债券——利息调整　　　　　　　　　　　　　 50 501

b. 实际支付利息时：

借：应付利息　　　　　　　　　　　　　　　　　　　120 000
　　贷：银行存款　　　　　　　　　　　　　　　　　　　120 000

至此，转换前应付债券的摊余成本为1 944 954元（1 848 122 ＋ 46 331 ＋ 50 501）。

例6-14　接例6-13，假定至2×22年12月31日，A公司股票上涨幅度较大，可转换债券持有方均于当日将持有的可转换债券转为A公司股份。由于A公司对应付债券采用摊余成本后续计量，在转换日，转换前应付债券的摊余成本应为1 944 954元，而权益部分的账面价值仍为151 878元。同样是在转换日，A公司发行股票数量为50万股。A公司的账务处理如下：

借：应付债券——面值　　　　　　　　　　　　　　2 000 000
　　贷：资本公积——股本溢价　　　　　　　　　　　1 444 954
　　　　股本　　　　　　　　　　　　　　　　　　　 500 000
　　　　应付债券——利息调整　　　　　　　　　　　　 55 046
借：其他权益工具（股份转换权）　　　　　　　　　　 151 878
　　贷：资本公积——股本溢价　　　　　　　　　　　　 151 878

例6-15　A、B公司分别为C公司控制下的两家子公司。2×21年3月，A公司与B公司的控股股东C公司签订协议，协议约定：A公司向C公司定向发行本公司股票600万股普通（每股面值为1元）以换取A公司持有B公司80%的股权，A公司该并购事项于2×21年5月4日经监管部门批准，作为对价定向发行的股票于2×21年6月30日发行，当日收盘价为每股18元。A公司于6月30日起主导B公司财务和经营政策。合并后B公司仍维持其独立法人资格继续经营。合并日B公司资产、负债的账面价值为2 000万元。假定A、B公司采用的会计政策相同。合并日，A公司合并报表中有关A、B公司的所有者权益构成如表6-3所示。

表6-3 A、B公司的所有者权益构成

单位：万元

A公司		B公司	
项目	金额	项目	金额
股本	3 600	股本	600
资本公积	1 000	资本公积	200
盈余公积	800	盈余公积	400
未分配利润	2 000	未分配利润	800
合计	7 400	合计	2 000

A公司的账务处理如下：

（1）在合并日个别财务报表：

借：长期股权投资（20 000 000×80%）　　　　　　　16 000 000

　　贷：股本　　　　　　　　　　　　　　　　　　　　6 000 000

　　　　资本公积——股本溢价　　　　　　　　　　　10 000 000

（2）在合并日合并财务报表：

a. 抵销A公司的长期股权投资账面价值与B公司所有者权益账面价值：

借：股本　　　　　　　　　　　　　　　　　　　　　6 000 000

　　资本公积　　　　　　　　　　　　　　　　　　　2 000 000

　　盈余公积　　　　　　　　　　　　　　　　　　　4 000 000

　　未分配利润　　　　　　　　　　　　　　　　　　8 000 000

　　贷：长期股权投资（20 000 000×80%）　　　　　16 000 000

　　　　少数股东权益（20 000 000×20%）　　　　　　4 000 000

b. 对于企业合并前B公司实现的留存收益中归属于合并方的部分应自资本公积（资本溢价或股本溢价）转入盈余公积和未分配利润：

借：资本公积——资本溢价　　　　　　　　　　　　　9 600 000

　　贷：盈余公积（4 000 000×80%）　　　　　　　　3 200 000

　　　　未分配利润（8 000 000×80%）　　　　　　　6 400 000

2. "资本公积——其他资本公积"科目的会计核算

"资本公积——其他资本公积"科目的会计核算内容主要包括：①以权益结算的股份支付。②企业与股东之间的资本性交易（即权益性交易），如股东对企业的捐赠、债务豁免以及代为偿债等。③在权益法下，被投资单位发生的不属于其他综合收益的权益变动份额，如被投资单位其他股东的资本性

投入，其他股东增减资因素导致对被投资者股权比例的变动等。

例 6-16 A公司为上市公司。2×20 年 1 月 1 日，A 公司向其 200 名管理人员每人授予 10 万股股票期权。这些管理人员从 2×20 年 1 月 1 日起在该公司连续服务 3 年，即可以 5 元每股的价格购买 10 万股 A 公司股票，从而获益。A 公司估计该期权在授予日的公允价值为 18 元。

第 1 年 A 公司有 20 名管理人员离开 A 公司，A 公司估计 3 年中离开的管理人员的比例将达到 20%；第 2 年又有 10 名管理人员离开公司，A 公司将估计的管理人员离开比例修正为 15%；第 3 年又有 15 名管理人员离开。成本费用计算过程如表 6-4 所示。假设剩余 155 名管理人员都在 2×22 年 12 月 31 日行权，A 公司股份面值为 1 元。

表 6-4 成本费用计算表

单位：万元

年份	计算	累计费用
2×20 年	200×10×（1 — 20%）×18×1÷3	9 600
2×21 年	200×10×（1 — 15%）×18×2÷3	20 400
2×22 年	（200 — 20 — 10 — 15）×10×18	27 900

A 公司的账务处理如下：

（1）2×20 年 1 月 1 日：

股票期权授予日，不做账务处理。

（2）2×20 年 12 月 31 日：

借：管理费用　　　　　　　　　　　　　　　　96 000 000

　　贷：资本公积——其他资本公积　　　　　　　　　96 000 000

（3）2×21 年 12 月 31 日：

借：管理费用（204 000 000 — 96 000 000）　　108 000 000

　　贷：资本公积——其他资本公积　　　　　　　　　108 000 000

（4）2×22 年 12 月 31 日：

借：管理费用（279 000 000 — 204 000 000）　　75 000 000

　　贷：资本公积——其他资本公积　　　　　　　　　75 000 000

（5）2×22 年 12 月 31 日，剩余管理人员行权时：

借：银行存款　　　　　　　　　　　　　　　　77 500 000

　　资本公积——其他资本公积　　　　　　　　279 000 000

　　贷：股本　　　　　　　　　　　　　　　　　　15 500 000

　　　　资本公积——资本溢价　　　　　　　　　　341 000 000

例 6-17 A 企业持有 B 企业 30% 的股份，能够对 B 企业施加重大影响。B 企业为上市公司，当期 B 企业的母公司给予 B 企业捐赠 1 000 万元，该捐赠实质上属于资本性投入，B 企业将其计入资本公积（股本溢价）。假定不考虑其他因素，A 企业按权益法的账务处理如下：

A 企业在确认应享有被投资单位所有者权益的其他变动 = 1 000×30% = 300（万元）

借：长期股权投资——其他权益变动　　　　　　　3 000 000
　　贷：资本公积——其他资本公积　　　　　　　　　　　3 000 000

例 6-18 2×20 年 1 月 1 日，A 公司与其他 4 家公司分别以现金 200 万元出资设立 B 公司，注册资本为 1 000 万元，分别持有 B 公司 20% 的股权。A 公司对 B 公司具有重大影响，采用权益法对有关长期股权投资进行核算。B 公司自设立日起至 2×20 年 12 月 31 日实现净损益 1 000 万元，除此以外，无其他影响净资产的事项。

2×21 年 1 月 1 日，B 公司其他股东提出对 B 公司增资 800 万元并获得股东大会同意，增资后 B 公司净资产为 2 800 万元，A 公司持有 B 公司的股权降至15%，相关手续于当日完成。2×21 年 2 月 10 日，B 公司接受母公司现金捐赠30 万元，该捐赠实质上属于资本性投资，B 公司将其计入资本公积（股本溢价）。

假定 A、B 公司使用的会计政策、会计期间相同，双方在当期和以前期间均未发生其他内部交易，不考虑相关税费等其他因素影响。

分析： 本例中，2×21 年 1 月 1 日增资前，B 公司的净资产账面价值为2 000 万元，A 公司应享有 B 公司权益的份额为 400 万元（2 000×20%）。其他股东单方面增资后，B 公司的净资产增加 800 万元，A 公司应享有 B 公司权益的份额为 424.5 万元 [（2 800＋30）×15%]。A 公司享有的权益变动24.5 万元（其中 20 万元是其他股东增资引起的，4.5 万元是母公司捐赠引起的），属于 B 公司除了净损益、其他综合收益和利润分配的所有者权益的其他变动。A 公司的账务处理如下：

（1）出资成立 B 公司时：

借：长期股权投资——成本　　　　　　　　　　　2 000 000
　　贷：银行存款　　　　　　　　　　　　　　　　　　　2 000 000

（2）2×20 年，B 公司实现利润时：

借：长期股权投资——损益调整　　　　　　　　　2 000 000
　　贷：投资收益　　　　　　　　　　　　　　　　　　　2 000 000

（3）其他股东增资时：

借：长期股权投资——其他权益变动　　　　　　　200 000

　　贷：资本公积——其他资本公积　　　　　　　　　200 000

（4）B公司接受母公司现金捐赠时：

借：长期股权投资——其他权益变动　　　　　　　45 000

　　贷：资本公积——其他资本公积　　　　　　　　　45 000

三、其他综合收益的设置与账务处理

（一）其他综合收益的内涵

其他综合收益是指企业根据其他会计准则规定未在当期损益中确认的各项利得和损失。"其他综合收益"作为利润表中的项目，主要反映的是报告期内满足所有者权益确认和计量条件、能引起所有者权益发生增减变动、由企业与非所有者方面进行交易或发生其他事项和情况所产生的、当期不确认为损益，但未来影响损益的利得和损失。

其他综合收益与资本公积之间的区别在于：资本公积的核算主要与股本投入相关，而其他综合收益属于已经实现但暂时不能计入本年利润或费用的项目。一般来说，资本公积属于已经确定的一个事实，后续期间不会再予以转出。而其他综合收益类似于一个过渡项目，在未来期间还需要予以转出。

（二）"其他综合收益"科目的具体核算

"其他综合收益"科目核算企业根据其他会计准则规定未在当期损益中确认的各项利得和损失。该科目的期末余额在贷方，反映企业其他综合收益的余额。

（三）"其他综合收益"科目的明细科目设置

"其他综合收益"科目的明细科目设置如表6-5所示。

表6-5　"其他综合收益"科目的明细科目设置

编号	会计科目名称	二级科目名称	三级科目名称
4003	其他综合收益		
4003 01	其他综合收益	类别	
4003 02	其他综合收益	类别	

（四）其他综合收益经典业务的会计核算

1. 以后会计期间不能重分类计入损益的其他综合收益项目

以后会计期间不能重分类计入损益的其他综合收益项目，主要包括：

（1）其他权益工具投资的公允价值变动。企业将非交易性权益工具投资指定为以公允价值计量且其变动计入其他综合收益的金融资产，该类金融资产公允价值的变动记入"其他综合收益"科目。该类金融资产终止确认时，"其他综合收益"科目的余额应转入留存收益，即"盈余公积""利润分配——未分配利润"科目，不得转入当期损益。

（2）重新计量设定受益计划净负债或净资产导致的变动。根据《企业会计准则第9号——职工薪酬》，有设定受益计划形式离职后福利的企业应当将重新计量设定受益计划净负债或净资产导致的变动计入其他综合收益，并且在后续会计期间不允许转回至损益。

（3）按照权益法核算的在被投资单位不能重分类计入损益的其他综合收益变动中所享有的份额。根据《企业会计准则第2号——长期股权投资》，投资方取得长期股权投资后，应当按照应享有或应分担的被投资单位其他综合收益的份额，确认其他综合收益，同时调整长期股权投资的账面价值。投资单位在确定应享有或应分担的被投资单位其他综合收益的份额时，该份额的性质取决于被投资单位的其他综合收益的性质，即如果被投资单位的其他综合收益属于"以后会计期间不能重分类计入损益"类别，则投资方确认的份额也属于"以后会计期间不能重分类计入损益"类别。

例6-19　2×20年5月6日，A公司支付价款1 016万元（含交易费用1万元和已宣告发放现金股利15万元），购入B公司发行的股票200万股，占B公司有表决权股份的0.5%。A公司将其指定为以公允价值计量且其变动计入其他综合收益的非交易性权益工具投资。

2×20年5月10日，A公司收到B公司发放的现金股利15万元。

2×20年6月30日，该股票市价为每股5.2元。

2×20年12月31日，A公司仍持有该股票；当日，该股票市价为每股5元。

2×21年5月9日，B公司宣告发放股利4 000万元。

2×21年5月13日，A公司收到B公司发放的现金股利。

2×21年5月20日，A公司由于某特殊原因，以每股4.9元的价格将该股票全部转让。

假定不考虑其他因素，A公司的账务处理如下：

（1）2×20年5月6日，购入股票时：

借：应收股利　　　　　　　　　　　　　　　　150 000

　　其他权益工具投资——成本　　　　　　　 10 010 000

　　　贷：银行存款　　　　　　　　　　　　　　10 160 000

（2）2×20年5月10日，收到现金股利时：

借：银行存款　　　　　　　　　　　　　　　　150 000

　　　贷：应收股利　　　　　　　　　　　　　　150 000

（3）2×20年6月30日，确认股票价格变动时：

借：其他权益工具投资——公允价值变动（2 000 000×

　　　　　　　　　5.2 − 10 010 000）　　　　390 000

　　　贷：其他综合收益——其他权益工具投资公允价值

　　　　　　　　　变动　　　　　　　　　　　390 000

（4）2×20年12月31日，确认股票价格变动时：

借：其他综合收益——其他权益工具投资公允价值

　　　　　　　　　变动　　　　　　　　　　　400 000

　　　贷：其他权益工具投资——公允价值变动　　400 000

（5）2×21年5月9日，确认应收现金股利时：

借：应收股利（40 000 000×0.5%）　　　　　　200 000

　　　贷：投资收益　　　　　　　　　　　　　　200 000

（6）2×21年5月13日，收到现金股利时：

借：银行存款　　　　　　　　　　　　　　　　200 000

　　　贷：应收股利　　　　　　　　　　　　　　200 000

（7）2×21年5月20日，转让股票时：

借：银行存款　　　　　　　　　　　　　　　 9 800 000

　　其他权益工具投资——公允价值变动　　　　　10 000

　　盈余公积——法定盈余公积　　　　　　　　　21 000

　　利润分配——未分配利润　　　　　　　　　 189 000

　　　贷：其他权益工具投资——成本　　　　　10 010 000

　　　　其他综合收益——其他权益工具投资公允价值

　　　　　　　　　变动　　　　　　　　　　　　10 000

2. 以后会计期间在满足规定条件时将重分类计入损益的其他综合收益项目

以后会计期间在满足规定条件时将重分类计入损益的其他综合收益项目，主要包括：

（1）其他债权投资的公允价值变动。企业将符合条件的债权类金融资产分类为以公允价值计量且其变动计入其他综合收益的金融资产，该类金融资产公允价值的变动计入其他综合收益。该类金融资产终止确认时，其他综合收益余额应转入投资收益。

（2）采用权益法的长期股权投资。按照权益法核算的在被投资单位可重分类进损益的其他综合收益变动中所享有的份额。投资方取得长期股权投资后，应当按照应享有或应分担的被投资单位其他综合收益的份额，确认其他综合收益，同时调整长期股权投资的账面价值。其账务处理为：借记或贷记"长期股权投资——其他综合收益"科目，贷记或借记"其他综合收益"科目；待处置股权投资时，企业再将原计入其他综合收益的金额转入当期损益。

（3）企业将作为存货或自用房地产转换为采用公允价值模式计量的投资性房地产。企业将作为存货的房地产转换为采用公允价值模式计量的投资性房地产时，应当按照该项房地产在转换日的公允价值，借记"投资性房地产——成本"科目，原已计提跌价准备的，借记"存货跌价准备"科目，按照账面余额，贷记"开发产品"等科目；同时，转换日的公允价值小于账面价值的，按其差额，借记"公允价值变动损益"科目，转换日的公允价值大于账面价值的，按其差额，贷记"其他综合收益"科目。

企业将自用的建筑物等转换为采用公允价值模式计量的投资性房地产时，应当按该项房地产在转换日的公允价值，借记"投资性房地产——成本"科目，原已计提减值准备的，借记"固定资产减值准备"科目，按已计提的累计折旧等，借记"累计折旧"等科目，按其账面余额，贷记"固定资产"等科目；同时，转换日的公允价值小于账面价值的，按其差额，借记"公允价值变动损益"科目，转换日的公允价值大于账面价值的，按其差额，贷记"其他综合收益"科目。待该项投资性房地产处置时，因转换计入其他综合收益的部分应转入当期损益。

（4）现金流量套期工具产生的利得或损失中属于有效套期的部分。现金流量套期工具利得或损失中属于有效套期部分，直接确认为其他综合收益，该有效套期部分的金额，按下列两项的绝对额中较低者确定：①套期工具自套期开始的累计利得或损失。②被套期项目自套期开始的预计未来现金现值的累计变动额。

套期工具利得或损失的后续处理为：①被套期项目为预期交易，且该预期交易使企业随后确认一项金融资产或一项金融负债的，原直接确认为其他综合收益的相关利得或损失，在该金融资产或金融负债影响企业损益的相同期间转出，计入当期损益。但是，企业预期原直接在其他综合收益中确认的净损失全部或部分在未来会计期间不能弥补时，应当将不能弥补的部分转出，计入当期损益。②被套期项目为预期交易，且该预期交易使企业随后确认一项非金融资产或一项非金融负债的，企业可选择将原直接在其他综合收益中确认的相关利得或损失，在该非金融资产或非金融负债影响企业损益的相同期间转出，计入当期损益。但是，企业预期原直接在其他综合收益中确认的净损失全部或部分在被套期不能弥补时，应当将不能弥补的部分转出，计入当期损益。除了上述两种情况，原计入其他综合收益的套期工具利得或损失，应当在被套期预期交易影响损益的相同期间转出，计入当期损益。

（5）外币财务报表折算差额。按照外币折算的要求，企业对境外经营的财务报表进行折算时，应当将外币财务报表折算差额在资产负债表中所有者权益项目下单独列示（其他综合收益）；企业在处置境外经营时，应当将资产负债表中所有者权益项目下列示的、与该境外经营相关的外币报表折算差额，自所有者权益项目转入处置当期损益，部分处置境外经营的，应当按处置的比例计算处置部分的外币财务报表折算差额，转入处置当期损益。

例 6-20　2×20 年 3 月 10 日，A 房地产开发公司与 B 企业签订租赁协议，将其开发的一栋写字楼出租给 B 企业。租赁期开始日为 2×20 年 4 月 15 日。2×20 年 4 月 15 日，该写字楼的账面余额为 45 000 万元，公允价值为 47 000 万元。2×20 年 12 月 31 日，该项投资性房地产的公允价值为 48 000 万元。A 房地产开发公司的账务处理如下：

（1）2×20 年 4 月 15 日：

借：投资性房地产——成本　　　　　　　　　　　470 000 000
　　贷：开发产品　　　　　　　　　　　　　　　　　450 000 000
　　　　其他综合收益　　　　　　　　　　　　　　　 20 000 000

（2）2×20 年 12 月 31 日：

借：投资性房地产——公允价值变动　　　　　　　 10 000 000
　　贷：公允价值变动损益　　　　　　　　　　　　　 10 000 000

例 6-21　2×20 年 6 月，A 企业打算搬迁至新建办公楼，由于原办公楼处于商业繁华地段，A 企业准备将其出租，以赚取租金收入。2×20 年 10 月 30 日，A 企业完成搬迁工作，原办公楼停止自用，并与 B 企业签订租赁协议，将其原办公楼租赁给 B 企业使用。租赁期开始日为 2×20 年 10 月 30 日，租赁期限为 3 年。2×20 年 10 月 30 日，该办公楼原价为 50 000 万元，已提折旧 14 250 万元，公允价值为 35 000 万元。假设 A 企业对投资性房地产采用公允价值模式计量。A 企业的账务处理如下：

借：投资性房地产——成本　　　　　　　　　　　350 000 000
　　其他综合收益　　　　　　　　　　　　　　　　　7 500 000
　　累计折旧　　　　　　　　　　　　　　　　　　142 500 000
　　贷：固定资产　　　　　　　　　　　　　　　　　500 000 000

四、盈余公积的设置与账务处理

（一）盈余公积的内涵

盈余公积是指企业按规定从净利润中提取的企业积累资金。公司制企业的盈余公积包括法定盈余公积和任意盈余公积。

企业提取的盈余公积经批准可用于弥补亏损、转增资本、发放现金股利或利润等。

（二）"盈余公积"科目的具体核算

"盈余公积"科目核算企业从净利润中提取的盈余公积。该科目应当分别"法定盈余公积""任意盈余公积"明细科目进行明细分类核算。外商投资企业还应分别"储备基金""企业发展基金"明细科目进行明细分类核算。中外合作经营企业在合作期间归还投资者的投资，应在该科目下设置"利润归还投资"明细科目进行明细分类核算。该科目的期末余额在贷方，反映企业的盈余公积。

（三）"盈余公积"科目的明细科目设置

"盈余公积"科目的明细科目设置如表 6-6 所示。

表 6-6　"盈余公积"科目的明细科目设置

编号	会计科目名称	二级科目名称
4101	盈余公积	
4101 01	盈余公积	法定盈余公积
4101 02	盈余公积	任意盈余公积
4101 03	盈余公积	储备基金
4101 04	盈余公积	企业发展基金
4101 05	盈余公积	利润归还投资

（四）盈余公积经典业务的会计核算

1. 提取盈余公积

企业按规定提取的盈余公积，借记"利润分配——提取法定盈余公积、提取任意盈余公积"科目，贷记"盈余公积——法定盈余公积、任意盈余公积"科目。

例 6-22 A 股份有限公司本年实现净利润为 900 万元，年初未分配利润为 0。经股东大会批准，A 股份有限公司按当年净利润的 10% 提取法定盈余公积（假定不考虑其他因素）。A 股份有限公司的账务处理如下：

本年提取盈余公积金额＝ 9 000 000×10% ＝ 900 000（元）

借：利润分配——提取法定盈余公积　　　　　　　　　900 000
　　贷：盈余公积——法定盈余公积　　　　　　　　　　　900 000

2. 使用盈余公积

（1）企业经股东大会或类似机构决议，用盈余公积弥补亏损的，借记"盈余公积"科目，贷记"利润分配——盈余公积补亏"科目。

例 6-23 经股东大会批准，A 股份有限公司用以前年度提取的盈余公积弥补当年亏损，当年弥补亏损的数额为 20 万元（假定不考虑其他因素）。A 股份有限公司的账务处理如下：

借：盈余公积　　　　　　　　　　　　　　　　　　200 000
　　贷：利润分配——盈余公积补亏　　　　　　　　　　　200 000

（2）企业用盈余公积转增资本，借记"盈余公积"科目，贷记"实收资本"（或"股本"）科目。

例 6-24 因扩大经营规模需要，经股东大会批准，A 股份有限公司将盈余公积 60 万元转增股本（假定不考虑其他因素）。A 股份有限公司的账务处理如下：

借：盈余公积　　　　　　　　　　　　　　　　　　600 000
　　贷：股本　　　　　　　　　　　　　　　　　　　　600 000

五、本年利润的设置与账务处理

（一）本年利润的内涵

本年利润是指企业某个会计年度的净利润（或净亏损）。它是由企业利润组成内容计算确定的，是企业从公历年 1 月份至 12 月份逐步累计而形成的一个动态指标。

利润是指企业在一定会计期间的经营成果。它是企业在一定会计期间内实现的收入减去费用后的余额。会计制度规定各种费用的结转在期末进行。期末结转费用的方法有两种：一是表结法；二是账结法。账结法的优点是各月均可通过"本年利润"科目提供其当期利润额，记账业务程序完整，但增加了编制结转损益分录的工作量。

（二）"本年利润"科目的具体核算

"本年利润"科目核算企业当期实现的净利润（或发生的净亏损）。

企业期（月）末结转利润时，应将各损益类科目的金额转入"本年利润"科目，结平各损益类科目。结转后，"本年利润"科目的贷方余额为当期实现的净利润；借方余额为当期发生的净亏损。

（三）"本年利润"科目的明细科目设置

"本年利润"科目的明细科目设置如表 6-7 所示。

表 6-7　"本年利润"科目的明细科目设置

编号	会计科目名称	二级科目名称	三级科目名称
4103	本年利润		
4103 01	本年利润	主营业务收入	项目
4103 02	本年利润	其他业务收入	项目
4103 03	本年利润	营业外收入	项目
4103 04	本年利润	主营业务成本	项目
4103 05	本年利润	其他业务成本	项目
4103 06	本年利润	税金及附加	项目
4103 07	本年利润	销售费用	项目
4103 08	本年利润	管理费用	项目
4103 09	本年利润	财务费用	项目
4103 10	本年利润	投资收益	项目
4103 11	本年利润	资产减值损失	项目

（续表）

编号	会计科目名称	二级科目名称	三级科目名称
4103 12	本年利润	营业外收入	项目
4103 13	本年利润	营业外支出	项目
4103 14	本年利润	所得税费用	项目

（四）本年利润经典业务的会计核算

年度终了，企业应将本年收入和支出相抵后结出的本年实现的净利润，转入"利润分配"科目，借记"本年利润"科目，贷记"利润分配——未分配利润"科目；如为净亏损，则做相反的会计分录。结转后，"本年利润"科目应无余额。

例 6-25　A 公司 2×22 年有关损益类科目的年末余额如表 6-8 所示（A 公司采用表结法年末一次转损益类科目，所得税税率为 25%）。

表 6-8　损益类科目年末余额

单位：元

科目名称	金额
主营业务收入	6 000 000
其他业务收入	700 000
公允价值变动损益	150 000
投资收益	600 000
营业外收入	50 000
主营业务成本	4 000 000
其他业务成本	400 000
税金及附加	80 000
销售费用	500 000
管理费用	770 000
财务费用	200 000
资产减值损失	100 000
营业外支出	250 000

A公司2×22年年末结转本年利润的账务处理如下：

（1）将各损益类科目的年末余额结转"本年利润"科目：

a. 结转各项收入、利得类科目：

借：主营业务收入	6 000 000
其他业务收入	700 000
公允价值变动损益	150 000
投资收益	600 000
营业外收入	50 000
贷：本年利润	7 500 000

b. 结转各项费用、损失类科目：

借：本年利润	6 300 000
贷：主营业务成本	4 000 000
其他业务成本	400 000
税金及附加	80 000
销售费用	500 000
管理费用	770 000
财务费用	200 000
资产减值损失	100 000
营业外支出	250 000

（2）经过上述结转后，"本年利润"科目的贷方发生额合计750万元，减去借方发生额合计630万元，即为税前会计利润120万元。假设将该税前会计利润进行纳税调整后，应纳税所得额为100万元，则A公司应交所得税额为25万元（100×25%）。假定将该应交所得税按照企业会计准则进行调整后计算确认的所得税费用为28万元。

（3）将所得税费用结转入"本年利润"科目：

借：本年利润	280 000
贷：所得税费用	280 000

六、利润分配的设置与账务处理

（一）利润分配的内涵

利润分配是指企业根据国家有关规定和企业章程、投资者协议等，对企业当年可供分配的利润所进行的分配。利润分配的顺序依次是：①提取法定盈余公积。②提取任意盈余公积。③向投资者分配利润。可供分配利润的计算公式如下：

可供分配的利润＝当年实现的净利润＋年初未分配利润（—年初未弥补亏损）＋其他转入利润

未分配利润是指经过弥补亏损、提取法定盈余公积、提取任意盈余公积和向投资者分配利润等利润分配之后剩余的利润。它是企业留待以后年度进行分配的历年结存的利润。相对于所有者权益的其他部分来说，企业对未分配利润的使用有较大的自主权。

（二）"利润分配"科目的具体核算

"利润分配"科目核算企业利润的分配（或亏损的弥补）和历年分配（或弥补）后的余额。该科目应当分别"提取法定盈余公积""提取任意盈余公积""应付现金股利或利润""转作股本的股利""盈余公积补亏""未分配利润"等明细科目进行明细分类核算。该科目期末余额反映企业的未分配利润（或未弥补亏损）。

（三）"利润分配"科目的明细科目设置

"利润分配"科目的明细科目设置如表 6-9 所示。

表 6-9 "利润分配"科目的明细科目设置

编号	会计科目名称	二级科目名称
4104	利润分配	
4104 01	利润分配	提取法定盈余公积
4104 02	利润分配	提取任意盈余公积
4104 03	利润分配	应付现金股利或利润
4104 04	利润分配	转作股本的股利
4104 05	利润分配	盈余公积补亏
4104 06	利润分配	未分配利润

（四）利润分配经典业务的会计核算

1. 提取盈余公积

企业提取的法定盈余公积，借记"利润分配——提取法定盈余公积"

科目，贷记"盈余公积——法定盈余公积"科目；提取的任意盈余公积，借记"利润分配——提取任意盈余公积"科目，贷记"盈余公积——任意盈余公积"科目。

2. 分配现金股利或利润

企业经股东大会或类似机构决议，分配给股东或投资者的现金股利或利润，借记"利润分配——应付现金股利或利润"科目，贷记"应付股利"科目。

例6-26 A股份有限公司年初未分配利润为0，本年实现净利润200万元，本年提取法定盈余公积20万元，宣告发放现金股利80万元。假定不考虑其他因素。A股份有限公司的账务处理如下：

（1）结转本年利润时：

借：本年利润   2 000 000

 贷：利润分配——未分配利润   2 000 000

如A股份有限公司当年发生亏损，则应借记"利润分配——未分配利润"科目，贷记"本年利润"科目。

（2）提取法定盈余公积、宣告发放现金股利时：

借：利润分配——提取法定盈余公积   200 000

    ——应付现金股利或利润   800 000

 贷：盈余公积——法定盈余公积   200 000

   应付股利   800 000

借：利润分配——未分配利润   1 000 000

 贷：利润分配——提取法定盈余公积   200 000

    ——应付现金股利或利润   800 000

3. 分配股票股利

经股东大会或类似机构决议分配给股东的股票股利，企业应在办理增资手续后，借记"利润分配——转作股本的股利"科目，贷记"股本"科目。

例6-27 A股份有限公司共需要分派1 000万元现金股利，其中动用可供投资者分配的利润500万元、盈余公积500万元。假定不考虑其他因素。A股份有限公司的账务处理如下：

（1）宣告分派股利时：

借：利润分配——应付现金股利或利润　　　　　　　5 000 000

　　盈余公积　　　　　　　　　　　　　　　　　　5 000 000

　　　贷：应付股利　　　　　　　　　　　　　　　　　10 000 000

（2）支付股利时：

借：应付股利　　　　　　　　　　　　　　　　　　10 000 000

　　　贷：银行存款　　　　　　　　　　　　　　　　　10 000 000

4. 用盈余公积弥补亏损

企业发生的亏损，除了用当年实现的净利润弥补，还可使用累积的盈余公积弥补。企业以盈余公积弥补亏损时，借记"盈余公积"科目，贷记"利润分配——盈余公积补亏"科目。

相关内容在本章"四、盈余公积的设置与账务处理"中已详述，在此不再赘述。

5. 将本年实现的净利润（或发生的净亏损）转入"利润分配"科目

年度终了，企业应将本年实现的净利润，自"本年利润"科目转入"利润分配"科目，借记"本年利润"科目，贷记"利润分配——未分配利润"科目，如为净亏损，则做相反的会计分录；同时，将"利润分配"科目所属其他明细科目的余额转入"利润分配——未分配利润"明细科目。结转前，如果"利润分配——未分配利润"明细科目的余额在借方，上述结转当年所实现净利润的会计分录同时反映了当年实现的净利润自动弥补以前年度亏损的情况。因此，企业在用当年实现的净利润弥补以前年度亏损时，不需另行编制会计分录。结转后，"利润分配"科目除了"未分配利润"明细科目，其他明细科目应无余额。

例 6-28　接例 6-25，将"本年利润"科目年末余额 92 万元（750 — 630 — 28）转入"利润分配——未分配利润"科目。A 公司的账务处理如下：

借：本年利润　　　　　　　　　　　　　　　　　　920 000

　　　贷：利润分配——未分配利润　　　　　　　　　　　920 000

6. 内部投资收益的抵销

《企业会计准则第 33 号——合并财务报表》第三十四条规定，母公司对子公司、子公司相互之间持有对方长期股权投资的投资收益应当抵销。

在合并工作底稿中编制的抵销分录为：借记"投资收益""未分配利润——

年初"科目，贷记"提取盈余公积""对所有者（或股东）的分配""未分配利润——年末"科目，如果子公司有小股东，借记"少数股东损益"科目。

例6-29　B公司为A公司的非全资子公司，A公司拥有其80%的股份。在合并工作底稿中，A公司按权益法调整的B公司本期投资收益为800万元（1 000×80%），B公司本期少数股东损益为200万元（1 000×20%）。B公司年初未分配利润为30万元，本期计提盈余公积100万元、分派现金股利600万元，未分配利润为330万元（30 + 1 000 - 100 - 600）。A公司在编制合并资产负债表时的账务处理如下：

（1）对B公司2×21年利润分配进行抵销时：

借：投资收益　　　　　　　　　　　　　　　　8 000 000

　　少数股东损益　　　　　　　　　　　　　　2 000 000

　　未分配利润——年初　　　　　　　　　　　　300 000

　　　贷：提取盈余公积　　　　　　　　　　　　　1 000 000

　　　　　对所有者（或股东）的分配　　　　　　6 000 000

　　　　　未分配利润——年末　　　　　　　　　3 300 000

（2）将内部应收股利与内部应付股利抵销时：

借：应付股利　　　　　　　　　　　　　　　　6 000 000

　　贷：应收股利　　　　　　　　　　　　　　　6 000 000

7. 补提折旧调整留存收益

企业补提折旧调整留存收益时，借记"利润分配——未分配利润"科目，贷记"累计折旧"科目。

例6-30　A公司2×19年12月建造一项大型资产项目，该资产预计使用20年，预计弃置费用为60万元。按照工业企业会计制度的规定，此项预计弃置费用不计入固定资产成本。该公司于2×22年1月1日执行新的企业会计准则体系，按照规定，预计弃置费用已满足预计负债的确认条件，该公司应确认相应的负债并应增加该项资产的成本，同时补提折旧调整留存收益。假定预计弃置费用现值为46万元，该资产采用使用年限法提取折旧。A公司的账务处理如下：

（1）2×22年，将预计弃置费用增加固定资产成本时：

借：固定资产　　　　　　　　　　　　　　　　460 000

　　贷：预计负债　　　　　　　　　　　　　　　460 000

（2）补提折旧、调整留存收益时：

借：利润分配——未分配利润　　　　　　　　　138 000
　　贷：累计折旧　　　　　　　　　　　　　　　　138 000

七、库存股的设置与账务处理

（一）库存股的内涵

库存股是指由公司购回而没有注销、并由该公司持有的已发行股份。它的特性和未发行的股票类似，没有投票权或是分配股利的权利，而公司解散时也不能变现。

库存股在回购后并不注销，而由公司自己持有，在适当的时机再向市场出售或用于对员工的激励。也就是说，公司将已经发行出去的股票，从市场中买回，存放于公司，而尚未再出售或是注销。

（二）"库存股"科目的具体核算

"库存股"科目核算企业收购、转让或注销的本公司股份金额。"库存股"科目是所有者权益类科目的抵减科目。这里的抵减是指减少所有者权益。"库存股"科目与"坏账准备"科目类似，其增减和所有者权益类科目的增减方向相反。该科目用来核算企业收购的尚未转让或注销的该公司股份金额，是权益类科目。该科目的期末余额在借方，反映企业持有尚未转让或注销的本公司股份金额。

（三）"库存股"科目的明细科目设置

"库存股"科目的明细科目设置如表6-10所示。

表6-10　"库存股"科目的明细科目表设置

编号	会计科目名称	二级科目名称
4201	库存股	

（四）库存股经典业务的会计核算

（1）企业为减少注册资本而收购本公司股份的，应按实际支付的金额，借记"库存股"科目，贷记"银行存款"等科目。

（2）企业为奖励本公司职工而收购本公司股份的，应按实际支付的金额，借记"库存股"科目，贷记"银行存款"等科目，同时做备查登记。

（3）企业将收购的股份奖励给本公司职工属于以权益结算的股份支付，如有实际收到的金额，借记"银行存款"科目，按根据职工获取奖励股份的实际情况确定的金额，借记"资本公积——其他资本公积"科目，按奖励库存股的账面余额，贷记"库存股"科目，按其差额，贷记或借记"资本公积——股本溢价"科目。

（4）股东因对股东大会做出的公司合并、分立决议持有异议而要求企业收购本公司股份的，企业应按实际支付的金额，借记"库存股"科目，贷记"银行存款"等科目。

（5）企业转让库存股，应按实际收到的金额，借记"银行存款"等科目，按转让库存股的账面余额，贷记"库存股"科目，按其差额，贷记"资本公积——股本溢价"科目；为借方差额的，借记"资本公积——股本溢价"科目，股本溢价不足冲减的，应借记"盈余公积""利润分配——未分配利润"科目。

（6）注销库存股，应按股票面值和注销股数计算的股票面值总额，借记"股本"科目，按注销库存股的账面余额，贷记"库存股"科目，按其差额，借记"资本公积——股本溢价"科目，股本溢价不足冲减的，应借记"盈余公积""利润分配——未分配利润"科目。

八、专项储备的设置与账务处理

（一）专项储备的内涵

"专项储备"既是一个权益类会计科目，又是一个报表项目，用于核算高危行业企业按照规定提取的安全生产费以及维持简单再生产费用等具有类似性质的费用。

（二）"专项储备"科目的具体核算

按照财政部 2009 年 6 月发布的《企业会计准则解释第 3 号》的规定，高危行业企业按照国家规定提取的安全生产费，应当计入相关产品的成本或当期损益，同时记入"专项储备"科目。提取安全生产费时，借记"生产成本、制造费用"等科目，贷记"专项储备"科目。"专项储备"科目期末余额在资产负债表所有者权益项下"减：库存股"项目和"盈余公积"项目之间增设"专项储备"项目反映。

（三）"专项储备"科目的明细科目设置

"专项储备"科目的明细科目设置如表 6-11 所示。

表 6-11 "专项储备"科目的明细科目设置

编号	会计科目名称	二级科目名称
4301	专项储备	
4301 01	专项储备	提取数
4301 01	专项储备	使用数

（四）专项储备经典业务的会计核算

（1）企业使用提取的安全生产费时，属于费用性支出的，直接冲减专项储备，即借记"专项储备"科目，贷记"银行存款"科目。

（2）企业使用提取的安全生产费形成固定资产的，应当通过"在建工程"科目归集所发生的支出，待安全项目完工达到预定可使用状态时确认为固定资产；同时，按照形成固定资产的成本冲减专项储备，并确认相同金额的累计折旧，即借记"专项储备"科目，贷记"累计折旧"科目。该固定资产在以后期间不再计提折旧。

九、其他权益工具的设置与账务处理

（一）其他权益工具的内涵

其他权益工具是指企业发行的除了普通股的归类为权益工具的各种金融工具，包括优先股和永续债等。

优先股也是一种没有期限的有权凭证，它具有如下特点：①优先股股东不参加公司的红利分配，无表决权和参与公司经营管理权。②优先股有固定的股息，不受公司业绩好坏影响，并可以先于普通股股东领取股息。③当公司破产进行财产清算时，优先股股东对公司剩余财产有先于普通股股东的要求权。

永续债券又称无期债券，是非金融企业（发行人）在银行间债券市场注册发行的"无固定期限、内含发行人赎回权"的债券。永续债的每个付息日，发行人可以自行选择将当期利息以及已经递延的所有利息，推迟至下一个付息日支付，且不受到任何递延支付利息次数的限制。

企业发行的金融工具应当按照《企业会计准则第 22 号——金融工具确认和计量》进行初始确认和计量。企业应当以所发行金融工具的分类为基础，确定该工具利息支出或股利分配等的会计处理。对于归类为权益工具的金融工具，无论其名称中是否包含"债"，其利息支出或股利分配都应当作为发行企业的利润分配，其回购、注销等作为权益的变动处理。对于归类为金融负债的金融工具，无论其名称中是否包含"股"，其利息支出或股利分配原则上按照借款费用进行处理，其回购或赎回产生的利得或损失等计入当期损益。

（二）"其他权益工具"科目的具体核算

根据《金融负债与权益工具的区分及相关会计处理规定》，企业在所有者权益类科目中增设"4401 其他权益工具"科目，核算企业发行的除了普通股的归类为权益工具的各种金融工具。"其他权益工具"科目应按发行金融工具的种类等进行明细核算。

（三）"其他权益工具"科目的明细科目设置

"其他权益工具"科目的明细科目设置如表 6-12 所示。

表 6-12　"其他权益工具"科目的明细科目设置

编号	会计科目名称	二级科目名称
4401	其他权益工具	
4401 01	其他权益工具	优先股
4401 02	其他权益工具	永续债
4401 03	其他权益工具	其他

（四）其他权益工具经典业务的会计核算

例 6-31　甲公司为一家上市公司，相关年度发生与金融工具有关的交易或事项如下：

2×21年9月1日，甲公司向特定的合格投资者按面值发行优先股1 000万股，每股面值为100元，扣除发行费用3 000万元后的发行收入净额已存入银行。根据甲公司发行优先股的募集说明书，本次发行优先股的票面股息率为5%；甲公司在有可分配利润的情况下，可以向优先股股东派发股息；在派发约定的优先股当期股息前，甲公司不得向普通股股东分配股利；除非股息支付日前12个月发生甲公司向普通股股东支付股利等强制付息事件，甲公司有权取消支付优先股当期股息，且不构成违约；优先股股息不累积；优先股股东按照约定的票面股息率分配股息后，不再同普通股股东一起参加剩余利润分配；甲公司有权按照优先股票面金额加上当期已决议支付但尚未支付的优先股股息之和赎回并注销本次发行的优先股；本次发行的优先股不设置投资者回售条款，也不设置强制转换为普通股的条款；甲公司在清算时，优先股股东的清偿顺序略后于普通债务的债权人，但在普通股股东之前。甲公司根据相应的议事机制，能够自主决定普通股股利的支付。

分析： 甲公司发行的优先股应划分为权益工具。因为甲公司可以相应地自主决定是否支付股利，不具有强制付息义务，甲公司可避免交付现金或金融资产，则应将该优先股划分为权益工具。甲公司的账务处理如下：

借：银行存款　　　　　　　　　　　　　　970 000 000
　　贷：其他权益工具　　　　　　　　　　　　　970 000 000

例6-32　A公司发行了一项年利率为10%、无固定还款期限、可自主决定是否支付利息的不可累积永续债，其他合同条款如下（假定没有其他条款导致该工具分类为金融负债）：

（1）该永续债嵌入了一项看涨期权，允许A公司在发行第5年及之后以面值回购该永续债。

（2）如果A公司在第5年年末没有回购该永续债，则之后的票息率增加至12%（通常称为"票息递增"特征）。

（3）该永续债票息在A公司向其普通股股东支付股利时必须支付（即"股利推动机制"）。

假设：A公司根据相应的议事机制能够自主决定普通股股利的支付；该公司发行该永续债之前多年来均支付普通股股利。

分析： 本例中，尽管A公司多年来均支付普通股股利，但由于甲公司能够根据相应的议事机制自主决定普通股股利的支付，进而影响永续债利息的支付，对 A 公司而言，该永续债并未形成支付现金或其他金融资产的合同义务。尽管 A 公司有可能在第 5 年年末行使其回购权，但是 A 公司并没有回购的合同义务，因此，该永续债应整体被分类为权益工具，在"其他权益工具"科目中核算。

第七章 成本类科目的设置与账务处理

一、生产成本的设置与账务处理

（一）生产成本的内涵

生产成本亦称制造成本，是指生产活动的成本，即企业为生产产品而发生的成本。生产成本是生产过程中各种资源利用情况的货币表示，是衡量企业技术和管理水平的重要指标。

生产成本是生产单位为生产产品或提供劳务而发生的各项生产费用，包括各项直接支出和制造费用。其中，直接支出包括直接材料（如原材料、辅助材料、备品备件、燃料及动力等）、直接工资（如生产人员的工资、补贴）、其他直接支出（如福利费等）；制造费用是指企业内的分厂、车间为组织和管理生产所发生的各项费用，包括分厂、车间管理人员工资、折旧费、维修费、修理费及其他制造费用（如办公费、差旅费、劳保费等）。

（二）"生产成本"科目的具体核算

"生产成本"科目核算企业进行工业性生产发生的各项生产成本，包括生产各种产品（产成品、自制半成品等）、自制材料、自制工具、自制设备等。

该科目可按"基本生产成本"和"辅助生产成本"明细科目进行明细分类核算。其中，"基本生产成本"明细科目应当分别按照基本生产车间和成本核算对象（产品的品种、类别、订单、批别、生产阶段等）设置明细账（或成本计算单，下同），并按照规定的成本项目设置专栏。该科目的期末余额在借方，反映企业尚未加工完成的在产品成本或尚未收获的农产品成本。

（三）"生产成本"科目的明细科目设置

"生产成本"科目的明细科目设置如表 7-1 所示。

表 7-1　"生产成本"科目的明细科目设置

编号	会计科目名称	二级科目名称	三级科目名称
5001	生产成本		
5001 01	生产成本	基本生产成本	产品的品种、类别、订单、批别、生产阶段等
5001 02	生产成本	辅助生产成本	产品的品种、类别、订单、批别、生产阶段等
5001 03	生产成本	其他	

（四）生产成本经典业务的会计核算

（1）企业发生的各项直接生产成本，借记"生产成本——基本生产成本、辅助生产成本"科目，贷记"原材料""库存现金""银行存款""应付职工薪酬"等科目。

例 7-1　2×22 年 3 月，某企业的仓库发出材料供制造产品和一般消耗，仓库根据有关领料凭证，编制当月材料发出汇总表，如表 7-2 所示。

表 7-2　发出材料汇总

单位：元

项目	甲材料	乙材料	丙材料	金额合计
A 产品	25 000	4 500	8 730	29 500
B 产品	16 600	17 400		42 730
小计	41 600	21 900	8 730	72 230
车间一般耗用		1 800	1 300	3 100
行政管理部门耗用		450	150	600
合计	41 600	24 150	10 180	75 930

分析：从表 7-2 中可以看出，该企业的材料费用可以分为三个部分：一是直接用于产品制造的直接材料费用，A、B 两种产品共耗用 72 230 元，其中 A 产品耗用 29 500 元，B 产品耗用 42 730 元；二是为车间一般性消耗的材料费 3 100 元；三是行政管理部门消耗的材料费 600 元。这些经济业务的发生，一方面使得该企业生产产品的直接材料费增加 72 230 元，间接材料费增加 3 100 元，期间费用增加 600 元；另一方面使得企业的库存材料减少 75 930 元，

其中甲材料减少 41 600 元，乙材料减少 24 150 元，丙材料减少 10 180 元。这些经济业务涉及"生产成本""制造费用""管理费用""原材料"四个科目。生产产品的直接材料费、间接材料费行政管理部门消耗的材料费的增加是费用的增加，应分别记入"生产成本""制造费用""管理费用"科目的借方；库存材料的减少是资产的减少，应记入"原材料"科目的贷方。

该企业的账务处理如下：

借：生产成本——A 产品　　　　　　　　　　　　　　29 500

　　　　　　——B 产品　　　　　　　　　　　　　　42 730

　　制造费用　　　　　　　　　　　　　　　　　　　3 100

　　管理费用　　　　　　　　　　　　　　　　　　　　600

　　贷：原材料——甲材料　　　　　　　　　　　　　41 600

　　　　　　　——乙材料　　　　　　　　　　　　　24 150

　　　　　　　——丙材料　　　　　　　　　　　　　10 180

例 7-2　2×22 年 3 月末，某企业结算本月应付职工工资 40 000 元，其中，生产工人工资 27 500 元，车间管理人员工资 5 000 元，行政管理人员工资 7 500 元。生产工人工资按 A、B 两种产品的生产工时比例进行分配（A 产品工时为 2 400 小时，B 产品工时为 2 600 小时）。

分析：这项经济业务的发生，一方面使得企业应付职工工资增加了 40 000 元，另一方面使得企业生产费用和期间费用增加 40 000 元。车间生产工人和车间管理人员的工资作为一种生产费用应分别计入产品的生产成本和制造费用，行政管理人员的工资应计入期间费用。

这些经济业务涉及"生产成本""制造费用""管理费用"和"应付职工薪酬"四个科目。生产人员的工资作为直接生产费用，应记入"生产成本"科目的借方；车间管理人员的工资作为间接生产费用，应记入"制造费用"科目的借方；行政管理人员的工资作为期间费用，应记入"管理费用"科目的借方，上述工资尚未支付形成企业的负债，是企业负债的增加，应记入"应付职工薪酬"科目的贷方。生产工人工资还应在不同产品之间进行分配，以确定每种产品应承担的直接人工费。分配的标准有按生产工时、产品数量等。本例按生产工时比例分配，具体计算如下：

工资分配率＝生产工人工资总额 ÷ 各种产品生产工时之和＝ 27 500 ÷（2 400 ＋ 2 600）＝ 5.5

A 产品应分配的工人工资＝ A 产品生产工时 × 工资分配率＝ 2 400×5.5 ＝ 13 200（元）

B 产品应分配工资＝B 产品生产工时 × 工资分配率＝2 600×5.5＝14 300（元）

该企业的账务处理如下：

借：生产成本——A 产品   13 200

          ——B 产品   14 300

    制造费用   5 000

    管理费用   7 500

    贷：应付职工薪酬——工资   40 000

（2）各生产车间应负担的制造费用，借记"生产成本——基本生产成本、辅助生产成本"科目，贷记"制造费用"科目。

例 7-3 接例 7-2，某企业将本月发生的制造费用 8 100 元，按产品的生产工时比例，分配计入 A、B 两种产品的生产成本。

分析：制造费用是企业为生产产品而发生的、不能直接归属于某种产品的各种间接费用，通常在月末时再按一定标准计入各种产品成本。制造费用分配的标准常用产品的生产工时或生产工人工资比例，本例按生产工时比例分配，具体计算如下：

制造费用分配率＝本期制造费用总额 ÷ 各种产品生产工时之和＝8 100÷（2 400＋2 600）＝1.62

A 产品应负担的制造费用＝制造费用分配率 ×A 产品生产工时＝1.62×2 400＝3 888（元）

B 产品应负担的制造费用＝制造费用分配率 ×B 产品生产工时＝1.62×2 600＝4 212（元）

该企业的账务处理如下：

借：生产成本——A 产品   3 888

          ——B 产品   4 212

    贷：制造费用   8 100

（3）辅助生产车间为基本生产车间、企业管理部门和其他部门提供的劳务和产品，期（月）末按照一定的分配标准分配给各受益对象，借记"生产成本——基本生产成本""管理费用""销售费用""其他业务成本""在建工程"等科目，贷记"生产成本——辅助生产成本"科目。

（4）企业已经生产完成并已验收入库的产成品以及入库的自制半成品，应于期（月）末，借记"库存商品"等科目，贷记"生产成本——基本生产成本"科目。

例 7-4 某企业本月生产的 B 产品 5 000 件于月末全部制造完工，并已验收入库，结转 B 产品实际成本 165 634 元。该企业的账务处理如下：

借：库存商品——B 产品　　　　　　　　　　　　　165 634
　　贷：生产成本——B 产品　　　　　　　　　　　　　　165 634

由于 A 产品期末尚未完工，"生产成本——A 产品"科目的期末余额，即为 A 产品的期末在产品实际成本。

二、制造费用的设置与账务处理

（一）制造费用的内涵

制造费用是指企业生产单位为生产产品或提供劳务而发生的，应计入产品或劳务成本但没有专设成本项目的各项生产费用。

（二）"制造费用"科目的具体核算

"制造费用"科目核算企业生产车间（部门）为生产产品和提供劳务而发生的各项间接费用。企业行政管理部门为组织和管理生产经营活动而发生的管理费用，在"管理费用"科目核算。

"制造费用"科目可按不同的生产车间、部门和费用项目进行明细核算。除了季节性的生产性企业，"制造费用"科目期末应无余额。

（三）"制造费用"科目的明细科目设置

"制造费用"科目的明细科目设置如表 7-3 所示。

表 7-3　"制造费用"科目的明细科目设置

编号	会计科目名称	二级科目名称	三级科目名称	是否辅助核算	辅助核算类别
5101	制造费用				
5101 01	制造费用	固定费用		是	按不同的生产车间、部门
5101 01 01	制造费用	固定费用	工资	是	按不同的生产车间、部门
5101 01 02	制造费用	固定费用	折旧费	是	按不同的生产车间、部门

（续表）

编号	会计科目名称	二级科目名称	三级科目名称	是否辅助核算	辅助核算类别
5101 01 03	制造费用	固定费用	修理费	是	按不同的生产车间、部门
5101 01 04	制造费用	固定费用	机物料消耗	是	按不同的生产车间、部门
5101 01 05	制造费用	固定费用	办公费	是	按不同的生产车间、部门
5101 01 06	制造费用	固定费用	低值易耗品摊销	是	按不同的生产车间、部门
5101 01 07	制造费用	固定费用	租赁费	是	按不同的生产车间、部门
5101 01 08	制造费用	固定费用	保险费	是	按不同的生产车间、部门
5101 01 09	制造费用	固定费用	差旅费	是	按不同的生产车间、部门
5101 02	制造费用	变动费用		是	按不同的生产车间、部门
5101 02 01	制造费用	变动费用	职工福利费	是	按不同的生产车间、部门
5101 02 02	制造费用	变动费用	水电费	是	按不同的生产车间、部门
5101 02 03	制造费用	变动费用	职工教育经费	是	按不同的生产车间、部门
5101 02 04	制造费用	变动费用	工会经费	是	按不同的生产车间、部门
5101 02 05	制造费用	变动费用	外部加工费	是	按不同的生产车间、部门
5101 02 06	制造费用	变动费用	设计制图费	是	按不同的生产车间、部门
5101 02 07	制造费用	变动费用	劳动保护费	是	按不同的生产车间、部门
5101 02 08	制造费用	变动费用	其他	是	按不同的生产车间、部门

（四）制造费用经典业务的会计核算

（1）生产车间发生的机物料消耗，借记"制造费用"科目，贷记"原材料"等科目。

（2）发生的生产车间管理人员的工资等职工薪酬，借记"制造费用"科目，贷记"应付职工薪酬"科目。

（3）生产车间计提的固定资产折旧，借记"制造费用"科目，贷记"累计折旧"科目。

（4）生产车间支付的办公费、修理费、水电费等，借记"制造费用"科目，贷记"银行存款"等科目。

（5）发生季节性的停工损失，借记"制造费用"科目，贷记"原材料""应付职工薪酬""银行存款"等科目。

（6）将制造费用分配计入有关的成本核算对象，借记"生产成本（基本生产成本、辅助生产成本）""劳务成本"科目，贷记"制造费用"科目。

（7）季节性生产企业制造费用全年实际发生数与分配数的差额，除了其中属于为下一年开工生产作准备的可留待下一年分配，其余部分实际发生额大于分配额的差额，借记"生产成本——基本生产成本"科目，贷记"制造费用"科目；实际发生额小于分配额的差额，做相反的会计分录。

例7-5 某公司生产甲、乙两种产品，本月共发生生产工人工资 11.23 万元，其中，甲产品生产工人工资 6.75 万元，乙产品生产工人工资 4.48 万元；本月共发生制造费用 33.69 万元。该公司的账务处理如下：

按生产工人工资比例计算的制造费用分配率 $= 336\ 900 \div 112\ 300 = 3$

甲产品应负担的制造费用 $= 3 \times 67\ 500 = 202\ 500$（元）

乙产品应负担的制造费用 $= 3 \times 44\ 800 = 134\ 400$（元）

借：生产成本——甲产品　　　　　　　　　　　　　202 500

　　　　　　——乙产品　　　　　　　　　　　　　134 400

　　贷：制造费用　　　　　　　　　　　　　　　　　336 900

三、劳务成本的设置与账务处理

（一）劳务成本的内涵

劳务成本是指企业提供劳务作业而发生的成本。它是相对于劳务收入而言的。

（二）"劳务成本"科目的具体核算

"劳务成本"科目核算企业对外提供劳务发生的成本。

企业发生的各项劳务成本，借记"劳务成本"科目，贷记"银行存款""应付职工薪酬""原材料"等科目。建造承包商对外单位、专项工程等提供机械作业（包括运输设备）的成本，借记"劳务成本"科目，贷记"机械作业"科目。结转劳务的成本，借记"主营业务成本""其他业务成本"等科目，贷记"劳务成本"科目。

"劳务成本"科目可按提供劳务种类进行明细核算。该科目的期末余额在借方，反映企业尚未完成或尚未结转的劳务成本。

（三）"劳务成本"科目的明细科目设置

"劳务成本"科目的明细科目设置如表7-4所示。

表7-4 "劳务成本"科目的明细科目设置

编号	会计科目名称	二级科目名称	三级科目名称	是否辅助核算	辅助核算类别
5201	劳务成本	按提供劳务种类			
5201 01 01	劳务成本	按提供劳务种类	人工工资	是	项目
5201 01 02	劳务成本	按提供劳务种类	福利	是	项目
5201 01 03	劳务成本	按提供劳务种类	劳保	是	项目
5201 01 04	劳务成本	按提供劳务种类	相关费用	是	项目

（四）劳务成本经典业务的会计核算

（1）企业发生的各项直接生产成本，借记"劳务成本——基本生产成本、辅助生产成本"科目，贷记"原材料""库存现金""银行存款""应付职工薪酬"等科目。

例7-6 某企业2×22年3月对外提供劳务成本9 000元。该企业的账务处理如下：

借：劳务成本　　　　　　　　　　　　　　　　　　　　9 000
　　贷：应付职工薪酬　　　　　　　　　　　　　　　　　　　9 000

（2）各生产车间应负担的制造费用，借记"劳务成本——基本生产成本、辅助生产成本"科目，贷记"制造费用"科目。

（3）辅助生产车间为基本生产车间、企业管理部门和其他部门提供的劳务和产品，期（月）末按照一定的分配标准分配给各受益对象，借记"劳务成本——基本生产成本""管理费用""销售费用""其他业务成本""在建工程"等科目，贷记本科目"劳务成本——辅助生产成本"科目。

例 7-7　甲公司于 2×21 年 9 月 10 日接受一项设备安装任务，该安装任务可一次完成，合同总价款为 1 万元，实际发生安装成本 0.6 万元。假定该安装业务属于甲公司的主营业务，需花费一段时间（不超过本会计期间）才能完成。甲公司的账务处理如下：

（1）在安装完成时：

借：劳务成本 　　　　　　　　　　　　　　　　　　6 000

　　贷：银行存款等 　　　　　　　　　　　　　　　　　　6 000

（2）安装完成，确认所提供劳务的收入并结转该项劳务总成本时：

借：应收账款（或银行存款） 　　　　　　　　　　10 000

　　贷：主营业务收入 　　　　　　　　　　　　　　　　10 000

借：主营业务成本 　　　　　　　　　　　　　　　　6 000

　　贷：劳务成本 　　　　　　　　　　　　　　　　　　6 000

（4）企业已经生产完成并已验收入库的产成品以和自制半成品，应于期（月）末，借记"库存商品"等科目，贷记"劳务成本——基本生产成本"科目。

例 7-8　2×21 年 8 月，某企业所生产的 A 商品完工入库，结转劳务成本 5 万元。该企业的账务处理如下：

借：库存商品 　　　　　　　　　　　　　　　　　　50 000

　　贷：劳务成本 　　　　　　　　　　　　　　　　　50 000

四、研发支出的设置与账务处理

（一）研发支出的内涵

研发支出是指在研究与开发过程中所使用资产的折旧、消耗的原材料、直接参与开发人员的工资及福利费、开发过程中发生的租金和借款费用等。研发活动从广义上来讲也是一种投资行为，但较一般的投资活动具有更大的收益不确定性和风险性，因而增加了研发支出在会计确认与计量上的困难。

（二）"研发支出"科目的具体核算

"研发支出"科目核算企业进行研究与开发无形资产过程中发生的各项支出。该科目可按研究开发项目，分别"费用化支出""资本化支出"明细科目进行明细分类核算。该科目的期末余额在借方，反映企业正在进行无形资产研究开发项目满足资本化条件的支出。

（三）"研发支出"科目的明细科目设置

"研发支出"科目的明细科目设置如表 7-5 所示。

表 7-5　"研发支出"科目的明细科目设置

编号	会计科目名称	二级科目名称	三级科目名称	四级科目名称
5301	研发支出			
5301 01	研发支出	资本化支出		
5301 01 01	研发支出	资本化支出	人员工资	
5301 01 01 01	研发支出	资本化支出	人员工资	工资薪金
5301 01 01 02	研发支出	资本化支出	人员工资	津贴补贴
5301 01 01 03	研发支出	资本化支出	人员工资	加班工资、奖金
5301 01 01 04	研发支出	资本化支出	人员工资	其他
5301 01 02	研发支出	资本化支出	直接投入	
5301 01 02 01	研发支出	资本化支出	直接投入	材料、燃料、动力费
5301 01 02 02	研发支出	资本化支出	直接投入	检验、测试费
5301 01 02 03	研发支出	资本化支出	直接投入	模具费、工装费
5301 01 02 04	研发支出	资本化支出	直接投入	租赁费
5301 01 02 05	研发支出	资本化支出	直接投入	维修、维护费
5301 01 02 06	研发支出	资本化支出	直接投入	其他
5301 01 03	研发支出	资本化支出	折旧、无形资产摊销、长期待摊费用摊销	

（续表）

编号	会计科目名称	二级科目名称	三级科目名称	四级科目名称
5301 01 03 01	研发支出	资本化支出	折旧、无形资产摊销、长期待摊费用摊销	设备折旧费
5301 01 03 02	研发支出	资本化支出	折旧、无形资产摊销、长期待摊费用摊销	无形资产摊销
5301 01 03 03	研发支出	资本化支出	折旧、无形资产摊销、长期待摊费用摊销	长期待摊费核销
5301 01 04	研发支出	资本化支出	设计费	
5301 01 04 01	研发支出	资本化支出	设计费	新产品设计费
5301 01 04 02	研发支出	资本化支出	设计费	新规程制定费
5301 01 05	研发支出	资本化支出	其他费用	
5301 01 05 01	研发支出	资本化支出	其他费用	图书资料费
5301 01 05 02	研发支出	资本化支出	其他费用	现场试验费
5301 01 05 03	研发支出	资本化支出	其他费用	论证、鉴定、评审、验收费
5301 01 05 04	研发支出	资本化支出	其他费用	会议费、差旅费、办公费等
5301 02	研发支出	费用化支出		
5301 02 01	研发支出	费用化支出	人员工资	
5301 02 01 01	研发支出	费用化支出	人员工资	工资薪金
5301 02 01 02	研发支出	费用化支出	人员工资	津贴补贴
5301 02 01 03	研发支出	费用化支出	人员工资	加班工资、奖金
5301 02 01 04	研发支出	费用化支出	人员工资	其他
5301 02 02	研发支出	费用化支出	直接投入	
5301 02 02 01	研发支出	费用化支出	直接投入	材料、燃料、动力费
5301 02 02 02	研发支出	费用化支出	直接投入	检验、测试费
5301 02 02 03	研发支出	费用化支出	直接投入	模具费、工装费
5301 02 02 04	研发支出	费用化支出	直接投入	租赁费

（续表）

编号	会计科目名称	二级科目名称	三级科目名称	四级科目名称
5301 02 02 05	研发支出	费用化支出	直接投入	维修、维护费
5301 02 02 06	研发支出	费用化支出	直接投入	其他
5301 02 03	研发支出	费用化支出	折旧、无形资产摊销、长期待摊费用摊销	
5301 02 03 01	研发支出	费用化支出	折旧、无形资产摊销、长期待摊费用摊销	设备折旧费
5301 02 03 02	研发支出	费用化支出	折旧、无形资产摊销、长期待摊费用摊销	无形资产摊销
5301 02 03 03	研发支出	费用化支出	折旧、无形资产摊销、长期待摊费用摊销	长期待摊费核销
5301 02 04	研发支出	费用化支出	设计费	
5301 02 04 01	研发支出	费用化支出	设计费	新产品设计费
5301 02 04 02	研发支出	费用化支出	设计费	新规程制定费
5301 02 05	研发支出	费用化支出	其他费用	
5301 02 05 01	研发支出	费用化支出	其他费用	图书资料费
5301 02 05 02	研发支出	费用化支出	其他费用	现场试验费
5301 02 05 03	研发支出	费用化支出	其他费用	论证、鉴定、评审、验收费
5301 02 05 04	研发支出	费用化支出	其他费用	会议费、差旅费、办公费等

（四）研发支出经典业务的会计核算

1. 发生研发支出

企业自行开发无形资产发生的研发支出，不满足资本化条件的，借记"研发支出——费用化支出"科目，满足资本化条件的，借记"研发支出——资本化支出"科目，贷记"原材料""银行存款""应付职工薪酬"等科目。

例7-9 A公司自行研究、开发一项技术，截至2×20年12月31日，发生研发支出合计 50 万元，以银行存款支付。经测试，该项研发活动完成了研究阶段，从 2×21 年 1 月 1 日开始进入开发阶段。2×21 年发生研发支出 10 万元，以银行存款支付，假定符合《企业会计准则第 6 号——无形资产》规定的开发支出资本化的条件。2×21 年 6 月 30 日，该项研发活动结束，最终开发出一项非专利技术。A 公司的账务处理如下：

（1）2×20 年发生研发支出时：

借：研发支出——费用化支出　　　　　　　　　　　　　　500 000

　　贷：银行存款　　　　　　　　　　　　　　　　　　　　500 000

（2）2×20 年 12 月 31 日，发生的研发支出全部属于研究阶段的支出时：

借：管理费用　　　　　　　　　　　　　　　　　　　　　500 000

　　贷：研发支出——费用化支出　　　　　　　　　　　　　500 000

（3）2×21 年，发生开发支出并满足资本化确认条件时：

借：研发支出——资本化支出　　　　　　　　　　　　　　100 000

　　贷：银行存款　　　　　　　　　　　　　　　　　　　　100 000

2. 研究开发项目达到预定用途形成无形资产

研究开发项目达到预定用途形成无形资产的，企业应按"研发支出——资本化支出"科目的余额，借记"无形资产"科目，贷记"研发支出——资本化支出"科目。

例 7-10　接例 7-9，2×21 年 6 月 30 日，该技术研发完成并形成无形资产。A 公司的账务处理如下：

借：无形资产　　　　　　　　　　　　　　　　　　　　　100 000

　　贷：研发支出——资本化支出　　　　　　　　　　　　　100 000

第八章 损益类科目的设置与账务处理

一、主营业务收入的设置与账务处理

（一）主营业务收入的内涵

主营业务收入是指企业为完成其经营目标所从事的经常性活动实现的收入。主营业务收入一般占企业总收入的较大比重，对企业的经济效益产生较大影响。不同行业企业的主营业务收入所包括的内容不同，例如，工业企业的主营业务收入主要包括销售商品、自制半成品、代制品、代修品，提供工业性劳务等实现的收入；商业企业的主营业务收入主要包括销售商品实现的收入；咨询公司的主营业务收入主要包括提供咨询服务实现的收入；安装公司的主营业务收入主要包括提供安装服务实现的收入等。

（二）"主营业务收入"科目的具体核算

"主营业务收入"科目核算企业确认的销售商品、提供劳务等主营业务的收入。该科目可按主营业务的种类进行明细核算。

（三）"主营业务收入"科目的明细科目设置

"主营业务收入"科目的明细科目设置如表 8-1 所示。

表 8-1　"主营业务收入"科目的明细科目设置

编号	会计科目名称	二级科目名称	三级科目名称	是否辅助核算	辅助核算类别
6001	主营业务收入	按主营业务的种类			
6001 01	主营业务收入	销售货物	按种类	是	客商、部门设置
6001 02	主营业务收入	提供劳务	按种类	是	客商、部门设置
6001 03	主营业务收入	让渡资产使用权	按种类	是	客商、部门设置

（续表）

编号	会计科目名称	二级科目名称	三级科目名称	是否辅助核算	辅助核算类别
6001 04	主营业务收入	建造合同	按种类	是	客商、部门设置
6001 05	主营业务收入	其他	按种类	是	客商、部门设置

（四）主营业务收入经典业务的会计核算

1. 销售商品或提供劳务

企业销售商品或提供劳务实现的收入，应按实际收到或应收的金额，借记"银行存款""应收账款""应收票据""合同资产"等科目，按确认的营业收入，贷记"主营业务收入"科目，按应缴纳的增值税额，贷记"应交税费——应交增值税（销项税额）"科目。

例8-1 A公司向B公司销售一批产品，开出的增值税专用发票上注明的销售价格为10万元、增值税税额为1.3万元，产品已经发出，款项尚未收到。该批产品成本为6万元。B公司已将该批产品验收入库。假定不考虑其他因素。A公司的账务处理如下：

借：应收账款 113 000
　　贷：主营业务收入 100 000
　　　　应交税费——应交增值税（销项税额） 13 000
借：主营业务成本 60 000
　　贷：库存商品 60 000

2. 递延方式分期收款、具有融资性质的销售商品

相关内容在第四章"三十八、长期应收款的设置与账务处理"中已详述，在此不再赘述。

3. 发生销售退回或销售折让

本期（月）发生的销售退回或销售折让，企业按应冲减的营业收入，借记"主营业务收入"科目，按实际支付或应退还的金额，贷记"银行存款""应收账款"等科目。

例8-2 A公司在2×20年12月18日向B公司销售一批商品，开出的增值税专用发票上注明的销售价格为5万元、增值税税额为0.65万元。该批

商品成本为 2.6 万元。为及早收回货款，A 公司和 B 公司约定的现金折扣条件为 "2/10，1/20，n/30"。B 公司在 2×20 年 12 月 27 日支付货款。2×21 年 5 月 25 日，该批商品因质量问题被 B 公司退回，A 公司当日支付有关款项。假定计算现金折扣时不考虑增值税及其他因素，销售退回不属于资产负债表日后事项。A 公司的账务处理如下：

（1）2×20 年 12 月 18 日，销售实现时（按销售总价确认收入）

借：应收账款   56 500

 贷：主营业务收入   50 000

   应交税费——应交增值税（销项税额）   6 500

借：主营业务成本   26 000

 贷：库存商品   26 000

（2）2×20 年 12 月 27 日，收到货款时：

借：银行存款   55 500

 财务费用（50 000×2%）   1 000

  贷：应收账款   56 500

（3）2×21 年 5 月 25 日，发生销售退回时：

借：主营业务收入   50 000

 应交税费——应交增值税（销项税额）   6 500

  贷：银行存款   55 500

   财务费用   1 000

借：库存商品   26 000

 贷：主营业务成本   26 000

二、其他业务收入的设置与账务处理

（一）其他业务收入的内涵

其他业务收入是指企业为完成其经营目标所从事的与经常性活动相关的活动实现的收入。其他业务收入属于企业日常活动中次要交易实现的收入，一般占企业总收入的比重较小。不同行业企业的其他业务收入所包括的内容不同，例如，工业企业的其他业务收入主要包括对外销售材料、对外出租包装物、商品或固定资产、对外转让无形资产使用权、对外进行权益性投资（取得现金股利）或债权性投资（取得利息）、提供非工业性劳务等实现的收入。

（二）"其他业务收入"科目的具体核算

"其他业务收入"科目核算企业确认的除主营业务活动以外的其他经营活动实现的收入，包括出租固定资产、出租无形资产、出租包装物和商品、销售材料、用材料进行非货币性交换（非货币性资产交换具有商业实质且公允价值能够可靠计量）或债务重组等实现的收入。

"其他业务收入"科目可按其他业务收入种类进行明细核算。期末，企业应将该科目余额转入"本年利润"科目，结转后该科目应无余额。

（三）"其他业务收入"科目的明细科目设置

"其他业务收入"科目的明细科目设置如表 8-2 所示。

表 8-2　"其他业务收入"科目的明细科目设置

编号	会计科目名称	二级科目名称	三级科目名称	是否辅助核算	辅助核算类别
6051	其他业务收入				
6051 01	其他业务收入	材料物资及包装物销售	项目	是	部门
6051 02	其他业务收入	代购代销	项目	是	部门
6051 03	其他业务收入	包装物出租	项目	是	部门
6051 04	其他业务收入	无形资产转让	项目	是	部门
6051 05	其他业务收入	运输	项目	是	部门
6051 06	其他业务收入	固定资产出租	项目	是	部门
6051 07	其他业务收入	其他	项目	是	部门

（四）其他业务收入经典业务的会计核算

企业确认的其他业务收入，借记"银行存款""其他应收款"等科目，贷记"其他业务收入"科目。

例 8-3　A 公司向 B 公司转让某软件的使用权，一次性收取使用费 10 万元，不提供后续服务，款项已经收回。A 公司确认使用费收入时的账务处理如下：

借：银行存款　　　　　　　　　　　　　　　　　　100 000

　　贷：其他业务收入　　　　　　　　　　　　　　　　100 000

例 8-4　2×21 年 1 月 1 日，甲公司将某商标权出租给乙公司使用，租期为 4 年，按乙公司以该商标销售产品所获收入的 10% 收取租金，在出租期间内甲公司不再使用该商标杠。该商标权系甲公司 2×18 年 1 月 1 日购入的，初始入账价值为 180 万元，预计使用年限为 15 年，净残值为 0，采用直线法摊销。2×21 年，乙公司以该商标销售产品获得收入 150 万元。假定甲公司为一般纳税人，适用的增值税税率为 6%，且不考虑增值税以外的其他相关税费。甲公司的账务处理如下：

（1）取得租金时：

借：银行存款　　　　　　　　　　　　　　　　　　159 000
　　贷：其他业务收入——出租商标权　　　　　　　　　150 000
　　　　应交税费——应交增值税（销项税额）　　　　　9 000

（2）对该商标权进行摊销时：

借：其他业务成本——商标权摊销　　　　　　　　　120 000
　　贷：累计摊销　　　　　　　　　　　　　　　　　120 000

例 8-5　甲公司将一栋写字楼出租给乙公司使用，确认为投资性房地产，采用成本模式进行后续计量。假设这栋办公楼的成本为 7 200 万元，按照年限平均法计提折旧，使用寿命为 20 年，预计净残值为 0。经营租赁合同约定，乙公司每月等额支付甲公司租金 40 万元。甲公司的账务处理如下：

（1）每月计提折旧时：

借：其他业务成本——出租写字楼折旧　　　　　　　300 000
　　贷：投资性房地产累计折旧 [（72 000 000÷20）÷12]
　　　　　　　　　　　　　　　　　　　　　　　　300 000

（2）每月确认租金收入时：

借：银行存款（或其他应收款）　　　　　　　　　　400 000
　　贷：其他业务收入——出租写字楼租金收入　　　　400 000

三、公允价值变动损益的设置与账务处理

（一）公允价值变动损益的内涵

公允价值变动损益是指一项资产或负债在取得之后的计量，即后续采用公允价值计量模式时，期末资产账面价值与其公允价值之间的差额。

（二）"公允价值变动损益"科目的具体核算

"公允价值变动损益"科目核算企业交易性金融资产、交易性金融负债，以及采用公允价值模式计量的投资性房地产、衍生工具、套期保值业务等公允价值变动形成的应计入当期损益的利得或损失。

指定为以公允价值计量且其变动计入当期损益的金融资产或金融负债公允价值变动形成的应计入当期损益的利得或损失，也在"公允价值变动损益"科目核算。该科目可按"交易性金融资产""交易性金融负债""投资性房地产"等进行明细核算。期末，该科目余额转入"本年利润"科目，结转后该科目无余额。

（三）"公允价值变动损益"科目的明细科目设置

"公允价值变动损益"科目的明细科目设置如表 8-3 所示。

表 8-3　"公允价值变动损益"科目的明细科目设置

编号	会计科目名称	二级科目名称	三级科目名称
6101	公允价值变动损益		
6101 01	公允价值变动损益	交易性金融资产	种类
6101 02	公允价值变动损益	交易性金融负债	种类
6101 03	公允价值变动损益	投资性房地产	种类
6101 04	公允价值变动损益	其他	种类

（四）公允价值变动损益经典业务的会计核算

1. 交易性金融资产的会计核算

（1）资产负债表日，企业应按交易性金融资产的公允价值高于其账面余额的，按两者的差额，借记"交易性金融资产——公允价值变动"科目，贷记"公允价值变动损益"科目；公允价值低于其账面余额的，按两者的差额做相反的会计分录。

例 8-6　2×20 年 1 月 8 日，A 公司购入 B 公司发行的公司债券。该笔债券于 2×19 年 7 月 1 日发行，面值为 2 500 万元，票面利率为 4%，债券利息按年支付。A 公司将其划分为交易性金融资产，支付价款为 2 600 万元（其中包含已宣告发放的债券利息 50 万元），另支付交易费用 30 万元。2×20 年

2月5日，A公司收到该笔债券利息50万元。2×21年2月10日，A公司收到债券利息100万元。2×20年6月30日，A公司购买的该笔债券的市价为2 580万元；2×20年12月31日，A公司购买的该笔债券的市价为2 560万元。A公司的账务处理如下：

（1）2×20年6月30日，确认该笔债券的公允价值变动损益时：

借：交易性金融资产——公允价值变动　　　　　　　　　300 000

　　贷：公允价值变动损益　　　　　　　　　　　　　　　　300 000

（2）2×20年12月31日，确认该笔债券的公允价值变动损益时：

借：公允价值变动损益　　　　　　　　　　　　　　　　200 000

　　贷：交易性金融资产——公允价值变动　　　　　　　　　200 000

（2）企业出售交易性金融资产时，应按实际收到的金额，借记"银行存款""存放中央银行款项"等科目，按该金融资产的账面余额，贷记"交易性金融资产"科目，按其差额，借记或贷记"投资收益"科目。

例8-7 接例8-6，假定2×21年1月15日，A公司出售了所持有的B公司的公司债券，售价为2 565万元。A公司的账务处理如下：

借：银行存款　　　　　　　　　　　　　　　　　　25 650 000

　　贷：交易性金融资产——成本　　　　　　　　　　　25 500 000

　　　　　　　　　　　　——公允价值变动　　　　　　　100 000

　　投资收益　　　　　　　　　　　　　　　　　　　　50 000

2. 以公允价值计量且其变动计入当期损益的金融负债

以公允价值计量且其变动计入当期损益的金融负债，企业应当按照公允价值后续计量，相关利得或损失应当计入当期损益。

例8-8 2×20年7月1日，甲公司经批准在全国银行间债券市场公开发行100 000万元人民币短期融资券，期限为1年，票面年利率5.58%，每张面值为100元，到期一次还本付息，所募集资金主要用于公司购买生产经营所需的原材料及配套件等。甲公司将该短期融资券指定为以公允价值计量且其变动计入当期损益的金融负债。假定不考虑发行短期融资券相关的交易费用以及企业自身信用风险变动。2×20年12月31日，该短期融资券市场价格每张120元（不含利息）。2×21年6月30日，该短期融资券到期兑付完成。甲公司的账务处理如下：

（1）2×20 年 7 月 1 日，发行短期融资券时：

借：银行存款　　　　　　　　　　　　　　　　　1 000 000 000

　　贷：交易性金融负债　　　　　　　　　　　　　　1 000 000 000

（2）2×20 年 12 月 31 日，年末确认公允价值变动和利息费用时：

借：公允价值变动损益　　　　　　　　　　　　　　200 000 000

　　贷：交易性金融负债　　　　　　　　　　　　　　　200 000 000

借：财务费用（1 000 000 000×5.58%×6÷12）　　27 900 000

　　贷：应付利息　　　　　　　　　　　　　　　　　　27 900 000

（3）2×21 年 6 月 30 日，短期融资券到期时：

借：财务费用　　　　　　　　　　　　　　　　　　27 900 000

　　贷：应付利息　　　　　　　　　　　　　　　　　　27 900 000

借：交易性金融负债　　　　　　　　　　　　　　1 200 000 000

　　应付利息　　　　　　　　　　　　　　　　　　　55 800 000

　　贷：银行存款　　　　　　　　　　　　　　　　1 055 800 000

　　　　公允价值变动损益　　　　　　　　　　　　　200 000 000

3. 投资性房地产的会计核算

投资性房地产采用公允价值模式进行后续计量的，企业不计提折旧或摊销，应当以资产负债表日的公允价值计量。资产负债表日，投资性房地产的公允价值高于其账面余额的差额，借记"投资性房地产——公允价值变动"科目，贷记"公允价值变动损益"科目；公允价值低于其账面余额的差额，做相反的会计分录。

例 8-9　A 公司为从事房地产经营开发的企业。2×20 年 8 月，A 公司与 B 公司签订租赁协议，约定将 A 公司开发的一栋精装修的写字楼于开发完成的同时开始租赁给 B 公司使用，租赁期为 10 年。当年 10 月 1 日，该写字楼开发完成并开始出租，写字楼的造价为 9 000 万元。2×20 年 12 月 31 日，该写字楼的公允价值为 9 200 万元。假设 A 公司采用公允价值计量模式。A 公司的账务处理如下：

（1）2×20 年 10 月 1 日，开发完成写字楼并出租时：

借：投资性房地产——成本　　　　　　　　　　　　90 000 000

　　贷：开发成本　　　　　　　　　　　　　　　　　　90 000 000

（2）2×20 年 12 月 31 日，按照公允价值为基础调整其账面价值，而公允价值与原账面价值之间的差额计入当期损益。

借：投资性房地产——公允价值变动   2 000 000
  贷：公允价值变动损益   2 000 000

四、投资收益的设置与账务处理

（一）投资收益的内涵

投资收益是指企业对外投资所得的收入（所发生的损失为负数），如企业对外投资取得股利收入、债券利息收入以及与其他单位联营所分得的利润等。

（二）"投资收益"科目的具体核算

"投资收益"科目核算企业确认的投资收益或投资损失。企业处置交易性金融资产、交易性金融负债、长期股权投资实现的损益，在"投资收益"科目核算。该科目可按投资项目进行明细核算。期末，企业应将"投资收益"科目的余额转入"本年利润"科目，结转后该科目应无余额。

（三）"投资收益"科目的明细科目设置

"投资收益"科目的明细科目设置如表8-4所示。

表8-4 "投资收益"科目的明细科目设置

编号	会计科目名称	二级科目名称	三级科目名称
6111	投资收益		
6111 01	投资收益	交易性金融资产	按投资项目
6111 02	投资收益	交易性金融负债	按投资项目
6111 03	投资收益	其他债权投资	按投资项目
6111 04	投资收益	长期股权投资	按投资项目
6111 05	投资收益	其他	按投资项目

（四）投资收益经典业务的会计核算

（1）企业持有的金融资产（包括交易性金融资产和其他债权投资等）期间取得的投资收益，以及处置交易性金融资产、其他债权投资和其他权益工具投资实现的损益等都属于投资收益。

相关内容在第四章"四、交易性金融资产的设置与账务处理""三十三、其他债权投资的设置与账务处理""三十四、其他权益工具投资的设置与账务处理"中已详述，在此不再赘述。

（2）长期股权投资的会计核算。长期股权投资采用成本法核算，企业应按被投资单位宣告发放的现金股利或利润中确认属于本企业的部分，长期股权投资采用权益法核算的，应按根据被投资单位实现的净利润或经调整的净利润计算应享有的份额，相关内容在第四章"三十五、长期股权投资的设置与账务处理"已详述，在此不再赘述。

五、资产处置损益的设置与账务处理

（一）资产处置损益的内涵

资产处置损益是指企业因出售或转让固定资产、无形资产和在建工程等而产生的处置利得或损失。值得注意的是，上述处置利得或损失，是区别于固定资产、无形资产和在建工程等非流动资产毁损报废而产生的利得或损失，后者仍在"营业外收入（支出）"核算，前者被归集到了"资产处置损益"科目核算，使之另立门户，单独核算。瘦身后的"营业外支出"科目只核算公益性捐赠支出、非常损失、盘亏损失、非流动资产毁损报废损失。

（二）"资产处置损益"科目的具体核算

"资产处置损益"科目核算企业出售划分为持有待售的非流动资产（金融工具、长期股权投资和投资性房地产除外）或处置组（子公司和业务除外）时确认的处置利得或损失，以及处置未划分为持有待售的固定资产、在建工程、生产性生物资产及无形资产而产生的处置利得或损失。该科目按照处置的资产类别或处置组进行明细核算。债务重组中因处置非流动资产产生的利得或损失和非货币性资产交换中换出非流动资产产生的利得或损失也在该科目核算。

资产处置收益项目不包括以下资产的处置：①存货、消耗性生物资产、应收账款等流动性资产处置。②金融工具和长期股权投资的处置。③投资性房地产处置。④债务重组利得或损失和非货币性资产交换利得或损失。⑤子公司和业务的处置。

"资产处置损益"科目按照处置的资产类别或处置组进行明细核算。期末，"资产处置损益"科目余额转入"本年利润"科目，结转后该科目无余额。

（三）"资产处置损益"科目的明细科目设置

"资产处置损益"科目的明细科目设置如表8-5所示。

表 8-5　"资产处置损益"科目的明细科目设置

编号	会计科目名称	二级科目名称	三级科目名称
6115	资产处置损益		
6115 01	资产处置损益	处置固定资产	
6115 02	资产处置损益	处置在建工程	
6115 03	资产处置损益	处置生产性生物资产	
6115 04	资产处置损益	处置无形资产	
6115 05	资产处置损益	其他	

（四）资产处置损益经典业务的会计核算

例 8-10　2×21 年 10 月 8 日，A 公司提前报废一台机器设备，设备原值为 15 万元，已计提折旧 6 万元，已计提减值准备 2 万元，报废后处置废材料，取得收入 1.03 万元。假该 A 公司是一般纳税人，该设备处置符合简易计税条件，并按 3% 征收率开具了增值税专用发票。A 公司的账务处理如下：

（1）由于是报废，资产处置后并没有使用价值，应记入"营业外支出"科目。

a. 固定资产转入清理时：

借：累计折旧　　　　　　　　　　　　　　　　60 000
　　固定资产减值准备　　　　　　　　　　　　20 000
　　固定资产清理　　　　　　　　　　　　　　70 000
　　贷：固定资产　　　　　　　　　　　　　　　　150 000

b. 取得出售收入时：

借：银行存款　　　　　　　　　　　　　　　　103 00
　　贷：固定资产清理　　　　　　　　　　　　　　10 000
　　　　应交税费——简易计税　　　　　　　　　　　300

c. 清理净损益结转时：

借：营业外支出——非流动资产损失　　　　　　60 000
　　贷：固定资产清理　　　　　　　　　　　　　　60 000

（2）假如该设备不是报废，而是出售给 B 公司，其他条件不变，由于是出售处置，因此仅仅是为了换取对价，对于资产处置后还尚有使用价值，因此，相关净损益需要结转至资产处置损益科目，年终并入资产处置收益报表项目。

a. 固定资产转入清理时：

借：累计折旧　　　　　　　　　　　　　　　　　　60 000
　　固定资产减值准备　　　　　　　　　　　　　　20 000
　　固定资产清理　　　　　　　　　　　　　　　　70 000
　　贷：固定资产　　　　　　　　　　　　　　　　　　　150 000

b. 出售取得收入时：

借：银行存款　　　　　　　　　　　　　　　　　　103 00
　　贷：固定资产清理　　　　　　　　　　　　　　　　　10 000
　　　　应交税费——简易计税　　　　　　　　　　　　　　300

c. 清理净损益结转时：

借：资产处置损益——非流动资产损失　　　　　　　60 000
　　贷：固定资产清理　　　　　　　　　　　　　　　　　60 000

例 8-11　甲企业为增值税一般纳税人，出售一项商标权，所得的不含税价款为 120 万元，应缴纳的增值税为 7.2 万元（适用增值税税率为 6%，不考虑其他税费）。该商标权成本为 300 万元，出售时已摊销金额为 180 万元，已计提的减值准备为 30 万元。甲企业的账务处理如下：

借：银行存款　　　　　　　　　　　　　　　　　1 272 000
　　累计摊销　　　　　　　　　　　　　　　　　1 800 000
　　无形资产减值准备——商标权　　　　　　　　　300 000
　　贷：无形资产——商标权　　　　　　　　　　　　　3 000 000
　　　　应交税费——应交增值税（销项税额）　　　　　　72 000
　　　　资产处置损益　　　　　　　　　　　　　　　　　300 000

六、其他收益的设置与账务处理

（一）其他收益的内涵

其他收益是指与企业日常活动相关、但不宜确认收入或冲减成本费用的政府补助。

（二）"其他收益"科目的具体核算

2017 年 5 月 10 日，财政部修订发布了《企业会计准则第 16 号——政府补助》，自 2017 年 6 月 12 日起施行。"其他收益"科目是该次修订新增的一个损益类会计科目，应当在利润表中的"营业利润"项目之上单独列报"其他收益"项目，计入其他收益的政府补助在该项目中反映。该科目专门用于核算与企业日常活动相关、但不宜确认收入或冲减成本费用的政府补助。

《企业会计准则第 16 号——政府补助》规定，与企业日常活动相关的政府补助，应当按照经济业务实质，计入其他收益或冲减相关成本费用。与企业日常活动无关的政府补助，应当计入营业外收支。

《〈企业会计准则第 16 号——政府补助〉应用指南》规定，企业选择总额法对与日常活动相关的政府补助进行会计处理的，应增设"其他收益"科目进行核算。"其他收益"科目核算总额法下与日常活动相关的政府补助以及其他与日常活动相关且应直接计入该科目的项目，计入该科目的政府补助可以按照类型进行明细核算。对于总额法下与日常活动相关的政府补助，企业在实际收到或应收时，或者将先确认为"递延收益"的政府补助分摊计入收益时，借记"银行存款""其他应收款""递延收益"等科目，贷记"其他收益"科目。期末，应将"其他收益"科目余额转入"本年利润"科目，结转后该科目应无余额。

（三）"其他收益"科目的明细科目设置

"其他收益"科目的明细科目设置如表 8-6 所示。

表 8-6 "其他收益"科目的明细科目设置

编号	会计科目名称	二级科目名称	三级科目名称
6117	其他收益		
6117 01	其他收益	政府类型	

（四）其他收益经典业务的会计核算

例 8-12 丙企业生产一种先进的模具产品，按照国家相关规定，该企业的这种产品适用增值税先征后返政策，按实际缴纳增值税额返还 70%。2×21 年 1 月，该企业实际交纳增值税税额 120 万元。2×21 年 2 月，该企业实际收到返还的增值税税额 84 万元。

分析：本例中，丙企业收到返还的增值税税额属于以收益相关的政府补助，且用于补偿企业已发生的相关费用，且增值税先征后返属于与企业的日常活动密切相关的补助，应在实际收到时直接计入当期损益（其他收益）。丙企业实际收到返还的增值税税额时的账务处理如下：

借：银行存款　　　　　　　　　　　　　　　840 000
　　贷：其他收益　　　　　　　　　　　　　　　　840 000

七、营业外收入的设置与账务处理

（一）营业外收入的内涵

营业外收入是指企业发生的与其日常活动无直接关系的各项利得。营业外收入并不是企业经营资金耗费所产生的，不需要企业付出代价，实际上是经济利益的净流入，不可能也不需要与有关的费用进行配比。营业外收入主要包括与企业日常活动无关的政府补助、盘盈利得、罚没所得和捐赠利得等。其中：

盘盈利得主要是指对于现金等清查盘点中盘盈的现金等，报经批准后计入营业外收入的金额。

罚没利得指企业取得的各项罚款，在弥补由于对违反合同或协议而造成的经济损失后的罚款净收益。

捐赠利得指企业接受捐赠产生的利得。

（二）"营业外收入"科目的具体核算

企业应设置"营业外收入"科目，核算营业外收入的取得及结转情况。该科目贷方登记企业确认的营业外收入，借方登记期末转入"本年利润"科目的"营业外收入"科目余额，结转后，"营业外收入"科目无余额。"营业外收入"科目可按营业外收入项目进行明细核算。

（三）"营业外收入"科目的明细科目设置

"营业外收入"科目的明细科目设置如表 8-7 所示。

表 8-7　"营业外收入"科目的明细科目设置

编号	会计科目名称	二级科目名称	三级科目名称
6301	营业外收入		
6301 01	营业外收入	非货币性资产交换利得	项目
6301 02	营业外收入	捐赠收入	项目
6301 03	营业外收入	物资盘盈	项目
6301 04	营业外收入	罚款收入	项目

编号	会计科目名称	二级科目名称	三级科目名称
6301 05	营业外收入	赔偿收入	项目
6301 06	营业外收入	其他	项目

（四）营业外收入经典业务的会计核算

（1）取得长期股权投资，长期股权投资的初始投资成本大于投资时应享有被投资单位可辨认净资产公允价值份额的，不调整已确认的初始投资成本，借记"长期股权投资——成本"科目，贷记"银行存款"等科目。长期股权投资的初始投资成本小于投资时应享有被投资单位可辨认净资产公允价值份额的，借记"长期股权投资——成本"科目，贷记"银行存款"等科目，按其差额，贷记"营业外收入"科目。

例8-13 A企业于2×21年1月取得B公司40%的股权，支付价款9 000万元。A企业取得投资时，被投资单位B公司的净资产账面价值为20 000万元，公允价值为22 000万元。在B公司的生产经营决策过程中，所有股东均按持股比例行使表决权。A企业在取得B公司的股权后，派人参与了B公司的生产经营决策。因能够对B公司施加重大影响，所以A企业对该投资应当采用权益法核算。

分析：长期股权投资的初始投资成本9 000万元大于取得投资时应享有被投资单位可辨认净资产公允价值的份额8 800万元（22 000×40%），两者之间的差额不调整长期股权投资的账面价值。A企业在取得投资时的账务处理如下：

借：长期股权投资——成本   90 000 000
    贷：银行存款   90 000 000

如果本例中取得投资时被投资单位可辨认净资产的公允价值为25 000万元，A企业按持股比例40%计算确定应享有10 000万元，则初始投资成本与应享有被投资单位可辨认净资产公允价值份额之间的差额1 000万元应计入取得投资当期的营业外收入。A企业的账务处理如下：

借：长期股权投资——成本   100 000 000
    贷：银行存款   90 000 000
        营业外收入   10 000 000

（2）企业转销确实无法支付的应付账款（如因债权人撤销等原因而产生无法支付的应付账款），应按其账面余额计入营业外收入，借记"应付账款"科目，贷记"营业外收入"科目。

例 8–14　2×21 年 12 月 31 日，丁企业确定一笔应付账款 4 000 元为无法支付的款项，应予转销。丁企业的账务处理如下：

　　借：应付账款　　　　　　　　　　　　　　　　　　　4 000
　　　　贷：营业外收入——其他　　　　　　　　　　　　　　　4 000

在本例中，丁企业转销确实无法支付的应付账款 4 000 元，应按其账面余额记入"营业外收入——其他"科目。

（3）与企业日常活动无关的政府补助，应当计入营业外收入。

例 8–15　2×21 年 11 月，A 企业遭受重大自然灾害，并于 2×21 年 12 月 20 日收到了政府补助资金 200 万元。A 企业选择按总额法进行核算。A 企业的账务处理如下：

　　借：银行存款　　　　　　　　　　　　　　　　　　2 000 000
　　　　贷：营业外收入　　　　　　　　　　　　　　　　　2 000 000

（4）固定资产和无形资产报废和清理产生的净收益，应当计入营业外收入。

例 8–16　A 企业将固定资产报废清理的净收益 8 000 元转作营业外收入。A 企业的账务处理如下：

　　借：固定资产清理　　　　　　　　　　　　　　　　　8 000
　　　　贷：营业外收入　　　　　　　　　　　　　　　　　　8 000

八、主营业务成本的设置与账务处理

（一）主营业务成本的内涵

主营业务成本是指企业销售商品、提供劳务等经常性活动所发生的成本。企业一般在确认销售商品、提供劳务等主营业务收入时，或在月末，将已销售商品、已提供劳务的成本结转入主营业务成本。

（二）"主营业务成本"科目的具体核算

"主营业务成本"科目核算企业确认销售商品、提供劳务等主营业务收入时应结转的成本。该科目可按主营业务的种类进行明细核算。期末，企业应将该科目的余额转入"本年利润"科目，结转后该科目无余额。

（三）"主营业务成本"科目的明细科目设置

"主营业务成本"科目的明细科目设置如表8-8所示。

表8-8　"主营业务成本"　科目的明细科目设置

编号	会计科目名称	二级科目名称	三级科目名称	是否辅助核算	辅助核算类别
6401	主营业务成本				
6401 01	主营业务成本	销售货物成本	按种类设置	是	部门
6401 02	主营业务成本	提供劳务成本	按种类设置	是	部门
6401 03	主营业务成本	让渡资产使用权成本	按种类设置	是	部门
6401 04	主营业务成本	建造合同成本	按种类设置	是	部门
6401 05	主营业务成本	其他	按种类设置	是	部门

（四）主营业务成本经典业务的会计核算

1. 结转主营业务成本

期（月）末，企业应根据本期（月）销售各种商品、提供各种劳务等实际成本，计算应结转的主营业务成本，借记"主营业务成本"科目，贷记"库存商品""劳务成本"等科目。

2. 确认建造合同收入

企业确认建造合同收入，按应确认的合同费用，借记"主营业务成本"科目，按应确认的合同收入，贷记"主营业务收入"科目，按其差额，借记或贷记"工程施工——合同毛利"科目；合同完工时，企业已计提存货跌价准备的，还应结转跌价准备。

例 8-17　某建筑公司签订了一项合同总金额为 1 000 万元的固定造价合同，合同规定的工期为 3 年。假定经计算，第 1 年完工进度为 30%，第 2 年完工进度已达 80%。经测定，前 2 年的合同预计总成本均为 800 万元。第 3 年工程全部完成，累计实际发生合同成本 750 万元。该建筑公司的账务处理如下：

（1）第 1 年：

第 1 年确认的合同收入 = 1 000×30% = 300（万元）

第 1 年确认的合同毛利 =（1 000 － 800）×30% = 60（万元）

第 1 年确认的合同费用 = 300 － 60 = 240（万元）

借：主营业务成本　　　　　　　　　　　　　2 400 000

　　工程施工——合同毛利　　　　　　　　　　 600 000

　　　贷：主营业务收入　　　　　　　　　　　　　　3 000 000

（2）第 2 年：

第 2 年确认的合同收入 =（1 000×80%）－ 300 = 500（万元）

第 2 年确认的合同毛利 =（1 000 － 800）×80% － 60 = 100（万元）

第 2 年确认的合同费用 = 500 － 100 = 400（万元）

借：主营业务成本　　　　　　　　　　　　　4 000 000

　　工程施工——合同毛利　　　　　　　　　　1 000 000

　　　贷：主营业务收入　　　　　　　　　　　　　　5 000 000

（3）第 3 年：

第 3 年确认的合同收入 = 1 000 －（300 ＋ 500）= 2 00（万元）

第 3 年确认的合同毛利 =（1000 － 750）－（60 ＋ 100）= 90（万元）

第 3 年确认的合同费用 = 200 － 90 = 110（万元）

借：主营业务成本　　　　　　　　　　　　　1 100 000

　　工程施工——合同毛利　　　　　　　　　　 900 000

　　　贷：主营业务收入　　　　　　　　　　　　　　2 000 000

3. 生物资产出售

生物资产出售时，企业应按实际收到的金额，借记"银行存款"等科目，贷记"主营业务收入"等科目；应按其账面余额，借记"主营业务成本"等科目，贷记"生产性生物资产""消耗性生物资产"等科目；已计提跌价或减值准备或折旧的，还应同时结转跌价或减值准备或累计折旧。

例 8-18   A 畜牧养殖企业于 2×21 年 3 月将育成的 40 头仔猪出售给 B 食品加工厂，价款总额为 24 000 元，货款尚未收到。出售时仔猪的账面余额为 18 000 元，未计提跌价准备。A 畜牧养殖企业的账务处理如下：

借：应收账款——B 食品加工厂   24 000

　　贷：主营业务收入   24 000

借：主营业务成本   18 000

　　贷：消耗性生物资产——育肥猪   18 000

4. 主营业务成本核算企业确认销售商品、提供服务等主营业务收入时应结转的成本

企业在期末应根据本期销售各种商品、提供各种服务等实际成本，计算应结转的主营业务成本，借记"主营业务成本"科目，贷记"库存商品""合同履约成本"等科目。

九、其他业务成本的设置与账务处理

（一）其他业务成本的内涵

其他业务成本是指企业除了主营业务活动的其他经营活动所发生的成本。

（二）"其他业务成本"科目的具体核算

"其他业务成本"科目核算企业确认的除了主营业务活动的其他经营活动所发生的支出，包括销售材料的成本、出租固定资产的折旧额、出租无形资产的摊销额、出租包装物的成本或摊销额等。

除了主营业务活动的其他经营活动发生的相关税费，在"税金及附加"科目核算。采用成本模式计量投资性房地产的，其投资性房地产计提的折旧额或摊销额，也通过"其他业务成本"科目核算。

"其他业务成本"科目可按其他业务成本的种类进行明细核算。期末，企业应将该科目余额转入"本年利润"科目，结转后该科目无余额。

（三）"其他业务成本"科目的明细科目设置

"其他业务成本"科目的明细科目设置如表 8-9 所示。

表 8-9　"其他业务成本"科目的明细科目设置

编号	会计科目名称	二级科目名称	三级科目名称	是否辅助核算	辅助核算类别
6402	其他业务成本				
6402 01	其他业务成本	材料销售成本	种类	是	部门
6402 02	其他业务成本	代购代销费用	种类	是	部门
6402 03	其他业务成本	包装物出租成本	种类	是	部门
6402 04	其他业务成本	出租固定资产的折旧额	种类	是	部门
6402 05	其他业务成本	出租无形资产的摊销额	种类	是	部门
6402 06	其他业务成本	其他业务成本	种类	是	部门
6402 07	其他业务成本	其他业务成本	种类	是	部门

（五）其他业务成本经典业务的会计核算

（1）发生其他业务成本的账务处理。企业发生的其他业务成本，借记"其他业务成本"科目，贷记"原材料""周转材料""累计折旧""累计摊销""应付职工薪酬""银行存款"等科目。

例 8-19　A 公司主要销售 X 产品，为增加收入扩大营业范围，此次对外销售一批原材料，开出的增值税专用发票上注明的售价为 10 万元，增值税税额为 1.3 万元，款项已由银行收妥。该批原材料的实际成本为 8 万元。A 公司的账务处理如下：

（1）取得原材料销售收入时：

借：银行存款　　　　　　　　　　　　　　　　　113 000

　　贷：其他业务收入　　　　　　　　　　　　　　100 000

　　　　应交税费——应交增值税（销项税款）　　　 13 000

（2）结转已销原材料的实际成本时：

借：其他业务成本　　　　　　　　　　　　　　　　80 000

　　贷：原材料　　　　　　　　　　　　　　　　　 80 000

（2）其他业务成本核算企业确认的除了主营业务活动的其他经营活动所发生的支出。除了主营业务活动的其他经营活动发生的相关税费，在"税金及附加"科目核算。

十、税金及附加的设置与账务处理

（一）税金及附加的内涵

税金及附加是指企业经营活动应负担的相关税费。

（二）"税金及附加"科目的具体核算

"税金及附加"科目核算企业经营活动发生的消费税、城市维护建设税、资源税和教育费附加及房产税、城镇土地使用费、车船费、印花费等相关税费。

消费税是对生产、委托加工及进口应税消费品（主要指烟、酒、化妆品、高档次及高能耗的消费品）征收的一种税。消费税的计税方法主要有从价定率、从量定额、从价定率和从量定额复合计税 3 种。从价定率是根据商品销售价格和规定的税率计算应交消费税；从量定额是根据商品销售数量和规定的单位税额计算应交的消费税；从价定律和从量定额复合计税是两者的结合。

城市维护建设税和教育费附加是对从事生产经营活动的单位和个人，以其实际缴纳的增值税、消费税为依据，按纳税人所在地适用的不同税率计算征收的一种税。

资源税是对在我国境内开采国家规定的矿产资源和生产用盐单位、个人征收的一种税，按应税数量和规定的单位税额计算。例如，开采石油、煤炭、天然气的企业需按开采的数量计算缴纳资源税。

期末，企业应将"税金及附加"科目余额转入"本年利润"科目，结转后该科目无余额。

（三）"税金及附加"科目的明细科目设置

"税金及附加"科目的明细科目设置如表 8-10 所示。

表 8-10　"税金及附加"科目的明细科目设置

编号	会计科目名称	二级科目名称	三级科目名称
6403	税金及附加		
6403 01	税金及附加	消费税	项目名称
6403 02	税金及附加	城建税	项目名称
6403 03	税金及附加	资源税	项目名称

（续表）

编号	会计科目名称	二级科目名称	三级科目名称
6403 04	税金及附加	教育费附加	项目名称
6403 05	税金及附加	地方教育费附加	项目名称
6403 06	税金及附加	房产税	项目名称
6403 07	税金及附加	土地使用税	项目名称

（四）税金及附加经典业务的会计核算

1. 月末计提税金

企业按规定计算确定的与经营活动相关的税费，借记"税金及附加"科目，贷记"应交税费"科目。

例8-20 A企业销售所生产的化妆品，价款为80万元（不含增值税），适用的消费税税率为30%。A企业的账务处理如下：

应交消费税额 = 80×30% = 24（万元）

借：税金及附加 240 000

　　贷：应交税费——应交消费税 240 000

例8-21 A企业本月销售收入为3 563 942.05元（不含增值税），销项税额为462 811.25元，进项税额为337 280.75元，进项税额转出为761.72元，应交增值税税额为126 292.22元。A企业本月末计提税金的账务处理如下：

借：税金及附加 16 224.27

　　贷：应交税费——应交城市维护建设税 8 840.46

　　　　　　　——教育费附加 3 788.77

　　　　　　　——地方教育费附加 2 525.84

　　　　　　　——应交印花税 1 069.20

十一、销售费用的设置与账务处理

（一）销售费用的内涵

销售费用是指企业在销售商品和材料、提供劳务过程中发生的各项费用。

（二）"销售费用"科目的具体核算

"销售费用"科目核算企业销售商品和材料、提供劳务的过程中发生的各种费用，包括保险费、包装费、展览费和广告费、商品维修费、预计产品质量保证损失、运输费、装卸费等以及为销售本企业商品而专设的销售机构（含销售网点、售后服务网点等）的职工薪酬、业务费、折旧费等经营费用。

企业发生的与专设销售机构相关的固定资产修理费用等后续支出，也在"销售费用"科目核算。

企业（金融类）应将"销售费用"科目改为"业务及管理费"科目，核算企业（金融类）在业务经营和管理过程中所发生的各项费用，包括折旧费、业务宣传费、业务招待费、电子设备运转费、钞币运送费、安全防范费、邮电费、劳动保护费、外事费、印刷费、低值易耗品摊销、职工工资及福利费、差旅费、水电费、职工教育经费、工会经费、会议费、诉讼费、公证费、咨询费、无形资产摊销、长期待摊费用摊销、取暖降温费、聘请中介机构费、技术转让费、绿化费、董事会费、财产保险费、劳动保险费、待业保险费、住房公积金、物业管理费、研究费用、提取保险保障基金等。

"销售费用"科目可按费用项目进行明细核算。期末，企业应将该科目余额转入"本年利润"科目，结转后该科目无余额。

（三）"销售费用"科目的明细科目设置

"销售费用"科目的明细科目设置如表 8-11 所示。

表 8-11　"销售费用"科目的明细科目设置

编号	会计科目名称	二级科目名称	三级科目名称	四级科目名称	五级科目名称
6601	销售费用				
6601 01	销售费用	职工薪酬			
6601 01 01	销售费用	职工薪酬	基本工资		
6601 01 01 01	销售费用	职工薪酬	基本工资	在册职工工资	部门
6601 01 01 02	销售费用	职工薪酬	基本工资	非在册职工工资	部门
6601 01 02	销售费用	职工薪酬	劳务费		
6601 01 02 01	销售费用	职工薪酬	劳务费	劳务派遣费	部门
6601 01 02 02	销售费用	职工薪酬	劳务费	保安服务费	部门

（续表）

编号	会计科目名称	二级科目名称	三级科目名称	四级科目名称	五级科目名称
6601 01 02 03	销售费用	职工薪酬	劳务费	其他	部门
6601 01 03	销售费用	职工薪酬	工会经费		
6601 01 04	销售费用	职工薪酬	职工教育经费		
6601 01 05	销售费用	职工薪酬	社会保险费		
6601 01 05 01	销售费用	职工薪酬	社会保险费	养老保险	部门
6601 01 05 02	销售费用	职工薪酬	社会保险费	工伤保险	部门
6601 01 05 03	销售费用	职工薪酬	社会保险费	失业保险	部门
6601 01 05 04	销售费用	职工薪酬	社会保险费	医疗保险	部门
6601 01 05 05	销售费用	职工薪酬	社会保险费	生育保险	部门
6601 01 06	销售费用	职工薪酬	住房公积金		
6601 01 07	销售费用	职工薪酬	职工福利		
6601 01 08	销售费用	职工薪酬	辞退福利		
6601 02	销售费用	折旧费			
6601 03	销售费用	长期待摊费用			
6601 04	销售费用	无形资产摊销			
6601 05	销售费用	费用摊销			
6601 06	销售费用	能源费用			
6601 06 01	销售费用	能源费用	水费		
6601 06 02	销售费用	能源费用	电费		
6601 06 03	销售费用	能源费用	燃料费		
6601 06 04	销售费用	能源费用	其他		
6601 07	销售费用	车辆费用			
6601 07 01	销售费用	车辆费用	修理费		
6601 07 02	销售费用	车辆费用	燃油费		
6601 07 03	销售费用	车辆费用	保险费		
6601 08	销售费用	印刷费用	其他		
6601 09	销售费用	邮电费			
6601 10	销售费用	业务招待费			
6601 11	销售费用	会议费			

（续表）

编号	会计科目名称	二级科目名称	三级科目名称	四级科目名称	五级科目名称
6601 12	销售费用	接待费用			
6601 13	销售费用	服装费			
6601 14	销售费用	洗涤费			
6601 15	销售费用	物料消耗			
6601 16	销售费用	劳动保险费			
6601 17	销售费用	修理费			
6601 18	销售费用	招待费			
6601 19	销售费用	绿化及植物租摆费			
6601 20	销售费用	排污及环卫费用			
6601 21	销售费用	消防费			
6601 22	销售费用	广告宣传费			
6601 23	销售费用	销售佣金			
6601 24	销售费用	业务推广费			
6601 25	销售费用	音乐娱乐			
6601 26	销售费用	电视收视费			
6601 27	销售费用	包装费			
6601 28	销售费用	差旅费			
6601 29	销售费用	运输及装卸费			
6601 30	销售费用	员工招聘及培训费			
6601 31	销售费用	咨询审计及诉讼费			
6601 32	销售费用	财产保险费			
6601 33	销售费用	租赁费			
6601 34	销售费用	各项税费			
6601 34 01	销售费用	各项税费	房产税		
6601 34 02	销售费用	各项税费	土地使用税		
6601 34 03	销售费用	各项税费	其他		
6601 35	销售费用	其他			

（四）销售费用经典业务的会计核算

（1）企业在销售商品过程中发生的包装费、保险费、展览费和广告费、运输费、装卸费等费用，借记"销售费用"科目，贷记"库存现金""银行存款"等科目。

（2）企业发生的为销售本企业商品而专设的销售机构的职工薪酬、业务费等经营费用，借记"销售费用"科目，贷记"应付职工薪酬""银行存款""累计折旧"等科目。

例 8-22 A公司某月销售商品须用不单独计价包装物的计划成本为5万元，材料成本差异率为—3%。A公司的账务处理如下：

借：销售费用		48 500
材料成本差异		1 500
贷：周转材料——包装物		50 000

例 8-23 A公司2×22年6月固定资产计提折旧情况如下：一车间厂房计提折旧120万元，机器设备计提折旧90万元；管理部门房屋建筑物计提折旧150万元，运输工具计提折旧80万元；销售部门房屋建筑物计提折旧160万元，运输工具计提折旧73万元。A公司当月新购置机器设备一台，价值为540万元，预计使用寿命为10年，该公司同类设备计提折旧采用年限平均法。

分析： 本例中，新购置的机器设备本月不计提折旧。本月计提的折旧费用中，车间使用的固定资产计提的折旧费用计入制造费用，管理部门使用的固定资产计提的折旧费用计入管理费用，销售部门使用的固定资产计提的折旧费用计入销售费用。A公司的账务处理如下：

借：制造费用	2 100 000
管理费用	2 300 000
销售费用	2 330 000
贷：累计折旧	6 730 000

（3）企业月末结转销售费用，结转后"销售费用"科目无余额，借记"本年利润"科目，贷记"销售费用"科目。

十二、管理费用的设置与账务处理

（一）管理费用的内涵

管理费用是指企业为组织和管理生产经营活动而发生的各种管理费用。

（二）"管理费用"科目的具体核算

"管理费用"科目核算企业为组织和管理企业生产经营所发生的管理费用，包括企业在筹建期间内发生的开办费、董事会和行政管理部门在企业的经营管理中发生的或者应由企业统一负担的公司经费（包括行政管理部门职工工资及福利费、物料消耗、低值易耗品摊销、办公费和差旅费等）、工会经费、董事会费（包括董事会成员津贴、会议费和差旅费等）、聘请中介机构费、咨询费（含顾问费）、诉讼费、业务招待费、房产税、车船税、土地使用税、印花税、技术转让费、矿产资源补偿费、研究费用、排污费等。

企业（商品流通）管理费用不多的，可不设置"管理费用"科目，可将该科目的核算内容可并入"销售费用"科目核算。

企业生产车间（部门）和行政管理部门等发生的固定资产修理费用等后续支出，也在"销售费用"科目核算。

"管理费用"科目可按费用项目进行明细核算。期末，企业应将该科目的余额转入"本年利润"科目，结转后该科目无余额。

（三）"管理费用"科目的明细科目设置

"管理费用"科目的明细科目设置如表 8-12 所示。

表 8-12　"管理费用"科目的明细科目设置

编号	会计科目名称	二级科目名称	三级科目名称	四级科目名称	五级科目名称
6602	管理费用				
6602 01	管理费用	职工薪酬			
6602 01 01	管理费用	职工薪酬	基本工资		
6602 01 01 01	管理费用	职工薪酬	基本工资	在册职工工资	部门
6602 01 01 02	管理费用	职工薪酬	基本工资	非在册职工工资	部门
6602 01 02	管理费用	职工薪酬	劳务费		
6602 01 02 01	管理费用	职工薪酬	劳务费	劳务派遣费	部门

（续表）

编号	会计科目名称	二级科目名称	三级科目名称	四级科目名称	五级科目名称
6602 01 02 02	管理费用	职工薪酬	劳务费	保安服务费	部门
6602 01 02 03	管理费用	职工薪酬	劳务费	其他	部门
6602 01 03	管理费用	职工薪酬	工会经费		
6602 01 04	管理费用	职工薪酬	职工教育经费		
6602 01 05	管理费用	职工薪酬	社会保险费		
6602 01 05 01	管理费用	职工薪酬	社会保险费	养老保险	部门
6602 01 05 02	管理费用	职工薪酬	社会保险费	工伤保险	部门
6602 01 05 03	管理费用	职工薪酬	社会保险费	失业保险	部门
6602 01 05 04	管理费用	职工薪酬	社会保险费	医疗保险	部门
6602 01 05 05	管理费用	职工薪酬	社会保险费	生育保险	部门
6602 01 06	管理费用	职工薪酬	住房公积金		
6602 01 07	管理费用	职工薪酬	职工福利		
6602 01 08	管理费用	职工薪酬	辞退福利		
6602 02	管理费用	折旧费			
6602 03	管理费用	长期待摊费用			
6602 04	管理费用	无形资产摊销			
6602 05	管理费用	费用摊销			
6602 06	管理费用	能源费用			
6602 06 01	管理费用	能源费用	水费		
6602 06 02	管理费用	能源费用	电费		
6602 06 03	管理费用	能源费用	燃料费		
6602 06 04	管理费用	能源费用	其他		
6602 07	管理费用	车辆费用			
6602 07 01	管理费用	车辆费用	修理费		
6602 07 02	管理费用	车辆费用	燃油费		
6602 07 03	管理费用	车辆费用	保险费		
6602 08	管理费用	印刷费用	其他		
6602 09	管理费用	邮电费			
6602 10	管理费用	业务招待费			

（续表）

编号	会计科目名称	二级科目名称	三级科目名称	四级科目名称	五级科目名称
6602 11	管理费用	会议费			
6602 12	管理费用	接待费用			
6602 13	管理费用	服装费			
6602 14	管理费用	洗涤费			
6602 15	管理费用	物料消耗			
6602 16	管理费用	劳动保险费			
6602 17	管理费用	修理费			
6602 18	管理费用	招待费			
6602 19	管理费用	绿化及植物租摆费			
6602 20	管理费用	排污及环卫费用			
6602 21	管理费用	消防费			
6602 22	管理费用	广告宣传费			
6602 23	管理费用	销售佣金			
6602 24	管理费用	业务推广费			
6602 25	管理费用	音乐娱乐			
6602 26	管理费用	电视收视费			
6602 27	管理费用	包装费			
6602 28	管理费用	差旅费			
6602 29	管理费用	运输及装卸费			
6602 30	管理费用	员工招聘及培训费			
6602 31	管理费用	咨询审计及诉讼费			
6602 32	管理费用	财产保险费			
6602 33	管理费用	租赁费			
6602 34	管理费用	各项税费			
6602 34 01	管理费用	各项税费	印花税		
6602 34 02	管理费用	各项税费	车船税		
6602 34 03	管理费用	各项税费	房产税		

（续表）

编号	会计科目名称	二级科目名称	三级科目名称	四级科目名称	五级科目名称
6602 34 04	管理费用	各项税费	土地使用税		
6602 34 05	管理费用	各项税费	残疾人保障金		
6602 35	管理费用	盘亏损失			
6602 36	管理费用	技术开发费			
6602 37	管理费用	董事会费			
6602 38	管理费用	退休人员补贴			
6602 39	管理费用	其他			

（四）管理费用经典业务的会计核算

（1）企业在筹建期间内发生的开办费，包括人员工资、办公费、培训费、差旅费、印刷费、注册登记费以及不计入固定资产成本的借款费用等在实际发生时，借记"管理费用——开办费"科目，贷记"银行存款"等科目。

（2）计提行政管理部门人员的职工薪酬，借记"管理费用"科目，贷记"应付职工薪酬"科目。

（3）发生的办公费、水电费、业务招待费、聘请中介机构费、咨询费、诉讼费、技术转让费、研究费用，借记"管理费用"科目，贷记"银行存款""研发支出"等科目。

（4）按规定计算确定的应交矿产资源补偿费、房产税、车船税、土地使用税、印花税，借记"管理费用"科目，贷记"应交税费"科目。

例 8-24　2×21 年 8 月 1 日，A 公司对其现有的一台管理部门使用的设备进行修理，修理过程中发生支付维修人员工资为 1 万元。

分析： 本例中，A 公司对管理用设备的维修没有满足固定资产的确认条件，因此，其应将该项固定资产后续支出在其发生时计入当期损益。由于该项固定资产后续支出属于生产车间（部门）和行政管理部门等发生的固定资产修理费用等，应将其记入"管理费用"科目。A 公司的账务处理如下：

借：管理费用　　　　　　　　　　　　　　　　　10 000

　　贷：应付职工薪酬　　　　　　　　　　　　　　　10 000

例 8-25　A 公司购买了一项特许权，成本为 600 万元，合同规定受益年限为 10 年，A 公司每月应摊销 5 万元（600÷10÷12）。每月摊销时，A 公司的账务处理如下：

借：管理费用   50 000

  贷：累计摊销   50 000

例 8-26 根据供电部门通知，A 企业本月应支付电费 5 万元，其中，生产车间电费 4 万元，企业行政管理部门电费 1 万元，款项尚未支付。A 企业的账务处理如下：

借：制造费用   40 000

  管理费用   10 000

  贷：应付账款   50 000

（5）月末结转管理费用，结转后"管理费用"科目无余额，借记"本年利润"科目，贷记"管理费用"科目。

十三、财务费用的设置与账务处理

（一）财务费用的内涵

财务费用是指企业为筹集生产经营所需资金等而发生的筹资费用，包括利息支出（减利息收入）、汇兑损益、相关的手续费、企业发生的现金折扣或收到的现金折扣等。

（二）"财务费用"科目的具体核算

"财务费用"科目核算企业为筹集生产经营所需资金等而发生的筹资费用，包括利息支出（减利息收入）、汇兑损益以及相关的手续费、企业发生的现金折扣或收到的现金折扣等。

为购建或生产满足资本化条件的资产发生的应予资本化的借款费用，在"在建工程""制造费用"等科目核算。

"财务费用"科目可按费用项目进行明细核算。期末，企业应将该本科目余额转入"本年利润"科目，结转后该科目无余额。

（三）"财务费用"科目的明细科目设置

"财务费用"科目的明细科目设置如表 8-13 所示。

表 8-13 "财务费用"科目的明细科目设置

编号	会计科目名称	二级科目名称	三级科目名称
6603	财务费用		
6603 01	财务费用	利息支出	可按费用科目
6603 02	财务费用	利息收入	可按费用科目
6603 03	财务费用	汇兑损失	可按费用科目
6603 04	财务费用	汇兑收益	可按费用科目
6603 05	财务费用	手续费	可按费用科目
6603 05 01	财务费用	手续费	信用卡刷卡手续费

（四）财务费用经典业务的会计核算

1.发生财务费用

企业发生的财务费用，借记"财务费用"科目，贷记"银行存款""未确认融资费用"等科目。

2.发生的应冲减财务费用的利息收入、汇兑损益、现金折扣

企业发生的应冲减财务费用的利息收入、汇兑损益、现金折扣，借记"银行存款""应付账款"等科目，贷记"财务费用"科目。

例 8-27 甲股份有限公司于 2×21 年 1 月 1 日向银行借入一笔生产经营用短期借款，共计 12 万元，期限为 9 个月，年利率为 8%。根据与银行签署的借款协议，该项借款的本金到期后一次归还；利息分月预提，按季支付。甲股份有限公司的账务处理如下：

（1）1 月 1 日，借入短期借款时：

借：银行存款 120 000

　　贷：短期借款 120 000

（2）1 月末，计提 1 月应计利息时：

本月应计提的利息金额 = 120 000×8%÷12 = 800（元）

借：财务费用 800

　　贷：应付利息 800

本例中，短期借款利息 800 元属于企业的筹资费用，应记入"财务费用"科目。

2 月末计提 2 月利息费用的账务处理与 1 月相同。

（3）3月末，支付第一季度银行借款利息时：

借：财务费用 800

应付利息 1 600

贷：银行存款 2 400

本例中，1月至2月已经计提的利息为1 600元，应借记"应付利息"科目，3月份应当计提的利息为800元，应借记"财务费用"科目，实际支付利息2 400元，贷记"银行存款"科目。

第二、第三季度的账务处理同上。

3.租赁负债的后续计量

租赁负债的后续计量，承租人应当按照固定的周期性利率计算租赁负债在租赁期内各期间的利息费用，并计入当期损益，但按照《企业会计准则第17号——借款费用》等其他准则规定应当计入相关资产成本的，从其规定。

例8-28 承租人A公司与出租人B公司签订了为期7年的商铺租赁合同。每年的租赁付款额为45万元，在每年年末支付。A公司无法确定租赁内含利率，其增量借款利率为5.04%。

分析： 在租赁期开始日，A公司按租赁付款额的现值所确认的租赁负债为260万元。在第1年年末，A公司向B公司支付第一年的租赁付款额45万元，其中，13.104万元（260×5.04%）是当年的利息，31.896万元（45－13.104）是本金，即租赁负债的账面价值减少31.896万元。A公司的账务处理如下：

借：租赁负债——租赁付款额 450 000

贷：银行存款 450 000

借：财务费用——利息费用 131 040

贷：租赁负债——未确认融资费用 131 040

4.月末结转

企业月末结转财务费用，结转后无余额，借记"本年利润"科目，贷记"财务费用"科目。

十四、资产减值损失的设置与账务处理

（一）资产减值损失的内涵

资产减值损失是指企业根据《企业会计准则第8号——资产减值》等计提

各项资产减值准备所形成的损失。

（二）"资产减值损失"科目的具体核算

"资产减值损失"科目核算企业计提各项资产减值准备所形成的损失。该科目可按资产减值损失的项目进行明细核算。期末，企业应将该科目余额转入"本年利润"科目，结转后该科目无余额。

（三）"资产减值损失"科目的明细科目设置

"资产减值损失"科目的明细科目设置如表 8-14 所示。

表 8-14 "资产减值损失" 科目的明细科目设置

编号	会计科目名称	二级科目名称	三级科目名称
6701	资产减值损失		
6701 01	资产减值损失	应收款项减值损失	
6701 01 01	资产减值损失	应收款项减值损失	应收账款
6701 01 02	资产减值损失	应收款项减值损失	其他应收款
6701 01 03	资产减值损失	应收款项减值损失	预付账款
6701 02	资产减值损失	存货减值损失	
6701 02 01	资产减值损失	存货减值损失	原材料
6701 02 02	资产减值损失	存货减值损失	库存商品
6701 02 03	资产减值损失	存货减值损失	周转材料
6701 02 04	资产减值损失	存货减值损失	其他
6701 03	资产减值损失	长期股权投资	
6701 03 01	资产减值损失	长期股权投资	子公司
6701 03 02	资产减值损失	长期股权投资	联营企业
6701 03 03	资产减值损失	长期股权投资	合营企业
6701 03 04	资产减值损失	长期股权投资	其他长期股权投资
6701 04	资产减值损失	固定资产	
6701 04 01	资产减值损失	固定资产	房屋及建筑物
6701 04 02	资产减值损失	固定资产	运输设备
6701 04 03	资产减值损失	固定资产	生产设备

（续表）

编号	会计科目名称	二级科目名称	三级科目名称
6701 04 04	资产减值损失	固定资产	办公设备
6701 05	资产减值损失	无形资产	
6701 05 01	资产减值损失	无形资产	专利
6701 05 02	资产减值损失	无形资产	软件
6701 05 03	资产减值损失	无形资产	专有技术
6701 05 04	资产减值损失	无形资产	土地使用权

（四）资产减值损失经典业务的会计核算

1. 确认资产减值损失

企业的应收款项、存货、长期股权投资、债权投资、固定资产、无形资产、贷款等资产发生减值的，按应减记的金额，借记"信用减值损失"科目或"资产减值损失"科目，贷记"坏账准备""存货跌价准备""长期股权投资减值准备""债权投资减值准备""固定资产减值准备""无形资产减值准备""贷款损失准备"等科目。

例 8-29　某公司在某地拥有一家 AB 分公司，该分公司是 2×20 年吸收合并的公司。AB 分公司能产生独立于其他分公司的现金流入，所以该公司将 AB 分公司确定为一个资产组。2×21 年 12 月 31 日，AB 分公司经营所处的技术环境发生了重大不利变化，出现减值迹象，需要进行减值测试。减值测试时，AB 分公司资产组的账面价值为 520 万元（含合并商誉 20 万元）。该公司计算 AB 分公司资产的可收回金额为 490 万元。AB 分公司资产组中包括甲设备、乙设备和一项无形资产，2×21 年 12 月 31 日，其账面价值分别为 250 万元、150 万元和 100 万元，各资产的剩余使用年限相同。三项资产的可收回金额均无法确定。减值损失应按资产账面价值所占比重进行分配。假定不考虑其他因素的影响。

分析：本例中，AB 分公司资产组的账面价值为 520 万元，可收回金额为490 万元，发生减值损失 30 万元。

AB 分公司资产组中的减值金额先冲减商誉 20 万元，余下的 10 万元分配给甲设备、乙设备和无形资产。

甲设备应承担的减值损失＝10×250÷（250＋150＋100）＝5（万元）

乙设备应承担的减值损失＝10×150÷（250＋150＋100）＝3（万元）

无形资产应承担的减值损失＝10×100÷（250＋150＋100）＝2（万元）

该公司的账务处理如下：

借：资产减值损失　　　　　　　　　　　　　　　　　300 000

　　贷：商誉减值准备　　　　　　　　　　　　　　　　200 000

　　　　固定资产减值准备——甲设备　　　　　　　　　50 000

　　　　　　　　　　　　——乙设备　　　　　　　　　30 000

　　　　无形资产减值准备　　　　　　　　　　　　　　20 000

2. 期末，将"资产减值损失"科目余额转入"本年利润"科目

例 8-30　接例 8-29，该公司期末应将"资产减值损失"科目余额转入"本年利润"科目，结转后"资产减值损失"科目无余额。该公司的账务处理如下：

借：本年利润　　　　　　　　　　　　　　　　　　　300 000

　　贷：资产减值损失　　　　　　　　　　　　　　　　300 000

3. 冲销资产减值损失

企业计提坏账准备、存货跌价准备、债权投资减值准备、贷款损失准备等，相关资产的价值又得以恢复的，应在原已计提的减值准备金额内，按恢复增加的金额，借记"坏账准备""存货跌价准备""债权投资减值准备""贷款损失准备"等科目，贷记"资产减值损失"或"信用减值损失"科目。

例 8-31　2×21 年 12 月 31 日，A 公司对应收 B 公司的账款进行减值测试。应收账款余额合计为 100 万元，A 公司根据 B 公司的资信情况确定按 10% 计提坏账准备。A 公司 2×21 年年末计提坏账准备的账务处理如下：

借：信用减值损失——计提的坏账准备　　　　　　　　100 000

　　贷：坏账准备　　　　　　　　　　　　　　　　　　100 000

例 8-32　接例 8-31，A 公司 2×22 年 4 月 20 日收到 2×21 年已转销的坏账 2 万元，已存入银行。A 公司的账务处理如下：

借：应收账款　　　　　　　　　　　　　　　　　　　　20 000

　　贷：坏账准备　　　　　　　　　　　　　　　　　　　20 000

借：银行存款   20 000
　　贷：应收账款   20 000

十五、营业外支出的设置与账务处理

（一）营业外支出的内涵

营业外支出是指企业发生的与其日常活动无直接关系的各项损失，主要包括非流动资产处置损失、公益性捐赠支出、非常损失和盘亏损失等。其中，非流动资产处置损失是指企业在处置非流动资产时所发生的相关支出；公益性捐赠支出是指企业对外进行公益性捐赠发生的支出；非常损失指企业对于因客观因素（如自然灾害等）造成的损失，在扣除保险公司赔偿后应计入营业外支出的净损失；盘亏损失主要是指对于固定资产清查盘点中盘亏的固定资产，在查明原因处理时按确定的损失计入营业外支出的金额。

（二）"营业外支出"科目的具体核算

"营业外支出"科目核算企业发生的各项营业外支出，包括非流动资产报废损失、非货币性资产交换损失、公益性捐赠支出、非常损失、盘亏损失等。

"营业外支出"科目可按支出项目进行明细核算。期末，企业应将该科目余额转入"本年利润"科目，结转后该科目无余额。

（三）"营业外支出"科目的明细科目设置

"营业外支出"科目的明细科目设置如表 8-15 所示。

表 8-15   "营业外支出"科目的明细科目设置

编号	会计科目名称	二级科目名称	三级科目名称
6711	营业外支出		
6711 01	营业外支出	非流动资产处置损失	
6711 02	营业外支出	盘亏损失	
6711 03	营业外支出	捐赠支出	
6711 03 01	营业外支出	捐赠支出	货币性资产捐赠

（续表）

编号	会计科目名称	二级科目名称	三级科目名称
6711 03 02	营业外支出	捐赠支出	非货币性资产捐赠
6711 04	营业外支出	非常损失	
6711 05	营业外支出	罚没支出	
6711 06	营业外支出	违约金	
6711 07	营业外支出	维修费	
6711 08	营业外支出	赔偿费	
6711 09	营业外支出	其他支出	

（四）营业外支出经典业务的会计核算

营业外支出经典业务账务处理如表 8-16 所示。

表 8-16 营业外支出经典业务账务处理

核算示例		
入账时间	入账依据	会计分录
固定资产清理发生损失时	—	借：营业外支出——非流动资产处置损失 　贷：固定资产清理
固定资产盘亏时	—	借：营业外支出——盘亏损失 　贷：待处理财产损溢
无形资产报废时	相关合同、银行进账单等	借：银行存款 　　无形资产减值准备 　　累计摊销 　　营业外支出——无形资产处置损失 　贷：无形资产 　　应交税费 　　营业外收入——出售非流动资产利得
发生罚款支出、捐赠支出时	罚款通知单、银行支付凭证等	借：营业外支出——罚款支出、捐赠支出 　贷：银行存款等
物资在运输途中发生非常损失时	审批文件、相关情况说明等	借：营业外支出——非常损失 　贷：待处理财产损溢

（续表）

入账时间	入账依据	会计分录
期末，将"营业外支出"科目余额转入"本年利润"时	—	借：本年利润 贷：营业外支出

例 8-33　A 企业将已经发生的原材料意外灾害损失 2 万元转作营业外支出。A 企业的账务处理如下：

借：营业外支出　　　　　　　　　　　　　　　　　　20 000

　　贷：待处理财产损溢　　　　　　　　　　　　　　　　20 000

例 8-34　A 企业用银行存款支付税款滞纳金 5 000 元。A 企业的账务处理如下：

借：营业外支出　　　　　　　　　　　　　　　　　　5 000

　　贷：银行存款　　　　　　　　　　　　　　　　　　　5 000

例 8-35　甲企业原拥有一项非专利技术，采用直线法进行摊销，预计使用期限为 10 年。现该项非专利技术已被内部研发成功的新技术所替代，并且根据市场调查，用该非专科技术生产的产品已没有市场，预期不能再为企业带来任何经济利益，故应当予以转销。转销时，该项非专利技术的成本为 900 万元，已摊销 6 年，累计计提减值准备为 240 万元，该项非专科技术的残值为 0。假定不考虑其他相关因素。甲企业的账务处理如下：

借：累计摊销　　　　　　　　　　　　　　　　　　5 400 000

　　无形资产减值准备——非专利技术　　　　　　　　2 400 000

　　营业外支出——非流动资产处置损失　　　　　　　1 200 000

　　贷：无形资产——非专科技术　　　　　　　　　　　9 000 000

十六、所得税费用的设置与账务处理

（一）所得税费用的内涵

所得税是根据企业应纳税所得额的一定比例上缴的一种税金。企业在计算确定当期所得税以及递延所得税费用（或收益）的基础上，应将两者之和确认为利润表中的所得税费用（或收益）。其计算公式如下：

所得税费用（或收益）＝当期所得税＋递延所得税费用（－递延所得税收益）

递延所得税费用＝递延所得税负债增加额＋递延所得税资产减少额

递延所得税收益＝递延所得税负债减少额＋递延所得税资产增加额

（二）"所得税费用"科目的具体核算

"所得税费用"科目核算企业确认的应从当期利润总额中扣除的所得税费用。该科目可按"当期所得税费用""递延所得税费用"进行明细核算。期末，企业应将该科目的余额转入"本年利润"科目，结转后该科目无余额。

（三）"所得税费用"科目的明细科目设置

"所得税费用"科目的明细科目设置如表 8-17 所示。

表 8-17　"所得税费用"科目的明细科目设置

编号	会计科目名称	二级科目名称	三级科目名称
6801	所得税费用		
6801 01	所得税费用	当期所得税费用	
6801 02	所得税费用	递延所得税费用	
6801 02 01	所得税费用	递延所得税费用	递延所得税资产
6801 02 02	所得税费用	递延所得税费用	递延所得税负债

（四）所得税费用经典业务的会计核算

（1）资产负债表日，企业按照税法规定计算确定的当期应交所得税，借记"所得税费用——当期所得税费用"科目，贷记"应交税费——应交所得税"科目。

（2）企业向投资者分配现金股利或利润时，如果按照适用税收法规规定需要将所分配现金股利或利润的一定比例代投资者缴纳给税务部门的即代扣代交税款，该部分代扣代交税款应作为股利的一部分计入权益。

例 8-36　A 企业为设立在我国境内企业，其主要投资者为境外某企业。A 企业 2×21 年董事会决定分派现金股利，其境外投资者按照持股比例计算可分得 20 000 万元，假定适用税法规定，其中 20% 应由 A 企业代扣作为境外投资者在我国境内应交的所得税。A 企业就该利润分配事项的账务处理如下：

借：利润分配——未分配利润   200 000 000

  贷：应付股利   160 000 000

    应交税费——应交所得税   40 000 000

  该种情况视同将有关利润分配给投资者后，按照我国税法规定投资者需就其自我国境内取得的现金股利或利润应缴纳一部分税款的情况，是投资者自该项利润分配中获取利益的减少，原则上应是利润分配的一个组成部分。

  （3）资产负债表日，企业根据递延所得税资产的应有余额大于"递延所得税资产"科目余额的，按两者的差额，借记"递延所得税资产"科目，贷记"所得税费用——递延所得税费用""资本公积——其他资本公积"等科目；递延所得税资产的应有余额小于"递延所得税资产"科目余额的，按两者的差额做相反的会计分录。

  例8-37 A公司适用的企业所得税税率为25%。2×20年12月31日，A公司存在可于3年内税前弥补的亏损260万元，A公司对这部分未弥补亏损已确认递延所得税资产65万元。A公司2×21年实现利润总额300万元。A公司预计未来期间能够产生足够的应纳税所得额用于抵扣可抵扣暂时性差异，预计未来期间适用所得税税率不会发生变化。A公司申报2×21年度企业所得税时，涉及以下事项：

  （1）2×21年，A公司应收账款年初余额为300万元，坏账准备年初余额为零；应收账款年末余额为2 400万元，坏账准备年末余额为200万元。税法规定，企业计提的各项资产减值损失在未发生实质性损失前不允许税前扣除。

  （2）2×21年9月5日，A公司以240万元购入某公司股票，作为其他权益工具投资核算。至12月31日，该股票尚未出售，公允价值为260万元。税法规定，资产在持有期间公允价值的变动不计税，在处置时一并计算应计入应纳税所得额的金额。

  （3）A公司于2×19年1月购入的对B公司股权投资的初始投资成本为280万元，采用成本法核算。2×21年10月3日，A公司从B公司分得现金股利20万元，计入投资收益。至12月31日，该项投资未发生减值。A公司、B公司均为设在我国境内的居民企业。税法规定，我国境内居民企业之间取得的股息、红利免税。

  （4）2×21年，A公司将业务宣传活动外包给其他单位，当年发生业务宣传费480万元，至年末尚未支付。A公司当年实现销售收入3 000万元。税法规定，企业发生的业务宣传费支出，不超过当年销售收入15%的部分，准予税前扣除；超过部分，准予结转以后年度税前扣除。

分析： A 公司 2×21 年的应纳税所得额＝利润总额＋计提坏账准备－分得现金股利＋广告费－弥补的亏损＝300＋200－20＋30－260＝250（万元），因此，应交所得税＝250×25%＝62.5（万元）。

同时，根据表 8-18 所计算的递延所得税，加上 A 公司对这部分未弥补亏损已确认递延所得税资产 65 万元，2×21 年递延所得税资产为 7.5 万元，递延所得税负债为 5 万元。

表 8-18　A 公司 2×21 年递延所得税计算表

单位：万元

项目	账面价值	计税基础	递延所得税负债	递延所得税资产
应收账款	2 200	2 400		（2 400－2 200）×25%＝50
其他权益工具投资	260	240	（260－240）×25%＝5	
长期股权投资	280	280		
其他应付款	480	3 000×15%＝450		（480－450）×25%＝7.5

A 公司 2×21 年与所得税相关的账务处理如下：

借：所得税费用　　　　　　　　　　　　　　　　　700 000
　　贷：应交税费——应交所得税　　　　　　　　　　625 000
　　　　递延所得税资产　　　　　　　　　　　　　　 75 000
借：其他综合收益　　　　　　　　　　　　　　　　 50 000
　　贷：递延所得税负债　　　　　　　　　　　　　　 50 000

十七、以前年度损益调整的设置与账务处理

（一）以前年度损益调整的内涵

以前年度损益调整是指企业对以前年度多计或少计的盈亏数额所进行的调整。以前年度少计费用或多计收益时，企业应调整减少本年度利润总额；以前年度少计收益或多计费用时，企业应调整增加本年度利润总额。

（二）"以前年度损益调整"科目的具体核算

"以前年度损益调整"科目核算企业本年度发生的调整以前年度损益的

事项以及本年度发现的重要前期差错更正涉及调整以前年度损益的事项。企业在资产负债表日至财务会计报告批准报出日之间发生的需要调整报告年度损益的事项，也可以通过该科目核算。该科目结转后应无余额。

（三）"以前年度损益调整"科目的明细科目设置

"以前年度损益调整"科目的明细科目设置如表 8-19 所示。

表 8-19　"以前年度损益调整"科目的明细科目设置

编号	会计科目名称	二级科目名称	三级科目名称
6901	以前年度损益调整		
6901 01	以前年度损益调整	收益	项目名称
6901 02	以前年度损益调整	成本、费用	项目名称

（四）以前年度损益调整经典业务的会计核算

（1）企业调整增加以前年度利润或减少以前年度亏损，借记有关科目，贷记"以前年度损益调整"科目；调整减少以前年度利润或增加以前年度亏损，做相反的会计分录。

例 8-38　A 公司内审部门在对其 2×21 年财务报表进行审计时，关注到 A 公司对前期财务报表进行了追溯调整，具体情况如下：A 公司 2×20 年度因合同纠纷被起诉。在编制 2×20 年度财务报表时，该诉讼案件尚未判决，A 公司根据法律顾问的意见，按最可能发生的赔偿金额 100 万元确认了预计负债。

2×21 年 7 月，法院判决 A 公司赔偿原告 150 万元。A 公司决定接受判决，不再上诉。据此，A 公司的账务处理如下：

借：以前年度损益调整　　　　　　　　　　　　　　　500 000
　　贷：预计负债　　　　　　　　　　　　　　　　　　　　500 000

试判断上述账务处理是否正确，说明理由；如不正确，请做出更正的账务处理。

分析：A 公司的账务处理不正确。原因在于，此未决诉讼是在非日后事项期间发生的，并且，原确认的预计负债是根据当时能够取得的资料做出的合理估计，因此，A 公司应当将当期实际发生的诉讼损失金额与已计提的相关预计负债之间的差额，直接计入当期营业外支出，不应该进行追溯调整。A 公司更正的账务处理如下：

借：营业外支出	500 000	
贷：预计负债		500 000
借：预计负债	1 500 000	
贷：其他应付款		1 500 000

（2）由于以前年度损益调整增加的所得税费用，借记"以前年度损益调整"科目，贷记"应交税费——应交所得税"等科目；由于以前年度损益调整减少的所得税费用，做相反的会计分录。

（3）经上述调整后，应将"以前年度损益调整"科目的余额转入"利润分配——未分配利润"科目。本科目如为贷方余额，借记"以前年度损益调整"科目，贷记"利润分配——未分配利润"科目；如为借方余额做相反的会计分录。

例 8-39　B 公司在 2×21 年发现，2×20 年公司漏记一项固定资产的折旧费用 12 万元，所得税申报表中未扣除该项费用。假设该公司 2×20 年适用的所得税税率为 25%，无其他纳税调整事项。该公司按净利润的 10% 和 5% 提取法定盈余公积和任意盈余公积。该公司发行股票份额为 150 万股。假定税法允许调整应交所得税。

分析：B 公司 2×20 年少计折旧费用 12 万元；多计所得税费用 3 万元（12×25%）；多计净利润 9 万元；多计应交税费 3 万元（12×25%）；多提法定盈余公积和任意盈余公积 0.9 万元（9×10%）和 0.45 万元（9×5%）。B 公司更正的账务处理如下：

（1）补提折旧时：

借：以前年度损益调整	120 000	
贷：累计折旧		120 000

（2）调整应交所得税如下：

借：应交税费——应交所得税	30 000	
贷：以前年度损益调整		30 000

（3）将"以前年度损益调整"科目余额转入"利润分配"科目时：

借：利润分配——未分配利润	90 000	
贷：以前年度损益调整		90 000

（4）调整利润分配有关数字时：

借：盈余公积	13 500	
贷：利润分配——未分配利润		13 500

第九章　财务报表与财务会计报告

一、财务报表的定义

根据《企业会计准则第 30 号——财务报表列报》，财务报表是对企业财务状况、经营成果和现金流量的结构性表述。财务报表至少应当包括下列组成部分：

（1）资产负债表。资产负债表是指反映企业在某一特定日期的财务状况的财务报表。

（2）利润表。利润表是指反映企业在一定会计期间的经营成果的财务报表。

（3）现金流量表。现金流量表是指反映企业在一定会计期间的现金和现金等价物流入和流出的财务报表。

（4）所有者权益（或股东权益，下同）变动表。所有者权益变动表是反映企业本期（年度或中期）内至截至期末所有者权益变动情况的报表。

（5）附注。附注是指对在财务报表中列示项目所做的进一步说明，以及对未能在这些报表中列示项目的说明等。

二、财务报表的分类

财务报表可以按照不同的标准进行分类，具体如下：

（1）按编报期间的不同，财务报表可以分为中期财务报表和年度财务报表。中期财务报表是指以短于一个完整会计年度的报告期间为基础编制的财务报表。它包括月报、季报和半年报等。中期财务报表至少应当包括资产负债表、利润表、现金流量表和附注。其中，中期资产负债表、利润表、现金流量表应当是完整报表，其格式和内容应当与年度财务报表相一致。与年度财务报表相比，中期财务报表中的附注披露可适当简略。

（2）按编报主体的不同，财务报表可以分为个别财务报表和合并财务报表。个别财务报表是指由企业在自身会计核算基础上对账簿记录进行加工而编制的财务报表。其主要用来反映企业自身的财务状况、经营成果和现金流量情况。合并财务报表是指以母公司和子公司组成的企业集团为会计主体，根据母公司和所属子公司的财务报表，由母公司编制的综合反映企业集团财务状况、经营成果及现金流量的财务报表。

三、财务报表列报的基本要求

（一）遵循各项会计准则进行确认和计量

企业应当根据实际发生的交易和事项，遵循《企业会计准则——基本准则》、各项具体会计准则及其解释的规定进行确认和计量，并在此基础上编制财务报表。企业应当在附注中对这一情况做出声明，只有遵循了《企业会计准则》的所有规定时，财务报表才应当被称为"遵循了《企业会计准则》"。同时，企业不应以在附注中披露代替对交易和事项的确认和计量，也就是说，企业采用的不恰当的会计政策，不得通过在附注中披露等其他形式予以更正，企业应当对交易和事项进行正确地确认和计量。

此外，如果按照各项会计准则规定披露的信息不足以让报表使用者了解特定交易或事项对企业财务状况、经营成果和现金流量的影响时，企业还应当披露其他的必要信息。

（二）确定财务报表的列报基础

企业应当以持续经营为基础编制财务报表。持续经营是会计的基本前提，也是会计确认、计量及编制财务报表的基础。在编制财务报表的过程中，企业管理层应当全面评估企业的持续经营能力。

1. 对持续经营的判断

企业管理层在对企业持续经营能力进行评估时，应当利用其所有可获得的信息，评估涵盖的期间应包括企业自资产负债表日起至少 12 个月，评估需要考虑的因素包括宏观政策风险、市场经营风险、企业目前或长期的盈利能力、偿债能力、财务弹性以及企业管理层改变经营政策的意向等。评价结果表明对持续经营能力产生重大怀疑的，企业应当在附注中披露导致对持续经营能力产生重大怀疑的影响因素以及企业拟采取的改善措施。

企业在评估持续经营能力时应当结合考虑企业的具体情况。在通常情况下，如果企业过去每年都有可观的净利润，并且易于获取所需的财务资源，则对持续经营能力的评估易于判断，这表明企业以持续经营为基础编制财务报表是合理的，而无须进行详细的分析；反之，如果企业过去多年有亏损的记录等情况，则需要通过考虑更加广泛的，相关因素来做出评价，如目前和预期未来的获利能力、债务清偿计划、替代融资的潜在来源等。

2. 非持续经营的判断及会计处理

企业如果存在以下情况之一，则通常表明其处于非持续经营状态：①企业已在当期进行清算或停止营业。②企业已经正式决定在下一个会计期间进行清算或停止营业。③企业已确定在当期或下一个会计期间没有其他可供选择的方案而将被迫进行清算或停止营业。

企业处于非持续经营状态时，应当采用清算价值等其他基础编制财务报表，如破产企业的资产采用可变现净值计量、负债按照其预计的结算金额计量等。在非持续经营情况下，企业应当在附注中声明财务报表未以持续经营为基础列报、披露未以持续经营为基础的原因以及财务报表的编制基础。

（三）以权责发生制为编制基础

除了现金流量表按照收付实现制编制，企业应当按照权责发生制编制其他财务报表。在采用权责发生制会计的情况下，当项目符合《企业会计准则——基本准则》中财务报表要素的定义和确认标准时，企业就应当确认相应的资产、负债、所有者权益、收入和费用，并在财务报表中加以反映。

（四）依据重要性原则单独或汇总列报

1. 重要性原则

重要性是判断财务报表项目是否单独列报的重要标准。《企业会计准则第30号——财务报表列报》规定，重要性是指在合理预期下，如果财务报表某项目的省略或错报会影响使用者据此做出经济决策的，则该项目就具有重要性。企业在进行重要性判断时，应当根据所处环境，从项目的性质和金额大小两方面予以判断：一方面，企业应当考虑该项目的性质是否属于企业日常活动、是否显著影响企业的财务状况、经营成果和现金流量等因素；另一方面，判断项目金额大小的重要性，应当通过单项金额占资产总额、负债总额、所有者权益总额、营业收入总额、营业成本总额、净利润、综合收益总额等直接相关或所属报表单列项目金额的比重加以确定。企业对于各个项目的重要性判断标准一经确定，不得随意变更。

2. 关于重要性的具体列报要求

关于项目在财务报表中是单独列报还是汇总列报，企业应当依据重要性原则来判断。总的原则是，如果某项目单个看不具有重要性，则可将其与其他项目汇总列报；如具有重要性，则应当单独列报。企业应当遵循如下规定：

（1）性质或功能不同的项目，一般应当在财务报表中单独列报，但是不具有重要性的项目可以汇总列报。比如，存货和固定资产在性质上和功能上都有本质差别，必须分别在资产负债表上单独列报。

（2）性质或功能类似的项目，一般可以汇总列报，但是对其具有重要性的类别应该单独列报。例如，原材料、低值易耗品等项目在性质上类似，均通过生产过程形成企业的产品存货，因此可以汇总列报，汇总之后的类别统称为"存货"，在资产负债表上单独列报。

（3）项目单独列报的原则不仅适用于报表，还适用于附注。某些项目的重要性程度不足以在资产负债表、利润表、现金流量表或所有者权益变动表中单独列示，但对附注却具有重要性，在这种情况下应当在附注中单独披露。比如，对某制造业企业而言，原材料、在产品、库存商品等项目的重要性程度不足以在资产负债表上单独列示，因此在资产负债表上汇总列示，但是鉴于其对该制造业企业的重要性，应当在附注中单独披露。

《企业会计准则第30号——财务报表列报》规定在财务报表中单独列报的项目，企业应当单独列报。其他具体会计准则规定单独列报的项目，企业应当增加单独列报项目。

（五）保证列报的一致性

可比性是会计信息质量的一项重要质量要求，目的是使同一企业不同期间和同一期间不同企业的财务报表相互可比。《企业会计准则第30号——财务报表列报》规定，财务报表项目的列报应当在各个会计期间保持一致，不得随意变更。这一要求不仅只针对财务报表中的项目名称，还包括财务报表项目的分类、排列顺序等方面。

在下列情况下，企业可以变更财务报表项目的列报：

（1）《企业会计准则》要求改变财务报表项目的列报。

（2）企业经营业务的性质发生重大变化或对企业经营影响较大的交易或事项发生后，变更财务报表项目的列报能够提供更可靠、更相关的会计信息。企业变更财务报表项目列报的，应当根据《企业会计准则第30号——财务报表列报》的有关规定提供列报的比较信息。

（六）财务报表项目金额间的相互抵销

财务报表项目应当以总额列报，资产和负债、收入和费用、直接计入当期利润的利得项目和损失项目的金额不能相互抵销，即不得以净额列报，但《企业会计准则》另有规定的除外。例如，企业欠客户的应付款不得与其他客户欠本企业的应收款相抵销，否则就掩盖了交易的实质。又如，收入和费用反映了企业投入和产出之间的关系，是企业经营成果的两个方面，为了更好地反映经济交易的实质、考核企业经营管理水平以及预测企业未来现金流量，收入和费用不得相互抵销。《企业会计准则第 30 号——财务报表列报》规定以下三种情况不属于抵销：

（1）一组类似交易形成的利得和损失以净额列示的，不属于抵销。例如，汇兑损益应当以净额列报，为交易目的而持有的金融工具形成的利得和损失应当以净额列报。但是，如果相关的利得和损失具有重要性，则应当单独列报。

（2）资产或负债项目按扣除备抵项目后的净额列示，不属于抵销。例如，资产计提的减值准备，实质上意味着资产的价值确实发生了减损，资产项目应当按扣除减值准备后的净额列示，这样才反映了资产当时的真实价值。

（3）非日常活动产生的利得和损失，以同一交易形成的收益扣减相关费用后的净额列示更能反映交易实质的，不属于抵销。非日常活动并非企业主要的业务，非日常活动产生的损益以收入扣减费用后的净额列示，更能有利于报表使用者的理解。例如，非流动资产处置形成的利得或损失，应当按处置收入扣除该资产的账面金额和相关销售费用后的净额列报。

（七）比较信息的列报要求

企业在列报当期财务报表时，至少应当提供所有列报项目上一个可比会计期间的比较数据，以及与理解当期财务报表相关的说明，目的是向报表使用者提供对比数据，提高信息在会计期间的可比性。列报比较信息的这一要求适用于财务报表的所有组成部分，既适用于资产负债表、利润表、现金流量表和所有者权益变动表四张报表，也适用于报表附注。

在通常情况下，企业列报所有列报项目上一个可比会计期间的比较数据，至少包括两期各报表及相关附注。当企业追溯应用会计政策或追溯重述，或者重新分类财务报表项目时，按照《企业会计准则第 28 号——会计政策、会计估计变更和差错更正》等的规定，企业应当在一套完整的财务报表中列报最早可比期间期初的财务报表，即应当至少列报三期资产负债表、两期其他各报表（利润表、现金流量表和所有者权益变动表）及相关附注。其中，列报的三期资产负债表分别指当期期末的资产负债表、上期期末（即当期期初）的资产负债表以及上期期初的资产负债表。

企业根据《企业会计准则第 30 号——财务报表列报》的规定确需变更财务报表项目列报的，应当至少对可比期间的数据按照当期的列报要求进行调整，并在附注中披露调整的原因和性质以及调整的各项目金额。但是，在某些情况下，对可比期间比较数据进行调整是不切实可行的，比如，企业在以前期间可能没有按照可以进行重新分类的方式收集数据，并且重新生成这些信息是不切实可行的，则企业应当在附注中披露不能调整的原因以及假设金额重新分类可能进行的调整的性质。

关于企业变更会计政策或更正差错时要求的对比较信息的调整，由《企业会计准则第 28 号——会计政策、会计估计变更和差错更正》规范。

（八）财务报表的表首列报要求

财务报表通常与其他信息（如企业年度报告等）一起公布，企业应当将按照《企业会计准则》编制的财务会计报告与一起公布的同一文件中的其他信息相区分。企业在财务报表的显著位置（通常是表首部分）应当至少披露下列基本信息：

（1）编报企业的名称。如果企业名称在所属当期发生了变更的，企业还应明确标明。

（2）对资产负债表而言，企业应当披露资产负债表日；对利润表、现金流量表、所有者权益变动表而言，应当披露报表涵盖的会计期间。

（3）货币名称和单位。按照我国《企业会计准则》的规定，企业应当以人民币作为记账本位币列报，并标明金额单位，如人民币元、人民币万元等。

（4）财务报表是合并财务报表的，企业应当予以标明。

（九）报告期间

《企业会计准则第 30 号——财务报表列报》规定，企业至少应当按年编制财务报表。根据《会计法》的规定，会计年度自公历 1 月 1 日起至 12 月 31 日止。因此，企业在编制年度财务报表时，可能存在年度财务报表涵盖的期间短于 1 年的情况，如企业在年度中间（如 3 月 1 日）开始设立等。在这种情况下，企业应当披露年度财务报表的实际涵盖期间及其短于 1 年的原因，并应当说明由此引起财务报表项目与比较数据不具可比性这一事实。

四、资产负债表

（一）资产负债表的定义

资产负债表是指反映企业在某一特定日期的财务状况的财务报表。它反映了某一特定日期关于企业资产、负债、所有者权益及其相互关系的信息。例如，资产负债可以提供某一日期资产的总额及其结构，表明企业拥有或控制的资源及其分布情况；可以提供某一日期的负债总额及其结构，表明企业未来需要用多少资产或劳务清偿债务以及清偿时间；可以反映所有者所拥有的权益，据以判断资本保值、增值的情况以及对负债的保障程度；可以提供进行财务分析的基本资料，利用报表数据来计算流动比率、速动比率等，从而有助于报表使用者做出经济决策。

（二）资产负债表列报的要求

1. 总体要求

1）分类别列报

资产负债表列报应当如实反映企业在资产负债表日所拥有的资源、所承担的负债以及所有者所拥有的权益。资产负债表应当按照资产、负债和所有者权益三大类别分类列报。

2）资产和负债按流动性列报

资产负债表上资产和负债应当按照流动性分别分为流动资产和非流动资产、流动负债和非流动负债列示，并且企业应当先列报流动性强的资产或负债，再列报流动性弱的资产或负债。企业通常按资产的变现或耗用时间长短或者负债的偿还时间长短来确定流动性。

对于一般企业（如工商企业）而言，通常在明显可识别的营业周期内销售产品或提供服务，应当将资产和负债分别分为流动资产和非流动资产、流动负债和非流动负债列示，有助于反映本营业周期内预期能实现的资产和应偿还的负债。但是，对于银行、证券、保险等金融企业而言，其销售产品或提供服务不具有明显可识别营业周期，在经营内容上也不同于一般企业，导致其资产和负债的构成项目也与一般企业有所不同，具有特殊性，金融企业的有些资产或负债无法严格区分为流动资产和非流动资产。在这种情况下，按照流动性列示往往能够提供可靠且更相关信息，因此，《企业会计准则》规定，金融企业等特殊行业企业等可以大体按照流动性顺序列示所有的资产和负债；从事多种经营的企业可以采用混合的列报基础进行列报，即对一部分资产和负债按照流动资产和非流动资产、流动负债和非流动负债列报，同时对其他资产和负债按照流动性顺序列报，但前提是能够提供可靠且更加相关的信息。

3）列报相关的合计、总计项目

资产负债表中的资产类至少应当列示流动资产和非流动资产的合计项目；负债类至少应当列示流动负债、非流动负债以及负债的合计项目；所有者权益类应当列示所有者权益的合计项目。

但是，企业按照其经济性质列报"流动资产合计""非流动资产合计""流动负债合计""非流动负债合计"等项目不切实可行的，则无须列报这些项目。例如，金融企业等特殊行业企业的资产和负债按照流动性顺序列报的情况。资产负债表遵循了"资产＝负债＋所有者权益"这一会计恒等式，把企业在特定时日所拥有的经济资源和与之相对应的企业所承担的债务及偿债以后属于所有者的权益充分反映出来。因此，资产负债表应当分别列示"资产总计"项目与"负债和所有者权益总计"项目，并且这两者的金额应当相等。

2. 资产的列报

资产负债表中的资产反映由过去的交易、事项形成并由企业在某一特定日期所拥有或控制的、预期会给企业带来经济利益的资源。根据《企业会计准则》的规定，资产应当按照流动资产和非流动资产两大类别在资产负债表中列示，在流动资产和非流动资产类别下进一步按性质分项列示。

1）流动资产和非流动资产的划分

资产满足下列条件之一的，应当归类为流动资产，流动资产以外的资产应当归类为非流动资产：

（1）预计在一个正常营业周期中变现、出售或耗用。这主要包括存货、应收账款等资产。需要指出的是，变现一般针对应收账款等而言，是指将资产变为现金；出售一般针对产品等存货而言；耗用一般是指将存货（如原材料）转变成另一种形态（如产成品）。

（2）主要为交易目的而持有，如根据《企业会计准则第 22 号——金融工具确认和计量》划分的交易性金融资产。但是，并非所有交易性金融资产均为流动资产，例如，自资产负债表日起超过 12 个月到期且预期持有超过 12 个月的衍生工具，应当划分为非流动资产或非流动负债。

（3）预计在资产负债表日起 1 年内（含 1 年，下同）变现。

（4）自资产负债表日起 1 年内，交换其他资产或清偿负债的能力不受限制的现金或现金等价物。

对于同时包含资产负债表日后 1 年内和 1 年之后预期将收回或清偿金额的资产和负债单列项目，《企业会计准则》还要求企业应当披露超过 1 年后预期收回或清偿的金额。例如，金融企业资产负债表中的资产和负债项目按照流动性顺序列示，有些资产或负债项目中同时包含了资产负债表日后 1 年内和 1 年之后预期收回或清偿的金额，针对这些项目，企业应当在附注中披露资产负债表日后 1 年之后预期收回或清偿的金额。又如，房地产开发企业的正常营业周期通常长于 1 年，其已经开发完工和正在开发的房地产作为存货在资产负债表的流动资产部分列示，企业对于该存货还应当在附注中披露资产负债表日后 1 年之后预期收回的金额。

2）正常营业周期

《企业会计准则》在判断流动资产、流动负债时所指的正常营业周期，是指企业从购买用于加工的资产起至实现现金或现金等价物的期间。

正常营业周期通常短于1年，在1年内有几个营业周期。但是，因生产周期较长等导致正常营业周期长于1年的，尽管相关资产往往超过1年才变现、出售或耗用，企业仍应将其划分为流动资产。例如，房地产开发企业开发用于出售的房地产开发产品，造船企业制造的用于出售的大型船只等，从购买原材料进入生产，到制造出产品出售并收回现金或现金等价物的过程，往往超过1年，在这种情况下，与生产循环相关的产成品、应收账款、原材料尽管超过1年才变现、出售或耗用，仍应作为流动资产列示。

当正常营业周期不能确定时，企业应当以1年（12个月）作为正常营业周期。

3）持有待售的非流动资产的列报

根据《企业会计准则》划分为持有待售的非流动资产（如固定资产、无形资产、长期股权投资等）应当归类为流动资产；被划分为持有待售的非流动负债应当归类为流动负债。

持有待售的非流动资产既包括单项资产也包括处置组。其中，处置组是指在一项交易中作为整体通过出售或其他方式一并处置的一组资产以及在该交易中转让的与这些资产直接相关的负债。因此，无论是被划分为持有待售的单项非流动资产还是处置组中的资产，都应当在资产负债表的流动资产部分单独列报；类似地，被划分为持有待售的处置组中的与转让资产相关的负债应当在资产负债表的流动负债部分单独列报。

3. 负债的列报

资产负债表中的负债反映在某一特定日期企业所承担的、预期会导致经济利益流出企业的现时义务。负债应当按照流动负债和非流动负债在资产负债表中进行列示，在流动负债和非流动负债类别下再进一步按性质分项列示。

1）流动负债与非流动负债的划分

流动负债的判断标准与流动资产的判断标准相类似。负债满足下列条件之一的，应当归类为流动负债：

（1）预计在一个正常营业周期中清偿。

（2）主要为交易目的而持有。

（3）自资产负债表日起1年内到期应予以清偿。

（4）企业无权自主地将清偿推迟至资产负债表日后1年以上。

关于可转换工具负债成分的分类，《企业会计准则第30号——财务报表列报》还规定，负债在其对手方选择的情况下可通过发行权益进行清偿的条款与在资产负债表日负债的流动性划分无关。

2）资产负债表日后事项对流动负债与非流动负债划分的影响

流动负债与非流动负债的划分是否正确，直接影响到对企业短期和长期偿债能力的判断。企业在判断流动负债与非流动负债的划分时，对于资产负债表日后事项对流动负债与非流动负债划分的影响，需要特别加以考虑。

总的判断原则是，企业在资产负债表上对债务流动和非流动的划分，应当反映在资产负债表日有效的合同安排，考虑在资产负债表日起 1 年内企业是否必须无条件清偿，而资产负债表日之后（即使是财务报告批准报出日前）的再融资、展期或提供宽限期等行为，与资产负债表日判断负债的流动性状况无关。

1）资产负债表日起 1 年内到期的负债

在资产负债表日起 1 年内到期的负债，企业有意图且有能力自主地将清偿义务展期至资产负债表日后 1 年以上的，应当归类为非流动负债；不能自主地将清偿义务展期的，即使在资产负债表日后、财务会计报告批准报出日前签订了重新安排清偿计划协议，该项负债在资产负债表日仍应当归类为流动负债。

2）在资产负债表日或之前企业违反长期借款协议

企业在资产负债表日或之前违反了长期借款协议，导致贷款人可随时要求清偿的负债，应当归类为流动负债。在这种情况下，债务清偿的主动权并不在企业，企业只能被动地无条件归还贷款，而且该事实在资产负债表日即已存在，所以该负债应当作为流动负债列报。但是，如果贷款人在资产负债表日或之前同意提供在资产负债表日后 1 年以上的宽限期，在此期限内企业能够改正违约行为，且贷款人不能要求随时清偿的，在资产负债表日的此项负债并不符合流动负债的判断标准，应当归类为非流动负债。

企业的其他长期负债存在类似情况的，应当比照上述有关规定进行处理。

4. 所有者权益的列报

资产负债表中的所有者权益是企业资产扣除负债后的剩余权益。资产负债表中的所有者权益类项目一般按照净资产的不同来源和特定用途进行分类，资产负债表中的所有者权益类项目应当按照实收资本（或股本）、资本公积、其他综合收益、盈余公积、未分配利润等项目分项列示。

（三）一般企业资产负债表的列报格式和填列方法

1. 一般企业资产负债表的列报格式

我国企业的资产负债表采用账户式结构。账户式资产负债表分左右两方：左方为资产项目，大体按资产的流动性大小排列，流动性大的资产如"货币资金""交易性金融资产"等排在前面，流动性小的资产如"长期股权投资""固定资产"等排在后面；右方为负债和所有者权益项目，一般按要求清偿时间的先后顺序排列，"短期借款""应付票据""应付账款"等需要在 1 年以内或者长于 1 年的一个正常营业周期内偿还的流动负债排在前面，"长期借款"等在 1 年以上才需偿还的非流动负债排在中间，在企业清算之前不需要偿还的所有者权益项目排在后面。

账户式资产负债表中的资产各项目的合计等于负债和所有者权益各项目的合计，即资产负债表左方和右方平衡。因此，账户式资产负债表可以反映资产、负债、所有者权益之间的内在关系，即"资产＝负债＋所有者权益"。

一般企业资产负债表的格式如表 9-1 所示。

表 9-1 一般企业资产负债表

（适用于已执行新金融准则、新收入准则和新租赁准则的企业）

会企 01 表

编制单位：　　　　　　　　　　___年__月__日　　　　　　　单位：元

资产	期末余额	上年年末余额	负债和所有者权益（或股东权益）	期末余额	上年年末余额
流动资产：			流动负债：		
货币资金			短期借款		
交易性金融资产			交易性金融负债		
衍生金融资产			衍生金融负债		
应收票据			应付票据		
应收账款			应付账款		
应收款项融资			预收款项		
预付款项			合同负债		
其他应收款			应付职工薪酬		
存货			应交税费		
合同资产			其他应付款		
持有待售资产			持有待售负债		
一年内到期的非流动资产			一年内到期的非流动资产		
其他流动资产			其他流动负债		
流动资产合计			流动负债合计		
非流动资产：			非流动负债：		
债权投资			长期借款		
其他债权投资			应付债券		

（续表）

资产	期末余额	上年年末余额	负债和所有者权益（或股东权益）	期末余额	上年年末余额
长期应收款			其中：优先股		
长期股权投资			永续债		
其他权益工具投资			租赁负债		
其他非流动金融资产			长期应付款		
投资性房地产			预计负债		
固定资产			递延收益		
在建工程			递延所得税负债		
生产性生物资产			其他非流动负债		
油气资产			非流动负债合计		
使用权资产			负债合计		
无形资产			所有者权益（或股东权益）：		
开发支出			实收资本		
商誉			其他权益工具		
长期待摊费用			其中：优先股		
递延所得税资产			永续债		
其他非流动资产			资本公积		
非流动资产合计			减：库存股		
			其他综合收益		
			专项储备		
			盈余公积		
			未分配利润		
			所有者权益（或股东权益）合计		
资产总计			负债和所有者权益（或股东权益）总计		

2. 资产负债表填列方法

1）"上年年末余额"栏的填列方法

资产负债表"上年年末余额"栏内各项数字，应根据上年年末资产负债表"期末余额"栏内所列数字填列。如果上年度资产负债表规定的各个项目的名称和内容同本年度不相一致，则企业应对上年年末资产负债表各项目的名称和数字按照本年度的规定进行调整，并填入表中"上年年末余额"栏内。

2）"期末余额"栏的填列方法

资产负债表"期末余额"栏内的各项数字，一般应根据资产、负债和所有者权益类科目的期末余额填列，主要有以下几种填列方法：

（1）根据总账科目的余额填列。资产负债表中的有些项目，可直接根据有关总账科目的余额填列，如"交易性金融资产""短期借款""应付职工薪酬"等项目；有些项目则需根据几个总账科目的余额计算填列，如"货币资金"项目需根据"库存现金""银行存款""其他货币资金"三个总账科目余额的合计数填列。

（2）根据有关明细账科目的余额计算填列。例如，"应付账款"项目需要根据"应付账款"和"预付账款"两个科目所属的相关明细科目的期末贷方余额计算填列；"应收账款"项目需要根据"应收账款"和"预收账款"两个科目所属的相关明细科目的期末借方余额计算填列；"一年内到期的非流动资产""一年内到期的非流动负债"项目应根据有关非流动资产或非流动负债项目的明细科目余额分析填列。

（3）根据总账科目和明细账科目的余额分析计算填列。例如，"长期借款"项目需根据"长期借款"总账科目余额扣除"长期借款"科目所属的明细科目中将在资产负债表日起1年内到期且企业不能自主地将清偿义务展期的长期借款后的金额计算填列。

（4）根据有关科目余额减去其备抵科目余额后的净额填列。例如，资产负债表中的"长期股权投资"项目应根据"长期股权投资"科目的期末余额减去"长期股权投资减值准备"等科目余额后的净额填列；"固定资产"项目应根据"固定资产"科目的期末余额减去"累计折旧""固定资产减值准备"科目余额后的净额填列；"无形资产"项目应根据"无形资产"科目的期末余额减去"累计摊销""无形资产减值准备"科目余额后的净额填列。

（5）综合运用上述填列方法分析填列。例如，资产负债表中的"存货"项目，需根据"原材料""库存商品""委托加工物资""周转材料""材料采购""在途物资""发出商品""材料成本差异"等总账科目期末余额的分析汇总数，再减去"存货跌价准备"科目余额后的金额填列。

3.一般企业资产负债表项目的列报说明

（1）"货币资金"项目，反映企业库存现金、银行结算户存款、外埠存款、银行汇票存款、银行本票存款、信用卡存款、信用证保证金存款等的合计数。该项目应根据"库存现金""银行存款""其他货币资金"科目期末余额的合计数填列。

（2）"交易性金融资产"项目，反映资产负债表日企业分类为以公允价值计量且其变动计入当期损益的金融资产，以及企业持有的指定为以公允价值计量且其变动计入当期损益的金融资产的期末账面价值。该项目应根据"交易性金融资产"科目的相关明细科目的期末余额分析填列。自资产负债表日起超过1年到期且预期持有超过1年的以公允价值计量且其变动计入当期损益的非流动金融资产的期末账面价值，在"其他非流动金融资产"项目反映。

（3）"衍生金融资产"项目，反映衍生金融工具业务中，衍生金融工具的公允价值及其变动形成的衍生资产。该项目根据"衍生金融资产"科目的期末余额填列。

（4）"应收票据"项目，反映资产负债表日以摊余成本计量的、企业因销售商品、提供服务等收到的商业汇票，包括银行承兑汇票和商业承兑汇票。该项目应根据"应收票据"科目的期末余额减去"坏账准备"科目中相关坏账准备期末余额后的金额分析填列。

（5）"应收账款"项目，反映资产负债表日以摊余成本计量的、企业因销售商品、提供服务等经营活动应收取的款项。该项目应根据"应收账款"科目的期末余额减去"坏账准备"科目中相关坏账准备期末余额后的金额分析填列。

（6）"应收款项融资"项目，反映资产负债表日以公允价值计量且其变动计入其他综合收益的应收票据和应收账款等。

（7）"预付款项"项目，反映企业按照购货合同规定预付给供应单位的款项等。该项目应根据"预付账款""应付账款"科目所属各明细科目的期末借方余额合计数，减去"坏账准备"科目中有关预付款项计提的坏账准备期末余额后的金额填列。如"预付账款"科目所属各明细科目期末有贷方余额的，应在资产负债表"应付账款"项目内填列。

（8）"其他应收款"项目，应根据"应收利息""应收股利""其他应收款"科目的期末余额合计数，减去"坏账准备"科目中相关坏账准备期末余额后的金额填列。其中的"应收利息"仅反映相关金融工具已到期可收取但于资产负债表日尚未收到的利息。基于实际利率法计提的金融工具的利息应包含在相应金融工具的账面余额中。

（9）"存货"项目，反映企业期末在库、在途和在加工中的各种存货的可变现净值或成本（成本与可变现净值孰低）。该项目应根据"材料采购""原材料""低值易耗品""库存商品""周转材料""委托加工物""委托代销商品""生产成本""受托代销商品"等科目的期末余额合计，减去"受托代销商品款""存货跌价准备"科目期末余额后的金额填列。材料采用计划成本核算，以及库存商品采用计划成本核算或售价核算的企业，还应按加或减材料成本差异、商品进销差价后的金额填列。

（10）"持有待售资产"项目，反映资产负债表日划分为持有待售类别的非流动资产及划分为持有待售类别的处置组中的流动资产和非流动资产的期末账面价值。该项目应根据"持有待售资产"科目的期末余额减去"持有待售资产减值准备"科目的期末余额后的金额填列。

（11）"一年内到期的非流动资产"项目，反映企业将于1年内到期的非流动资产项目金额。该项目应根据有关科目的期末余额填列。对于按照相关会计准则采用折旧（或摊销、折耗）方法进行后续计量的固定资产、使用权资产、无形资产和长期待摊费用等非流动资产，折旧（或摊销、折耗）年限（或期限）只剩1年或不足1年的，或预计在1年内（含1年）进行折旧（或摊销、折耗）的部分，不得归类为流动资产，仍在各该非流动资产项目中填列，不转入"一年内到期的非流动资产"项目。

（12）"其他流动资产"项目，反映企业除了货币资金、交易性金融资产、应收票据、应收账款、存货等流动资产的其他流动资产。该项目应根据有关科目的期末余额填列。

（13）"债权投资"项目，反映资产负债表日企业以摊余成本计量的长期债权投资的期末账面价值。该项目应根据"债权投资"科目的相关明细科目期末余额减去"债权投资减值准备"科目中相关减值准备的期末余额后的金额分析填列。自资产负债表日起1年内到期的长期债权投资的期末账面价值，在"一年内到期的非流动资产"项目反映。企业购入的以摊余成本计量的1年内到期的债权投资的期末账面价值，在"其他流动资产"项目反映。

（14）"其他债权投资"项目，反映资产负债表日企业分类为以公允价值计量且其变动计入其他综合收益的长期债权投资的期末账面价值。该项目应根据"其他债权投资"科目的相关明细科目期末余额分析填列。自资产负债表日起1年内到期的长期债权投资的期末账面价值，在"一年内到期的非流动资产"项目反映。企业购入的以公允价值计量且其变动计入其他综合收益的1年内到期的债权投资的期末账面价值，在"其他流动资产"项目反映。

（15）"其他权益工具投资"项目，反映资产负债表日企业指定以公允价值计量且其变动计入其他综合收益的非交易性权益工具投资的期末账面价值。该项目应根据"其他权益工具投资"科目的期末余额填列。

（16）"长期应收款"项目，反映企业融资租赁产生的应收款项、采用递延方式具有融资性质的销售商品和提供劳务等产生的长期应收款项等。该项目应根据"长期应收款"科目的期末余额减去相应的"未实现融资收益"

科目和"坏账准备"科目所属相关明细科目期末余额后的金额填列。

（17）"长期股权投资"项目，反映企业持有的对子公司、联营企业和合营企业的长期股权投资。该项目应根据"长期股权投资"科目的期末余额减去"长期股权投资减值准备"科目期末余额后的金额填列。

（18）"投资性房地产"项目，反映企业持有的投资性房地产。企业采用成本模式计量投资性房地产的，该项目应根据"投资性房地产"科目的期末余额，减去"投资性房地产累计折旧（摊销）""投资性房地产减值准备"科目期末余额后的金额填列；企业采用公允价值模式计量投资性房地产的，该项目应根据"投资性房地产"科目的期末余额填列。

（19）"固定资产"项目，反映资产负债表日企业固定资产的期末账面价值和企业尚未清理完毕的固定资产清理净损益。该项目应根据"固定资产"科目的期末余额，减去"累计折旧""固定资产减值准备"科目的期末余额后的金额，以及"固定资产清理"科目的期末余额填列。

（20）"在建工程"项目，反映资产负债表日企业尚未达到预定可使用状态的在建工程的期末账面价值和企业为在建工程准备的各种物资的期末账面价值。该项目应根据"在建工程"科目的期末余额，减去"在建工程减值准备"科目的期末余额后的金额，以及"工程物资"科目的期末余额，减去"工程物资减值准备"科目的期末余额后的金额填列。

（21）"生产性生物资产"项目，反映企业持有的生产性生物资产。该项目应根据"生产性生物资产"科目的期末余额，减去"生产性生物资产累计折旧""生产性生物资产减值准备"科目期末余额后的金额填列。

（22）"油气资产"项目，反映企业持有的矿区权益和油气井及相关设施的原价减去累计折耗和累计减值准备后的净额。该项目应根据"油气资产"科目的期末余额，减去"累计折耗"科目期末余额和相应减值准备后的金额填列。

（23）"无形资产"项目，反映企业持有的无形资产，包括专利权、非专利技术、商标权、著作权土地使用权等。该项目应根据"无形资产"科目的期末余额，减去"累计摊销""无形资产减值准备"科目期末余额后的金额填列。

（24）"开发支出"项目，反映企业开发无形资产过程中能够资本化形成无形资产成本的支出部分。该项目应根据"研发支出"科目中所属的"资本化支出"明细科目期末余额填列。

（25）"商誉"项目，反映企业合并中形成的商誉的价值。该项目应根据"商誉"科目的期末余额减去相应减值准备后的金额填列。

（26）"长期待摊费用"项目，反映企业已经发生但应由本期和以后各期负担的分摊期限在1年以上的各项费用。长期待摊费用中在1年内（含1年）摊销的部分，在资产负债表"一年内到期的非流动资产"项目填列。该项目应根据"长期待摊费用"科目的期末余额减去将于1年内（含1年）摊销的数额后的金额填列。

（27）"递延所得税资产"项目，反映企业确认的可抵扣暂时性差异产生的递延所得税资产。该项目应根据"递延所得税资产"科目的期末余额填列。

（28）"其他非流动资产"项目，反映企业除了长期股权投资、固定资产、在建工程、工程物资、无形资产等资产的其他非流动资产。该项目应根据有关科目的期末余额填列。

（29）"短期借款"项目，反映企业向银行或其他金融机构等借入的期限在1年以内（含1年）的各种借款。该项目应根据"短期借款"科目的期末余额填列。

（30）"交易性金融负债"项目，反映资产负债表日企业承担的交易性金融负债，以及企业持有的直接指定为以公允价值计量且其变动计入当期损益的金融负债的期末账面价值。该项目应根据"交易性金融负债"科目的相关明细科目期末余额填列。

（31）"应付票据"项目，反映资产负债表日以摊余成本计量的、企业因购买材料、商品和接受服务等开出、承兑的商业汇票，包括银行承兑汇票和商业承兑汇票。该项目应根据"应付票据"科目的期末余额填列。

（32）"应付账款"项目，反映资产负债表日以摊余成本计量的、企业因购买材料、商品和接受服务等经营活动应支付的款项。该项目应根据"应付账款""预付账款"科目所属的相关明细科目的期末贷方余额合计数填列。

（33）"预收款项"项目，反映企业按照购货合同规定预付给供应单位的款项。该项目应根据"预收账款""应收账款"科目所属各明细科目的期末贷方余额合计数填列。如"预收账款"科目所属各明细科目期末有借方余额，则应在资产负债表"应收账款"项目内进行对应填列。

（34）"应付职工薪酬"项目，反映企业根据有关规定应付给职工的工资、职工福利、社会保险费、住房公积金、工会经费、职工教育经费、非货币性福利、辞退福利等各种薪酬。该项目应根据"应付职工薪酬"科目所属各明细科目的期末贷方余额分析填列。外商投资企业按规定从净利润中提取的职工奖励及福利基金，也在该项目内列示。

（35）"应交税费"项目，反映企业按照税法规定计算应交纳的各种税费，包括增值税、消费税、所得税、资源税、土地增值税、城市维护建设税、房产税、土地使用税、车船税、教育费附加矿产资源补偿费等。企业代扣代交的个人所得税，也通过该项目列示。企业所缴纳的税金不需要预计应交数的，如印花税、耕地占用税等，不在该项目列示。该项目应根据"应交税费"科目的期末贷方余额填列；如"应交税费"科目期末为借方余额，应以"一"号填列。

需说明的是，"应交税费"科目下的"应交增值税""未交增值税""待抵扣进项税额""待认证进项税额""增值税留抵税额"等明细科目的借方余额，应根据情况在资产负债表中的"其他流动资产"或"其他非流动资产"项目列示；"待转销项税额"明细科目的贷方余额，应根据情况在资产负债表中的"其他流动负债"或"其他非流动负债"项目列示；"未交增值税""简易计税""转让金融商品应交增值税""代扣代交增值税"等科目期末贷方余额，应在资产负债表的"应交税费"项目列示。

（36）"其他应付款"项目，应根据"应付利息""应付股利""其他应付款"科目的期末余额合计数填列。其中的"应付利息"仅反映相关金融工具已到期应支付但于资产负债表日尚未支付的利息。基于实际利率法计提的金融工具的利息应包含在相应金融工具的账面余额中。

（37）"持有待售负债"项目，反映资产负债表日处置组中与划分为持有待售类别的资产直接相关的负债的期末账面价值。该项目应根据"持有待售负债"科目的期末余额填列。

（38）"一年内到期的非流动负债"项目，反映企业非流动负债中将于资产负债表日后1年内到期部分的金额，如将于1年内偿还的长期借款。该项目应根据有关科目的期末余额填列。

（39）"其他流动负债"项目，反映企业除了短期借款、交易性金融负债、应付票据、应付账款、应付职工薪酬、应交税费等流动负债的其他流动负债。该项目应根据有关科目的期末余额填列。

（40）"长期借款"项目，反映企业向银行或其他金融机构借入的期限在1年以上（不含1年）的各项借款。该项目应根据"长期借款"科目的期末余额，扣除"长期借款"科目所属明细科目中将在资产负债表日起1年内到期且不能自主地将清偿义务展期的长期借款后的金额填列。

（41）"应付债券"项目，反映企业为筹集长期资金而发行的债券本金和利息。该项目应根据"应付债券"科目的期末余额填列。

（42）"长期应付款"项目，反映资产负债表日企业除了长期借款和应付债券的其他各种长期应付款项的期末账面价值。该项目应根据"长期应付款"科目的期末余额，减去相关的"未确认融资费用"科目的期末余额后的金额，以及"专项应付款"科目的期末余额，再减去所属明细科目中将在资产负债表日起 1 年内到期的部分后金额填列。

（43）"预计负债"项目，反映企业确认的对外提供担保、未决诉讼、产品质量保证、重组义务亏损性合同等预计负债。该项目应根据"预计负债"科目的期末余额填列。

（44）"递延收益"项目，反映企业尚待确认的收入或者收益。该项目应根据"递延收益"科目的期末余额填列。"递延收益"项目中摊销期限只剩 1 年或不足 1 年的，或预计在 1 年内（含 1 年）进行摊销的部分，不得归类为流动负债，仍在该项目中填列，不转入"一年内到期的非流动负债"项目。

（45）"递延所得税负债"项目，反映企业确认的应纳税暂时性差异产生的所得税负债。该项目应根据"递延所得税负债"科目的期末余额填列。

（46）"其他非流动负债"项目，反映企业除长期借款、应付债券等负债以外的其他非流动负债。该项目应根据有关科目的期末余额减去将于 1 年内（含 1 年）到期偿还数后的余额填列。非流动负债各项目中将于 1 年内（含 1 年）到期的非流动负债，应在"1 年内到期的非流动负债"项目内单独反映。

（47）根据《企业会计准则第 22 号——金融工具确认和计量》《企业会计准则第 14 号——收入》《企业会计准则第 21 号——租赁》对相关报表项目进行填报。

a. "合同资产"和"合同负债"项目。企业应按照《企业会计准则第 14 号——收入》的相关规定根据本企业履行履约义务与客户付款之间的关系在资产负债表中列示合同资产或合同负债。"合同资产"项目和"合同负债"项目，应分别根据"合同资产"科目和"合同负债"科目的相关明细科目期末余额分析填列，同一合同下的合同资产和合同负债应当以净额列示，其中，净额为借方余额的，应当根据其流动性在"合同资产"或"其他非流动资产"项目中填列，已计提减值准备的，还应减去"合同资产减值准备"科目中相关的期末余额后的金额填列；净额为贷方余额的，应当根据其流动性在"合同负债"或"其他非流动负债"项目中填列。

由于同一合同下的合同资产和合同负债应当以净额列示，企业也可以设置"合同结算"科目（或其他类似科目），以核算同一合同下属于在某一时段内履行履约义务涉及与客户结算对价的合同资产或合同负债，并在此科目下设置"合同结算——价款结算"科目反映定期与客户进行结算的金额，设置"合同结算——收入结转"科目反映按履约进度结转的收入金额。资产负债表日，"合同结算"科目的期末余额在借方的，根据其流动性在"合同资产"或"其他非流动资产"项目中填列；期末余额在贷方的，根据其流动性在"合同负债"或"其他非流动负债"项目中填列。

b. 按照《企业会计准则第 14 号——收入》的相关规定确认为资产的合同取得成本，应当根据"合同取得成本"科目的明细科目初始确认时摊销期限是否超过 1 年或一个正常营业周期，在"其他流动资产"或"其他非流动资产"项目中填列，已计提减值准备的，还应减去"合同取得成本减值准备"科目中相关的期末余额后的金额填列。

c. 按照《企业会计准则第 14 号——收入》的相关规定确认为资产的合同履约成本，应当根据"合同履约成本"科目的明细科目初始确认时摊销期限是否超过 1 年或一个正常营业周期，在"存货"或"其他非流动资产"项目中填列，已计提减值准备的，还应减去"合同履约成本减值准备"科目中相关的期末余额后的金额填列。

d. 按照《企业会计准则第 14 号——收入》的相关规定确认为资产的应收退货成本，应当根据"应收退货成本"科目是否在 1 年或一个正常营业周期内出售，在"其他流动资产"或"其他非流动资产"项目中填列。

e. 按照《企业会计准则第 14 号——收入》的相关规定确认为预计负债的应付退货款，应当根据"预计负债"科目下的"应付退货款"明细科目是否在 1 年或一个正常营业周期内清偿，在"其他流动负债"或"预计负债"项目中填列。

f. 企业按照《企业会计准则第 22 号——金融工具确认和计量》的相关规定对贷款承诺、财务担保合同等项目计提的损失准备，应当在"预计负债"项目中填列。

g. "使用权资产"项目，反映资产负债表日承租人企业持有的使用权资产的期末账面价值。根据《企业会计准则第 21 号——租赁》的相关规定，该项目应根据"使用权资产"科目的期末余额，减去"使用权资产累计折旧""使用权资产减值准备"科目的期末余额后的金额填列。

h. "租赁负债"项目，反映资产负债表日承租人企业尚未支付的租赁付款额的期末账面价值。根据《企业会计准则第 21 号——租赁》的相关规定，该项目应根据"租赁负债"科目的期末余额填列。自资产负债表日起一年内到期应予以清偿的租赁负债的期末账面价值，在"一年内到期的非流动负债"项目反映。

（48）"实收资本（或股本）"项目，反映企业各投资者实际投入的资本（或股本）总额。该项目应根据"实收资本"（或"股本"）科目的期末余额填列。

（49）"其他权益工具"项目，反映企业发行的除了普通股的分类为权益工作的金融工具的账面价值，并下设"优先股"和"永续债"两个项目，分别反映企业发生的分类为权益工具的优先股和永续债的账面价值。对于资产负债表日企业发行的金融工具，分类为金融负债的，应在"应付债券"项目填列，对于优先股和永续债，还应在"应付债券"项目下的"优先股"项目和"永续债"项目分别填列；分类为权益工具的，应在"其他权益工具"项目填列，对于优先股和永续债，还应在"其他权益工具"项目下的"优先股"项目和"永续债"项目分别填列。

（50）"资本公积"项目，反映企业资本公积的期末余额。该项目应根据"资本公积"科目的期末余额填列。

（51）"库存股"项目，反映企业持有尚未转让或注销的本公司股份金额。该项目应根据"库存股"科目的期末余额填列。

（52）"其他综合收益"项目，反映企业其他综合收益情况。该项目应当按照其他综合收益项目的具体内容设置明细科目。企业在对其他综合收益进行会计处理时，应当通过"其他综合收益"科目处理，并与"资本公积"科目相区分。

（53）"盈余公积"项目，反映企业盈余公积的期末余额。该项目应根据"盈余公积"科目的期末余额填列。

（54）"未分配利润"项目，反映企业尚未分配的利润。该项目应根据"本年利润"科目和"利润分配"科目的余额计算填列。未弥补的亏损在该项目内以"－"号填列。

（55）高危行业企业如有按国家规定提取的安全生产费的，应当在资产负债表所有者权益项下"其他综合收益"项目和"盈余公积"项目之间增设"专项储备"项目，反映企业提取的安全生产费期末余额。

（56）金融企业的资产负债表列报格式，应当遵循《企业会计准则第30号——财务报表列报》的规定，并根据金融企业经营活动的性质和要求，比照上述一般企业的资产负债表列报格式进行相应调整。

五、利润表

（一）利润表的定义

根据《企业会计准则讲解》对利润表的界定，利润表是反映企业在一定会计期间的经营成果的财务报表。例如，反映某年1月1日至12月31日经营成果的利润表，它反映的就是该期间的情况。

利润表的列报必须充分反映企业经营业绩的主要来源和构成，有助于使用者判断净利润的质量及其风险，有助于使用者预测净利润的持续性，从而做出正确的决策。利润表可以反映企业一定会计期间收入的实现情况，如实现的营业收入有多少、实现的投资收益有多少、实现的营业外收入有多少等；可以反映一定会计期间的费用耗费情况，如耗费的营业成本有多少、税金及附加有多少、销售费用有多少、管理费用有多少、财务费用有多少、营业外支出有多少等。

（二）利润表列报的要求

1. 总体要求

利润表正表的格式一般有单步式利润表和多步式利润表两种。单步式利润表是将当期所有的收入列在一起，然后将所有的费用列在一起，两者相减得出当期净损益。多步式利润表是通过对当期的收入、费用、支出项目按性质加以归类，按利润形成的主要环节列示一些中间性利润指标，分步计算当期净损益。

《企业会计准则第 30 号——财务报表列报》准则，我国企业应当采用多步式列报利润表，将不同性质的收入和费用类别进行对比，从而可以得出一些中间性的利润数据，便于使用者理解企业经营成果的不同来源。

企业可以分以下几个主要步骤编制利润表：

第一步，以营业收入为基础，减去营业成本、税金及附加、销售费用、管理费用、研发费用、财务费用，加上其他收益、投资收益（减去投资损失）、净敞口套期收益（减去净敞口套期损失）、公允价值变动收益（减去公允价值变动损失）、信用减值损失（以"－"号填列）、资产减值损失（以"－"号填列）和资产处置收益（减去资产处置损失），计算出营业利润。

第二步，以营业利润为基础，加上营业外收入，减去营业外支出，计算出利润总额。

第三步，以利润总额为基础，减去所得税费用，计算出净利润（或净亏损）。

第四步，以净利润为基础，减去其他综合收益的税后净额，计算出综合收益总额。其中，其他综合收益包括以后会计期间"不能重分类进损益的其他综合收益项目"和以后会计期间在满足规定条件时"将重分类进损益的其他综合收益"项目两类。

普通股或潜在普通股已公开交易的企业，以及正处于公开发行普通股或潜在普通股过程中的企业，还应当在利润表中列示每股收益信息。

2. 费用列报方法

根据《企业会计准则第 30 号——财务报表列报》第三十条规定，费用应当按照功能分类，分为从事经营业务发生的成本、管理费用、销售费用和财务费用等。根据《企业会计准则讲解》说明，功能法是指按照费用在企业所发挥的功能进行分类列报的方法。按照该方法，费用通常分为从事经营业务发生的成本、管理费用、销售费用和财务费用等，并且营业成本与其他费用分开披露。

企业的生产经营活动通常可以划分为生产、销售、管理、融资等，每一种活动上发生的费用所发挥的功能并不相同，因此，按照费用功能法将其分开列报，有助于使用者了解费用发生的活动领域。例如，企业为销售产品发生了多少费用、为一般行政管理发生了多少费用、为筹措资金发生了多少费用等。功能法通常能向报表使用者提供具有结构性的信息，能更清楚地揭示企业经营业绩的主要来源和构成，提供的信息更为相关。由于关于费用性质的信息有助于预测企业未来现金流量，企业可以在附注中披露费用按照性质分类的利润表补充资料。费用按照性质分类是指将费用按其性质分为耗用的原材料、职工薪酬费用、折旧费、推销费等，而不是按照费用在企业所发挥的不同功能分类。

与此同时，《企业会计准则第 30 号——财务报表列报》还规定，企业应当在附注中披露费用按照性质分类的利润表补充资料，可将费用分为耗用的原材料、职工薪酬费用、折旧费用、摊销费用等，以有助于报表使用者预测企业的未来现金流量。

3. 综合收益的列报

综合收益是指企业在某一期间除了与所有者以其所有者身份进行的交易的其他交易或事项所引起的所有者权益变动。综合收益总额项目反映净利润和其他综合收益扣除所得税影响后的净额相加后的合计金额。其他综合收益是指企业根据其他具体会计准则规定未在当期损益中确认的各项利得和损失。

企业应当以扣除相关所得税影响后的净额在利润表上单独列示各项其他综合收益项目，并且其他综合收益项目应当根据其他相关具体会计准则的规定分为下列两类列报：

（1）以后会计期间不能重分类进损益的其他综合收益项目，如重新计量设定受益计划净负债或净资产导致的变动、权益法不能转损益的其他综合收益。

（2）会计期间在满足规定条件时将重分类进损益的其他综合收益项目，如权益法下可以转损益的其他综合收益、现金流量套期储备、外币财务报表折算差额。

银行、保险、证券等金融企业的日常活动与一般工商业企业不同，具有特殊性，所以可以根据金融企业的特殊性列示利润表项目。例如，商业银行将利息支出作为利息收入的抵减项目、将手续费及佣金支出作为手续费及佣金收入的抵减项目等列示。

（三）利润表的列报格式和填列方法

1. 一般企业利润表的列报格式

一般企业利润表的格式如表 9-2 所示。

表 9-2 一般企业利润表

（适用于已执行新金融准则、新收入准则和新租赁准则的企业）

会企 02 表

编制单位：　　　　　　　　　　　___年__月　　　　　　　　单位：元

项目	本期金额	上期金额
一、营业收入		
减：营业成本		
税金及附加		
销售费用		
管理费用		
研发费用		
财务费用		
其中：利息费用		
利息收入		
加：其他收益		
投资收益（损失以"—"号填列）		
其中：对联营企业和合营企业的投资收益		
以摊余成本计量的金融资产终止确认收益（损失以"—"号填列）		
净敞口套期收益（损失以"—"号填列）		
公允价值变动净收益（损失以"—"号填列）		
信用减值损失（损失以"—"号填列）		
资产减值损失（损失以"—"号填列）		
资产处置收益（损失以"—"号填列）		
二、营业利润（亏损以"—"号填列）		
加：营业外收入		

（续表）

项目	本期金额	上期金额
减：营业外支出		
三、利润总额（亏损总额以"—"号填列）		
减：所得税费用		
四、净利润（净亏损以"—"号填列）		
（一）持续经营净利润（净亏损额以"—"号填列）		
（二）终止经营净利润（净亏损额以"—"号填列）		
五、其他综合收益的税后净额		
（一）不能重分类进损益的其他综合收益		
1.重新计量设定受益计划变动额		
2.权益法下不能转损益的其他综合收益		
3.其他权益工具投资公允价值变动		
4.企业自身信用风险公允价值变动		
……		
（二）将重分类进损益的其他综合收益		
1.权益法下可转损益的其他综合收益		
2.其他债权投资公允价值变动		
3.金融资产重分类计入其他综合收益的金额		
4.其他债权投资信用减值准备		
5.现金流量套期储备		
6.外币财务报表折算差额		
……		
六、综合收益总额		
七、每股收益：		
（一）基本每股收益		
（二）稀释每股收益		

2.利润表的填列方法

企业应当根据损益类科目和所有者权益类有关科目的发生额填列利润表"本年金额"栏，具体包括如下情况：

（1）"营业收入""营业成本""税金及附加""销售费用""管理费用""财务费用""资产减值损失""公允价值变动收益""投资收益""营业外收入""营业外支出""所得税费用"等项目，应根据有关损益类科目的发生额分析填列。

（2）"对联营企业和合营企业的投资收益""以摊余成本计量的金融资产终止确认收益""其他收益""净敞口套期收益""信用减值损失""资产处置收益"等项目，应根据"投资收益""净敞口套期损益""信用减值损失""资产处置损益"等科目所属的相关明细科目的发生额分析填列。

（3）"其他综合收益的税后净额"项目及其各组成部分，应根据"其他综合收益"科目及其所属明细科目的本期发生额分析填列。

（4）"营业利润""利润总额""净利润""综合收益总额"项目，应根据利润表中相关项目计算填列。

（5）普通股或潜在普通股已公开交易的企业，以及正处于公开发行普通股或潜在普通股过程中的企业，还应当在利润表中列示每股收益信息，并在附注中详细披露计算过程，以供投资者投资决策参考。"基本每股收益"项目和"稀释每股收益"项目应当按照《企业会计准则第 34 号——每股收益》的规定计算填列。

3. 一般企业利润表的填列说明

《企业会计准则第 30 号——财务报表列报》规定，企业需要提供比较利润表，以使报表使用者通过比较不同期间利润的实现情况，判断企业经营成果的未来发展趋势。所以，利润表还就各项目再分为"本期金额"和"上期金额"两栏分别填列。利润表"上期金额"栏内各项数字应根据上年该期利润表"本期金额"栏内所列数字填列。如果上期利润表规定的各个项目的名称和内容同本期不一致，应对上年该期利润表各项目的名称和数字按本期的规定进行调整，填入利润表"上期金额"栏内。利润表"本期金额"栏内各项数字一般应当反映以下内容：

（1）"营业收入"项目，反映企业经营主要业务和其他业务所确认的收入总额。该项目应根据"主营业务收入""其他业务收入"科目的发生额分析填列。

（2）"营业成本"项目，反映企业经营主要业务和其他业务发生的实际成本总额。该项目应根据"主营业务成本""其他业务成本"科目的发生额分析填列。

（3）"税金及附加"项目，反映企业经营业务应负担的消费税、城市维护建设税、资源税、土地增值税、房产税、车船税、城镇土地使用税、印花税和教育费附加等。该项目应根据"税金及附加"科目的发生额分析填列。

（4）"销售费用"项目，反映企业在销售商品过程中发生的包装费、广告费等费用和为销售本企业商品而专设的销售机构的职工薪酬、业务费等经营费用。该项目应根据"销售费用"科目的发生额分析填列。

（5）"管理费用"项目，反映企业为组织和管理生产经营发生的管理费用。该项目应根据"管理费用"科目下的明细科目的发生额分析填列。

（6）"研发费用"项目，反映企业进行研究与开发过程中发生的费用化支出，以及计入管理费用的自行开发无形资产的摊销。该项目应根据"管理费用"科目下的"研究费用"明细科目的发生额，以及"管理费用"科目下的"无形资产摊销"明细科目的发生额分析填列。

（7）"财务费用"项目，反映企业筹集生产经营所需资金等而发生的筹资费用。该项目应根据"财务费用"科目的发生额分析填列。

（8）"其中：利息费用"项目，反映企业为筹集生产经营所需资金等而发生的应予费用化的利息支出。该项目应根据"财务费用"科目的相关明细科目的发生额分析填列。该项目作为"财务费用"项目的其中项，以正数填列。

（9）"利息收入"项目，反映企业确认的利息收入。该项目应根据"财务费用"科目的相关明细科目的发生额分析填列。该项目作为"财务费用"项目的其中项，以正数填列。

企业发生勘探费用的，应在"管理费用"项目和"财务费用"项目之间，增设"勘探费用"项目反映。

（10）"其他收益"项目，反映计入其他收益的政府补助，以及其他与日常活动相关且计入其他收益的项目。该项目应根据"其他收益"科目的发生额分析填列。企业作为个人所得税的扣缴义务人，根据《中华人民共和国个人所得税法》收到的扣缴税款手续费，应作为其他与日常活动相关的收益在该项目中填列。

（11）"投资收益"项目，反映企业以各种方式对外投资所取得的收益；如为净损失，以"—"号填列。企业持有的交易性金融资产处置和处置时，处置收益部分应当自"公允价值变动损益"项目转出，列入该项目。该项目应根据"投资收益"科目的发生额分析填列。

（12）"净敞口套期收益"项目，反映净敞口套期下被套期项目累计公允价值变动转入当期损益的金额或现金流量套期储备转入当期损益的金额。该项目应根据"净敞口套期损益"科目的发生额分析填列；如为套期损失，以"—"号填列。

（13）"公允价值变动收益"项目，反映企业按照相关准则规定应当计入当期损益的资产或负债公允价值变动净收益，如交易性金融资产当期公允价值的变动额；如为净损失，以"－"号填列。该项目应根据"公允价值变动损益"科目的发生额分析填列。

（14）"信用减值损失"项目，反映企业按照《企业会计准则第 22 号——金融工具确认和计量》（财会〔2017〕7 号）的要求计提的各项金融工具减值准备所形成的预期信用损失。该项目应根据"信用减值损失"科目的发生额分析填列。

（15）"资产减值损失"项目，反映企业出售划分为持有待售的非流动资产（金融工具、长期股权投资和投资性房地产除外）或处置组（子公司和业务除外）时确认的处置利得或损失，以及处置未划分为持有待售的固定资产、在建工程、生产性生物资产及无形资产而产生的处置利得或损失。债务重组中因处置非流动资产（金融工具、长期股权投资和投资性房地产除外）产生的利得或损失和非货币性资产交换中换出非流动资产（金融工具、长期股权投资和投资性房地产除外）产生的利得或损失也包括在该项目内。该项目应根据"资产处置损益"科目的发生额分析填列；如为处置损失，以"－"号填列。

（16）"资产处置收益"项目，反映企业出售划分为持有待售的非流动资产（金融工具、长期股权投资和投资性房地产除外）或处置组（子公司和业务除外）时确认的处置利得或损失，以及处置未划分为持有待售的固定资产、在建工程、生产性生物资产及无形资产而产生的处置利得或损失。债务重组中因处置非流动资产产生的利得或损失和非货币性资产交换中换出非流动资产产生的利得或损失也包括在本项目内。该项目应根据"资产处置损益"科目的发生额分析填列；如为处置损失，以"－"号填列。

（17）"营业利润"项目，反映企业实现的营业利润；如为亏损总额，以"－"号填列。

（18）"营业外收入"项目，反映企业发生的除了营业利润的收益，主要包括与企业日常活动无关的政府补助、盘盈利得、捐赠利得（企业接受股东或股东的子公司直接或间接的捐赠，经济实质属于股东对企业的资本性投入的除外）等。该项目应根据"营业外收入"科目的发生额分析填列。

（19）"营业外支出"行项目，反映企业发生的除了营业利润的支出，主要包括公益性捐赠支出、非常损失、盘亏损失、非流动资产毁损报废损失等。该项目应根据"营业外支出"科目的发生额分析填列。"非流动资产毁损报废损失"通常包括因自然灾害发生毁损、已丧失使用功能等原因而报废清理产生的损失。企业在不同交易中形成的非流动资产毁损报废利得和损失不得相互抵销，应分别在"营业外收入"项目和"营业外支出"项目进行填列。

（20）"利润总额"项目，反映企业实现的利润总额。如为亏损总额，以"－"号填列。

（21）"所得税费用"项目，反映企业根据所得税准则确认的应从当期利润总额中扣除的所得税费用。该项目应根据"所得税费用"科目的发生额分析填列。

（22）"净利润"项目，反映企业实现的净利润额。如为亏损总额，以"－"号填列。

（23）"（一）持续经营净利润"项目和"（二）终止经营净利润"项目，分别反映净利润中与持续经营相关的净利润和与终止经营相关的净利润；如为净亏损，以"－"号填列。该两个项目应按照《企业会计准则第 42 号——持有待售的非流动资产、处置组和终止经营》的相关规定分别列报。

（24）"其他综合收益的税后净额"项目，反映企业根据《企业会计准则》规定未在当期损益中确认的各项利得和损失扣除所得税影响后的净额。该项目应根据"其他综合收益"科目及其所属明细科目的本期发生额分析填列。

（25）"重新计量设定受益计划变动额"项目，反映根据《企业会计准则第 9 号——职工薪酬》，有设定受益计划形式离职后福利的企业应当将重新计量设定受益计划净负债或净资产导致的变动计入其他综合收益，并且在后续会计期间不允许转回至损益。

（26）"权益法下不能转损益的其他综合收益"项目，反映根据《企业会计准则第 2 号——长期股权投资》，投资方取得长期股权投资后，应当按照应享有或应分担的被投资单位其他综合收益的份额，确认其他综合收益，同时调整长期股权投资的账面价值。投资单位在确定应享有或应分担的被投资单位其他综合收益的份额时，该份额的性质取决于被投资单位的其他综合收益的性质，即如果被投资单位的其他综合收益属于"以后会计期间不能重分类进损益"类别，则投资方确认的份额也属于"以后会计期间不能重分类进损益"类别。

（27）"其他权益工具投资公允价值变动"项目，反映企业指定为以公允价值计量且其变动计入其他综合收益的非交易性权益工具投资发生的公允价值变动。该项目应根据"其他综合收益"科目的相关明细科目的发生额分析填列。

（28）"企业自身信用风险公允价值变动"项目，反映企业指定为以公允价值计量且其变动计入当期损益的金融负债，由企业自身信用风险变动引起的公允价值变动而计入其他综合收益的金额。该项目应根据"其他综合收益"科目的相关明细科目的发生额分析填列。

（29）"权益法下可转损益的其他综合收益"项目，反映根据《企业会计准则第 2 号——长期股权投资》，投资方取得长期股权投资后，应当按照应享有或应分担的被投资单位其他综合收益的份额，确认其他综合收益，同时调整长期股权投资的账面价值。如果被投资单位的其他综合收益属于"以后会计期间在满足规定条件时将重分类进损益"类别，则投资方确认的份额也属于"以后会计期间在满足规定条件时将重分类进损益"类别。

（30）"其他债权投资公允价值变动"项目，反映企业分类为以公允价值计量且其变动计入其他综合收益的债权投资发生的公允价值变动。企业将一项以公允价值计量且其变动计入其他综合收益的金融资产重分类为以摊余成本计量的金融资产，或重分类为以公允价值计量且其变动计入当期损益的金融资产时，之前计入其他综合收益的累计利得或损失从其他综合收益中转出的金额作为该项目的减项。该项目应根据"其他综合收益"科目下的相关明细科目的发生额分析填列。

（31）"金融资产重分类计入其他综合收益的金额"项目，反映企业将一项以摊余成本计量的金融资产重分类为以公允价值计量且其变动计入其他综合收益的金融资产时，计入其他综合收益的原账面价值与公允价值之间的差额。该项目应根据"其他综合收益"科目下的相关明细科目的发生额分析填列。

（32）"其他债权投资信用减值准备"项目，反映企业按照《企业会计准则第 22 号——金融工具确认和计量》第十八条分类为以公允价值计量且其变动计入其他综合收益的金融资产的损失准备。该项目应根据"其他综合收益"科目下的"信用减值准备"明细科目的发生额分析填列。

（33）"现金流量套期储备"项目，反映企业套期工具产生的利得或损失中属于套期有效的部分。该项目应根据"其他综合收益"科目下的"套期储备"明细科目的发生额分析填列。

（34）"外币财务报表折算差额"项目，反映根据《企业会计准则第 19 号——外币折算》，企业对境外经营的财务报表进行折算时，应当将外币财务报表折算差额在资产负债表中所有者权益项目下单独列示（其他综合收益）；企业在处置境外经营时，应当将资产负债表中所有者权益项目下列示的、与该境外经营相关的外币报表折算差额，自所有者权益项目转入处置当期损益，部分处置境外经营的，应当按处置的比例计算处置部分的外币财务报表折算差额，转入处置当期损益。

（35）"基本每股收益"项目和"稀释每股收益"项目，应当根据《企业会计准则第 34 号——每股收益》的规定计算的金额填列。

六、现金流量表

（一）现金流量表的定义

现金流量表是反映企业一定会计期间现金和现金等价物流入和流出的财务报表。编制现金流量表的主要目的，是为财务报表使用者提供企业一定会计期间内现金和现金等价物流入和流出的信息，以便于财务报表使用者了解和评价企业获取现金和现金等价物的能力，并据以预测企业未来现金流量。

现金流量表的作用主要体现在以下几个方面：一是有助于评价企业支付能力、偿债能力和周转能力；二是有助于预测企业未来现金流量；三是有助于分析企业收益质量及影响现金净流量的因素，掌握企业经营活动、投资活动和筹资活动的现金流量，可以从现金流量的角度了解净利润的质量，为分析和判断企业的财务前景提供信息。

（二）现金流量及其分类

现金流量是指一定会计期间内企业现金和现金等价物的流入和流出。

企业从银行提取现金、用现金购买短期到期的国库券等现金和现金等价物之间的转换不属于现金流量。

现金是指企业库存现金以及可以随时用于支付的存款，包括库存现金、银行存款和其他货币资金（如外埠存款、银行汇票存款、银行本票存款等）。不能随时用于支付的存款不属于现金。

现金等价物是指企业持有的期限短、流动性强、易于转换为已知金额现金、价值变动风险很小的投资。期限短一般是指从购买日起 3 个月内到期。

现金等价物通常包括 3 个月内到期的债券投资等。权益性投资变现的金额通常不确定，因而不属于现金等价物。企业应当根据具体情况，确定现金等价物的范围，一经确定不得随意变更。

企业产生的现金流量分为以下三类。

1. 经营活动产生的现金流量

经营活动是指企业投资活动和筹资活动以外的所有交易和事项。

经营活动产生的现金流量包括销售商品或提供劳务、购买商品、接受劳务、支付工资和缴纳税款等流入和流出的现金和现金等价物。

2. 投资活动产生的现金流量

投资活动是指企业长期资产的购建和不包括在现金等价物范围内的投资及其处置活动。

投资活动产生的现金流量主要包括购建固定资产、处置子公司及其他营业单位等流入和流出的现金和现金等价物。

3. 筹资活动产生的现金流量

筹资活动是指导致企业资本及债务规模和构成发生变化的活动。

筹资活动产生的现金流量主要包括吸收投资、发行股票、分配利润、发行债券、偿还债务等流入和流出的现金和现金等价物。偿付应付账款、应付票据等商业应付款等属于经营活动，不属于筹资活动。

（三）现金流量表的列报格式和填列方法

1. 现金流量表的列报格式

现金流量表的项目主要有经营活动产生的现金流量、投资活动产生的现金流量、筹资活动产生的现金流量、汇率变动对现金及现金等价物的影响、现金及现金等价物净增加额、期末现金及现金等价物余额等。

一般企业现金流量表的格式如表9-3所示。

表9-3　一般企业现金流量表

（适用于已执行新金融准则、新收入准则和新租赁准则的企业）

会企03表

编制单位：　　　　　　　　____年__月　　　　　　　　单位：元

项目	本期金额	上期金额
一、经营活动产生的现金流量：		
销售商品、提供劳务收到的现金		
收到的税费返还		
收到其他与经营活动有关的现金		
经营活动现金流入小计		
购买商品、接受劳务支付的现金		
支付给职工以及为职工支付的现金		
支付的各项税费		
支付其他与经营活动有关的现金		
经营活动现金流出小计		
经营活动产生的现金流量净额		
二、投资活动产生的现金流量：		

（续表）

项目	本期金额	上期金额
收回投资收到的现金		
取得投资收益收到的现金		
处置固定资产、无形资产和其他长期资产收回的现金净额		
处置子公司及其他营业单位收到的现金净额		
收到其他与投资活动有关的现金		
投资活动现金流入小计		
购建固定资产、无形资产和其他长期资产支付的现金		
投资支付的现金		
取得子公司及其他营业单位支付的现金净额		
支付其他与投资活动有关的现金		
投资活动现金流出小计		
投资活动产生的现金流量净额		
三、筹资活动产生的现金流量：		
吸收投资收到的现金		
取得借款收到的现金		
收到其他与筹资活动有关的现金		
筹资活动现金流入小计		
偿还债务支付的现金		
分配股利、利润或偿付利息支付的现金		
支付其他与筹资活动有关的现金		
筹资活动现金流出小计		
筹资活动产生的现金流量净额		
四、汇率变动对现金及现金等价物的影响		
五、现金及现金等价物净增加额		
加：期初现金及现金等价物余额		
六、期末现金及现金等价物余额		

2. 现金流量表的填列方法

编制现金流量表时，企业列报经营活动现金流量的方法有两种：一种是直接法，另一种是间接法。

直接法是指按现金收入和现金支出的主要类别（如销售商品、提供劳务收到的现金）直接反映企业经营活动产生的现金流量的方法。例如，购买商品、接受劳务支付的现金等就是按现金收入和支出的类别直接反映的。直接法一般是以利润表中的营业收入为起算点，先调节与经营活动有关的项目的增减变动，然后再计算出经营活动产生的现金流量。

间接法是指以净利润为起算点，调整不涉及现金的收入、费用、营业外收支等有关项目，剔除投资活动、筹资活动对现金流量的影响，据此计算出经营活动产生的现金流量的方法。由于净利润是按照权责发生制原则确定的，且包括了与投资活动和筹资活动相关的收益和费用，将净利润调节为经营活动现金流量，实际上就是将按权责发生制原则确定的净利润调整为现金净流入，并剔除投资活动和筹资活动对现金流量的影响。

采用直接法编报的现金流量表，便于分析企业经营活动产生的现金流量的来源和用途，预测企业现金流量的未来前景；采用间接法编报的现金流量表，便于将净利润与经营活动产生的现金流量净额进行比较，了解净利润与经营活动产生的现金流量差异的原因，从现金流量的角度分析净利润的质量。所以，《企业会计准则第 31 号——现金流量表》规定，企业应当采用直接法编报现金流量表，同时在附注中提供以净利润为基础调节到经营活动现金流量的信息。

3. 现金流量表的填列说明

企业应当采用直接法列示经营活动产生的现金流量。采用直接法具体编制现金流量表时，企业可以采用工作底稿法或 T 形账户法，也可以根据有关科目记录分析填列。

1）经营活动产生的现金流量

（1）"销售商品、提供劳务收到的现金"项目，反映企业本年销售商品、提供劳务收到的现金，以及以前年度销售商品、提供劳务本年收到的现金（包括应向购买者收取的增值税销项税额）和本年预收的款项，减去本年销售本年退回商品和以前年度销售本年退回商品支付的现金。企业销售材料和代购代销业务收到的现金，也在该项目反映。

（2）"收到的税费返还"项目，反映企业收到返还的所得税、增值税、消费税、关税和教育费附加等各种税费返还款。

（3）"收到其他与经营活动有关的现金"项目，反映企业经营租赁收到的租金等其他与经营活动有关的现金流入，金额较大的应当单独列示。

（4）"购买商品、接受劳务支付的现金"项目，反映企业本年购买商品、接受劳务实际支付的现金（包括增值税进项税额），以及本年支付以前年度购买商品、接受劳务的未付款项和本年预付款项，减去本年发生的购货退回收到的现金。企业购买材料和代购代销业务支付的现金，也该本项目反映。

（5）"支付给职工以及为职工支付的现金"项目，反映企业本年实际支付给职工的工资、资金、各种津贴和补贴等职工薪酬（包括代扣代缴的职工个人所得税）。

（6）"支付的各项税费"项目，反映企业本年发生并支付、以前各年发生本年支付以及预交的各项税费，包括所得税、增值税、消费税、印花税、房产税、土地增值税、车船税、教育费附加等。

（7）"支付其他与经营活动有关的现金"项目，反映企业经营租赁支付的租金、支付的差旅费、业务招待费、保险费、罚款支出等其他与经营活动有关的现金流出，金额较大的应当单独列示。

2）投资活动产生的现金流量

（1）"收回投资收到的现金"项目，反映企业出售、转让或到期收回除现金等价物以外的对其他企业长期股权投资而收到的现金，但处置子公司及其他营业单应收到的现金净额除外。

（2）"取得投资收益收到的现金"项目，反映企业除了现金等价物的对其他企业的长期股权投资等分回的现金股利和利息等。

（3）"处置固定资产、无形资产和其他长期资产收回的现金净额"项目，反映企业出售、报废固定资产、无形资产和其他长期资产所取得的现金（包括因资产毁损而收到的保险赔偿收入），减去为处置这些资产而支付的有关费用后的净额。

（4）"处置子公司及其他营业单位收到的现金净额"项目，反映企业处置子公司及其他营业单位所取得的现金，减去相关处置费用以及子公司及其他营业单位持有的现金和现金等价物后的净额。

（5）"收到其他与投资活动有关的现金"项目，反映企业除了上述（1）～（4）项目所收到的其他与投资活动有关的现金，金额较大的应当单独列示。

（6）"购建固定资产、无形资产和其他长期资产支付的现金"项目，反映企业购买、建造固定资产、取得无形资产和其他长期资产所支付的现金（含增值税款等），以及用现金支付的应由在建工程和无形资产负担的职工薪酬。

（7）"投资支付的现金"项目，反映企业取得除了现金等价物的对其他企业的长期股权投资所支付的现金以及支付的佣金、手续费等附加费用，但取得子公司及其他营业单位支付的现金净额除外。

（8）"取得子公司及其他营业单位支付的现金净额"项目，反映企业购买子公司及其他营业单位购买出价中以现金支付的部分，减去子公司及其他营业单位持有的现金和现金等价物后的净额。

（9）"支付其他与投资活动有关的现金"项目，反映企业除了上述（6）～（8）项目所支付的其他与投资活动有关的现金，金额较大的应当单独列示。

3）筹资活动产生的现金流量

（1）"吸收投资收到的现金"项目，反映企业以发行股票、债券等方式筹集资金实际收到的款项，减去直接支付的佣金、手续费、宣传费、咨询费、印刷费等发行费用后的净额。

（2）"取得借款收到的现金"项目，反映企业举借各种短期、长期借款而收到的现金。

（3）"偿还债务支付的现金"项目，反映企业为偿还债务本金而支付的现金。

（4）"分配股利、利润或偿付利息支付的现金"项目，反映企业实际支付的现金股利、支付给其他投资单位的利润或用现金支付的借款利息、债券利息。

（5）"收到其他与筹资活动有关的现金""支付其他与筹资活动有关的现金"项目，反映企业除了上述（1）～（4）项目所收到或支付的其他与筹资活动有关的现金，金额较大的应当单独列示。

4）汇率变动对现金及现金等价物的影响

该项目反映下列项目之间的差额：

（1）企业外币现金流量折算为记账本位币时，采用现金流量发生日的即期汇率近似的汇率折算的金额（编制合并现金流量表时折算境外子公司的现金流量，应当比照处理）。

（2）企业外币现金及现金等价物净增加额按年末汇率折算的金额填列。

（四）现金流量表附注

除了现金流量表反映的信息，企业还应在附注中披露将净利润调节为经营活动现金流量、不涉及现金收支的重大投资和筹资活动、现金及现金等价物净变动情况等信息。

1.将净利润调节为经营活动现金流量

现金流量表采用直接法反映经营活动产生的现金流量，同时，企业还应采用间接法反映经营活动产生的现金流量。采用间接法列报经营活动产生的现金流量时，企业需要对四大类项目进行调整：①实际没有支付现金的费用。

②实际没有收到现金的收益。③不属于经营活动的损益。④经营性应收应付项目的增减变动。

在我国，现金流量表补充资料应采用间接法反映经营活动产生的现金流量情况，以对现金流量表中采用直接法反映的经营活动现金流量进行核对和补充说明。现金流量表补充资料的格式如表9-4所示。

表9-4　现金流量表补充资料

单位：元

补充资料	本期金额	上期金额
1. 将净利润调节为经营活动现金流量		
净利润		
加：资产减值准备		
固定资产折旧、油气资产折耗、生产性生物资产折旧		
投资性房地产摊销		
无形资产摊销		
长期待摊费用摊销		
处置固定资产、无形资产和其他长期资产的损失（收益以"—"号填列）		
固定资产报废损失（收益以"—"号填列）		
公允价值变动损失（收益以"—"号填列）		
财务费用（收益以"—"号填列）		
投资损失（收益以"—"号填列）		
递延所得税资产减少（增加以"—"号填列）		
递延所得税负债增加（减少以"—"号填列）		
存货的减少（增加以"—"号填列）		
经营性应收项目的减少（增加以"—"号填列）		
经营性应付项目的增加（减少以"—"号填列）		
递延收益摊销		
其他		
经营活动产生的现金流量净额		
2. 不涉及现金收支的投资和筹资活动		
债务转为资本		

（续表）

补充资料	本期金额	上期金额
一年内到期的可转换公司债券		
融资租入固定资产		
3. 现金及现金等价物净增加情况		
现金的期末余额		
减：现金的期初余额		
加：现金等价物的期末余额		
减：现金等价物的期初余额		
现金及现金等价物净增加额		

1）"资产减值准备"项目

这里所指的资产减值准备是指当期计提扣除转回的减值准备，包括坏账准备、存货跌价准备、投资性房地产减值准备、长期股权投资减值准备、债权投资减值准备、固定资产减值准备、在建工程减值准备、工程物资减值准备、生物性资产减值准备、无形资产减值准备、商誉减值准备等。企业当期计提和按规定转回的各项资产减值准备，包括在利润表中，属于利润的减除项目，但没有发生现金流出，所以，在将净利润调节为经营活动现金流量时，需要加回。该项目可根据"资产减值损失"科目的记录分析填列。

2）"固定资产折旧、油气资产折耗、生产性生物资产折旧"项目

企业计提的固定资产折旧，有的包括在管理费用中，有的包括在制造费用中，计入管理费用中的固定资产折旧，作为期间费用在计算净利润时从中扣除，但没有发生现金流出，企业在将净利润调节为经营活动现金流量时，需要予以加回；计入制造费用中已经变现的固定资产折旧，在计算净利润时通过销售成本予以扣除，但没有发生现金流出；计入制造费用中的没有变现的固定资产折旧，既不涉及现金收支，也不影响企业当期净利润，由于在调节存货时，已经从中扣除，在此处将净利润调节为经营活动现金流量时，需要予以加回。同理，企业计提的油气资产折耗、生产性生物资产折旧，也需要予以加回。该项目可根据"累计折旧""累计折耗""生产性生物资产折旧"科目的贷方发生额分析填列。

3）"无形资产摊销和长期待摊费用摊销"项目

企业对使用寿命有限的无形资产计提摊销时，计入管理费用或制造费用。长期待摊费用在摊销时，有的计入管理费用，有的计入销售费用，有的计入

制造费用。计入管理费用的期间费用和计入制造费用中的已变现的部分，在计算净利润时已从中扣除，但没有发生现金流出；计入制造费用中的没有变现的部分，在调节存货时已经从中扣除，但不涉及现金收支，所以，在此处将净利润调节为经营活动现金流量时，企业需要予以加回。该项目可根据"累计摊销""长期待摊费用"科目的贷方发生额分析填列。

4）"处置固定资产、无形资产和其他长期资产的损失"项目

企业处置固定资产、无形资产和其他长期资产发生的损益，属于投资活动产生的损益，不属于经营活动产生的损益，所以，在将净利润调节为经营活动现金流量时，企业需要予以剔除；如为损失，在将净利润调节为经营活动现金流量时，应当加回；如为收益，在将净利润调节为经营活动现金流量时，应当扣除。该项目可根据"营业外收入""营业外支出"等科目所属有关明细科目的记录分析填列；如为净收益，以"－"号填列。

5）"固定资产报废损失"项目

企业发生的固定资产报废损益，属于投资活动产生的损益，不属于经营活动产生的损益，所以，企业在将净利润调节为经营活动现金流量时，需要予以剔除；如为净损失，在将净利润调节为经营活动现金流量时，应当加回；如为净收益，在将净利润调节为经营活动现金流量时，应当扣除。该项目可根据"营业外支出""营业外收入"等科目所属有关明细科目的记录分析填列。

6）"公允价值变动损失"项目

公允价值变动损失反映企业交易性金融资产、投资性房地产等公允价值变动形成的应计入当期损益的利得或损失。企业发生的公允价值变动损益，通常与企业的投资活动或筹资活动有关，而且并不影响企业当期的现金流量，为此，应当将其从净利润中剔除。该项目可以根据"公允价值变动损益"科目的发生额分析填列，如为持有损失，企业在将净利润调节为经营活动现金流量时，应当加回；如为持有利得，在将净利润调节为经营活动现金流量时，应当扣除。

7）"财务费用"项目

企业发生的财务费用中不属于经营活动的部分，应当在将净利润调节为经营活动现金流量时将其加回。该项目可根据"财务费用"科目的本期借方发生额分析填列；如为收益，以"－"号填列。

8）"投资损失"项目

企业发生的投资损益，属于投资活动产生的损益，不属于经营活动产生的损益，所以，企业在将净利润调节为经营活动现金流量时，需要予以剔除，如为净损失，在将净利润调节为经营活动现金流量时，应当加回；如为净收益，在将净利润调节为经营活动现金流量时，应当扣除。该项目可根据利润

表中"投资收益"项目的数字填列；如为投资收益，以"－"号填列。

9）"递延所得税资产减少"项目

递延所得税资产减少，使计入所得税费用的金额大于当期应交的所得税金额，其差额没有发生现金流出，但在计算净利润时已经扣除，企业在将净利润调节为经营活动现金流量时，应当加回；递延所得税资产增加，使计入所得税费用的金额小于当期应交的所得税金额，两者之间的差额并没有发生现金流入，但在计算净利润时已经包括在内，企业在将净利润调节为经营活动现金流量时，应当扣除。该项目可以根据资产负债表"递延所得税资产"项目期初、期末余额分析填列。

10）"递延所得税负债增加"项目

递延所得税负债增加，使计入所得税费用的金额大于当期应交的所得税金额，其差额没有发生现金流出，但企业在计算净利润时已经扣除，在将净利润调节为经营活动现金流量时，应当加回；递延所得税负债减少，使计入当期所得税费用的金额小于当期应交的所得税金额，其差额并没有发生现金流入，但企业在计算净利润时已经包括在内，在将净利润调节为经营活动现金流量时，应当扣除。该项目可以根据资产负债表"递延所得税负债"项目期初、期末余额分析填列。

11）"存货的减少"项目

期末存货比期初存货减少，说明企业在本期生产经营过程耗用的存货中有一部分是期初的存货，耗用这部分存货并没有发生现金流出，但在计算净利润时已经扣除，所以，企业在将净利润调节为经营活动现金流量时，应当加回；期末存货比期初存货增加，说明当期购入的存货除了耗用，还剩余了一部分，这部分存货也发生了现金流出，但在计算净利润时没有包括在内，所以，企业在将净利润调节为经营活动现金流量时，需要扣除。当然，存货的增减变化过程还涉及应付项目，对于这一因素，企业需在"经营性应付项目的增加"项目中予以考虑。该项目可根据资产负债表中"存货"项目的期初数、期末数之间的差额填列；期末数大于期初数的差额，以"－"号填列。如果存货的增减变化过程属于投资活动，如在建工程领用存货，应当将这一因素剔除。

12）"经营性应收项目的减少"项目

经营性应收项目包括应收票据、应收账款、预付账款、长期应收款和其他应收款中与经营活动有关的部分，以及应收的增值税销项税额等。经营性应收项目期末余额小于经营性应收项目期初余额，说明本期收回的现金大于利润表中所确认的销售收入，所以，企业在将净利润调节为经营活动现金流量时，需要加回；经营性应收项目期末余额大于经营性应收项目期初余额，说明本期销售收入中有一部分没有收回现金，但是，企业在计算净利润时这部分销售收入已包括在内，所以，在将净利润调节为经营活动现金流量时，需要扣除。该项目应当根据有关科目的期初、期末余额分析填列；如为增加，以"－"号填列。

13）"经营性应付项目的增加"项目

经营性应付项目包括应付票据、应付账款、预收账款、应付职工薪酬、应交税费、应付利息、长期应付款、其他应付款中与经营活动有关的部分，以及应付的增值税进项税额等。经营性应付项目期末余额大于经营性应付项目期初余额，说明企业在本期购入的存货中有一部分没有支付现金，但是，在计算净利润时却通过销售成本包括在内，企业在将净利润调节为经营活动现金流量时，需要加回；经营性应付项目期末余额小于经营性应付项目期初余额，说明企业在本期支付的现金大于利润表中所确认的销售成本，在将净利润调节为经营活动产生的现金流量时，需要扣除。该项目应当根据有关科目的期初、期末余额分析填列；如为减少，以"－"号填列。

2. 不涉及现金收支的投资和筹资活动

不涉及现金收支的投资和筹资活动，反映企业一定期间内影响资产或负债但不形成该期现金收支的所有投资和筹资活动的信息。这些投资和筹资活动虽然不涉及当期现金收支，但对以后各期的现金流量有重大影响。例如，企业融资租入设备，将形成的负债记入"长期应付款"科目，当期并不支付设备款及租金，但以后各期必须为此支付现金，从而在一定期间内形成了一项固定的现金支出。

因此，《企业会计准则第 31 号——现金流量表》规定，企业应当在附注中披露不涉及当期现金收支但影响企业财务状况或在未来可能影响企业现金流量的重大投资和筹资活动，主要包括：①债务转为资本，反映企业本期转为资本的债务金额。②1 年内到期的可转换公司债券，反映企业 1 年内到期的可转换公司债券的本息。③融资租入固定资产，反映企业本期融资租入的固定资产。

3. 影响企业现金流量其他重要信息的披露

1）企业当期取得或处置子公司及其他营业单位

《企业会计准则第 31 号——现金流量表》应用指南列示了企业当期取得或处置其他营业单位有关信息的披露格式，其主要项目包括取得和处置子公司及其他营业单位的有关信息。其中，取得子公司及其他营业单位的有关信息包括取得的价格、支付现金和现金等价物金额、支付的现金和现金等价物净额、取得子公司净资产等；处置子公司及其他营业单位的有关信息包括处置的价格、收到的现金和现金等价物金额、收到的现金净额、处置子公司的净资产等。

2）现金和现金等价物有关信息

《企业会计准则第31号——现金流量表》要求企业在附注中披露与现金和现金等价物有关的下列信息：①现金和现金等价物的构成及其在资产负债表中的相应金额。②企业持有但不能由母公司或集团内其他子公司使用的大额现金和现金等价物金额。

七、所有者权益变动表

（一）所有者权益变动表的定义

所有者权益变动表是指反映构成所有者权益的各组成部分当期的增减变动情况的财务报表。所有者权益变动表应当全面反映一定时期所有者权益变动的情况，不仅包括所有者权益总量的增减变动，还包括所有者权益增减变动的重要结构性信息，有助于报表使用者理解所有者权益增减变动的根源。

（二）所有者权益表列报的要求

1.单独列报项目

综合收益和与所有者（或股东，下同）的资本交易导致的所有者权益的变动，应当分别列示。与所有者的资本交易是指企业与所有者以其所有者身份进行的、导致企业所有者权益变动的交易。

综合收益是指企业在某一期间与所有者之外的其他方面进行交易或发生其他事项所引起的净资产变动。综合收益的构成包括净利润和其他综合收益的税后净额两部分。其中，前者是企业已实现并已确认的收益；后者是企业未实现但根据《企业会计准则》的规定已确认的收益。综合收益的计算公式如下：

综合收益总额＝净利润＋其他综合收益的税后净额

根据《企业会计准则第30号——财务报表列报》，所有者权益变动表至少应当单独列示反映下列信息的项目：

（1）综合收益总额。合并所有者权益变动表还应单独列示归属于母公司所有者的综合收益总额和归属于少数股东的综合收益总额。

（2）会计政策变更和前期差错更正的累积影响金额。

（3）所有者投入资本和向所有者分配利润等。

（4）按照规定提取的盈余公积。

（5）所有者权益各组成部分的期初和期末余额及其调整情况。

2. 以矩阵的形式列报

根据《企业会计准则讲解》，为了清楚地表明构成所有者权益的各组成部分当期的增减变动情况，所有者权益变动表应当以矩阵的形式列示。一方面，列示导致所有者权益变动的交易或事项，不是以往仅仅按照所有者权益的各组成部分反映所有者权益变动情况，而是按所有者权益变动的来源对一定时期所有者权益变动情况进行全面反映；另一方面，按照所有者权益各组成部分（包括实收资本、资本公积、其他综合收益、盈余公积、未分配利润和库存股）及其总额列示交易或事项对所有者权益的影响。

3. 列示所有者权益变动表的比较信息

根据《企业会计准则第 30 号——财务报表列报》的规定，企业需要提供比较所有者权益变动表，因此，所有者权益变动表就各项目再分为"本年金额"和"上年金额"两栏分别填列。

（三）所有者权益变动表的列报格式和填列方法

1. 所有者权益变动表的列报格式

在所有者权益变动表中，企业至少应当单独列示反映下列信息的项目：①净利润。②直接所有者权益的利得和损失项目及其总额。③会计政策变更和差错更正的累积影响金额。④所有者投入资本和向所有者分配利润等。⑤提取的盈余公积。⑥实收资本或股本、资本公积、盈余公积、未分配利润的期初和期末余额及其调节情况。一般企业所有者权益变动表列报格式如表 9-5 所示。

2. 所有者权益变动表的填列方法

根据《企业会计准则讲解》，所有者权益变动表需要按照以下方法填列。

1）"上年年末余额"项目

该项目反映企业上年资产负债表中"实收资本（或股本）""资本公积""其他综合收益""盈余公积""未分配利润的年末余额"项目。

2）"会计政策变更"项目和"前期差错更正"项目

这两个项目应根据"盈余公积""利润分配""以前年度损益调整"等科目的发生额分析填列，并在"上年年末余额"的基础上调整得出"本年年初余额"项目。

3）"本年增减变动金额"项目

该项目分别反映如下内容。

（1）"综合收益总额"项目，反映企业当年的综合收益总额。该项目应根据当年利润表中"其他综合收益的税后净额"项目和"净利润"项目填列，并对应列在"其他综合收益"栏和"未分配利润"栏。

表9-5　一般企业所有者权益变动表

（适用于已执行新金融准则、新收入准则和新租赁准则的企业）

会企04表

编制单位：　　　　　　　　　　　　　　　　　　　　　　　　　　　　　　　____年度　　　　　　　　　　　　　　　　　　　　　　　　　　　　　单位：元

项目	本年金额											本年金额										
	实收资本（或股本）	其他权益工具			资本公积	减：库存股	其他综合收益	专项储备	盈余公积	未分配利润	所有者权益合计	实收资本（或股本）	其他权益工具			资本公积	减：库存股	其他综合收益	专项储备	盈余公积	未分配利润	所有者权益合计
		优先股	永续债	其他									优先股	永续债	其他							
一、上年年末余额																						
加：会计政策变更																						
前期差错更正																						
其他																						
二、本年初余额																						
三、本年增减变动金额（减少以"-"号填列）																						
（一）综合收益总额																						
（二）所有者投入和减少资本																						
1.所有者投入的普通股																						
2.其他权益工具持有者投入资本																						

续表

项目	本年金额											本年金额										
	实收资本（或股本）	其他权益工具			资本公积	减：库存股	其他综合收益	专项储备	盈余公积	未分配利润	所有者权益合计	实收资本（或股本）	其他权益工具			资本公积	减：库存股	其他综合收益	专项储备	盈余公积	未分配利润	所有者权益合计
		优先股	永续债	其他									优先股	永续债	其他							
3. 股份支付计入所有者权益的金额																						
4. 其他																						
（三）利润分配																						
1. 提取盈余公积																						
2. 对所有者（或股东）的分配																						
3. 其他																						
（四）所有者权益内部结转																						
1. 资本公积转增资本（或股本）																						
2. 盈余公积转增资本（或股本）																						
3. 盈余公积弥补亏损																						
4. 设定受益计划变动额结转留存收益																						
5. 其他综合收益结转留存收益																						
6. 其他																						
四、本年年末余额																						

（2）"所有者投入和减少资本"项目，反映企业当年所有者投入的资本和减少的资本。其中，"所有者投入的普通股"项目，反映企业接受投资者投资形成的实收资本（或股本）和资本公积，应根据"实收资本""资本公积"等科目的发生额分析填列，并对应列在"实收资本"栏和"资本公积"栏；"股份支付计入所有者权益的金额"项目，反映企业处于等待期中的权益结算的股份支付当年计入资本公积的金额，应根据"资本公积"科目所属的"其他资本公积"二级科目的发生额分析填列，并对应列在"资本公积"栏。

（3）"利润分配"下各项目，反映当年对所有者（或股东）分配的利润（或股利）金额和按照规定提取的盈余公积金额，并对应列在"未分配利润"栏和"盈余公积"栏。其中，"提取盈余公积"项目，反映企业按照规定提取的盈余公积，应根据"盈余公积""利润分配"科目的发生额分析填列；"对所有者（或股东）的分配"项目，反映对所有者（或股东）分配的利润（或股利）金额，应根据"利润分配"科目的发生额分析填列。

（4）"所有者权益内部结转"下各项目，反映不影响当年所有者权益总额的所有者权益各组成部分之间当年的增减变动，包括资本公积转增资本（或股本）、盈余公积转增资本（或股本）、盈余公积弥补亏损等。其中，"资本公积转增资本（或股本）"项目，反映企业以资本公积转增资本或股本的金额，应根据"实收资本""资本公积"等科目的发生额分析填列；"盈余公积转增资本（或股本）"项目，反映企业以盈余公积转增资本或股本的金额，应根据"实收资本""盈余公积"等科目的发生额分析填列；"盈余公积弥补亏损"项目，反映企业以盈余公积弥补亏损的金额，应根据"盈余公积""利润分配"等科目的发生额分析填列。

3. 所有者权益变动表的填列说明

企业应当根据上年度所有者权益变动表"本年金额"栏内所列数字填列本年度"上年金额"栏内各项数字。如果上年度所有者权益变动表规定的项目的名称和内容同本年度不一致，企业应对上年度所有者权益变动表相关项目的名称和金额按本年度的规定进行调整，填入所有者权益变动表"上年金额"栏内。所有者权益变动表"本年金额"栏内各项数字填列方法如下。

1）"上年年末余额"项目

该项目反映企业上年资产负债表中"实收资本（或股本）""其他权益工具""资本公积""库存股""其他综合收益""盈余公积""未分配利润"项目的年末余额。

2）"会计政策变更""前期差错更正"项目

这两个项目分别反映企业采用追溯调整法处理的会计政策变更的累积影响金额和采用追溯重述法处理的会计差错更正的累积影响金额。

3）"本年增减变动额"项目

（1）"综合收益总额"项目，反映净利润和其他综合收益扣除所得税影响后的净额相加后的合计金额。

（2）"所有者投入和减少资本"项目，反映企业当年所有者投入的资本和减少的资本。其中，"所有者投入的普通股"项目，反映企业接受投资者投入形成的实收资本（或股本）和资本溢价（或股本溢价）；"其他权益工具持有者投入资本"项目，反映企业发行的除了普通股的分类为权益工具的金融工具的持有者投入资本的金额，该项目应根据金融工具类科目的相关明细科目的发生额分析填列；"股份支付计入所有者权益的金额"项目，反映企业处于等待期中的权益结算的股份支付当年计入资本公积的金额。

（3）"利润分配"项目，反映企业当年的利润分配金额。

（4）"所有者权益内部结转"项目，反映企业构成所有者权益组成部分之间当年的增减变动情况。其中，"资本公积转增资本（或股本）"项目，反映企业当年以资本公积转增资本或股本的金额；"盈余公积转增资本（或股本）"项目，反映企业当年以盈余公积转增资本或股本的金额；"盈余公积弥补亏损"项目，反映企业当年以盈余公积弥补亏损的金额；"设定受益计划变动额结转留存收益"项目，反映企业因重新计量设定受益计划净负债或净资产所产生的变动计入其他综合收益，结转至留存收益的金额；"其他综合收益结转留存收益"项目，主要反映在以下两个方面：一是企业指定以公允价值计量且其变动计入其他综合收益的非交易性权益性工具投资终止确认时，之前计入其他综合收益的累计利得或损失从其他综合收益中转入留存收益的金额，二是企业指定以公允价值计量且其变动计入当期损益的金融负债终止确认时，之前由企业自身信用风险变动引起而计入其他综合收益的累计利得或损失从其他综合收益中转入留存收益的金额等，该项目应根据"其他综合收益"科目的相关明细科目的发生额分析填列。

八、财务会计报告

（一）财务会计报告的定义

财务会计报告是指企业对外提供的反映企业某一特定日期的财务状况和

某一会计期间的经营成果、现金流量等会计信息的文件。

"财务报告"从国际范围来看是一个比较通用的术语，但是我国现行有关法律、行政法规使用的是"财务会计报告"术语。为了保持法规体系上的一致性，《企业会计准则——基本准则》仍然沿用了"财务会计报告"的提法，但同时又引入了"财务报告"的通用概念，并指出"财务会计报告"又称"财务报告"，并在所有的具体会计准则的制定中则统一使用了"财务报告"的术语。

财务会计报告至少包括以下几层含义：

（1）财务会计报告应当是对外报告，其服务对象主要是投资者、债权人等外部使用者。专门为了内部管理需要的报告不属于财务会计报告的范畴。

（2）财务会计报告应当综合反映企业的生产经营状况，包括某一时点的财务状况和某一时期的经营成果与现金流量等信息，以勾画出企业整体和全貌。

（3）财务会计报告必须形成一个系统的文件，不应是零星的或者不完整的信息。

财务会计报告是企业财务会计确认与计量的最终结果体现。投资者等使用者主要是通过财务会计报告来了解企业当前的财务状况、经营成果和现金流量等情况，从而预测未来的发展趋势。因此，财务会计报告是向投资者等财务会计报告使用者提供决策有用信息的媒介和渠道，是沟通投资者、债权人等使用者与企业管理层之间信息的桥梁和纽带。

（二）财务会计报告的构成

财务会计报告包括财务报表及其附注和其他应当在财务会计报告中披露的相关信息和资料。财务报表至少应当包括资产负债表、利润表、现金流量表等报表。考虑到小企业规模较小，外部信息需求相对较低，因此，小企业编制的报表可以不包括现金流量表。全面执行企业会计准则体系的企业所编制的财务报表，还应当包括所有者权益（或股东权益）变动表。

1. 资产负债表

资产负债表是指反映企业在某一特定日期的财务状况的财务报表。

企业编制资产负债表的目的是通过如实反映企业的资产、负债和所有者权益金额及其结构情况，从而有助于财务会计报告使用者评价企业资产的质量以及短期偿债能力、长期偿债能力、利润分配能力等。

2. 利润表

利润表是指反映企业在一定会计期间的经营成果的财务报表。

企业编制利润表的目的是通过如实反映企业实现的收入、发生的费用以及应当计入当期利润的利得和损失等金额及其结构情况，从而有助于财务会计报告使用者分析、评价企业的盈利能力及其构成与质量。

3. 现金流量表

现金流量表是指反映企业在一定会计期间的现金和现金等价物流入和流出的财务报表。

企业编制现金流量表的目的是通过如实反映企业各项活动的现金流入、流出情况，从而有助于财务会计报告使用者评价企业的现金流和资金周转情况。

4. 附注

附注是指对在财务报表中列示项目所作的进一步说明，以及对未能在这些报表中列示项目的说明等。

企业编制附注的目的是通过对财务报表本身作补充说明，以更加全面、系统地反映企业财务状况、经营成果和现金流量的全貌，从而有助于向财务会计报告使用者提供更为有用的决策信息，帮助其做出更加科学合理的决策。

财务报表是财务会计报告的核心内容，但是除了财务报表，财务会计报告还应当包括其他相关信息，具体可以根据有关法律法规的规定和外部使用者的信息需求而定。例如，企业可以在财务会计报告中披露其承担的社会责任、对社区的贡献、可持续发展能力等信息，这些信息对于财务会计报告使用者的决策也是相关的，尽管属于非财务信息，无法包括在财务报表中，但是如果法律法规有规定或者使用者有需求，企业应当在财务会计报告中予以披露。

九、综合举例

（一）编制资产负债表案例

1. 资料

（1）2×21 年 12 月 31 日，A 公司"库存现金"科目余额为 0.1 万元，"银行存款"科目余额为 100.9 万元，"其他货币资金"科目余额为 99 万元，则 2×21 年 12 月 31 日，A 公司资产负债表中"货币资金"项目"期末余额"栏的列报金额＝0.1＋100.9＋99＝200（万元）。

（2）2×21 年 12 月 31 日，A 公司"应收票据"科目的余额为 1 300 万元；"坏账准备"科目中有关应收票据计提的坏账准备余额为 45 万元，则 2×21 年

12 月 31 日，A 公司资产负债表中"应收票据"项目"期末余额"栏的列报金额＝1 300 － 45 ＝ 1 255（万元）。

（3）2×21 年 12 月 31 日，A 公司有关科目余额如下："发出商品"科目借方余额为 800 万元，"生产成本"科目借方余额为 300 万元，"原材料"科目借方余额为 100 万元，"委托加工物资"科目借方余额为 200 万元，"材料成本差异"科目贷方余额为 25 万元，"存货跌价准备"科目贷方余额为 100 万元，"受托代销商品"科目借方余额为 400 万元，"受托代销商品款"科目贷方余额为 400 万元，则 2×21 年 12 月 31 日，A 公司资产负债表中"存货"项目"期末余额"栏的列报金额＝800 ＋ 300 ＋ 100 ＋ 200 － 25 － 100 ＋ 400 － 400 ＝ 1 275（万元）。

（4）A 公司计划出售一项固定资产，该固定资产于 2×21 年 12 月 31 日被划分为持有待售固定资产，其账面价值为 315 万元，从划归为持有待售的下个月起停止计提折旧，不考虑其他因素，则 2×21 年 12 月 31 日，A 公司资产负债表中"持有待售资产"项目"期末余额"栏的列报金额为 315 万元。

（5）2×21 年 12 月 31 日，A 公司"固定资产"科目借方余额为 4 000 万元，"累计折旧"科目贷方余额为 2 000 万元，"固定资产减值准备"科目贷方余额为 500 万元，"固定资产清理"科目借方余额为 500 万元，则 2×21 年 12 月 31 日，A 公司资产负债表中"固定资产"项目"期末余额"栏的列报金额＝4 000 － 2 000 － 500 ＋ 500 ＝ 2 000（万元）。

（6）2×21 年 12 月 31 日，A 公司"无形资产"科目借方余额为 800 万元，"累计摊销"科目贷方余额为 200 万元，"无形资产减值准备"科目贷方余额为 100 万元，则 2×21 年 12 月 31 日，A 公司资产负债表中"无形资产"项目"期末余额"栏的列报金额＝800 － 200 － 100 ＝ 500（万元）。

（7）2×21 年 12 月 31 日，A 公司"短期借款"科目的余额如下所示：银行质押借款 10 万元，信用借款 40 万元，则 2×21 年 12 月 31 日，A 公司资产负债表中"短期借款"项目"期末余额"栏的列报金额＝10 ＋ 40 ＝ 50（万元）。

（8）2×21 年 12 月 31 日，A 公司"应付票据"科目的余额如下所示：25 万元的银行承兑汇票，10 万元的商业承兑汇票，则 2×21 年 12 月 31 日，A 公司资产负债表中"应付票据"项目"期末余额"栏的列报金额＝25 ＋ 10 ＝ 35（万元）。

（9）2×21 年 12 月 31 日，A 公司"应付职工薪酬"科目明细项目为：

工资 70 万元，社会保险费（含医疗保险、工伤保险）4.1 万元，设定提存计划（含基本养老保险费）2.5 万元，住房公积金 2 万元，工会经费 1.4 万元，则 2×21 年 12 月 31 日，A 公司资产负债表中"应付职工薪酬"项目"期末余额"栏的列报金额 = 70 + 4.1 + 2.5 + 2 + 1.4 = 80（万元）。

（10）2×21 年 12 月 31 日，A 公司"长期借款"科目余额为 155 万元，其中自 C 银行借入的 5 万元借款将于 1 年内到期，A 公司不具有自主展期清偿的权利，则 A 公司 2×21 年 12 月 31 日资产负债表中"长期借款"项目"期末余额"栏的列报金额 = 155 - 5 = 150（万元），"一年内到期的非流动负债"项目"期末余额"栏的列报金额为 5 万元。

（11）A 公司是由 B 公司于 2×02 年 2 月 1 日注册成立的有限责任公司，注册资本为人民币 5 000 万元，B 公司以货币资金人民币 5 000 万元出资，占注册资本的 100%，持有 A 公司 100% 的权益。上述实收资本已于 2×02 年 2 月 1 日经相关会计师事务所出具的验资报告验证。该资本投入自 2×02 年至 2×21 年年末未发生变动，则 2×21 年 12 月 31 日，A 公司资产负债表中"实收资本（或股本）"项目"期末余额"栏的列报金额为 5 000 万元。

（12）2×21 年 12 月 31 日，A 公司"盈余公积"科目期末余额为 22.5 万元，则 2×21 年 12 月 31 日，A 公司资产负债表中"盈余公积"项目"期末余额"栏的列报金额为 22.5 万元。2×21 年 12 月 31 日，A 公司"利润分配——未分配利润"科目期末余额为 202.5 万元，则 2×21 年 12 月 31 日，A 公司资产负债表中"未分配利润"项目"期末余额"栏的列报金额为 202.5 万元。

2. 要求

请根据上述资料编制 A 公司的资产负债表。

根据上述资料，A 公司编制的 2×21 年 12 月 31 日的资产负债表如表 9-6 所示。

表 9-6　资产负债表

会企 01 表

编制单位：A 公司　　　　　　　　2×21 年 12 月 31 日　　　　　　　单位：元

资产	期末余额	上年年末余额	负债和所有者权益（或股东权益）	期末余额	上年年末余额
流动资产：			流动负债：		
货币资金	2 000 000	（略）	短期借款	500 000	（略）

（续表）

资产	期末余额	上年年末余额	负债和所有者权益（或股东权益）	期末余额	上年年末余额
交易性金融资产			交易性金融负债		
衍生金融资产			衍生金融负债		
应收票据	12 550 000		应付票据	350 000	
应收账款		（略）	应付账款		（略）
应收款项融资			预收款项		
预付款项			合同负债		
其他应收款			应付职工薪酬	800 000	
存货	12 750 000		应交税费		
合同资产			其他应付款		
持有待售资产	3 150 000		持有待售负债		
一年内到期的非流动资产			一年内到期的非流动负债	50 000	
其他流动资产			其他流动负债		
流动资产合计	30 450 000		流动负债合计	1 700 000	
非流动资产：			非流动负债：		
债权投资			长期借款	1 500 000	
其他债权投资			应付债券		
长期应收款			其中：优先股		
长期股权投资			永续债		
其他权益工具投资			租赁负债		
其他非流动金融资产			长期应付款		
投资性房地产			预计负债		

（续表）

资产	期末余额	上年年末余额	负债和所有者权益（或股东权益）	期末余额	上年年末余额
固定资产	20 000 000		递延收益		
在建工程			递延所得税负债		
生产性生物资产			其他非流动负债		
油气资产			非流动负债合计	1 500 000	
使用权资产			负债合计	3 200 000	
无形资产	5 000 000		所有者权益（或股东权益）：		
开发支出		（略）	实收资本（或股本）	50 000 000	（略）
商誉			其他权益工具		
长期待摊费用			其中：优先股		
递延所得税资产			永续债		
其他非流动资产			资本公积		
非流动资产合计	25 000 000		减：库存股		
			其他综合收益		
			专项储备		
			盈余公积	225 000	
			未分配利润	2 025 000	
			所有者权益（或股东权益）合计	52 250 000	
资产总计	55 450 000		负债和所有者权益（或股东权益）总计	55 450 000	

（二）编制利润表案例

1. 资料

（1）B 公司为热电企业，其经营范围包括电、热的生产和销售；发电、输变电工程的技术咨询，电力设备及相关产品的采购、开发、生产和销售等。B 公司 2×21 年度"主营业务收入"科目发生额明细如下所示：电力销售收入合计 8 000 万元，热力销售收入合计 1 400 万元；"其他业务收入"科目发生额合计 600 万元。则 B 公司 2×21 年度利润表中"营业收入"项目"本期金额"栏的列报金额 ＝ 8 000 ＋ 1 400 ＋ 600 ＝ 10 000（万元）。

（2）B 公司 2×21 年度"主营业务成本"科目发生额合计 7 500 万元、"其他业务成本"科目发生额合计 500 万元，则 B 公司 2×21 年度利润表中"营业成本"项目"本期金额"栏的列报金额 ＝ 7 500 ＋ 500 ＝ 8 000（万元）。

（3）B 公司 2×21 年度"税金及附加"科目的发生额如下：城市维护建设税合计 50 万元，教育费附加合计 30 万元，房产税合计 400 万元，城镇土地使用税合计 20 万元，则 B 公司 2×21 年度利润表中"税金及附加"项目"本期金额"栏的列报金额 ＝ 50 ＋ 30 ＋ 400 ＋ 20 ＝ 500（万元）。

（4）B 公司 2×21 年度"管理费用"科目发生额合计数为 600 万元，则 B 公司 2×21 年度利润表中"管理费用"项目"本期金额"栏的列报金额为 600 万元。

（5）B 公司 2×21 年度"财务费用"科目的发生额如下所示：银行长期借款利息费用合计 400 万元，银行短期款利息费用 90 万元，银行存款利息收入合计 8 万元，银行手续费支出合计 18 万元，则 B 公司 2×21 年度利润表中"财务费用"项目"本期金额"栏的列报金额 ＝ 400 ＋ 90 － 8 ＋ 18 ＝ 500（万元）。

（6）B 公司 2×21 年度"投资收益"科目的发生额如下所示：按权益法核算的长期股权投资收益合计 290 万元，按成本法核算的长期股权投资收益合计 200 万元，处置长期股权投资发生的投资损失合计 500 万元，则 B 公司 2×21 年度利润表中"投资收益"项目"本期金额"栏的列报金额 ＝ 290 ＋ 200 － 500 ＝ － 10（万元）。

（7）B 公司 2×20 年度"资产减值损失"科目的发生额如下所示：存货减值损失合计 85 万元，固定资产减值损失合计 189 万元，无形资产减值损失合计 26 万元，则 B 公司 2×21 年度利润表中"资产减值损失"项目"本期金额"栏的列报金额 ＝ 85 ＋ 189 ＋ 26 ＝ 300（万元）。

（8）B 公司 2×21 年度"营业外收入"科目的发生额如下所示：接受无

偿捐赠利得 68 万元，现金盘盈利得合计 2 万元，则 B 公司 2×21 年度利润表中"营业外收入"项目"本期金额"栏的列报金额＝ 68 ＋ 2 ＝ 70（万元）。

（9）B 公司 2×21 年度"营业外支出"科目的发生额如下所示：固定资产盘亏损失 14 万元，罚没支出合计 10 万元，捐赠支出合计 4 万元，其他支出 2 万元，则 B 公司 2×21 年度利润表中"营业外支出"项目"本期金额"栏的列报金额＝ 14 ＋ 10 ＋ 4 ＋ 2 ＝ 30（万元）。

（10）B 公司 2×21 年度"所得税费用"科目的发生额合计 36 万元，则 B 公司 2×21 年度利润表中"所得税费用"项目"本期金额"栏的列报金额为 36 万元。

2. 要求

请根据上述资料编制 B 公司的利润表。

根据上述资料，B 公司编制的 2×21 年度利润表如表 9-7 所示。

表 9-7 利 润 表

会企 02 表

编制单位：B 公司　　　　　　　　　2×21 年　　　　　　　　　单位：元

项目	本期金额	上期金额
一、营业收入	100 000 000	（略）
减：营业成本	80 000 000	
税金及附加	5 000 000	
销售费用		
管理费用	6 000 000	
研发费用		
财务费用	5 000 000	
其中：利息费用	5 080 000	
利息收入	80 000	
加：其他收益		
投资收益（损失以"－"号填列）	-100 000	
其中：对联营企业和合营企业的投资收益	2 900 000	

（续表）

项目	本期金额	上期金额
以摊余成本计量的金融资产终止确认收益（损失以"—"号填列）		
净敞口套期收益（损失以"—"号填列）		
公允价值变动收益（损失以"—"号填列）		
信用减值损失（损失以"—"号填列）		
资产减值损失（损失以"—"号填列）	−3 000 000	
资产处置收益（损失以"—"号填列）		
二、营业利润（亏损以"—"号填列）	900 000	
加：营业外收入	700 000	
减：营业外支出	300 000	
三、利润总额（亏损总额以"—"号填列）	1 300 000	
减：所得税费用	360 000	
四、净利润（净亏损以"—"号填列）	940 000	
（一）持续经营净利润（净亏损以"—"号填列）	940 000	
（二）终止经营净利润（净亏损以"—"号填列）		
五、其他综合收益的税后净额		
（一）不能重分类进损益的其他综合收益		
1. 重新计量设定受益计划变动额		
2. 权益法下不能转损益的其他综合收益		
3. 其他权益工具投资公允价值变动		
4. 企业自身信用风险公允价值变动		
……		
（二）将重分类进损益的其他综合收益		
1. 权益法下可转损益的其他综合收益		
2. 其他债权投资公允价值变动		

（续表）

项目	本期金额	上期金额
3. 金融资产重分类计入其他综合收益的金额		
4. 其他债权投资信用减值准备		
5. 现金流量套期		
6. 外币财务报表折算差额		
……		
六、综合收益总额	940 000	
七、每股收益：		
（一）基本每股收益		
（二）稀释每股收益		

参考文献

［1］财政部会计资格评价中心.初级会计实务［M］.北京：经济科学出版社，2020.

［2］财政部会计资格评价中心.中级会计实务［M］.北京：经济科学出版社，2021.

［3］中国注册会计师协会.会计［M］.北京：中国财政经济出版社，2021.

［4］企业会计准则编审委员.企业会计准则案例讲解（2021年版）［M］.上海：立信会计出版社，2021.

［5］企业会计准则编写委员会.企业会计准则条文讲解与实务应用［M］.上海：立信会计出版社，2021.